Caro aluno, seja bem-vindo à sua plataforma do conhecimento!

A partir de agora, está à sua disposição uma plataforma que reúne, em um só lugar, recursos educacionais digitais que complementam os livros impressos e foram desenvolvidos especialmente para auxiliar você em seus estudos. Veja como é fácil e rápido acessar os recursos deste projeto.

1 Faça a ativação dos códigos dos seus livros.

Se você NÃO tem cadastro na plataforma:
- acesse o endereço <login.smaprendizagem.com>;
- na parte inferior da tela, clique em "Registre-se" e depois no botão "Alunos";
- escolha o país;
- preencha o formulário com os dados do tutor, do aluno e de acesso.

O seu tutor receberá um *e-mail* para validação da conta. Atenção: sem essa validação, não é possível acessar a plataforma.

Se você JÁ tem cadastro na plataforma:
- em seu computador, acesse a plataforma pelo endereço <login.smaprendizagem.com>;
- em seguida, você visualizará os livros que já estão ativados em seu perfil. Clique no botão "Códigos ou licenças", insira o código abaixo e clique no botão "Validar".

Este é o seu código de ativação! → **DAFFD-8RNBR-AFPGP**

2 Acesse os recursos

usando um computador.

No seu navegador de internet, digite o endereço <login.smaprendizagem.com> e acesse sua conta. Você visualizará todos os livros que tem cadastrados. Para escolher um livro, basta clicar na sua capa.

usando um dispositivo móvel.

Instale o aplicativo **SM Aprendizagem**, que está disponível gratuitamente na loja de aplicativos do dispositivo. Utilize o mesmo *login* e a mesma senha que você cadastrou na plataforma.

Importante! Não se esqueça de sempre cadastrar seus livros da SM em seu perfil. Assim, você garante a visualização dos seus conteúdos, seja no computador, seja no dispositivo móvel. Em caso de dúvida, entre em contato com nosso canal de atendimento pelo **telefone 0800 72 54876** ou pelo **e-mail atendimento@grupo-sm.com**.

BRA215323_198

GEO GRAFIA

GERAÇÃO ALPHA

8

FERNANDO DOS SANTOS SAMPAIO

Bacharel em Geografia pela Faculdade de Filosofia, Letras e Ciências Humanas (FFLCH) da Universidade de São Paulo (USP).

Doutor em Geografia Humana pela USP.

Professor de Geografia em escolas da rede pública e particular e na Universidade Estadual do Oeste do Paraná (Unioeste).

MARLON CLOVIS MEDEIROS

Licenciado em Geografia pelo Centro de Ciências da Educação (Faed) da Universidade do Estado de Santa Catarina (Udesc).

Mestre em Desenvolvimento Regional e Planejamento Ambiental pela Universidade Estadual Paulista "Júlio de Mesquita Filho" (Unesp).

Doutor em Geografia Humana pela USP.

Professor do curso de graduação e do Programa de Pós-Graduação em Geografia da Unioeste.

São Paulo, 5ª edição, 2023

sm

Geração Alpha Geografia 8
© SM Educação
Todos os direitos reservados

Direção editorial André Monteiro
Gerência editorial Lia Monguilhott Bezerra
Edição executiva Gisele Manoel
Colaboração técnico-pedagógica: Ana Carolina F. Muniz, Ananda Maria Garcia Veduvoto
Edição: Ananda Maria Garcia Veduvoto, Aroldo Gomes Araujo, Cláudio Junior Mattiuzzi, Felipe Khouri Barrionuevo, Hugo Alexandre de Araujo Maria, Marina Bianchi Nurchis
Assistência de edição: Tiago Rego Gomes
Suporte editorial: Camila Alves Batista, Fernanda de Araújo Fortunato

Coordenação de preparação e revisão Cláudia Rodrigues do Espírito Santo
Preparação: Berenice Baeder, Eliane de Abreu Santoro
Revisão: Beatriz Nascimento, Fátima Valentina Cezare Pasculli, Fernanda Almeida, Luiza Emrich, Mariana Masotti

Coordenação de *design* Gilciane Munhoz
***Design*:** Camila N. Ueki, Lissa Sakajiri, Paula Maestro
Ilustrações que acompanham o projeto: Laura Nunes

Coordenação de arte Vitor Trevelin
Edição de arte: Eduardo Sokei, João Negreiros
Assistência de arte: Bruno Cesar Guimarães, Renata Lopes Toscano
Assistência de produção: Júlia Stacciarini Teixeira

Coordenação de iconografia Josiane Laurentino
Pesquisa iconográfica: Beatriz Micsik
Tratamento de imagem: Marcelo Casaro

Capa Megalo | identidade, comunicação e design
Ilustração da capa: Thiago Limón

Projeto gráfico Megalo | identidade, comunicação e design; Camila N. Ueki, Lissa Sakajiri, Paula Maestro

Editoração eletrônica Estúdio Anexo
Cartografia João Miguel A. Moreira
Pré-impressão Américo Jesus
Fabricação Alexander Maeda
Impressão Gráfica Santa Marta

Dados Internacionais de Catalogação na Publicação (CIP)
(Câmara Brasileira do Livro, SP, Brasil)

Sampaio, Fernando dos Santos
  Geração alpha geografia : 8 / Fernando dos Santos Sampaio, Marlon Clovis Medeiros. -- 5. ed. -- São Paulo : Edições SM, 2023.

  ISBN 978-85-418-3046-1 (aluno)
  ISBN 978-85-418-3047-8 (professor)

  1. Geografia (Ensino fundamental) I. Medeiros, Marlon Clovis. II. Título.

22-154215   CDD-372.891

Índices para catálogo sistemático:
1. Geografia : Ensino fundamental 372.891

Cibele Maria Dias – Bibliotecária – CRB-8/9427

5ª edição, 2023
3ª reimpressão, julho 2024

SM Educação
Avenida Paulista, 1842 – 18º andar, cj. 185, 186 e 187 – Condomínio Cetenco Plaza
Bela Vista 01310-945 São Paulo SP Brasil
Tel. 11 2111-7400
atendimento@grupo-sm.com
www.grupo-sm.com/br

APRESENTAÇÃO

OLÁ, ESTUDANTE!

Ser jovem no século XXI significa estar em contato constante com múltiplas formas de linguagem, uma imensa quantidade de informações e inúmeras ferramentas tecnológicas. Isso ocorre em um cenário mundial de grandes desafios sociais, econômicos e ambientais.

Diante dessa realidade, esta coleção foi cuidadosamente pensada tendo como principal objetivo ajudar você a enfrentar esses desafios com autonomia e espírito crítico.

Atendendo a esse propósito, os textos, as imagens e as atividades nela propostos oferecem oportunidades para que você reflita sobre o que aprende, expresse suas ideias e desenvolva habilidades de comunicação nas mais diversas situações de interação em sociedade.

Vinculados aos conhecimentos próprios da Geografia, também são explorados aspectos dos Objetivos de Desenvolvimento Sustentável (ODS), da Organização das Nações Unidas (ONU). Com isso, esperamos contribuir para que você compartilhe dos conhecimentos construídos pela Geografia e os utilize para fazer escolhas responsáveis e transformadoras em sua comunidade e em sua vida.

Desejamos também que esta coleção contribua para que você se torne um jovem atuante na sociedade do século XXI e seja capaz de questionar a realidade em que vive e de buscar respostas e soluções para os desafios presentes e para os que estão por vir.

Equipe editorial

O QUE SÃO OS
OBJETIVOS
DE DESENVOLVIMENTO SUSTENTÁVEL

Em 2015, representantes dos Estados-membros da Organização das Nações Unidas (ONU) se reuniram durante a Cúpula das Nações Unidas sobre o Desenvolvimento Sustentável e adotaram uma agenda socioambiental mundial composta de 17 Objetivos de Desenvolvimento Sustentável (ODS).

Os ODS constituem desafios e metas para erradicar a pobreza, diminuir as desigualdades sociais e proteger o meio ambiente, incorporando uma ampla variedade de tópicos das áreas econômica, social e ambiental. Trata-se de temas humanitários atrelados à sustentabilidade que devem nortear políticas públicas nacionais e internacionais até o ano de 2030.

Nesta coleção, você trabalhará com diferentes aspectos dos ODS e perceberá que, juntos e também como indivíduos, todos podemos contribuir para que esses objetivos sejam alcançados. Conheça aqui cada um dos 17 objetivos e suas metas gerais.

1 ERRADICAÇÃO DA POBREZA
Erradicar a pobreza em todas as formas e em todos os lugares

2 FOME ZERO E AGRICULTURA SUSTENTÁVEL
Erradicar a fome, alcançar a segurança alimentar, melhorar a nutrição e promover a agricultura sustentável

11 CIDADES E COMUNIDADES SUSTENTÁVEIS
Tornar as cidades e comunidades mais inclusivas, seguras, resilientes e sustentáveis

10 REDUÇÃO DAS DESIGUALDADES
Reduzir as desigualdades no interior dos países e entre países

9 INDÚSTRIA, INOVAÇÃO E INFRAESTRUTURA
Construir infraestruturas resilientes, promover a industrialização inclusiva e sustentável e fomentar a inovação

12 CONSUMO E PRODUÇÃO RESPONSÁVEIS
Garantir padrões de consumo e de produção sustentáveis

13 AÇÃO CONTRA A MUDANÇA GLOBAL DO CLIMA
Adotar medidas urgentes para combater as alterações climáticas e os seus impactos

14 VIDA NA ÁGUA
Conservar e usar de forma sustentável os oceanos, mares e os recursos marinhos para o desenvolvimento sustentável

3 SAÚDE E BEM-ESTAR

Garantir o acesso à saúde de qualidade e promover o bem-estar para todos, em todas as idades

4 EDUCAÇÃO DE QUALIDADE

Garantir o acesso à educação inclusiva, de qualidade e equitativa, e promover oportunidades de aprendizagem ao longo da vida para todos

5 IGUALDADE DE GÊNERO

Alcançar a igualdade de gênero e empoderar todas as mulheres e meninas

8 TRABALHO DECENTE E CRESCIMENTO ECONÔMICO

Promover o crescimento econômico inclusivo e sustentável, o emprego pleno e produtivo e o trabalho digno para todos

7 ENERGIA LIMPA E ACESSÍVEL

Garantir o acesso a fontes de energia fiáveis, sustentáveis e modernas para todos

6 ÁGUA POTÁVEL E SANEAMENTO

Garantir a disponibilidade e a gestão sustentável da água potável e do saneamento para todos

15 VIDA TERRESTRE

Proteger, restaurar e promover o uso sustentável dos ecossistemas terrestres, gerir de forma sustentável as florestas, combater a desertificação, travar e reverter a degradação dos solos e travar a perda da biodiversidade

16 PAZ, JUSTIÇA E INSTITUIÇÕES EFICAZES

Promover sociedades pacíficas e inclusivas para o desenvolvimento sustentável, proporcionar o acesso à justiça para todos e construir instituições eficazes, responsáveis e inclusivas a todos os níveis

17 PARCERIAS E MEIOS DE IMPLEMENTAÇÃO

Reforçar os meios de implementação e revitalizar a parceria global para o desenvolvimento sustentável

NAÇÕES UNIDAS BRASIL. Objetivos de Desenvolvimento Sustentável. Disponível em: https://brasil.un.org/pt-br/sdgs. Acesso em: 2 maio 2023.

CONHEÇA SEU LIVRO

Abertura de unidade

Nesta unidade, eu vou...
Nesta trilha, você conhecerá os objetivos de aprendizagem da unidade. Eles estão organizados por capítulos e seções, e podem ser utilizados como um guia para os seus estudos.

Primeiras ideias
As questões vão incentivar você a contar o que sabe do tema da unidade.

Leitura da imagem
Uma imagem vai instigar sua curiosidade! As questões orientam a leitura da imagem e permitem estabelecer relações entre o que é mostrado nela e o que será trabalhado na unidade.

Cidadania global
Nesse boxe, você inicia as reflexões sobre um dos ODS da ONU. Ao percorrer a unidade, você terá contato com outras informações sobre o tema, relacionando-as aos conhecimentos abordados na unidade.

Capítulos

Abertura de capítulo e Para começar
Logo após o título do capítulo, o boxe *Para começar* apresenta questionamentos que direcionam o estudo do tema proposto. Na sequência, textos, imagens, mapas ou esquemas introduzem o conteúdo que será estudado.

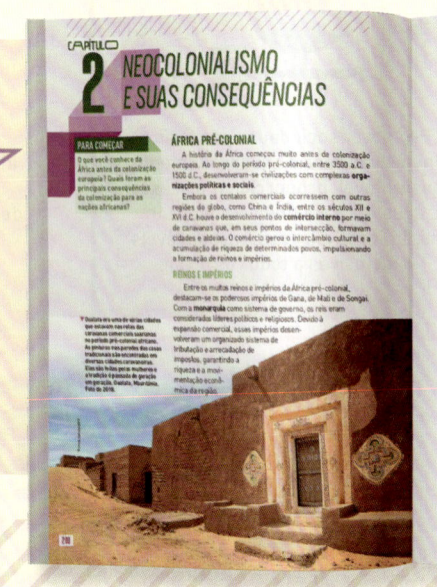

Atividades

As atividades vão ajudá-lo a desenvolver habilidades e competências com base no que você estudou no capítulo.

Contexto Diversidade

Essa seção apresenta textos de diferentes gêneros e fontes que abordam a pluralidade étnica e cultural e o respeito à diversidade.

Geografia dinâmica

Nessa seção, você é convidado a estudar as transformações do espaço geográfico por meio da leitura de textos autorais ou de diferentes fontes, como jornais, livros e *sites*.

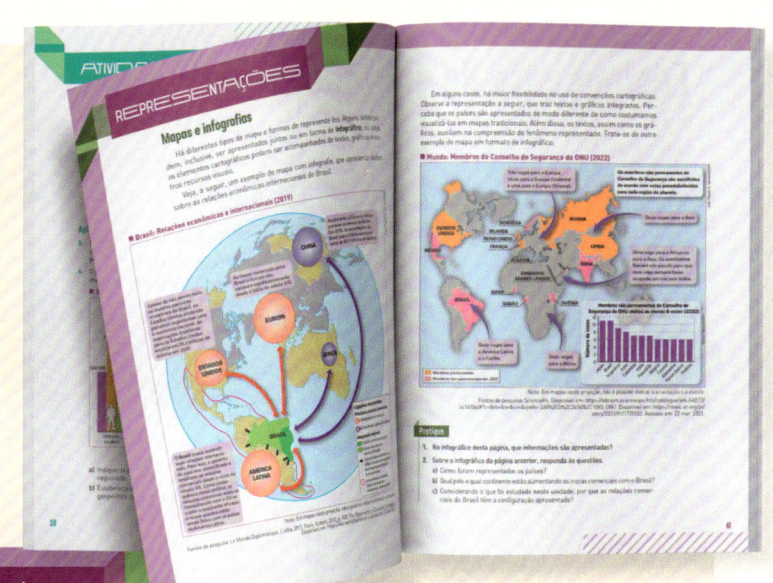

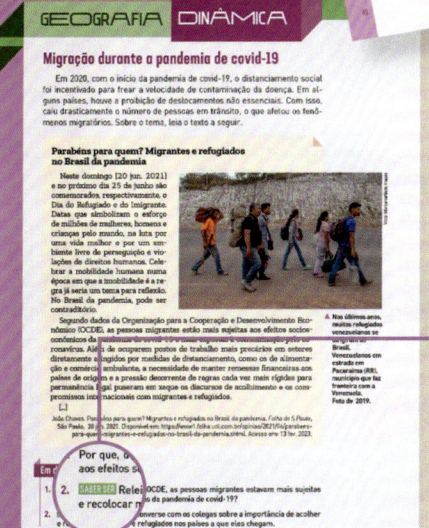

Representações

A seção auxilia você a desenvolver habilidades, competências e o raciocínio geográfico por meio do aprofundamento da cartografia, relacionada aos conteúdos do capítulo.

Saber ser

O selo *Saber ser* indica momentos em que você vai refletir sobre temas diversos que estimulem o conhecimento de suas emoções, pensamentos e formas de agir e de tomar decisões.

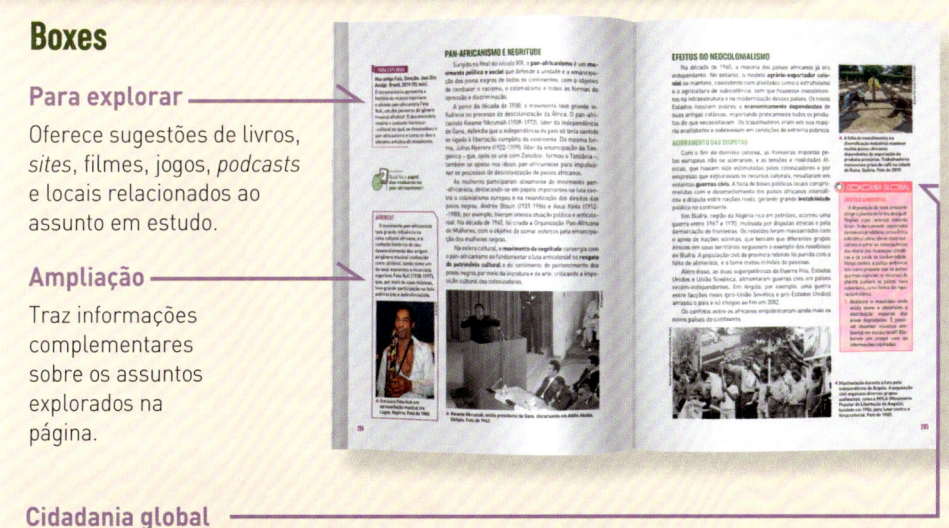

Boxes

Para explorar

Oferece sugestões de livros, *sites*, filmes, jogos, *podcasts* e locais relacionados ao assunto em estudo.

Ampliação

Traz informações complementares sobre os assuntos explorados na página.

Cidadania global

Esse boxe dá continuidade ao trabalho com o ODS iniciado na abertura da unidade. Ele apresenta informações e atividades para que você possa refletir e se posicionar sobre o assunto.

Glossário

Explicação de expressões e palavras que talvez você desconheça.

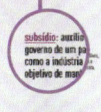

7

Fechamento de unidade

Investigar

Nessa seção, você e os colegas vão experimentar diferentes práticas de pesquisa, como entrevista, revisão bibliográfica, etc. Também vão desenvolver diferentes formas de comunicação para compartilhar os resultados de suas investigações.

Atividades integradas

Essas atividades integram os assuntos desenvolvidos ao longo da unidade. São uma oportunidade para você relacionar o que aprendeu e refletir sobre os temas estudados.

Cidadania global

Essa é a seção que fecha o trabalho da unidade com o ODS. Ela está organizada em duas partes: *Retomando o tema* e *Geração da mudança*. Na primeira parte, você vai rever as discussões iniciadas na abertura e nos boxes ao longo da unidade e terá a oportunidade de ampliar as reflexões feitas. Na segunda, você será convidado a realizar uma proposta de intervenção que busque contribuir para o desenvolvimento do ODS.

No final do livro, você também vai encontrar:

Interação
Seção que propõe um projeto coletivo cujo resultado será um produto que pode ser usufruído pela comunidade escolar.

Prepare-se!
Dois blocos de questões com formato semelhante ao de provas e exames oficiais estarão disponíveis para que você possa verificar os seus conhecimentos e se preparar.

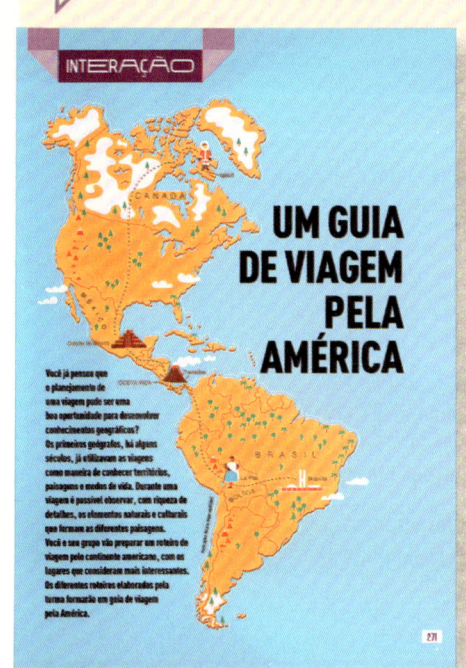

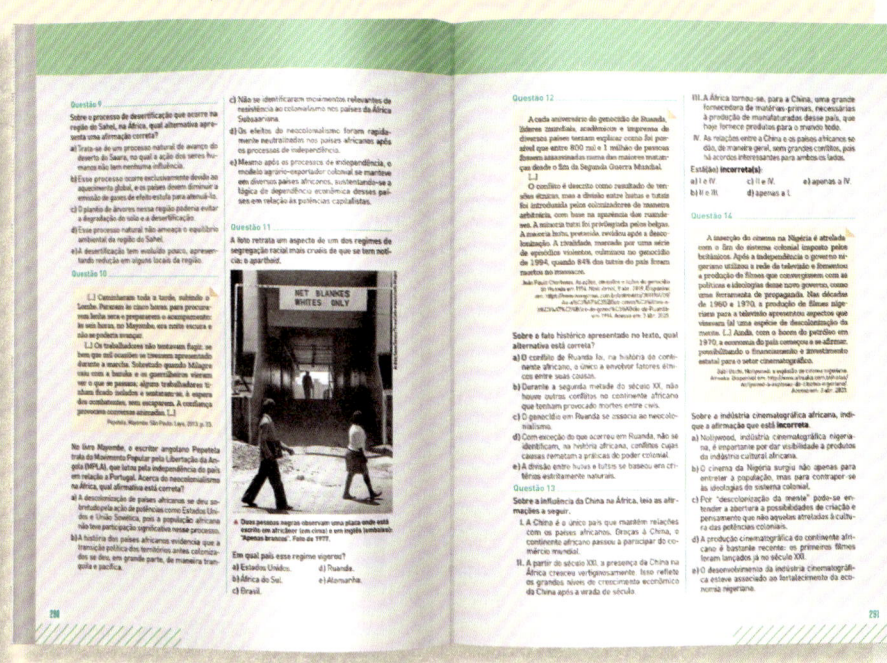

GERAÇÃO ALPHA DIGITAL

O livro digital oferece uma série de recursos para interação e aprendizagem. Esses recursos estão indicados no livro impresso com os ícones a seguir.

Atividades interativas
Estes ícones indicam que, no livro digital, você encontrará atividades interativas que compõem um ciclo avaliativo ao longo de toda a unidade.

No início da unidade, poderá verificar seus conhecimentos prévios.

Ao final dos capítulos e da unidade, encontrará conjuntos de atividades para realizar o acompanhamento da aprendizagem. Por fim, terá a oportunidade de realizar a autoavaliação.

- Conhecimentos prévios
- Autoavaliação
- Acompanhamento da aprendizagem

Recursos digitais
Este ícone indica que, no livro digital, você encontrará galerias de imagens, áudios, animações, vídeos, entre outros.

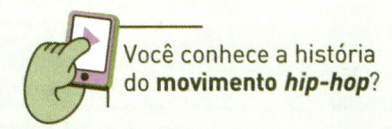

Você conhece a história do **movimento *hip-hop*** ?

9

SUMÁRIO

UNIDADE 1

ORDEM GEOPOLÍTICA MUNDIAL 13

1. Geopolítica 16
- O que é geopolítica? 16
- Conflitos 18
- **Atividades** 20

2. Ordem mundial 21
- Poder em disputa 21
- Ordem mundial bipolar 22
- Nova Ordem Mundial 23
- Regiões polares e geopolítica 27
- **Atividades** 29

3. Organizações internacionais 30
- Busca por estabilidade política 30
- Organização das Nações Unidas 31
- Organizações econômicas 33
- Associações entre países 35
- Brasil na Ordem Mundial 36
- **Atividades** 38
- **Geografia dinâmica** | Acordos entre organizações internacionais 39
- **Representações** | Mapas e infografias 40

▲ **Atividades integradas** 42

▲ **Cidadania global** | ODS 16 – Paz, justiça e instituições eficazes 44

UNIDADE 2

UM MUNDO DE DIFERENÇAS 45

1. Formas de regionalizar o mundo 48
- Região e regionalização 48
- Regionalização do espaço mundial 49
- **Atividades** 53

2. Indicadores de desenvolvimento 54
- Produto Interno Bruto (PIB) 54
- Concentração mundial de renda 55
- Índices de condições de vida: IDH e IPM 56
- **Atividades** 57

3. Desigualdades no comércio internacional 58
- Integração da economia mundial 58
- Mudanças na Divisão Internacional do Trabalho (DIT) 59
- Integração cultural e padrões de consumo 61
- **Atividades** 62
- **Contexto Diversidade** | A quinoa no contexto da globalização 63
- **Representações** | Mapas dinâmicos: fluxos proporcionais 64

▲ **Atividades integradas** 66

▲ **Cidadania global** | ODS 10 – Redução das desigualdades 68

UNIDADE 3

POPULAÇÃO MUNDIAL 69

1. Dinâmica demográfica global 72
- Distribuição da população mundial 72
- Crescimento da população mundial 74
- Mulheres no mercado de trabalho 77
- Perfis demográficos 78
- Urbanização 79
- **Atividades** 80

2. Deslocamentos populacionais 81
- Deslocamentos humanos pelo mundo 81
- Dispersão humana pelos continentes 82
- Migrações até meados do século XX 83
- Principais fluxos migratórios recentes 84
- Refugiados 86
- **Atividades** 88
- **Geografia dinâmica** | Migração durante a pandemia de covid-19 89
- **Representações** | Representação da população por ponto e área 90

▲ **Investigar** | Imigrantes, refugiados e suas motivações 92

▲ **Atividades integradas** 94

▲ **Cidadania global** | ODS 11 – Cidades e comunidades sustentáveis 96

UNIDADE 4

AMÉRICA: ASPECTOS GERAIS 97

1. Diversidade regional 100
- Aspectos gerais 100
- Regionalização do continente americano 101
- Clima e vegetação 102
- Relevo e hidrografia 107
- **Atividades** 112

2. Colonização europeia na América 113
- Povos pré-colombianos 113
- Colonizadores 115
- População negra 117
- **Atividades** 120
- **Contexto** Diversidade | *Hip-hop*: a voz da periferia 121
- **Representações** | Sobreposição de informações zonais e pontuais em mapas 122

◢ **Atividades integradas** 124

◢ **Cidadania global** | ODS 2 – Fome zero e agricultura sustentável 126

UNIDADE 5

AMÉRICA ANGLO-SAXÔNICA 127

1. Estados Unidos da América 130
- Formação territorial 130
- População e urbanização 132
- Poder mundial dos Estados Unidos 135
- **Atividades** 137

2. Economia dos Estados Unidos 138
- Indústria 138
- Agricultura e pecuária 140
- Comércio e serviços 142
- **Atividades** 143

3. Canadá 144
- Formação e ocupação do território 144
- Economia 145
- População e urbanização 147
- **Atividades** 148
- **Geografia dinâmica** | Movimento antivacina 149
- **Representações** | Mapas geopolíticos com temas estratégicos 150

◢ **Atividades integradas** 152

◢ **Cidadania global** | ODS 9 – Indústria, inovação e infraestrutura 154

UNIDADE 6

AMÉRICA LATINA 155

1. Questões políticas 158
- Independências nacionais 158
- Transformações no século XX 159
- Questões sociais e políticas no século XXI 161
- Integração regional 162
- Conflitos territoriais e tensões 164
- **Atividades** 166

2. Economia e destaques regionais 167
- Economias da América Latina 167
- Brasil 168
- México 169
- Argentina 170
- Chile 171
- Colômbia 172
- Venezuela 173
- Equador 174
- Bolívia 174
- América Central e Caribe 175
- **Atividades** 177

3. População e urbanização 178
- População 178
- Urbanização 180
- Questões rurais 181
- Problemas ambientais 181
- **Atividades** 182
- **Contexto** Diversidade | Mulheres no movimento zapatista 183
- **Representações** | Cartografia digital: SIG e planejamento urbano 184

◢ **Atividades integradas** 186

◢ **Cidadania global** | ODS 5 – Igualdade de gênero 188

UNIDADE 7 — ÁFRICA: ASPECTOS GERAIS ... 189

1. Aspectos naturais ... 192
- Diversidade regional ... 192
- Clima e vegetação ... 194
- Relevo e hidrografia ... 196
- **Atividades** ... 199

2. Neocolonialismo e suas consequências ... 200
- África pré-colonial ... 200
- Processo de colonização ... 201
- Impérios coloniais ... 203
- Descolonização e independência ... 203
- Pan-africanismo e negritude ... 204
- Efeitos do neocolonialismo ... 205
- **Atividades** ... 206
- **Geografia dinâmica** | Colonialismo e independência na África hoje ... 207
- **Representações** | Anamorfoses ... 208

▲ Atividades integradas ... 210
▲ Cidadania global | ODS 15 – Vida terrestre ... 212

UNIDADE 8 — ÁFRICA: DESENVOLVIMENTO ECONÔMICO ... 213

1. Economia africana ... 216
- Características gerais ... 216
- Recursos minerais e energéticos ... 217
- Indústria africana ... 219
- Agricultura e extrativismo vegetal ... 220
- Turismo ... 221
- **Atividades** ... 222
- **Contexto** Diversidade | Ngozi Okonjo-Iweala ... 223

2. Investimentos estrangeiros e desenvolvimento ... 224
- Dependência econômica e relações internacionais ... 224
- Crescimento econômico recente ... 226
- Relações entre África e China ... 227
- **Atividades** ... 228

3. Destaques regionais ... 229
- África Setentrional ... 229
- África Subsaariana ... 233
- Integração regional ... 235
- **Atividades** ... 237
- **Representações** | Cartogramas ... 238

▲ Atividades integradas ... 240
▲ Cidadania global | ODS 7 – Energia limpa e acessível ... 242

UNIDADE 9 — ÁFRICA: POPULAÇÃO E URBANIZAÇÃO ... 243

1. População africana ... 246
- Distribuição da população ... 246
- Diversidades étnica e cultural ... 247
- **Atividades** ... 250
- **Geografia dinâmica** | Ameaça à riqueza linguística na África ... 251

2. Dinâmica da população africana ... 252
- Crescimento populacional ... 252
- Migrantes e refugiados ... 253
- Índice de Desenvolvimento Humano ... 254
- População da África ... 256
- **Atividades** ... 258
- **Contexto** Diversidade | Imigrantes africanos nos Estados Unidos ... 259

3. Espaços rural e urbano na África ... 260
- População rural ... 260
- População urbana ... 261
- **Atividades** ... 263
- **Representações** | Mapas dinâmicos: evolução de um fenômeno ao longo do tempo ... 264

▲ Investigar | Indústria cultural dos países africanos ... 266
▲ Atividades integradas ... 268
▲ Cidadania global | ODS 11 – Cidades e comunidades sustentáveis ... 270

INTERAÇÃO
Um guia de viagem pela América ... 271

PREPARE-SE! ... 275

BIBLIOGRAFIA COMENTADA ... 295

ORDEM GEOPOLÍTICA MUNDIAL

UNIDADE 1

PRIMEIRAS IDEIAS

1. Em sua opinião, o que leva os países a entrar em guerra?
2. Quais características tornam um país poderoso no cenário geopolítico internacional?
3. Como você acha que as alianças e os acordos internacionais podem beneficiar os Estados nacionais?
4. Você conhece organizações que têm o objetivo de solucionar conflitos entre países? Caso conheça, cite um exemplo.

Conhecimentos prévios

Nesta unidade, eu vou...

CAPÍTULO 1 — Geopolítica

- Compreender o que é geopolítica e aplicar os conceitos de Estado, nação, território, governo e país.
- Compreender alguns conflitos e tensões mundiais por meio da análise de mapa.

CAPÍTULO 2 — Ordem mundial

- Entender o que é ordem mundial e o que a caracteriza.
- Compreender a importância da atuação de instituições para a resolução de conflitos e disputas.
- Analisar diferentes interpretações da Nova Ordem Mundial: unipolar e multipolar.
- Compreender o papel da China e da Rússia como potências na ordem mundial multipolar.
- Compreender o conceito de cultura de paz e buscar informações sobre um conflito entre grupos diferentes no meu município.

CAPÍTULO 3 — Organizações internacionais

- Compreender como se deu o surgimento da ONU no cenário mundial e seu papel na resolução e na negociação de conflitos e interesses dos países.
- Analisar o papel de instituições, como a ONU e suas entidades, para a resolução de problemas sociais, políticos, econômicos e ambientais e a promoção de sociedades justas.
- Identificar a atuação de entidades ligadas ou não à ONU em meu local de vivência.
- Conhecer as principais organizações econômicas, os tipos de blocos regionais e as associações entre países.
- Compreender a posição do Brasil no cenário geopolítico atual.
- Conhecer a possibilidade de integração entre mapas e infografia.

CIDADANIA GLOBAL

- Refletir sobre a importância do cultivo da cultura de paz nas relações internacionais e entre grupos com interesses diversos.
- Elaborar uma ação para a resolução de conflito no meu local de vivência.

Ronen Zvulun/Reuters/Fotoarena

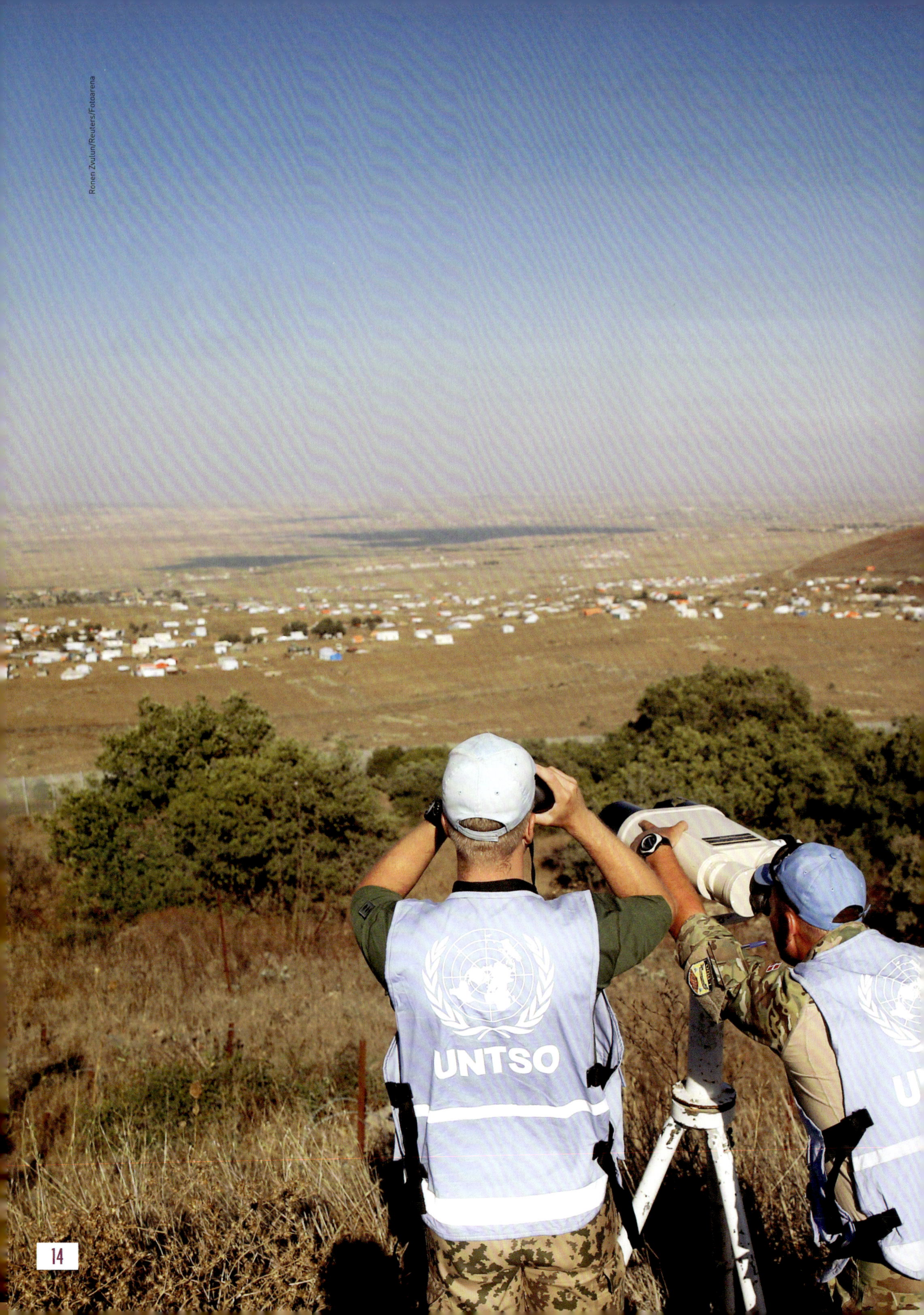

LEITURA DA IMAGEM

1. Quais equipamentos estão sendo utilizados pelos agentes da UNTSO?
2. O que esses equipamentos informam sobre o trabalho dessa organização?
3. Há algum marco visível da fronteira entre Israel e Síria?

CIDADANIA GLOBAL

16 PAZ, JUSTIÇA E INSTITUIÇÕES EFICAZES

No Brasil e no mundo, existem instituições governamentais e não governamentais que agem de diversas formas para combater a violência e promover a paz, a justiça e a inclusão de todos os cidadãos nas sociedades. Sabendo disso, você e seus colegas devem identificar e debater sobre problemas no município de vocês que poderiam ser mediados e resolvidos por uma dessas instituições.

1. No município em que vocês vivem, há conflitos que envolvem interesses de diferentes grupos sociais? Em grupo, busquem informações sobre a origem e as motivações desses conflitos.
2. Como a população local lida com esses problemas?

Ao longo da unidade, vocês vão organizar as informações encontradas e fazer um relatório destinado à Organização das Nações Unidas (ONU).

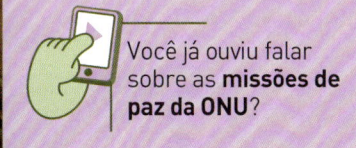

Você já ouviu falar sobre as **missões de paz da ONU**?

Agentes da Organização de Supervisão de Trégua das Nações Unidas (UNTSO, sigla em inglês) observam, de Israel, um campo de refugiados na Síria. Foto de 2018.

15

CAPÍTULO 1
GEOPOLÍTICA

PARA COMEÇAR

O que você entende por geopolítica? Você sabe a diferença entre governo, Estado, nação e país? Quais conflitos e instabilidades políticas da atualidade você conhece?

soberania: autoridade, domínio, poder, controle.

Qual a relação entre **as olimpíadas e a geopolítica**?

▼ Aeronaves estadunidenses em exercício militar no Sudeste Asiático. Foto de 2020.

O QUE É GEOPOLÍTICA?

Se analisarmos a origem dos mais diversos conflitos internacionais, veremos que a disputa territorial foi a causa de muitos deles. Isso ocorre porque o controle de uma área pode significar o domínio sobre **pontos estratégicos**, maior disponibilidade de recursos naturais e maior número de pessoas se dedicando a atividades econômicas, assim como a garantia de que determinada nação tenha soberania sobre o território que ocupa e com o qual estabelece laços históricos.

A **geopolítica** consiste na análise das relações de poder entre os Estados e as atividades estratégicas desenvolvidas por eles, com o objetivo de proteger ou de dominar territórios ou de expandir sua influência ou relevância internacional. Ela também abrange temas como fronteiras, recursos naturais, fontes de energia e deslocamentos populacionais.

As questões geopolíticas, portanto, são estratégicas para os governos, pois elas costumam estar na origem de muitos conflitos e são fundamentais para as relações em diversos níveis entre os Estados. Para compreender a dinâmica geopolítica do mundo atual, é necessário conhecer alguns conceitos importantes, que veremos adiante.

ESTADO

O Estado é a **instituição** responsável pela administração pública, pela criação e aplicação das leis e pela execução de políticas voltadas à população de um país. O Estado deve ter **soberania**, ou seja, autonomia para desenvolver suas ações no território nacional e para direcionar a política internacional.

NAÇÃO

O conceito de nação diz respeito a um **grupo social** com língua, cultura, religião e características étnicas comuns. Assim, a existência de uma nação independe da existência de um Estado. Ao longo da história, muitas nações não conseguiram estabelecer um Estado próprio, com soberania sobre seu território. Esse é o caso da nação curda, que luta pela criação de um Estado e ocupa territórios de Turquia, Iraque, Irã, Síria e Armênia.

Uma única nação organizada em torno de um Estado constitui um **Estado-nação**.

TERRITÓRIO

O território de um país corresponde à **área** controlada e administrada por um Estado. Apresenta limites determinados por fronteiras (que podem ser marcos antrópicos ou naturais), incluindo as áreas marítimas e aéreas e o subsolo. Esses limites são determinados por acordos internacionais.

GOVERNO

O governo se refere à **organização política** dos Estados e tem responsabilidade por sua gestão. Governos podem ser monárquicos, republicanos (parlamentaristas ou presidencialistas) e até mistos. O controle das instituições políticas pode variar e ser exercido de forma democrática ou ditatorial. Além disso, o termo governo pode se referir à administração do Estado por determinado partido ou grupo político.

PAÍS

O termo **país** é um dos mais utilizados na abordagem de assuntos internacionais e se refere ao conjunto formado pelo Estado (com organização política, ou seja, com governo), por sua nação (ou nações) e por seu território.

> **PARA EXPLORAR**
>
> *Mundo contemporâneo:* **geopolítica, meio ambiente, cultura**, de Nelson Bacic Olic. São Paulo: Moderna.
>
> Nesse livro, há uma série de artigos sobre temas da atualidade, cujo objetivo é discutir questões geopolíticas, ambientais, econômicas e culturais do mundo e do Brasil e compreender as relações que configuram o espaço mundial atual.

■ Brasil: Mar territorial e Zona Econômica Exclusiva

▲ A área marítima pertencente ao território de um país é chamada de mar territorial e corresponde a uma faixa de cerca de 22 quilômetros a partir da linha da costa. Os países têm exclusividade no controle e na exploração dos recursos naturais em uma área de até 370 quilômetros da costa, aproximadamente. Essa área é conhecida como Zona Econômica Exclusiva (ZEE).

Fonte de pesquisa: *Atlas geográfico escolar*. 8. ed. Rio de Janeiro: IBGE, 2018. p. 90.

CONFLITOS

Com o avanço da integração econômica mundial no decorrer do século XX, o quadro geopolítico global tornou-se mais complexo. A política dos Estados mostrou-se diretamente ligada aos **interesses comerciais e financeiros** de cada país, e a **indústria de armamentos** firmou-se como uma atividade extremamente importante do ponto de vista econômico e estratégico.

No século XXI, muitos conflitos vêm ocorrendo pelo mundo. Além das questões fronteiriças e das disputas pelo controle

■ Mundo: Tensões e conflitos (2022)

Cuba × Estados Unidos
Os Estados Unidos mantêm uma base militar em Cuba, na baía de **Guantánamo**. O governo cubano reivindica o fechamento dessa base militar em seu território, o que gera um impasse com o governo estadunidense. Além disso, já houve denúncias de violações de direitos humanos na prisão de Guantánamo.

México
Desde o início do século XX, estima-se que mais de 100 mil pessoas tenham morrido no México em decorrência das disputas entre grupos de narcotraficantes e do combate das **Forças Armadas** contra o tráfico de drogas.

Colômbia
Na década de 1960, grupos guerrilheiros de orientação comunista, como as **Forças Armadas Revolucionárias da Colômbia (Farc)** e o **Exército de Libertação Nacional (ELN)**, e grupos paramilitares de extrema-direita entraram em conflito devido a disputas ideológicas iniciadas no contexto da Guerra Fria, que acabaram se estendendo até a atualidade. Em 2016, as Farc fecharam com o Estado colombiano acordos que envolvem a formalização de sua atuação como partido político e o julgamento dos crimes cometidos pelo grupo guerrilheiro.

Rússia × Ucrânia
As tensões entre esses dois países ocorrem desde os anos 1990, quando os Estados Unidos propuseram que a Ucrânia se integrasse à Otan. A hostilidade se agravou em 2014, e a região do leste da Ucrânia, Donbass, declarou sua independência com apoio russo. Na sequência, a Rússia retomou da Ucrânia a região da Crimeia. As tensões crescentes e a aproximação da Ucrânia com a Otan levaram à guerra entre os dois países em 2022.

Argentina × Reino Unido
A posse das **ilhas Falkland/Malvinas** ocasionou um conflito entre Argentina e Reino Unido, pois esses dois países reivindicavam o território das ilhas. Organismos internacionais, como a União de Nações Sul-Americanas (Unasul), interferiram no impasse. Em 2013, um plebiscito foi realizado, e a população das ilhas decidiu permanecer como território britânico.

Legenda:
- Tensão de média/baixa intensidade e conflito de várias naturezas
- Guerra civil e conflito de tipo terrorista, religioso ou territorial
- Estado de guerra proclamado
- Movimento separatista
- Litígio de fronteira
- Principais atentados terroristas

0 — 1000 km

de recursos naturais, novos fatores alteraram as estratégias geopolíticas dos países. Entre eles estão a disseminação do terrorismo como fenômeno internacional e a ascensão da China como potência econômica e militar.

Há, ainda, os conflitos nacionais, ou seja, que ocorrem entre grupos políticos, nações ou povos que compõem um mesmo Estado. Esses conflitos podem ter diversas origens, como a busca por controle do governo ou a independência de uma parcela da população ou território.

O QUE É UMA POTÊNCIA?

Do ponto de vista geopolítico, países com grande capacidade militar, elevados recursos financeiros e com grande influência geopolítica internacional são considerados potências. Essas potências possuem grande relevância, pois são capazes de dirigir negociações políticas e econômicas que afetam outros países.

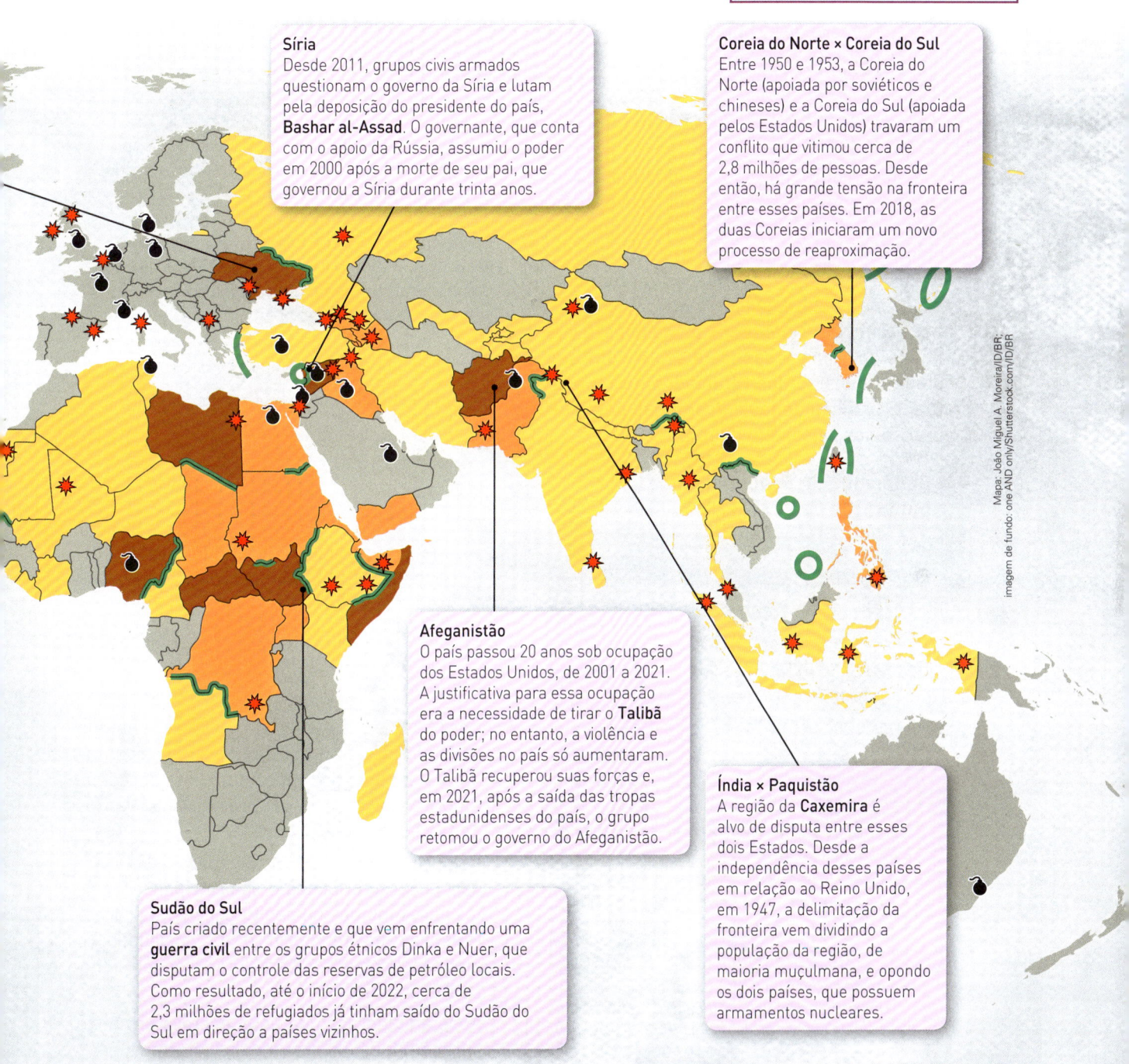

Síria
Desde 2011, grupos civis armados questionam o governo da Síria e lutam pela deposição do presidente do país, **Bashar al-Assad**. O governante, que conta com o apoio da Rússia, assumiu o poder em 2000 após a morte de seu pai, que governou a Síria durante trinta anos.

Coreia do Norte × Coreia do Sul
Entre 1950 e 1953, a Coreia do Norte (apoiada por soviéticos e chineses) e a Coreia do Sul (apoiada pelos Estados Unidos) travaram um conflito que vitimou cerca de 2,8 milhões de pessoas. Desde então, há grande tensão na fronteira entre esses países. Em 2018, as duas Coreias iniciaram um novo processo de reaproximação.

Afeganistão
O país passou 20 anos sob ocupação dos Estados Unidos, de 2001 a 2021. A justificativa para essa ocupação era a necessidade de tirar o **Talibã** do poder; no entanto, a violência e as divisões no país só aumentaram. O Talibã recuperou suas forças e, em 2021, após a saída das tropas estadunidenses do país, o grupo retomou o governo do Afeganistão.

Índia × Paquistão
A região da **Caxemira** é alvo de disputa entre esses dois Estados. Desde a independência desses países em relação ao Reino Unido, em 1947, a delimitação da fronteira vem dividindo a população da região, de maioria muçulmana, e opondo os dois países, que possuem armamentos nucleares.

Sudão do Sul
País criado recentemente e que vem enfrentando uma **guerra civil** entre os grupos étnicos Dinka e Nuer, que disputam o controle das reservas de petróleo locais. Como resultado, até o início de 2022, cerca de 2,3 milhões de refugiados já tinham saído do Sudão do Sul em direção a países vizinhos.

Fontes de pesquisa: Gisele Girardi; Jussara Vaz Rosa. *Atlas geográfico do estudante*. São Paulo: FTD, 2016. p. 178; Maria Elena Simielli. *Geoatlas*. 35. ed. São Paulo: Ática, 2013. p. 43; *Grand atlas 2017*. Paris: Autrement, 2016. p. 36-37. Global Conflict Tracker. Disponível em: https://www.cfr.org/global-conflict-tracker/?category=usConflictStatus. Acesso em: 21 mar. 2023.

ATIVIDADES

Acompanhamento da aprendizagem

Retomar e compreender

1. Qual é a importância da geopolítica para os países?

2. De acordo com o que você estudou, converse com os colegas e elabore um texto relacionando os conceitos abordados: Estado, nação, território, governo e país.

3. Com base no mapa *Mundo: Tensões e conflitos (2022)*, enumere dois conflitos relacionados à disputa por territórios e dois que envolvem a disputa pelo controle do Estado.

Aplicar

4. O deslocamento forçado de populações é uma das consequências mais graves das guerras. No Sudão do Sul, por exemplo, até setembro de 2022, uma guerra civil iniciada em 2013 já havia levado mais de 2,3 milhões de pessoas a se deslocar para países vizinhos. Com base nessas informações e na análise do mapa a seguir, discuta com um colega a questão dos refugiados no mundo atual e as dificuldades enfrentadas pela população nos países em guerra.

Sudão do Sul: Refugiados (setembro de 2022)

Fonte de pesquisa: Alto Comissariado das Nações Unidas para Refugiados (Acnur). Disponível em: https://data2.unhcr.org/en/dataviz/62?sv=5&geo=0. Acesso em: 21 mar. 2023.

5. Leia o texto a seguir e, depois, responda às questões sobre o assunto.

> Petróleo é um combustível líquido relativamente fácil de retirar de depósitos que se encontram abaixo do solo e fácil de transportar em grandes navios. Seu custo real se manteve abaixo de US$ 10 por barril durante mais de cem anos, desde a sua descoberta até 1973. Esse custo só aumentou [...] por causa da atuação política dos grandes produtores concentrados no Oriente Médio, responsáveis por cerca da metade da produção mundial. [...]
>
> Essa é a razão por que o problema de suprimento de petróleo é um problema de geopolítica [...]. De modo geral, ele não é consumido nos países que o produzem.
>
> Metade da produção mundial de petróleo é objeto de trocas comerciais. Quando se trata de alimentos, somente 10% deles são objeto de trocas comerciais. O restante é produzido nos próprios países que os consomem.
>
> A riqueza de muitas nações foi construída com base na produção de petróleo. [...]
>
> José Goldemberg. A nova geopolítica da energia. *O Estado de S. Paulo*, 17 mar. 2014. Disponível em: https://opiniao.estadao.com.br/noticias/geral,a-nova-geopolitica-da-energia-imp-,1141682. Acesso em: 21 mar. 2023.

a) Qual é a principal região mundial produtora de petróleo? E qual é o percentual de produção dela?

b) De acordo com o texto, por que o abastecimento de petróleo "é um problema de geopolítica"?

6. Com base em seus conhecimentos e no que você estudou no capítulo, faça um levantamento e, depois, elabore uma lista apresentando as principais vantagens e desvantagens geopolíticas do Brasil.

Lembre-se de levar em consideração e abordar as características e os principais conceitos apresentados no capítulo, como as características do território e da sociedade, a atuação do governo, bem como o poder político e econômico do país.

Após a elaboração da lista, escreva um texto apresentando um resumo das informações.

CAPÍTULO 2
ORDEM MUNDIAL

PARA COMEÇAR

O que é ordem mundial? Você sabe como ocorrem as disputas de poder entre os países?

▼ Na imagem, o primeiro-ministro britânico William Pitt e o imperador francês Napoleão Bonaparte "repartem" o mundo no início do século XIX, quando Napoleão impediu as nações sob o seu domínio de comercializar com o Reino Unido. James Gillray. *O pudim de ameixa em perigo*, 1805. Gravura em papel. 26 cm × 36 cm.

PODER EM DISPUTA

A expressão **ordem mundial** se refere à disputa de poder entre os diferentes países do globo. Cada país apresenta características próprias que estão diretamente relacionadas à capacidade de desempenhar maior ou menor poder internacional de negociações políticas, econômicas e militares.

Uma grande população, um território extenso, a posse de tecnologias e de recursos financeiros são alguns fatores que podem aumentar o poder de um país no contexto internacional.

Esse jogo de poder tornou-se mais complexo a partir dos séculos XIX e XX, quando a industrialização e o aumento das trocas comerciais acirraram as disputas entre os Estados.

ORDEM MUNDIAL BIPOLAR

Com o fim da Segunda Guerra Mundial, em 1945, o mundo ficou marcado pela disputa ideológica entre duas superpotências: os **Estados Unidos**, liderando os países capitalistas, e a **União Soviética (URSS)**, à frente dos países socialistas.

Esse período, que se estendeu de 1945 a 1991, ficou conhecido como Guerra Fria, caracterizado pela disputa de poder e influência geopolítica entre as duas superpotências. Nesse contexto, a ordem mundial era definida como **bipolar**, já que Estados Unidos e União Soviética centralizavam o jogo de poder internacional. Observe, no mapa a seguir, a polarização das forças militares das duas superpotências na Europa.

Apesar de nunca terem se enfrentado militarmente de forma direta, Estados Unidos e União Soviética apoiaram e influenciaram diversos conflitos armados ao redor do mundo, como a Guerra da Coreia (1950-1953) e a Guerra do Vietnã (1955-1975).

A maior parte dos países latino-americanos, inclusive o Brasil, se alinhou ao bloco capitalista, mas alguns poucos, como Cuba, se alinharam ao bloco liderado pela União Soviética.

Em 1989, a URSS iniciou um processo de reestruturação política e econômica, após sucessivas crises ao longo da década de 1980. Esse processo favoreceu a mobilização popular pela independência em diversos países que faziam parte da URSS, culminando na queda do regime político nesses países. Em 1991, a União Soviética deixou de existir, e 11 dos 15 países que a compunham fundaram a Comunidade dos Estados Independentes (CEI), sob a liderança da Rússia. O novo bloco se formou em meio à grande instabilidade política e à grave crise econômica que atingiam esses países.

Diversos conflitos então surgiram, em especial no Leste Europeu. O mais grave deles foi a Guerra da Bósnia (1992-1995), que ocorreu na antiga Iugoslávia, envolvendo sérvios e bósnios e fazendo milhares de vítimas. Os confrontos na antiga Iugoslávia prolongaram-se na década de 1990 e resultaram na fragmentação do país e na formação de Sérvia, Croácia, Bósnia-Herzegovina, Macedônia, Eslovênia e Montenegro.

> **PARA EXPLORAR**
>
> *Adeus, Lênin!* Direção: Wolfgang Becker. Alemanha, 2003 (121 min).
>
> No contexto da queda do Muro de Berlim e da reunificação alemã, o filme conta a história de um rapaz que tenta cuidadosamente impedir que sua mãe (que havia permanecido em coma por oito meses) tenha conhecimento das transformações políticas e econômicas que estavam ocorrendo na Alemanha com o fim da Guerra Fria.
>
> **Twilight Struggle, jogo de tabuleiro**
>
> Esse jogo simula as disputas por poder entre a União Soviética e os Estados Unidos durante o período da Guerra Fria, incluindo aspectos como corrida espacial e operações militares.

■ Europa: Otan e Pacto de Varsóvia (1949-1989)

▲ A Organização do Tratado do Atlântico Norte (Otan) foi criada em 1949, com o intuito de organizar militarmente a defesa dos países ocidentais contra um possível avanço da URSS. Em resposta, a URSS e seus aliados fundaram, em 1955, uma organização semelhante à Otan, chamada Pacto de Varsóvia, que se encerrou em 1991, com o fim da URSS.

Fonte de pesquisa: Philippe Rekacewicz. L'Otan à la conquête de l'Est. *Le Monde Diplomatique*, jul. 1997. Disponível em: http://www.monde-diplomatique.fr/cartes/otanrussie. Acesso em: 21 mar. 2023.

NOVA ORDEM MUNDIAL

A geopolítica mundial e as potências que desempenham papel dominante são resultado de um contexto global específico e estão sujeitas a mudanças por diversos fatores, como o econômico e o militar. Ao longo da história, várias potências nacionais que impuseram sua hegemonia sobre outros países passaram por crises e foram superadas por outras potências mundiais.

Com a desagregação da União Soviética, chegou ao fim a ordem mundial bipolar. No entanto, a organização que se seguiu, chamada de Nova Ordem Mundial, tem sido alvo de debates. Ao mesmo tempo que há uma evidente hegemonia (sobretudo militar) dos Estados Unidos, outros países influenciam significativamente a geopolítica mundial. Assim, sobre a Nova Ordem Mundial, os estudiosos se dividem sobre a existência de uma ordem **unipolar** (na qual os Estados Unidos ocupam posição central) e de uma ordem **multipolar** (contemplando outras potências na centralidade da ordem mundial).

ORDEM UNIPOLAR

Com a desagregação da URSS, a influência política, econômica, militar e cultural dos Estados Unidos se intensificou em todo o mundo. A década de 1990 foi um período de crescimento e de prosperidade para os Estados Unidos e outros países desenvolvidos, sobretudo da Europa Ocidental. Esse período se caracterizou pela supremacia estadunidense e pelo **avanço do capitalismo em escala global**. Contudo, para muitos países em desenvolvimento da América Latina, da Ásia e da África, esse período foi de crise política e retrocessos econômicos.

O grande poderio bélico, econômico e cultural dos Estados Unidos possibilitou ao país orientar a política e a economia mundiais, influenciando órgãos internacionais, como o Banco Mundial, o Fundo Monetário Internacional (FMI) e a ONU. O fim do bloco socialista e a supremacia dos Estados Unidos favoreceram a propagação dos padrões estadunidenses de consumo, impulsionando a internacionalização do setor industrial desse país pela atuação de empresas multinacionais.

Nas décadas de 1990 e 2000, o governo dos Estados Unidos adotou uma política externa de intervenções militares e políticas em vários países, consolidando seu papel como potência hegemônica mundial. Essa postura unilateral era motivada somente pelos interesses dos Estados Unidos, desconsiderando o posicionamento de outros países e a tomada de decisões em organismos internacionais, como a ONU. Exemplos dessa política externa foram as invasões no Iraque (em 1991 e em 2003) e outras intervenções no Oriente Médio, região que desperta o interesse estadunidense devido a suas grandes reservas de petróleo.

CIDADANIA GLOBAL

CULTURA DE PAZ E MEDIAÇÃO DE CONFLITOS

De acordo com a ONU, a cultura de paz compreende valores, atitudes e estilos de vida que se baseiam no respeito à vida, na promoção dos direitos humanos e na prática da não violência, do diálogo, da justiça e da cooperação. O diálogo e o entendimento em todos os níveis da sociedade e entre as nações contribuem para um ambiente de paz.

Por isso, com a finalidade de mediar a disputa de poder entre os países e promover a paz, foram criadas diversas instituições e organizações internacionais. No Brasil, há leis e instituições, como os tribunais federais e estaduais e ONGs, que trabalham com esse mesmo objetivo. Essas instituições devem promover a justiça, atuando de forma imparcial e para toda a população.

1. Na abertura desta unidade, você e seu grupo identificaram um conflito no município onde vivem. Em relação a esse conflito, há o envolvimento do governo municipal ou estadual ou de instituições não governamentais na busca por soluções?

2. Em caso positivo, qual órgão ou instituição faz a mediação, a regulação ou o julgamento dessa disputa?

---

supremacia: superioridade; domínio; preponderância política e econômica.

Ameaças à supremacia estadunidense

Durante a década de 2000, muitos fatores contribuíram para diminuir a posição hegemônica dos Estados Unidos no cenário mundial. Entre esses fatores, destaca-se a ascensão da **China** como potência industrial e militar.

O crescimento econômico chinês levou o país a se tornar o principal produtor industrial e o maior exportador mundial de mercadorias, superando os Estados Unidos. No próprio mercado interno dos Estados Unidos, os produtos chineses ocupam grande espaço. Observe, no mapa a seguir, que muitos dos principais portos do mundo estão em território chinês. Assim, a China, aos poucos, se tornou uma potência política e financeira internacional, reduzindo a influência dos Estados Unidos em muitas regiões, sobretudo no Sul e no Sudeste Asiático e na África. O apoio chinês possibilitou maior autonomia nas relações internacionais para países como o Brasil, a Índia, a Rússia e a África do Sul. Juntos, esses países formaram o bloco chamado **Brics**. Os Estados Unidos buscam retomar sua influência de diversas maneiras, entre elas, declarando uma "guerra comercial" à China.

■ Mundo: Principais portos (2019)

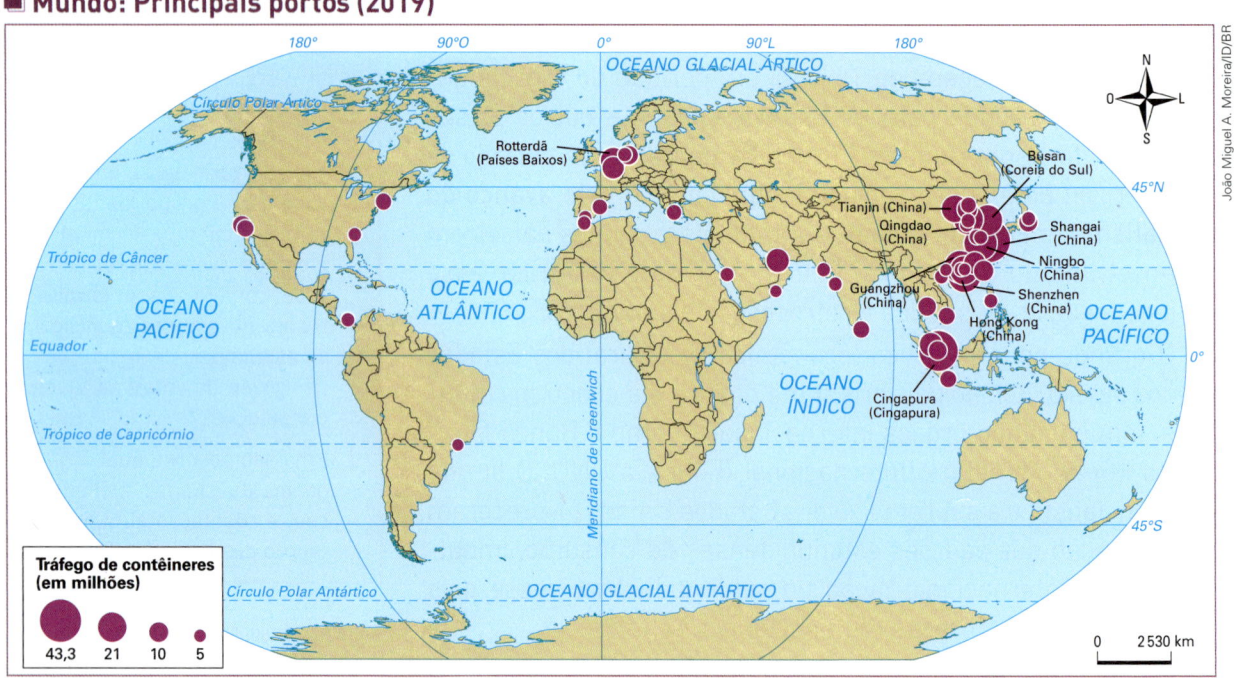

Fonte de pesquisa: World Shipping Council. Disponível em: https://www.worldshipping.org/top-50-ports. Acesso em: 9 fev. 2023.

Além da ascensão chinesa, problemas econômicos agravaram-se nos Estados Unidos e o país passou a ser afetado por um aumento de sua dívida externa, déficits comerciais, crises no mercado financeiro, fechamento de indústrias em consequência da concorrência externa e aumento do desemprego. Esses fatores contribuíram para que os Estados Unidos enfrentassem uma grave crise financeira em 2008, que alcançou níveis globais e ocasionou uma relativa redução da influência econômica estadunidense.

Geopoliticamente, os Estados Unidos também enfrentaram problemas. Amplamente questionados pela comunidade internacional, os Estados Unidos e seus aliados realizaram diversas intervenções militares nas décadas de 1980 e 1990. Entre os principais alvos dessas ações estavam o Iraque, o Líbano e o Irã. No entanto, o poderio militar estadunidense passou a ser contestado pelo surgimento de grupos armados nesses países. Alguns desses grupos resistiram às invasões, como no Iraque e no Líbano, lutando contra os exércitos e realizando atentados a bomba. Outros, como a Al-Qaeda, realizaram ataques inspirados em ideologias religiosas ultraconservadoras.

Na década de 2000, aumentaram em diversas partes do mundo os problemas relacionados ao terrorismo. Depois do atentado contra as Torres Gêmeas do World Trade Center, ocorrido em 11 de setembro de 2001, em Nova York, os Estados Unidos adotaram uma política externa baseada no combate ao terrorismo e em guerras preventivas, promovendo intervenções militares em países suspeitos de abrigar terroristas.

Essa política foi posta em prática com a invasão do Afeganistão em 2001. Posteriormente, em 2003, sob a alegação não comprovada de que o governo do Iraque dispunha de armas de destruição em massa, os Estados Unidos e seus aliados invadiram o país e depuseram o líder político Saddam Hussein.

A invasão do Iraque foi um ato unilateral estadunidense (com o apoio do Reino Unido), pois a ação foi desaprovada pela ONU e pelo Conselho de Segurança e gerou protestos em todo o mundo. As intervenções dos Estados Unidos no Oriente Médio motivaram diversos movimentos nacionalistas (na própria região e em outros lugares do mundo) que se contrapunham a esse poder hegemônico. O principal exemplo foi o surgimento, em 2013, do grupo extremista autointitulado Estado Islâmico, em áreas do Iraque e da Síria, onde o grupo perseguiu minorias étnicas e dominou populações de maneira violenta. O grupo desestabilizou a segurança pública europeia ao assumir a autoria de atentados terroristas na França, no Reino Unido e na Alemanha.

O unilateralismo dos Estados Unidos nas relações geopolíticas favoreceu a associação entre vários países que buscavam aumentar sua participação internacional. China e Brasil, por exemplo, ampliaram suas redes de relações (sem vínculo com os Estados Unidos), tanto em termos políticos quanto econômicos. Nesse contexto, é notável o surgimento de diversos blocos regionais, como o Mercosul (na América do Sul) e a Parceria Econômica Regional Abrangente (no sudeste da Ásia e na Oceania).

> **PARA EXPLORAR**
>
> *As torres gêmeas.* Direção: Oliver Stone. Estados Unidos, 2006 (108 min).
>
> O filme retrata o trabalho de resgate realizado por policiais e bombeiros logo após o ataque terrorista que fez ruir as torres gêmeas do World Trade Center em Nova York, no dia 11 de setembro de 2001.

▲ Em 2021, os Estados Unidos encerraram a ocupação de 20 anos no Afeganistão. Soldados estadunidenses chegam aos Estados Unidos após atuarem no Afeganistão. Foto de 2020.

ORDEM MULTIPOLAR

A ascensão de alguns países no cenário geopolítico internacional em meio à supremacia dos Estados Unidos fez surgir uma ordem mundial **multipolar**. Outro fator que reduziu a hegemonia dos Estados Unidos foi a disseminação de blocos regionais. A exemplo do fortalecimento da União Europeia, a partir da década de 1990, Alemanha e França despontaram como líderes do bloco.

Além disso, China e Rússia ampliaram sua influência no cenário político internacional. Os dois países têm assento permanente no Conselho de Segurança da ONU, o que lhes dá o direito de aprovar ou vetar resoluções ligadas à segurança e às intervenções internacionais. Em 2022, por exemplo, a Rússia vetou a resolução do conselho contrária à invasão da Ucrânia pela própria Rússia.

Desde o fim da década de 1970, a China vem se modernizando tecnologicamente, ampliando suas relações comerciais e reorganizando suas Forças Armadas, inclusive ultrapassando a Rússia e se tornando o país com o segundo maior poder bélico do mundo, atrás apenas dos Estados Unidos. Dessa forma, a China tornou-se, também, uma potência militar.

Nas relações comerciais, a China tem ampliado sua participação internacional, firmando pactos com diversos países. Começou a estabelecer acordos comerciais com países emergentes e com outros de menor projeção no quadro internacional, como Guiné Bissau. As trocas comerciais entre Brasil e China se intensificaram nos últimos anos, e atualmente o país asiático é o maior parceiro comercial brasileiro. A China também mantém investimentos em países submetidos a sanções dos Estados Unidos, como Irã e Venezuela, e tem interesses e relações políticas e econômicas na África e na Ásia Central.

Após a fragmentação do bloco soviético, a Rússia só retomou seu crescimento econômico no final da década de 1990; ainda assim, é um país com relevância na geopolítica internacional. Atualmente, Rússia e União Europeia disputam influência sobre o Leste Europeu, região formada por países que faziam parte ou eram área de influência da União Soviética. A Rússia busca ainda ampliar sua relevância sobre áreas próximas, como a Ásia Central, e sobre outras regiões, como o Oriente Médio. Além dos poderios militar e político, a Rússia exerce seu poder geopolítico por meio do comércio, principalmente com o fornecimento de combustíveis fósseis.

As tensões entre Rússia e Estados Unidos se acirraram nos últimos anos quando a Otan, organização militar liderada pelos Estados Unidos, se aliou a países vizinhos da Rússia que faziam parte do antigo bloco soviético. Em 2014, a tentativa da Ucrânia de aderir à Otan levou ao agravamento das tensões, que resultaram na anexação da Crimeia pela Rússia, naquele mesmo ano, e, posteriormente, à guerra entre Rússia e Ucrânia, iniciada em 2022.

MOVIMENTOS NACIONALISTAS

A geopolítica internacional se torna cada vez mais complexa sob o contexto da globalização, pois as relações econômicas, sociais e políticas dos países se tornaram mais interligadas e interdependentes. Contudo, ao mesmo tempo que o mundo se encontra mais integrado, há a ascensão de novas tendências políticas nacionalistas que reagem contra essa integração global.

Nesse contexto, destaca-se o Brexit, que foi a saída do Reino Unido da União Europeia. Essa decisão foi tomada por meio de votação popular e indica que a população do Reino Unido busca menor integração e maior autonomia em relação aos outros países do bloco.

■ **Mundo: Países com maiores gastos militares (2021)**

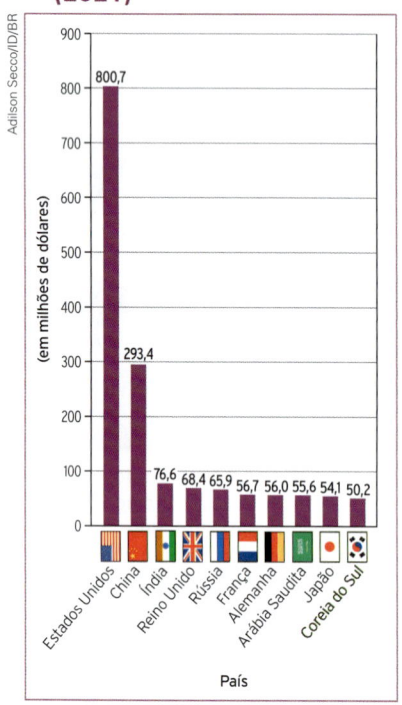

País	Gastos (em milhões de dólares)
Estados Unidos	800,7
China	293,4
Índia	76,6
Reino Unido	68,4
Rússia	65,9
França	56,7
Alemanha	56,0
Arábia Saudita	55,6
Japão	54,1
Coreia do Sul	50,2

Fonte de pesquisa: Sipri. Military Expenditure Database. Disponível em: https://milex.sipri.org/sipri. Acesso em: 13 mar. 2023.

REGIÕES POLARES E GEOPOLÍTICA

As regiões polares ártica (no hemisfério Norte) e antártica (no hemisfério Sul) são áreas muito pouco habitadas. Apesar disso, são foco de disputas, debates e acordos internacionais para regular sua forma de ocupação e o acesso aos recursos existentes nessas áreas.

ÁRTICO

A região do Ártico contempla territórios de oito países, que compõem o Conselho do Ártico; são eles: Dinamarca, Islândia, Noruega, Suécia, Finlândia, Rússia, Estados Unidos e Canadá. Os interesses geopolíticos no Ártico envolvem seu posicionamento estratégico (rota mais curta entre Estados Unidos e norte da Europa, por exemplo), além de interesses econômicos relacionados a seus recursos naturais e também ambientais. Populações tradicionais, como os povos inuítes, alutiit e sami, ocupam partes do território do Alasca, da Groenlândia, da Sibéria e do Canadá, mas têm muito pouca influência na atuação e determinações do Conselho do Ártico.

O ponto central da geopolítica na região ártica envolve o conflito entre questões ambientais e econômicas. Há estudos que indicam a existência de reservas significativas de **petróleo** e **gás natural** no Ártico, tornando a região alvo de interesse de diversos países. A disputa pelo controle e pela exploração desses recursos, entretanto, podem causar danos ambientais de impacto global. Os territórios do Ártico estão condicionados às regras de soberania da ONU, definidas na Convenção das Nações Unidas sobre o Direito do Mar, de 1982, que estabeleceu, entre outras medidas, critérios para a exploração de recursos naturais biológicos e minerais em águas internacionais e no subsolo oceânico.

O Ártico, assim como a Antártida, influencia as dinâmicas de correntes oceânicas, que, por sua vez, interferem no clima de toda a Terra. O aquecimento global, que tem provocado o derretimento de gelo das calotas polares, altera as condições climáticas e a biodiversidade e pode gerar efeitos desastrosos, como o aumento do nível do mar e a destruição do hábitat de diversas espécies animais e vegetais. O aumento do degelo nas regiões polares pode, ainda, intensificar a extração de recursos no Ártico ao criar condições favoráveis à exploração de recursos antes indisponíveis por conta do gelo. O interesse comercial no degelo de parte da banquisa se reflete também na abertura de novas rotas marítimas para navegação, já utilizadas no verão russo, por exemplo.

■ **Ártico: Geopolítica (2019)**

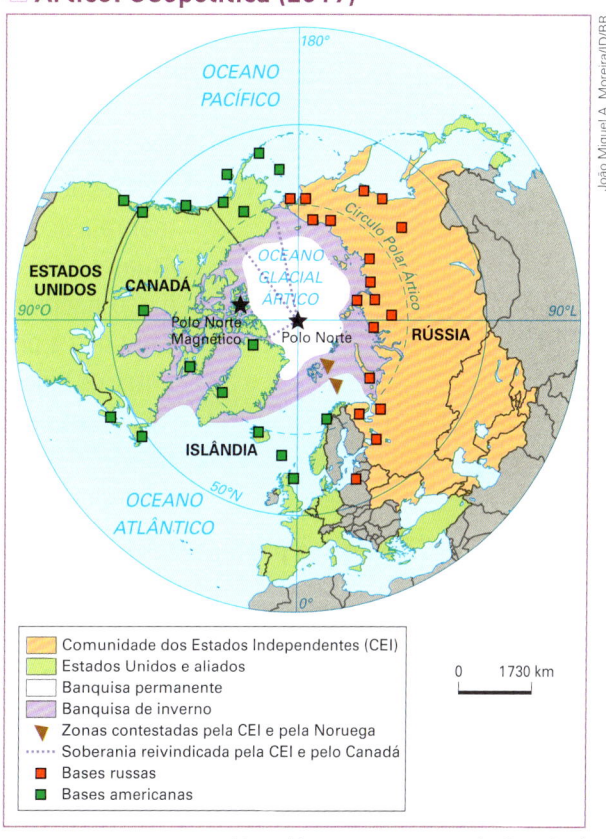

Nota: Em mapas nesta projeção, não é possível indicar a orientação.

Fonte de pesquisa: Maria Elena Simielli. *Geoatlas*. 35. ed. São Paulo: Ática, 2019. p. 105.

Você sabe qual é a importância **geopolítica do Ártico** para o mundo?

banquisa: camada de gelo formada por placas de água do mar congelada.

ANTÁRTIDA

A Antártida (ou Antártica, como também pode ser chamada) é o continente em que se registraram as temperaturas mais baixas da Terra. Quase completamente coberta de geleiras, que correspondem a cerca de 70% das reservas de água doce do globo, a Antártida se caracteriza também por ser o continente com o clima mais seco do planeta.

O conjunto das características ambientais e climáticas do continente são fundamentais na regulação do clima terrestre. Assim, a preservação ambiental da Antártida é foco de grande atenção do mundo todo, e uma série de acordos internacionais, chamada de Sistema de Tratados Antárticos, regulamenta diversas questões relativas ao continente.

Desde 1959, está em vigor o Tratado da Antártida, que regulamenta a ocupação e a exploração de terras no continente antártico. Atualmente, o tratado conta com 54 países signatários e determina o uso pacífico do continente, dando abertura apenas à exploração científica e proibindo atividades militares e de natureza econômica. Entre os signatários, há 29 membros consultivos, que tomam parte no processo decisório acerca das políticas propostas para a Antártida, e 25 membros não consultivos. Devido à sua produção científica, o Brasil faz parte do grupo de membros consultivos.

Antes da assinatura do Tratado da Antártida, alguns países reivindicavam soberania sobre parte do território do continente visando à exploração econômica de seus recursos; são eles: Argentina, Austrália, Chile, França, Noruega, Nova Zelândia e Reino Unido. Contudo, o tratado suspendeu essas reivindicações e proibiu novas contestações.

Em 1991, o Protocolo de Proteção Ambiental do Tratado da Antártida estabeleceu a região antártica como uma reserva natural dedicada à ciência colaborativa e à paz. O protocolo determina que só em 2048 poderá ser rediscutida a possibilidade de exploração econômica do continente.

Antártica: Territórios pretendidos e bases científicas (2019)

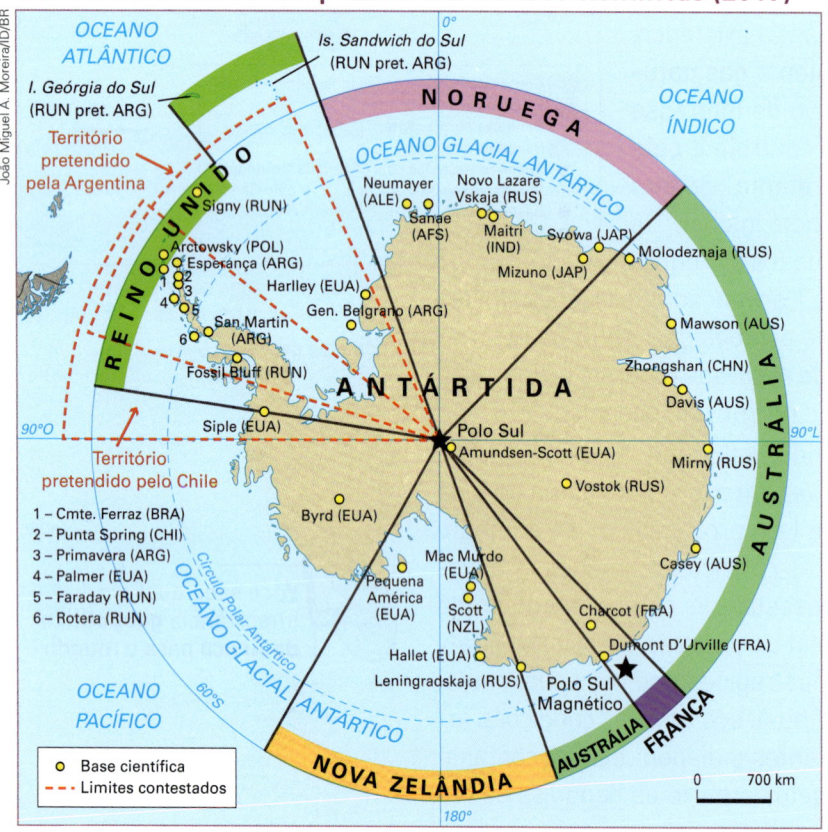

Nota: Em mapas nesta projeção, não é possível indicar a orientação.
Fonte de pesquisa: Maria Elena Simielli. *Geoatlas*. 35. ed. São Paulo: Ática, 2019. p. 104.

ATIVIDADES

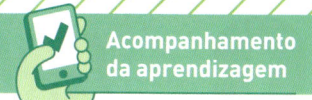

Acompanhamento da aprendizagem

Retomar e compreender

1. O que caracterizou a política externa dos Estados Unidos nas décadas de 1990 e 2000?

2. Qual foi o acontecimento que determinou o fim da ordem mundial bipolar? Explique como ocorreu essa mudança no cenário geopolítico mundial.

3. Quais fatores tornaram os Estados Unidos a principal potência mundial na década de 1990?

4. Quais foram as principais ameaças à supremacia geopolítica dos Estados Unidos?

5. Por que o crescimento econômico chinês ao longo da década de 2000 foi um dos fatores que contribuíram para alterar a posição dos Estados Unidos como potência hegemônica mundial?

Aplicar

6. Ao longo da década de 1990, os Estados Unidos, como potência hegemônica, ampliaram sua influência pelo mundo, inclusive propagando seus padrões de consumo. Em sua opinião, atualmente é possível perceber influências culturais estadunidenses em seu cotidiano? Se sim, quais são elas?

7. Observe a charge e relacione-a ao contexto da ordem geopolítica bipolar.

◀ Charge de 2015.

8. O gráfico a seguir mostra a evolução das exportações de armas da União Soviética e da Rússia entre 1950 e 2012. Analise-o para responder às questões.

União Soviética e Rússia: Exportação de armas (1950-2012)

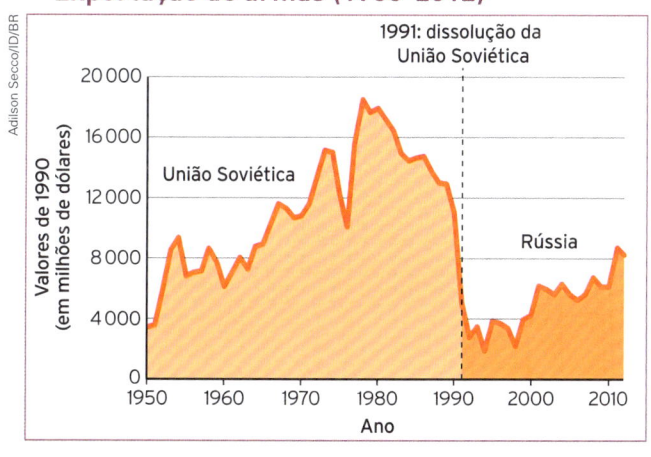

a) Em que período as exportações de armas da URSS atingiram os maiores valores?

b) O que significou o fim da URSS para a indústria bélica do bloco socialista?

c) Por que, após 1991, o gráfico apresenta informações relativas às exportações russas? Qual era a importância desse país no bloco soviético?

Fonte de pesquisa: Centre de recherches internationales (Ceri) et Atelier de cartographie. Exportations d'armes de l'URSS et de la Russie, 1950-2012, *Ceriscope*. Disponível em: http://ceriscope.sciences-po.fr/puissance/content/exportations-d-armes-de-l-urss-et-de-la-russie-1950-2012-0. Acesso em: 21 mar. 2023.

29

CAPÍTULO 3
ORGANIZAÇÕES INTERNACIONAIS

PARA COMEÇAR

Você sabe qual é o papel da Organização das Nações Unidas (ONU) na geopolítica mundial? Você conhece outras organizações internacionais?

BUSCA POR ESTABILIDADE POLÍTICA

O século XX ficou marcado como o século das grandes guerras, que ocorreram, entre outras causas, em virtude de disputas por territórios, mercados consumidores e fontes de matérias-primas entre os países mais industrializados.

Após a Segunda Guerra Mundial (1939-1945), aumentou a preocupação com a ocorrência de novos conflitos entre os Estados. A partir de então, com o objetivo de garantir a estabilidade internacional, foram criadas organizações com representação de diferentes Estados para tratar de questões políticas, financeiras, ambientais e sociais que afetam os países. Assim, surgiram, por exemplo, a **Organização das Nações Unidas (ONU)** e o **Banco Mundial**.

Atualmente, as organizações internacionais empreendem ações em diferentes campos, como empréstimos para países em crise econômica, financiamentos para grandes construções, ajuda humanitária em catástrofes naturais, cooperações militares e acordos comerciais.

▼ A ONU tem sede em vários países e conta com escritórios de representação em cada país-membro. Possui 26 programas, fundos e agências dedicados a questões específicas, como alimentação, ajuda humanitária, cultura e patrimônio histórico. Sede principal da ONU em Nova York. Foto de 2023.

ORGANIZAÇÃO DAS NAÇÕES UNIDAS

A ONU foi criada em 1945 com o objetivo de ser um órgão internacional e multilateral de resolução de conflitos e para negociações de paz. As discussões sobre segurança internacional são realizadas pelo Conselho de Segurança – único órgão com poder decisório na organização que determina ações que devem ser aceitas por todos os membros.

Em 2022, a ONU era composta de 193 países-membros. No Conselho de Segurança, cinco países participam como **membros permanentes**, que têm direito a veto sobre as decisões coletivas: Estados Unidos, China, Rússia, Reino Unido e França. Outras dez vagas rotativas, com mandatos de dois anos, são ocupadas por países de diferentes regiões do mundo.

As Nações Unidas intervêm nos **conflitos internacionais** de várias formas: com mediações, missões de paz, comissões de investigação e sanções e pela Corte Internacional de Justiça. As **sanções** estão entre as medidas mais aplicadas contra países ou contra grupos acusados de descumprir as normas internacionais e incluem proibição de viagens de pessoas que praticaram violações aos direitos humanos, bloqueio de bens e contas, exclusão de órgãos internacionais, suspensão de relações diplomáticas, suspensão da imunidade diplomática de chefes de Estado acusados de crimes de guerra, proibição à importação de armas e outras restrições de ordem econômica.

Além de medidas de negociação e restrições, a ONU pode intervir com tropas militares em operações de manutenção da paz e no cumprimento de resoluções.

Um dos papéis mais significativos da ONU na atualidade, no entanto, está relacionado às **entidades especializadas** (como fundos, organizações e agências), que têm ampliado a ajuda humanitária (com alimentos e cuidados médicos) e as ações em diversos setores relativos ao desenvolvimento e aos direitos humanos em vários países.

ONU E GEOPOLÍTICA

Ao longo do tempo, a ONU se tornou um espaço de **disputas geopolíticas**. O crescimento do poderio de países emergentes, como a Rússia e a China, resultou no estabelecimento de acordos internacionais e em novos arranjos de poder. A rotatividade dos membros não permanentes do Conselho de Segurança altera periodicamente esse arranjo de forças em disputa na organização.

multilateral: relativo aos interesses de vários países.

Você conhece os órgãos que fazem parte da **organização da ONU**?

PARA EXPLORAR

ONUBR – Nações Unidas no Brasil
O portal da ONU no Brasil traz informações detalhadas sobre a história e as ações da instituição, notícias internacionais e publicações que abordam temas como educação e meio ambiente. Disponível em: https://brasil.un.org/. Acesso em: 2 jan. 2023.

▲ Reunião do Conselho de Segurança da ONU, em Nova York, Estados Unidos. Foto de 2023.

> **PARA EXPLORAR**
>
> **Centro de Informação das Nações Unidas – Rio de Janeiro (Unic Rio)**
> Presentes em mais de sessenta países, os Unic, como o do Rio de Janeiro, são centros que divulgam o trabalho da ONU para a comunidade, disponibilizando informações sobre questões políticas, sociais, econômicas, ambientais e humanitárias e promovendo seminários e fóruns de discussão. No Brasil, há diversas bibliotecas comunitárias e outras iniciativas dessa instituição.
> **Informações**: https://unicrio.org.br/unic-rio/. Acesso em: 21 mar. 2023.
> **Localização**: Avenida Marechal Floriano, 196. Rio de Janeiro (RJ).

Recentemente, a ONU vem sendo criticada por não conseguir agir adequadamente em muitos conflitos em andamento, sobretudo quando se trata de questionar as ações dos Estados Unidos e de seus aliados da Otan.

A invasão estadunidense no Iraque, contrariando o veto da ONU, diminuiu a credibilidade da organização na gestão de conflitos. Por outro lado, o aumento da influência de outros países na ONU impede que os Estados Unidos imponham sanções econômicas mais duras a países com os quais têm relações de inimizade, como o Irã e a Coreia do Norte. Os Estados Unidos e seus aliados também criticam a ONU por esta nem sempre contemplar seus interesses. A instituição não aprova, por exemplo, o uso de força militar por Israel em questões com a Palestina e por diversas vezes já propôs sanções aos israelenses, recusadas pelos Estados Unidos.

ORGANIZAÇÃO MUNDIAL DA SAÚDE

Uma das mais importantes agências da ONU, a Organização Mundial da Saúde (OMS), criada em 1948, ganhou grande destaque nos últimos anos devido à pandemia de covid-19. A organização, inclusive, foi a responsável por decretar, em março de 2020, o *status* de pandemia da doença e teve papel fundamental na atuação, definição e condução de controle e tratamento da doença por governos, organizações e instituições de saúde e até pelos indivíduos.

Contudo, a importância da OMS não se restringe à atuação em pandemias ou outros momentos de crise sanitária. A instituição tem papel de destaque também no controle e na identificação de doenças e tratamentos; no estímulo e no desenvolvimento científico das áreas ligadas à saúde; na realização de medicina preventiva; na alimentação de qualidade; etc.

▼ Presidente da OMS, Tedros Adhanom, em Tel-Aviv, Israel. Foto de 2022.

JACK GUEZ/AFP

> ## CIDADANIA GLOBAL
>
> ### ATUAÇÃO DA ONU NA MEDIAÇÃO DE CONFLITOS LOCAIS
>
> As agências da ONU atuam em muitas questões sociais, econômicas, ambientais e políticas. Uma das principais operações da instituição nos últimos anos tem sido promover os Objetivos de Desenvolvimento Sustentável (ODS).
>
> Isso quer dizer que a ONU trabalha, global e também localmente, para promover o bem-estar social e a justiça, assim como para a resolução de problemas por meio de instituições eficazes, responsáveis e transparentes.
>
> 1. Faça um levantamento sobre as entidades da ONU e os segmentos nos quais atuam. Há alguma dessas entidades atuando no Brasil, em seu estado e/ou em seu município? Se sim, quais? Quais são as principais formas de atuação dessas entidades?
> 2. O conflito que seu grupo identificou no município é ou poderia ser mediado por um desses órgãos da ONU?

ORGANIZAÇÕES ECONÔMICAS

As questões econômicas, assim como a geopolítica, também são centrais para as relações internacionais. Diante disso, no século XX foram criadas organizações com o objetivo principal de atuar em questões financeiras e na sua regulação.

FUNDO MONETÁRIO INTERNACIONAL E BANCO MUNDIAL

No mesmo contexto de criação da ONU, antes do término da Segunda Guerra Mundial, representantes de 44 países de diferentes níveis de desenvolvimento, incluindo o Brasil, se reuniram e, em 1944, assinaram o acordo de criação do Fundo Monetário Internacional (FMI) e do Banco Mundial. A criação e a atuação desses órgãos estão relacionadas ao aumento do poder econômico dos países desenvolvidos, como os Estados Unidos, no processo de integração das economias nacionais.

O FMI e o Banco Mundial reúnem e disponibilizam recursos financeiros para socorrer ou viabilizar obras de infraestrutura nos países-membros. O FMI atua especialmente em **crises financeiras**, com o objetivo de impedir que crises locais causem danos de proporção internacional. Países endividados ou com extrema desvalorização de sua moeda, por exemplo, costumam recorrer ao FMI.

Com o grande número de crises ocorridas no mundo nas décadas de 1980 e 1990, o FMI teve atuação de destaque. No entanto, para realizar empréstimos, essa organização exige uma série de medidas do país que pede o auxílio, como cortes de investimentos e reestruturação de governos, que podem dificultar a recuperação econômica em vez de promovê-la. Os empréstimos do FMI são de curto prazo e têm juros elevados. Por isso, as relações desse órgão com os Estados são tensas, e países em desenvolvimento procuram ampliar sua atuação no fundo para criar normas que favoreçam seu desenvolvimento econômico.

O Banco Mundial foi criado para auxiliar na **reconstrução** dos países afetados pela Segunda Guerra. Posteriormente, sua atuação ampliou-se para os países em desenvolvimento. O Banco tem o objetivo de **financiar projetos de longo prazo**: construção de infraestruturas de transporte, produção de energia, estímulo à indústria, entre outros.

ORGANIZAÇÃO MUNDIAL DO COMÉRCIO

A Organização Mundial do Comércio (OMC) surgiu em 1995 e, em 2022, era formada por 164 países-membros. O órgão tem o objetivo de **regular o comércio internacional**, estabelecendo normas, proibições e tarifas de comércio exterior para seus integrantes. Com o comércio mundial cada vez mais complexo e globalizado, é comum surgirem disputas e divergências comerciais, pois cada governo busca o acordo mais vantajoso para a economia de seu país. É papel da OMC atuar como um tribunal na resolução de disputas comerciais.

> **PARA EXPLORAR**
>
> *Organizações internacionais*, de Gilberto M. A. Rodrigues. São Paulo: Moderna.
>
> Nessa obra, é possível conhecer as principais organizações internacionais, suas formas de atuação e seus objetivos e a maneira como influenciam a política internacional e a nossa vida.

▼ Diretora-geral da OMC, Ngozi Okonjo-Iweala, em evento da organização em Genebra, Suíça. Foto de 2022.

BLOCOS ECONÔMICOS REGIONAIS

A globalização econômica e a intensificação do comércio internacional aumentaram de modo significativo a competitividade comercial entre os países. Esse processo também provocou a fragilização de economias nacionais. Na década de 1990, sucessivas crises econômicas levaram diversos Estados a firmar acordos que protegessem suas economias.

Formaram-se, então, blocos econômicos regionais buscando realizar acordos com vantagens específicas para seus membros, que podem incluir cooperação econômica e permitem, por exemplo, a redução ou a extinção de taxas alfandegárias e até mesmo a abertura das fronteiras para a livre circulação de mercadorias, pessoas e capitais entre os países-membros, como ocorre na União Europeia (UE). No Acordo Estados Unidos-México-Canadá (USMCA, em inglês), que substituiu o Nafta, são feitos pactos específicos relativos ao comércio preferencial entre membros. Essas novas configurações propiciaram a ampliação da atuação de empresas multinacionais nos mercados regional e internacional.

Além dos blocos, há também as organizações regionais, que atuam com o objetivo de estabelecer normas comuns e manter a **estabilidade política** dos países participantes. Entre elas estão: a Organização dos Estados Americanos (OEA), composta de todos os países americanos independentes; a Comunidade de Estados Independentes (CEI), formada por alguns dos países que faziam parte da União Soviética; e a União Africana (UA), que engloba todos os países do continente africano. Observe, no diagrama a seguir, as diferentes formas de integração estabelecidas nos blocos econômicos regionais.

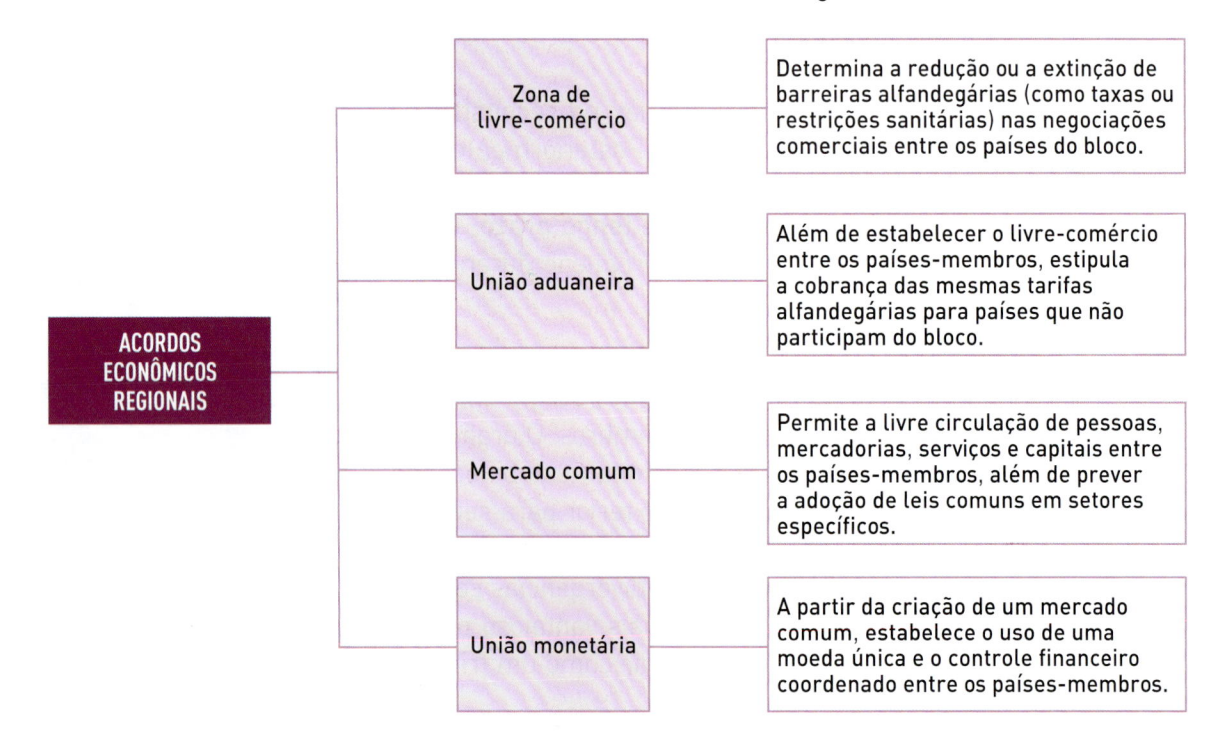

ACORDOS ECONÔMICOS REGIONAIS

- **Zona de livre-comércio**: Determina a redução ou a extinção de barreiras alfandegárias (como taxas ou restrições sanitárias) nas negociações comerciais entre os países do bloco.

- **União aduaneira**: Além de estabelecer o livre-comércio entre os países-membros, estipula a cobrança das mesmas tarifas alfandegárias para países que não participam do bloco.

- **Mercado comum**: Permite a livre circulação de pessoas, mercadorias, serviços e capitais entre os países-membros, além de prever a adoção de leis comuns em setores específicos.

- **União monetária**: A partir da criação de um mercado comum, estabelece o uso de uma moeda única e o controle financeiro coordenado entre os países-membros.

ASSOCIAÇÕES ENTRE PAÍSES

Nas últimas décadas, fortaleceu-se a união de países para garantir seus **interesses econômicos** em uma economia globalizada e altamente competitiva. Dessa união, formaram-se grupos como o G7, o G20 e o G77.

Diferentemente dos blocos econômicos, nesses grupos os países se associam de modo informal, com o objetivo de propor ações conjuntas para problemas comuns.

Criado em 1975, o **grupo dos 7 (G7)** é formado pelos países mais industrializados e ricos do mundo: Alemanha, Canadá, Estados Unidos, França, Itália, Japão e Reino Unido. Em 1998, a Rússia entrou para o grupo, que, com isso, passou a se chamar G8. Contudo, o país foi suspenso em 2014, em virtude do conflito com a Ucrânia pela anexação da Crimeia. Os Estados Unidos se afastaram do G8 durante o governo de Donald Trump (entre 2017 e 2021). No entanto, o governo de Joe Biden, a partir de 2021, reaproximou os Estados Unidos do grupo. Nos últimos anos, o G7 tem ampliado o diálogo com as principais economias emergentes, como o Brasil, a Índia e a China.

As reuniões do G7 estabelecem diretrizes e definições que influenciam a geopolítica e a economia em âmbito mundial.

O **grupo dos 20 (G20)** é um fórum informal que reúne as 20 principais economias do mundo, contemplando países desenvolvidos e em desenvolvimento, a fim de discutir a economia global. Criado no fim da década de 1990, em resposta às crises econômicas do período, esse fórum busca representar de forma mais adequada a economia mundial, além de propor ações conjuntas para problemas compartilhados por seus países-membros.

> **GRUPO DO 77 (G77)**
>
> O **G77** se formou em 1964, sendo composto, na época, de 77 países **em desenvolvimento** que buscavam melhorar sua representatividade no cenário geopolítico mundial. Hoje, o grupo é formado por 134 países, alguns deles também integrantes do G20.
>
> Epidemias, corrupção, tráfico de armas e de drogas são alguns dos problemas discutidos no G77.

Fontes de pesquisa: *G20*. Disponível em: http://g20.org.tr/about-g20/g20-member-map/; *The Group of 77*. Disponível em: http://www.g77.org/doc/members.html; Le G8 et le G20, SciencesPo. Disponível em: https://bibnum.sciencespo.fr/s/catalogue/ark:/46513/sc16fpv3#?c=&m=&s=&cv=&xywh=-825%2C-60%2C3596%2C1584. Acessos em: 22 mar. 2023.

■ **Mundo: G7, G20, G77 (2022)**

BRASIL NA ORDEM MUNDIAL

A participação em blocos econômicos e iniciativas de integração política propiciaram maior projeção internacional ao Brasil desde o final do século XX. O crescimento econômico no século XXI e a consolidação do país como potência regional ampliaram as relações com novos parceiros comerciais, possibilitando maior **autonomia** e **dinamismo nas relações políticas internacionais**.

AMÉRICA DO SUL

A partir da década de 1990, o Brasil buscou ampliar sua integração com os demais países da América do Sul. Os objetivos eram reduzir a influência dos Estados Unidos na região, consolidar o Brasil como uma potência regional e reforçar a participação sul-americana na economia globalizada. Nesse contexto, foram criados o **Mercado Comum do Sul** (Mercosul), em 1991, e a **União de Nações Sul-Americanas** (Unasul).

O Mercosul representa uma importante área de influência econômica para o Brasil, que está entre os países fundadores, assim como Argentina, Paraguai e Uruguai. Desde 2012, a Venezuela tornou-se membro do bloco (embora esteja suspensa desde 2016), e a Bolívia entrou em processo de adesão. O objetivo do Mercosul é implementar a livre circulação de bens e serviços entre seus países-membros, com a eliminação de algumas tarifas comerciais e o estabelecimento de uma política conjunta para negociar com países de fora do bloco.

No começo do século XXI, os países latino-americanos buscaram reforçar suas relações políticas e comerciais. O crescimento econômico do período estimulou a criação de organismos para discutir projetos de integração e desenvolvimento da América Latina.

Criada em 2008, a Unasul propõe a integração dos países sul-americanos para o desenvolvimento conjunto de infraestruturas e o aproveitamento dos recursos naturais desses países. A Unasul também tem como objetivos fortalecer a democracia, a defesa militar e o desenvolvimento tecnológico, além de aumentar a competitividade econômica da região. Devido ao seu protagonismo regional, o Brasil já atuou como um importante articulador dos projetos dessa organização.

No entanto, durante o governo de Jair Bolsonaro (2018- -2022), o Brasil abandonou a postura de maior integração com a América Latina, buscando se aproximar novamente dos Estados Unidos. Com isso, reduziu suas relações políticas com o Mercosul e, em 2019, oficializou sua saída da Unasul.

AMÉRICA DO SUL: PRODUTO INTERNO BRUTO, EM BILHÕES DE DÓLARES (2021)	
Brasil	1 609,0
Argentina	491,5
Chile	317,1
Colômbia	314,3
Peru	223,3
Equador	106,2
Uruguai	59,3
Bolívia	40,4
Paraguai	39,0
Guiana	7,4
Suriname	2,9

▲ O Brasil desponta como uma liderança na América do Sul. O dinamismo econômico do país se reflete no PIB nacional.
Fonte de pesquisa: Banco Mundial. Disponível em: https://data.worldbank.org/indicator/NY.GDP.MKTP.CD. Acesso em: 22 mar. 2023.

UNASUL × OEA

Por ser composta apenas de Estados latino-americanos, a Unasul disputa espaço com a **Organização dos Estados Americanos** (OEA), que apresenta objetivos semelhantes, mas conta com a participação dos Estados Unidos. Assim, a Unasul articulou negociações para reduzir conflitos regionais, como as tensões entre Venezuela e Colômbia em 2008.

Contudo, após 2016, mudanças nos governos dos países latino- -americanos criaram impasses dentro da Unasul e, entre 2018 e 2019, sete países (incluindo o Brasil) se retiraram do acordo. Ao mesmo tempo, os Estados Unidos se reaproximam desses países, buscando fortalecer a OEA.

CHINA

A China tem se consolidado como um importante parceiro comercial e geopolítico do Brasil. Os primeiros acordos comerciais entre os países são de 2003 e, desde 2010, a China superou os Estados Unidos como principal parceiro comercial do Brasil.

As relações geopolíticas entre os países se aprofundam nos fóruns internacionais, como os da ONU, FMI, Banco Mundial, G20 e Brics. No entanto, durante o governo Bolsonaro, as boas relações políticas entre China e Brasil foram abaladas, pois o governo brasileiro buscou se aproximar da "guerra comercial" promovida pelos Estados Unidos contra o país asiático. Mesmo assim, a China é o principal parceiro comercial do Brasil.

■ **Brasil: Balança comercial em relação à China (2000-2020)**

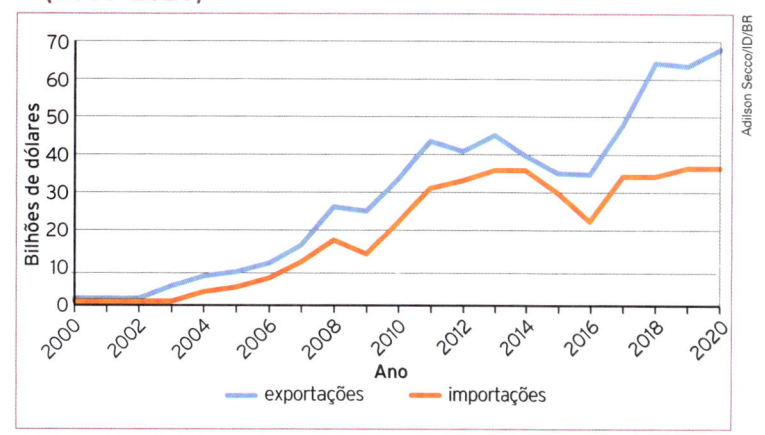

▲ A balança comercial representa a diferença entre o valor das exportações e o das importações de um país. Durante o período representado, o valor das exportações brasileiras para a China é maior que o das importações brasileiras de produtos chineses. Assim, a balança comercial entre os países apresenta saldo positivo para o Brasil.

Fonte de pesquisa: The Observatory of Economic Complexity. Disponível em: https://oec.world/en/profile/bilateral-country/chn/partner/bra. Acesso em: 22 mar. 2023.

CENÁRIO MUNDIAL

Nos últimos anos, o Brasil vem tentando assumir um papel mais autônomo e crítico em relação às grandes potências mundiais. Em associações como o G20, tornou-se um representante importante dos países em desenvolvimento, buscando um tratamento mais justo para os países emergentes nas negociações com os países desenvolvidos.

Além disso, os países do Brics passaram a se encontrar sistematicamente a partir de 2006, indicando uma aproximação comercial entre eles, apesar das divergências internas. Diversificar as relações comerciais e políticas pode ajudar os países desse grupo a lidar com momentos de crise financeira.

No âmbito do Brics, o Brasil participou da fundação do Novo Banco de Desenvolvimento (NBD) e de um fundo de auxílio aos membros do grupo, que visa reduzir a dependência de órgãos como o FMI e o Banco Mundial. O Banco do Brics tem o objetivo de financiar os projetos de infraestrutura e de desenvolvimento de seus países-membros.

O Brasil também busca maior representatividade na ONU, além de pleitear a vaga de membro permanente do Conselho de Segurança dessa organização. Nos últimos anos, o país tem fornecido ajuda militar para as missões de paz da ONU.

▼ De acordo com o Ministério das Relações Exteriores, o Brasil já participou de mais de 50 operações de paz da ONU. Tropas brasileiras atuaram no Líbano, por exemplo, entre 2011 e 2020. Carro da ONU patrulha rua da cidade de Beirute, Líbano. Foto de 2018.

ATIVIDADES

Retomar e compreender

1. Explique em que contexto histórico a ONU foi criada.
2. Quais são as diferenças entre o Banco Mundial e o FMI?
3. Que razões têm levado à criação de blocos econômicos e de associações entre países?
4. Faça um levantamento de informações sobre os blocos regionais listados a seguir. Depois, elabore uma ficha para cada bloco, preenchendo-a com as seguintes informações: ano de criação, países-membros, tipo de acordo econômico e países que se destacam na liderança e na economia desse bloco.
   - Acordo Estados Unidos-México-Canadá (USMCA)
   - União Aduaneira da África Austral (Sacu)
   - Mercosul
   - União Europeia (UE)

Aplicar

5. Realize um levantamento dos países-membros do G7 e do G20. Em seguida, identifique os membros comuns aos dois grupos internacionais e anote-os no caderno. Discuta, em grupo, as possíveis razões pelas quais esses membros pertencem tanto ao G7 quanto ao G20.

6. O gráfico a seguir mostra o poderio bélico dos Estados Unidos, da China e da Rússia. Analise as informações e, depois, faça o que se pede.

Estados Unidos, China e Rússia: Forças Armadas (2022)

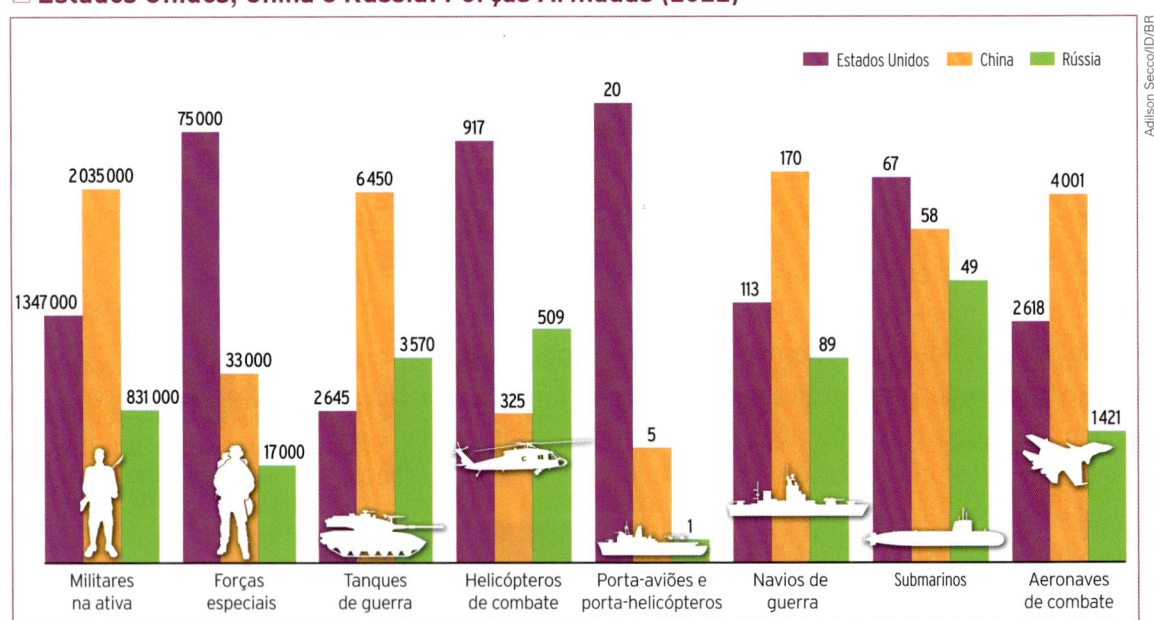

Categoria	Estados Unidos	China	Rússia
Militares na ativa	1 347 000	2 035 000	831 000
Forças especiais	75 000	33 000	17 000
Tanques de guerra	2 645	6 450	3 570
Helicópteros de combate	917	325	509
Porta-aviões e porta-helicópteros	20	5	1
Navios de guerra	113	170	89
Submarinos	67	58	49
Aeronaves de combate	2 618	4 001	1 421

Fonte de pesquisa: Military Watch Magazine. National rankings by military strength. Disponível em: https://forceindex.militarywatchmagazine.com/national_ranking. Acesso em: 22 mar. 2023.

a) Indique os países com maiores números de contingentes ou equipamentos militares em cada item registrado.

b) Estabeleça uma relação entre o tamanho das forças armadas dos países e sua postura no cenário geopolítico na ordem mundial.

GEOGRAFIA DINÂMICA

Acordos entre organizações internacionais

Como você estudou, a geopolítica mundial é muito dinâmica. Em 2019, um acordo assinado entre o Mercosul e a União Europeia visava à integração econômica desses blocos. Contudo, vários entraves surgiram ao longo das negociações. Confira, na reportagem a seguir, algumas questões relacionadas à implementação do acordo entre o Mercosul e a União Europeia.

Chanceler diz que busca resolver pendências em acordo Mercosul-UE

Questões climáticas e ambientais travam formalização do tratado

O Itamaraty está trabalhando para resolver as pendências que impedem a formalização do acordo de livre-comércio entre o Mercosul e a União Europeia, disse hoje [26 out. 2021] o [então] ministro das Relações Exteriores, Carlos França. [...]

O chanceler fez a declaração no lançamento da agenda legislativa da Frente Parlamentar do Comércio Internacional e Investimentos (Fren-Comex), no Palácio do Itamaraty. Assinado em 2019, o acordo Mercosul-UE precisa ser aprovado pelos parlamentos dos países dos dois blocos para entrar em vigor. No entanto, questões ambientais e climáticas têm travado as votações.

"Os desafios são complexos, mas a diplomacia brasileira está e permanecerá atenta", disse França. Segundo o [então] ministro, o Oriente Médio e os países do sul e do leste asiático são prioridades do Brasil na busca de acordos comerciais.

[França] defendeu a modernização do Estado brasileiro por meio do ingresso do país na Organização para a Cooperação e Desenvolvimento Econômico (OCDE) e pela agenda de privatizações. Na avaliação dele, existe espaço para que o Brasil diversifique as exportações, sem deixar de lado as *commodities* (bens primários com cotação internacional).

"Há espaço para diversificação da pauta exportadora sem negligenciar nossa estratégia de exportação de *commodities*, ampliando exportação de serviços e bens industrializados", comentou. [...]

▲ Encontro dos governantes de países-membros durante assinatura de acordo entre o Mercosul e a União Europeia. À esquerda, o ex-presidente da Argentina Mauricio Macri cumprimenta o então presidente da Comissão Europeia Jean-Claude Junker, em Osaka, Japão. Foto de 2019.

Wellton Máximo. Chanceler diz que busca resolver pendências em acordo Mercosul-UE. *Agência Brasil*, 26 out. 2021. Disponível em: https://agenciabrasil.ebc.com.br/internacional/noticia/2021-10/chanceler-diz-que-busca-resolver-pendencias-em-acordo-mercosul-ue. Acesso em: 22 mar. 2023.

Em discussão

1. De acordo com o texto, quais eram os entraves para a votação do acordo entre o Mercosul e a União Europeia? Como esses fatores se relacionam ao contexto geopolítico atual?
2. Em sua opinião, quais vantagens esse acordo poderia trazer para o Brasil?

REPRESENTAÇÕES

Mapas e infografias

Há diferentes tipos de mapa e formas de representá-los. Alguns deles podem, inclusive, ser apresentados juntos ou em forma de **infográfico**, ou seja, os elementos cartográficos podem ser acompanhados de textos, gráficos e outros recursos visuais.

Veja, a seguir, um exemplo de mapa com infografia, que apresenta dados sobre as relações econômicas internacionais do Brasil.

Brasil: Relações econômicas e internacionais (2019)

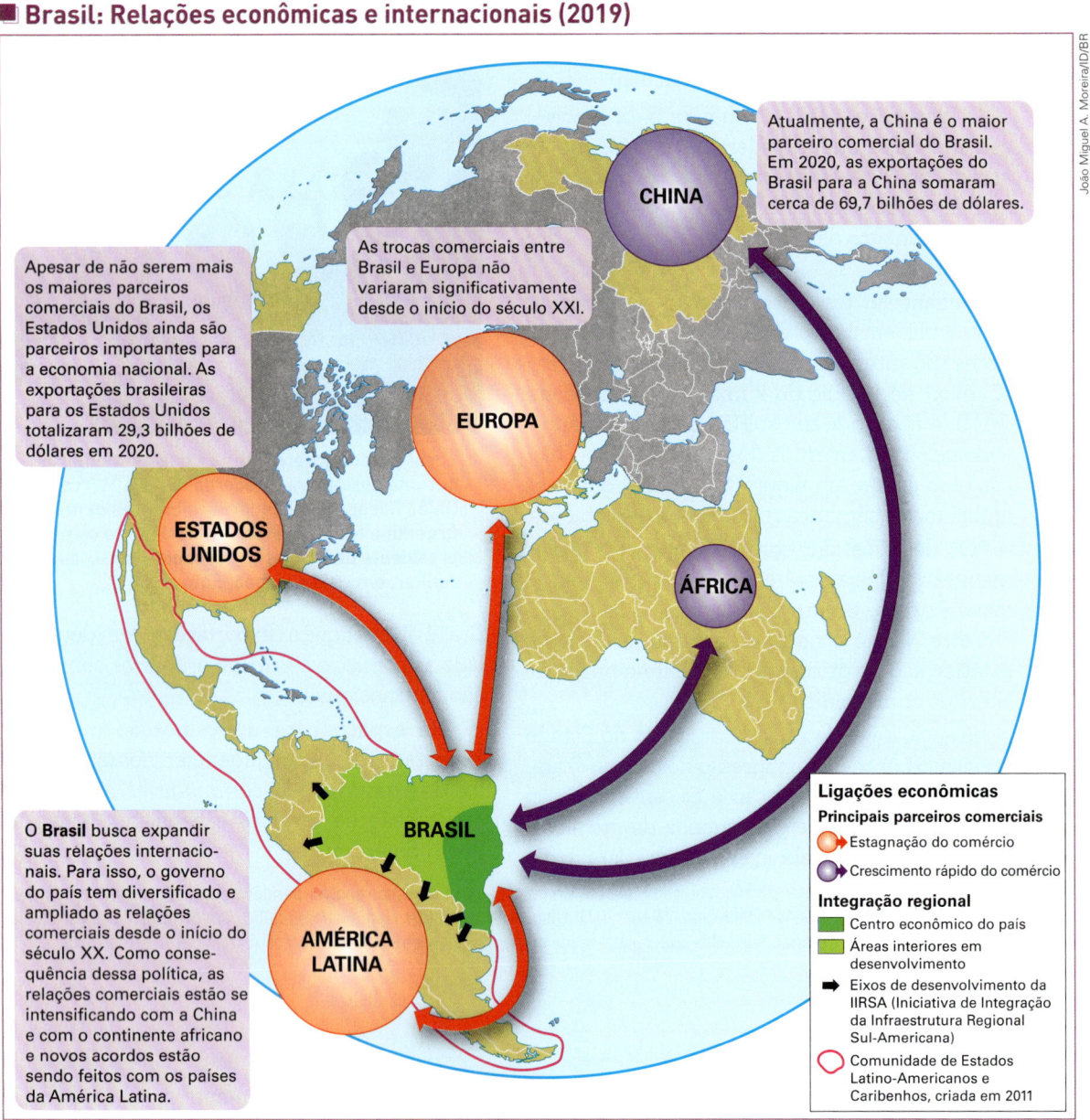

Atualmente, a China é o maior parceiro comercial do Brasil. Em 2020, as exportações do Brasil para a China somaram cerca de 69,7 bilhões de dólares.

As trocas comerciais entre Brasil e Europa não variaram significativamente desde o início do século XXI.

Apesar de não serem mais os maiores parceiros comerciais do Brasil, os Estados Unidos ainda são parceiros importantes para a economia nacional. As exportações brasileiras para os Estados Unidos totalizaram 29,3 bilhões de dólares em 2020.

O **Brasil** busca expandir suas relações internacionais. Para isso, o governo do país tem diversificado e ampliado as relações comerciais desde o início do século XX. Como consequência dessa política, as relações comerciais estão se intensificando com a China e com o continente africano e novos acordos estão sendo feitos com os países da América Latina.

Ligações econômicas
Principais parceiros comerciais
- Estagnação do comércio
- Crescimento rápido do comércio

Integração regional
- Centro econômico do país
- Áreas interiores em desenvolvimento
- Eixos de desenvolvimento da IIRSA (Iniciativa de Integração da Infraestrutura Regional Sul-Americana)
- Comunidade de Estados Latino-Americanos e Caribenhos, criada em 2011

Nota: Em mapas nesta projeção, não é possível indicar a orientação e a escala.

Fontes de pesquisa: Le Monde Diplomatique. *L'atlas 2013*. Paris: Vuibert, 2012, p. 109; The Observatory of Economic Complexity. Disponível em: https://oec.world/en/home-a. Acesso em: 22 mar. 2023.

Em alguns casos, há maior flexibilidade no uso de convenções cartográficas. Observe a representação a seguir, que traz textos e gráficos integrados. Perceba que os países são apresentados de modo diferente de como costumamos visualizá-los em mapas tradicionais. Além disso, os textos, assim como os gráficos, auxiliam na compreensão do fenômeno representado. Trata-se de outro exemplo de mapa em formato de infográfico.

■ **Mundo: Membros do Conselho de Segurança da ONU (2022)**

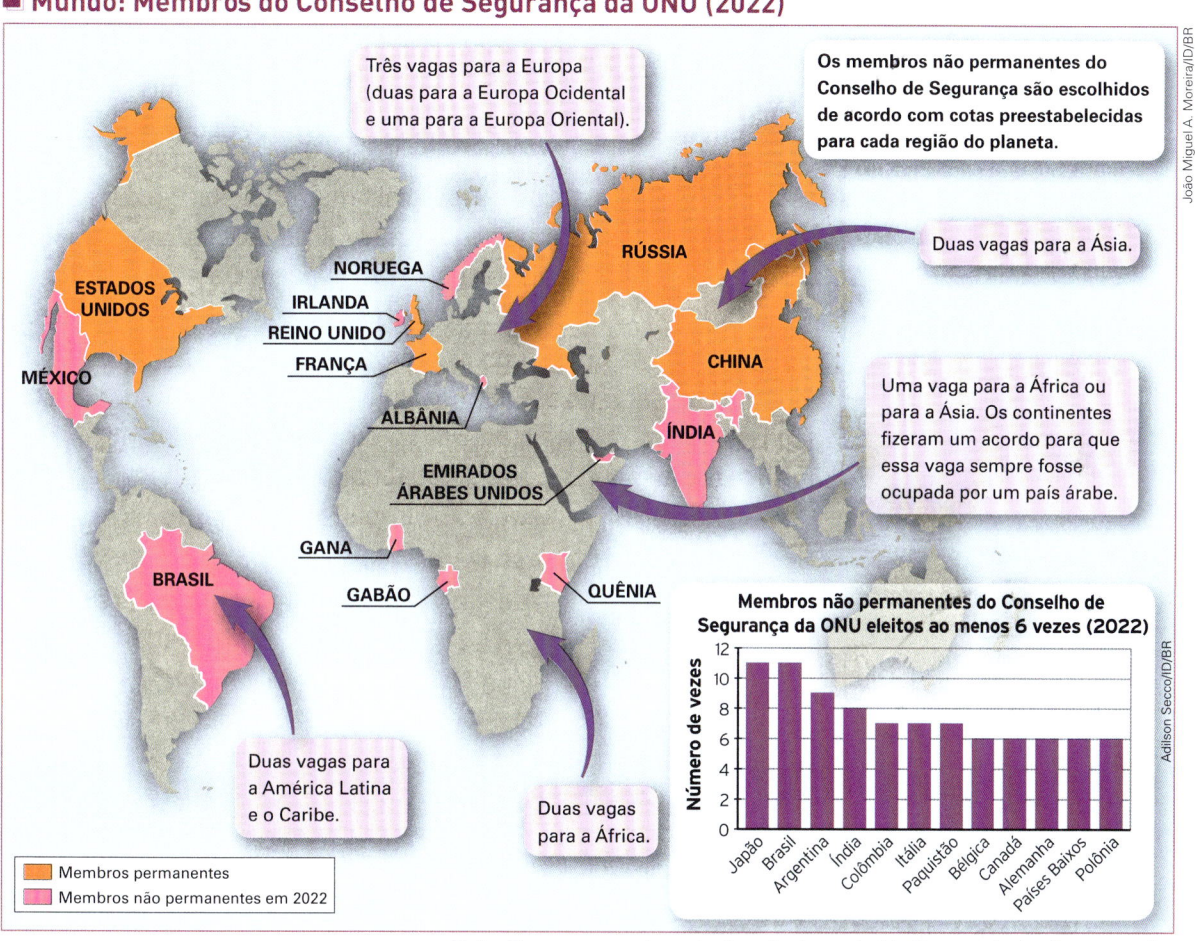

Três vagas para a Europa (duas para a Europa Ocidental e uma para a Europa Oriental).

Os membros não permanentes do Conselho de Segurança são escolhidos de acordo com cotas preestabelecidas para cada região do planeta.

Duas vagas para a Ásia.

Uma vaga para a África ou para a Ásia. Os continentes fizeram um acordo para que essa vaga sempre fosse ocupada por um país árabe.

ESTADOS UNIDOS — MÉXICO — NORUEGA — IRLANDA — REINO UNIDO — FRANÇA — ALBÂNIA — RÚSSIA — CHINA — ÍNDIA — EMIRADOS ÁRABES UNIDOS — GANA — GABÃO — QUÊNIA — BRASIL

Duas vagas para a América Latina e o Caribe.

Duas vagas para a África.

■ Membros permanentes
■ Membros não permanentes em 2022

Membros não permanentes do Conselho de Segurança da ONU eleitos ao menos 6 vezes (2022)

Número de vezes: Japão 11, Brasil 11, Argentina 9, Índia 8, Colômbia 7, Itália 7, Paquistão 7, Bélgica 6, Canadá 6, Alemanha 6, Países Baixos 6, Polônia 6.

Nota: Em mapas nesta projeção, não é possível indicar a orientação e a escala.
Fontes de pesquisa: SciencePo. Disponível em: https://bibnum.sciencespo.fr/s/catalogue/ark:/46513/sc16f3xz#?c=&m=&s=&cv=&xywh=-268%2C0%2C2454%2C1080; ONU. Disponível em: https://news.un.org/pt/story/2022/01/1775132. Acessos em: 22 mar. 2023.

Pratique

1. No infográfico desta página, que informações são apresentadas?
2. Sobre o infográfico da página anterior, responda às questões.
   a) Como foram representados os países?
   b) Qual país e qual continente estão aumentando as trocas comerciais com o Brasil?
   c) Considerando o que foi estudado nesta unidade, por que as relações comerciais do Brasil têm a configuração apresentada?

ATIVIDADES INTEGRADAS

Analisar e verificar

1. O mapa a seguir representa o território continental e a Zona Econômica Exclusiva dos países. Observe-o e, depois, faça o que se pede. Se necessário, consulte um planisfério político.

■ **Mundo: Territórios continentais e Zonas Econômicas Exclusivas**

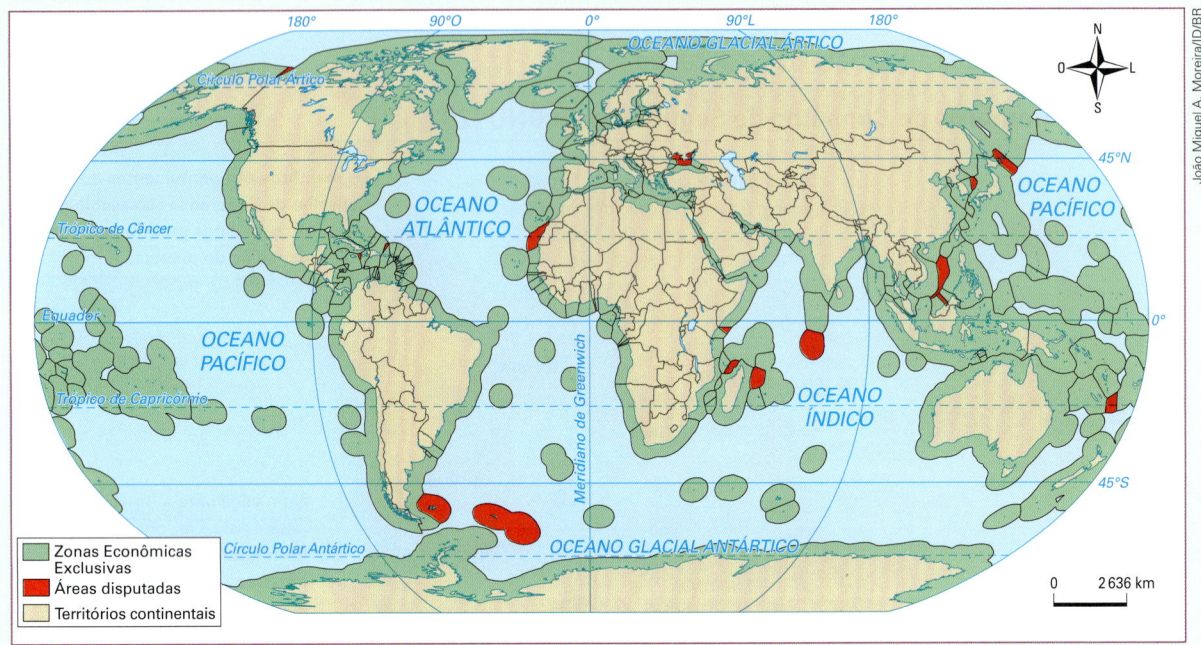

Fonte de pesquisa: EEZ boundaries. *Marine Regions*. Disponível em: http://www.marineregions.org/eez.php. Acesso em: 22 mar. 2023.

a) Nesse mapa, há áreas que não são de soberania de nenhum país? Explique sua resposta.

b) Indique dois países que têm amplas Zonas Econômicas Exclusivas devido à extensão de seus litorais. Que benefícios isso pode representar para a economia de cada país?

c) Localize regiões em que as áreas de exploração marítima possam ser muito disputadas em decorrência da proximidade entre os limites das Zonas Econômicas Exclusivas.

d) Encontre três países que não apresentam ZEE por não terem saída para o mar.

2. Leia atentamente o texto a seguir para responder às questões.

> [...] É preciso considerar [...] que, além da retomada da proeminência da Rússia, o olhar sobre a geopolítica do século XXI deve deter-se no exame da rápida ascensão da China à posição de grande potência, país que tem a segunda maior economia [...] [,] é o líder das exportações do mundo e que nos últimos anos tem intensificado seu ativismo diplomático na escala global. Além do mais, é notória sua disposição para arranjos de cooperação comercial e econômica em geral e preferencialmente no seu entorno regional, que tem se ampliado rapidamente com o comércio, os investimentos [...] e a influência política em mais de uma dezena de países da África e da América Latina nos últimos anos.
>
> Wanderley Messias da Costa. O reerguimento da Rússia, os EUA/Otan e a crise da Ucrânia: a geopolítica da Nova Ordem Mundial. *Confins*, n. 25, maio 2015. Disponível em: https://confins.revues.org/10551. Acesso em: 22 mar. 2023.

a) Segundo o autor, quais importantes mudanças atualmente em curso devem influenciar a geopolítica do século XXI?

b) Como essas mudanças afetam a supremacia dos Estados Unidos e a ordem mundial unipolar?

c) Liste, com suas palavras, os fatores que podem fazer da China uma grande potência mundial.

Acompanhamento da aprendizagem

3. Interprete os gráficos a seguir e comente de que modo eles indicam mudanças na ordem mundial considerada unipolar.

■ **China: Comércio internacional, investimentos e PIB (2000-2020)**

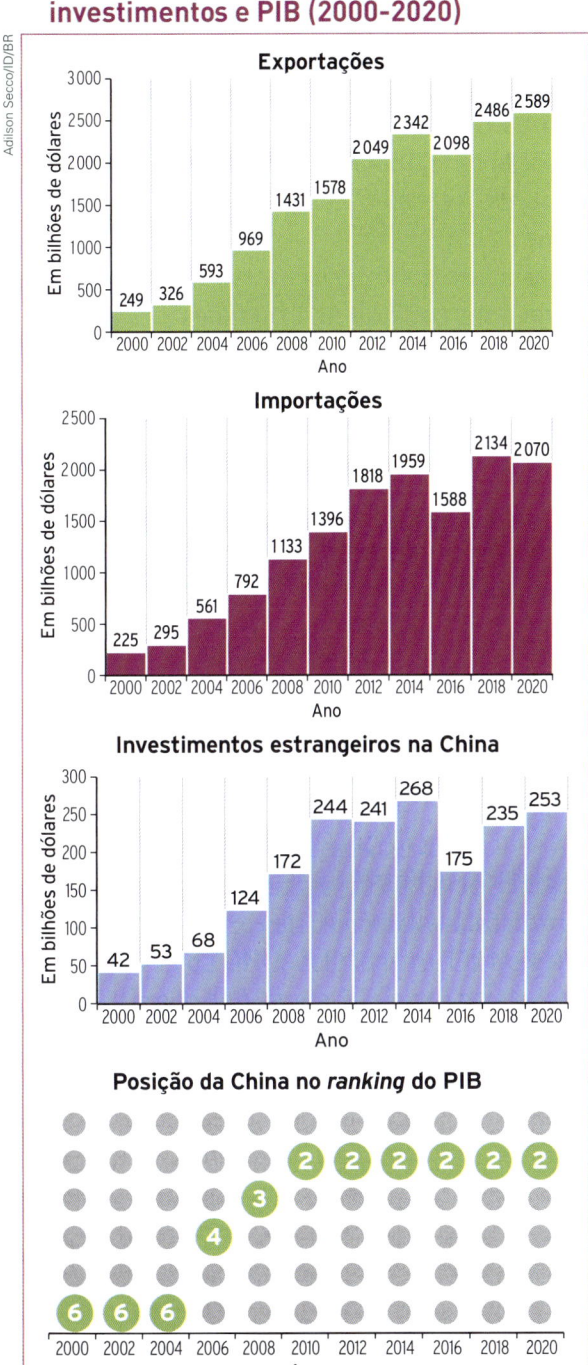

Exportações (Em bilhões de dólares)
- 2000: 249
- 2002: 326
- 2004: 593
- 2006: 969
- 2008: 1431
- 2010: 1578
- 2012: 2049
- 2014: 2342
- 2016: 2098
- 2018: 2486
- 2020: 2589

Importações (Em bilhões de dólares)
- 2000: 225
- 2002: 295
- 2004: 561
- 2006: 792
- 2008: 1133
- 2010: 1396
- 2012: 1818
- 2014: 1959
- 2016: 1588
- 2018: 2134
- 2020: 2070

Investimentos estrangeiros na China (Em bilhões de dólares)
- 2000: 42
- 2002: 53
- 2004: 68
- 2006: 124
- 2008: 172
- 2010: 244
- 2012: 241
- 2014: 268
- 2016: 175
- 2018: 235
- 2020: 253

Posição da China no *ranking* do PIB
- 2000: 6
- 2002: 6
- 2004: 6
- 2006: 4
- 2008: 3
- 2010: 2
- 2012: 2
- 2014: 2
- 2016: 2
- 2018: 2
- 2020: 2

Fontes de pesquisa: World Integrated Trade Solution. Disponível em: https://wits.worldbank.org/Default.aspx?lang=en; Banco Mundial. Disponível em: https://data.worldbank.org/. Acessos em: 22 mar. 2023.

4. Observe a charge. Em seguida, descreva a situação retratada com base no que você estudou nesta unidade.

▲ Charge de Jean Galvão.

Criar

5. O espaço aéreo de cada país também faz parte do território nacional, e o Estado tem soberania sobre o controle desse espaço. O tráfego internacional de aviões, por exemplo, é regulado por normas internacionais, e qualquer violação do espaço aéreo de um país por outro, sem autorização, pode gerar um grande incidente diplomático. Reúna-se com um colega para buscar, em jornais, revistas e *sites*, notícias sobre situações de conflito que envolveram invasões de espaço aéreo. Depois, criem cartazes com imagens e textos que mostrem como ocorreram esses episódios e quais foram suas consequências.

6. **SABER SER** Como você estudou, a ONU é uma organização composta de diversas entidades, que atuam nos mais variados temas e de diversas formas. Uma dessas agências é a ONU Mulheres, que tem a finalidade de promover a igualdade de gênero. Forme dupla com um colega. Busquem informações sobre como é a atuação da ONU Mulheres. Posteriormente, reflitam sobre como vocês podem contribuir para promover a igualdade de gênero em seu dia a dia. Depois, elaborem, em conjunto, um texto apresentando os resultados da pesquisa e a reflexão que fizeram.

43

CIDADANIA GLOBAL
UNIDADE 1

16 PAZ, JUSTIÇA E INSTITUIÇÕES EFICAZES

Retomando o tema

Ao longo da unidade, vocês estudaram as disputas geopolíticas entre os países e algumas instituições internacionais que atuam para evitar ou resolver conflitos e promover a cultura de paz.

A ONU é uma importante instituição que atua globalmente com o objetivo de promover sociedades pacíficas e inclusivas por meio, por exemplo, do desenvolvimento de ações que colaborem para o alcance do Objetivo de Desenvolvimento Sustentável (ODS) 16 – Paz, justiça e instituições eficazes, trabalhado nas propostas dos boxes *Cidadania global*.

1. Qual é a importância de garantir a paz e um ambiente pacífico nas relações tanto entre países quanto entre grupos sociais de uma localidade com objetivos e ideias diferentes?

2. **SABER SER** Você se considera uma pessoa que promove a cultura de paz no dia a dia?

3. Converse com os colegas a respeito das informações que vocês levantaram sobre um problema existente em seu município: Qual é a natureza do problema a ser solucionado? Quais grupos sociais são mais afetados por esse problema? Caso haja alguma instituição atuando nele, suas ações têm dado resultado?

Geração da mudança

- Após as discussões, pensem em uma proposta de ação que pode ser desenvolvida pela ONU para auxiliar na resolução do problema. Em seguida, elaborem um relatório apresentando a situação de conflito. No relatório, vocês devem descrever o problema, informar onde ele ocorre e quais são os grupos afetados por ele, além de sugerir ações para a entidade da ONU que julgarem mais adequadas para cuidar do caso. Por fim, enviem o relatório à ONU.

Autoavaliação

Yasmin Ayumi/ID/BR

UM MUNDO DE DIFERENÇAS

UNIDADE 2

PRIMEIRAS IDEIAS

1. Por que existem diferentes regionalizações do mundo?
2. Você sabe o que são países emergentes?
3. Um país que apresenta Produto Interno Bruto elevado sempre terá um Índice de Desenvolvimento Humano alto? Por quê?
4. Você sabe o que é a Divisão Internacional do Trabalho?
5. Em sua opinião, quais são as vantagens e as desvantagens de a economia brasileira ser fortemente baseada na exportação de produtos agrícolas?

Conhecimentos prévios

Nesta unidade, eu vou...

CAPÍTULO 1 — Formas de regionalizar o mundo

- Conhecer algumas das diferentes regionalizações do espaço mundial com o auxílio de mapas.
- Compreender a regionalização mais utilizada atualmente e suas categorias: países desenvolvidos, países em desenvolvimento, países em transição, países emergentes e países menos desenvolvidos.
- Compreender o processo histórico de colonização na desigualdade socioeconômica entre os países.

CAPÍTULO 2 — Indicadores de desenvolvimento

- Reconhecer indicadores de desenvolvimento socioeconômico: Produto Interno Bruto (PIB), Índice de Gini, Índice de Desenvolvimento Humano (IDH) e Índice de Pobreza Multidimensional (IPM).
- Compreender a concentração de renda mundial.
- Refletir sobre o impacto da desigualdade de gênero no desenvolvimento social.

CAPÍTULO 3 — Desigualdades no comércio internacional

- Conhecer as características do processo de integração da economia mundial e a Divisão Internacional do Trabalho (DIT) no cenário geoeconômico atual.
- Analisar a desigualdade global de acesso à tecnologia e seu impacto no desenvolvimento socioeconômico.
- Reconhecer as características das corporações multinacionais e os padrões de consumo, que se tornam cada vez mais homogêneos, e verificar o papel desses fenômenos nos processos de integração econômica e cultural na atualidade.
- Conhecer a utilidade do método de figuras proporcionais na representação cartográfica de fluxos no espaço.

CIDADANIA GLOBAL

- Compreender os impactos das desigualdades internacionais no desenvolvimento social.
- Refletir de maneira consciente a respeito dos diversos fatores que geram desigualdades internacionais.

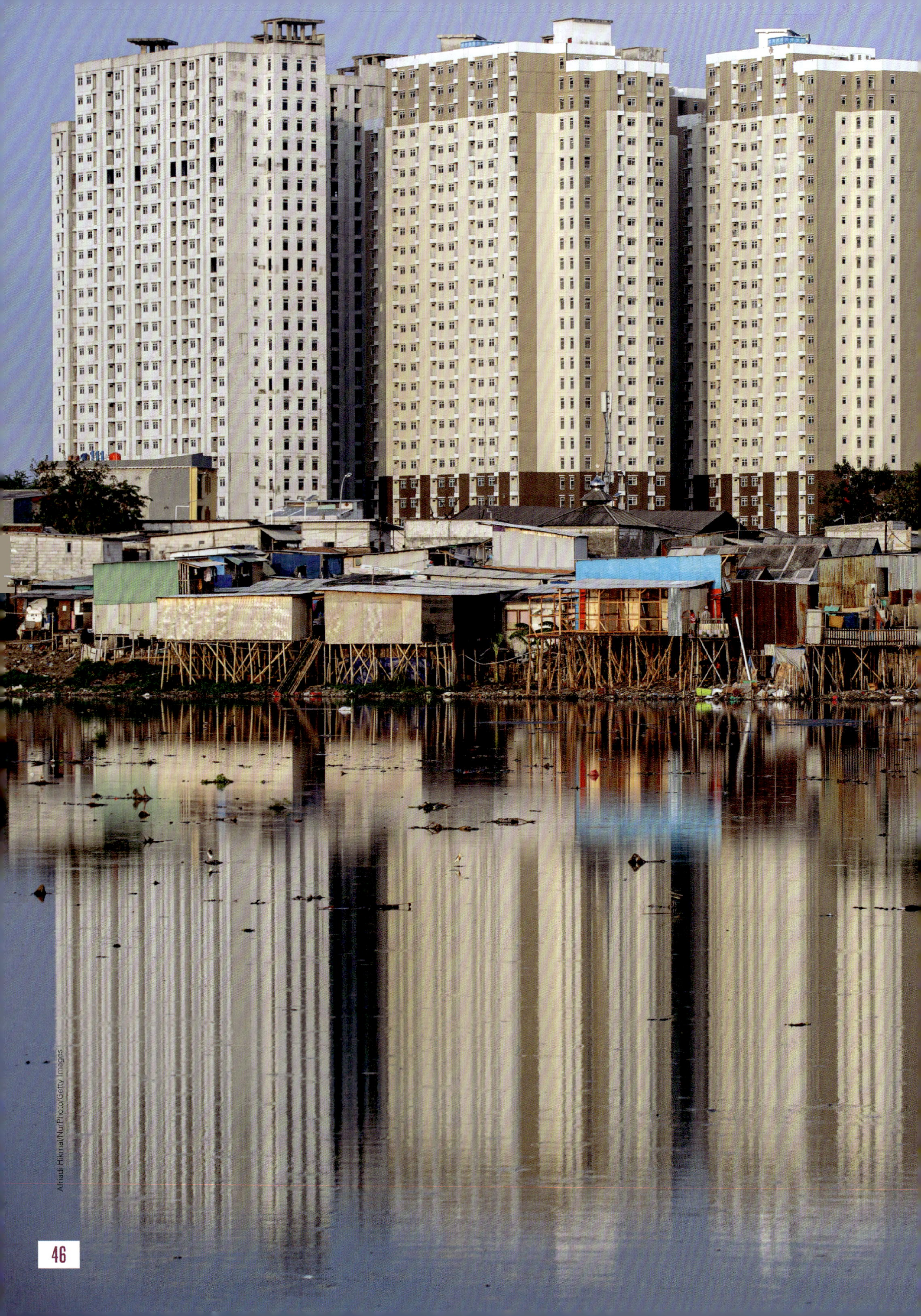

Afriadi Hikmal/NurPhoto/Getty Images

LEITURA DA IMAGEM

1. Observe a imagem. O que ela retrata? Descreva os elementos representados na imagem.
2. Como você imagina que são as condições de vida das pessoas que vivem nas diferentes moradias mostradas na foto?
3. **SABER SER** Que sensações essa imagem lhe causa?

CIDADANIA GLOBAL

10 REDUÇÃO DAS DESIGUALDADES

As desigualdades se manifestam dentro de um país, mas também entre os Estados. Os países apresentam grandes diferenças em suas realidades socioeconômicas.

1. Em sua opinião, quais fatores estão relacionados às diferenças socioeconômicas entre os países?
2. Quais indicadores que você conhece podem ser utilizados para identificar as desigualdades entre os países?
3. Discuta com os colegas sobre as possíveis consequências das desigualdades internacionais.

Nesta unidade, você e os colegas vão refletir sobre esse tema e sobre como o Brasil se insere nesse quadro mundial. Depois, vão escrever um artigo jornalístico para informar as pessoas de sua comunidade.

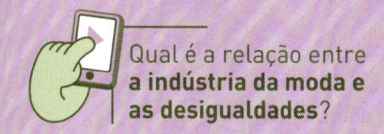

Qual é a relação entre **a indústria da moda e as desigualdades**?

Moradias em Jacarta, Indonésia. Foto de 2021.

47

CAPÍTULO 1
FORMAS DE REGIONALIZAR O MUNDO

PARA COMEÇAR

Você sabe o que é região? Sabe o que é regionalizar? Quais regionalizações do mundo você conhece? Quais critérios você usaria para propor uma regionalização do mundo?

▼ Dinamarca, Suécia e Noruega são países da Escandinávia, região no norte da Europa. Os países escandinavos apresentam, por exemplo, características culturais e históricas semelhantes e clima com predomínio de baixas temperaturas, além de se destacarem pela elevada qualidade de vida. Chalés em Svolvaer, Noruega. Foto de 2021.

REGIÃO E REGIONALIZAÇÃO

Uma **região** corresponde a um agrupamento de áreas com características semelhantes entre si. Essas características podem ser definidas com base em variados critérios: naturais, políticos, econômicos, culturais, de desenvolvimento humano, entre outros.

A **regionalização** tem por finalidade auxiliar na análise do espaço geográfico. Por se tratar de uma forma de organização do território definida pelos seres humanos, os limites estabelecidos para as regiões podem ser modificados ou atualizados. Assim, são comuns novos arranjos espaciais, uma vez que as sociedades são dinâmicas e suas características mudam ao longo do tempo.

Regionalizar não é uma tarefa simples, exigindo certo nível de generalização. Para isso, é necessário perceber e selecionar as características mais relevantes para a classificação da região, de acordo com o critério adotado.

REGIONALIZAÇÃO DO ESPAÇO MUNDIAL

O espaço mundial pode ser regionalizado de diversas maneiras e com base em diferentes critérios: físicos, econômicos e sociais. No entanto, existem dificuldades de regionalização, e é comum reunirem países com realidades distintas.

Embora a China tenha a segunda economia mais rica do mundo, seu nível de desenvolvimento humano não tem o mesmo desempenho: em 2021, foi menor do que o de países de economias menos desenvolvidas, como a Sérvia e a Tailândia. Esses três países são considerados países em desenvolvimento, categoria de classificação que será explicada ao longo do capítulo.

É importante perceber que as regionalizações são fundamentais para a compreensão do espaço geográfico, ainda que muitas vezes apresentem contradições. A seguir, vamos conhecer algumas regionalizações.

DISTRIBUIÇÃO CONTINENTAL

Uma das regionalizações mais tradicionais é a que divide o mundo em **continentes**. É comum acreditar que essa regionalização se baseia apenas em critérios físicos, pois os continentes são grandes porções de terras limitadas pelos oceanos. Porém, essa divisão leva em consideração também os aspectos sociais.

A Europa, de acordo com os critérios naturais, é uma península de um continente denominado Eurásia, formado pela Europa e pela Ásia. Seus limites foram definidos com base em critérios histórico-culturais, entre eles o fato de a Europa ter sido o berço da civilização ocidental. Já a Oceania, considerando apenas os aspectos naturais, deveria ser formada somente pela Austrália; mas, por decisão política, o continente agrega a Nova Zelândia e parte dos arquipélagos próximos desse país.

■ **Mundo: Divisão dos continentes**

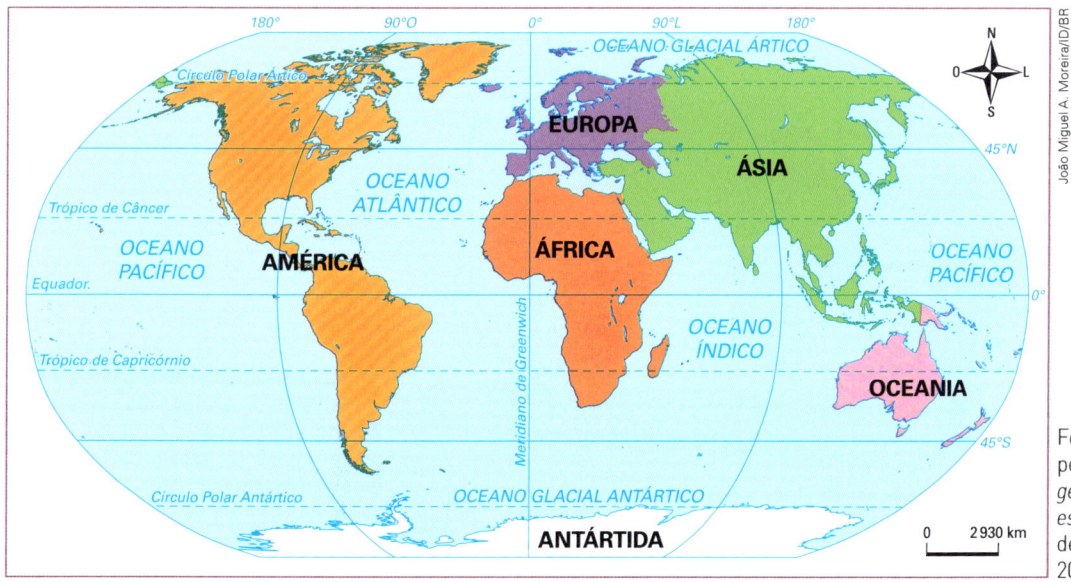

Fonte de pesquisa: *Atlas geográfico escolar*. 8. ed. Rio de Janeiro: IBGE, 2018. p. 34.

PRIMEIRO, SEGUNDO E TERCEIRO MUNDOS

A divisão do mundo em três grupos – Primeiro, Segundo e Terceiro Mundos – expressa o contexto político da **Guerra Fria**, conflito protagonizado durante parte do século XX pelos Estados Unidos e pela União das Repúblicas Socialistas Soviéticas (URSS), que nesse período eram superpotências mundiais com ideologias políticas distintas.

O Primeiro Mundo correspondia aos países capitalistas de economia desenvolvida e aliados aos **Estados Unidos**. O Segundo Mundo englobava os países de economia socialista influenciados pela **União Soviética**. O Terceiro Mundo reunia os países capitalistas de economia pouco desenvolvida e com reduzida participação nas decisões políticas mundiais. Entre eles estavam os países latino-americanos, assim como quase todos os países africanos e grande parte dos países asiáticos. Com o fim da Guerra Fria e do bloco socialista, essa regionalização passou a ser pouco utilizada.

■ **Mundo: Primeiro, Segundo e Terceiro Mundos (1945-1991)**

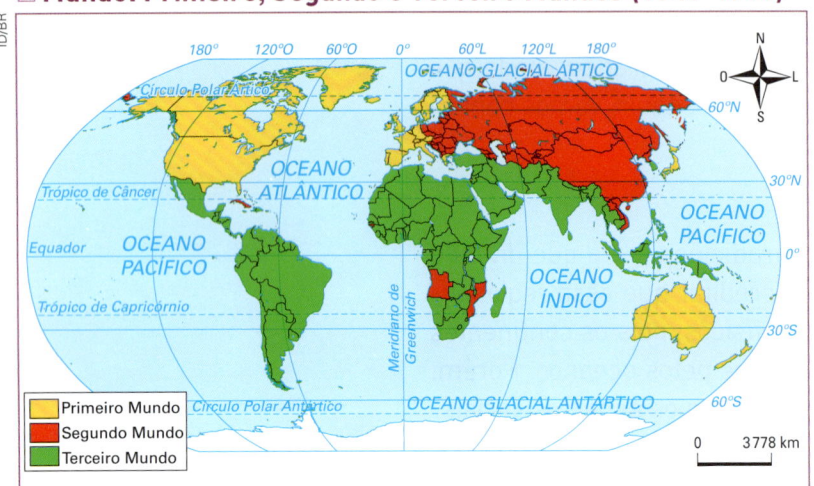

Primeiro Mundo
Segundo Mundo
Terceiro Mundo

Fonte de pesquisa: Gisele Girardi; Jussara Vaz Rosa. *Atlas geográfico do estudante*. São Paulo: FTD, 2011. p. 135.

PAÍSES DO NORTE E DO SUL

Na década de 1990, foi proposta uma regionalização do mundo em **países do Norte** (desenvolvidos) e do **Sul** (subdesenvolvidos), pois a maioria dos países desenvolvidos se encontrava no hemisfério Norte da Terra. Com o tempo, essa regionalização se mostrou incompatível com a realidade, pois há grandes diferenças socioeconômicas entre os países considerados desenvolvidos e os subdesenvolvidos. Além disso, no final do século XX, alguns países considerados subdesenvolvidos, como Brasil e China, apresentaram crescimento econômico superior ao de muitos países desenvolvidos, além de se destacarem industrialmente.

■ **Mundo: Países do Norte e países do Sul (década de 1990)**

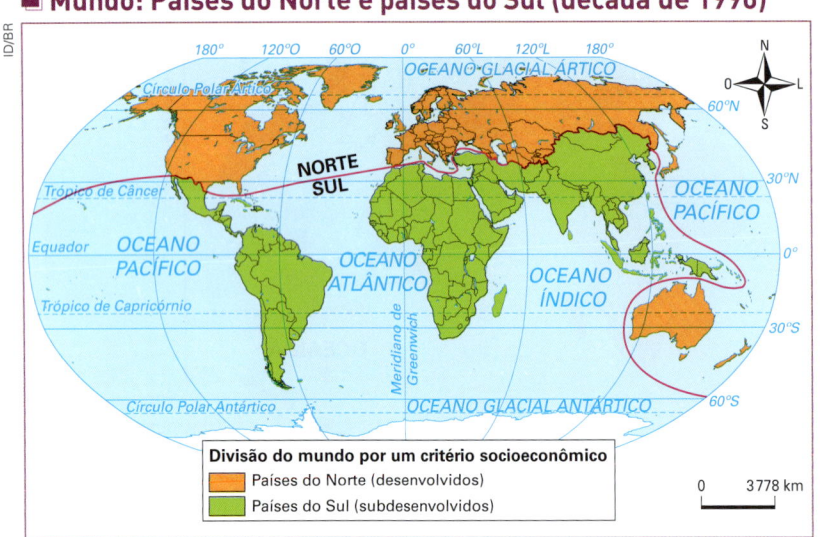

Divisão do mundo por um critério socioeconômico
Países do Norte (desenvolvidos)
Países do Sul (subdesenvolvidos)

◀ Por serem considerados países desenvolvidos, a Austrália e a Nova Zelândia fazem parte do grupo de países do Norte, apesar de se localizarem no hemisfério Sul.

Fonte de pesquisa: José Jobson de A. Arruda. *Atlas histórico básico*. São Paulo: Ática, 2007. p. 33.

PAÍSES DESENVOLVIDOS, EM DESENVOLVIMENTO E EM TRANSIÇÃO

Uma das regionalizações mais utilizadas atualmente pela mídia e em diversos estudos científicos é a que agrupa os países em categorias mais específicas de níveis de desenvolvimento. Essa regionalização organiza os países com base na qualidade de vida da população e em seu desenvolvimento econômico.

Os **países desenvolvidos** caracterizam-se por apresentar melhores condições de vida, como educação de qualidade e renda elevada, além do processo de industrialização consolidado. Entre os países desenvolvidos, estão Estados Unidos, Japão, Austrália, Alemanha, França e Reino Unido. Esses países são centros de decisão de assuntos econômicos e políticos mundiais, além de produtores e detentores de tecnologias de última geração.

Entre os **países em desenvolvimento**, há os que passaram pelo processo de industrialização em meados do século XX, apresentando elevado crescimento econômico posteriormente. Neles, embora haja dinamismo econômico, ainda existem grandes desigualdades sociais a serem superadas, como a distribuição de renda. São exemplos o Brasil, a Argentina, o México, a Turquia e o Chile. Há também países caracterizados pela precariedade das condições de vida oferecidas à população, pela baixa industrialização e pela elevada concentração de renda. É o caso de muitos países da África, da América Latina e da Ásia.

Os países ex-socialistas, que estavam sob influência da União Soviética, se encontram, desde o final da década de 1990, em processo de transição para o capitalismo. Esses países se industrializaram, mas muitos ainda têm dificuldade para se adaptar à economia de mercado e, por isso, são conhecidos como **países em transição**.

▲ Os países em desenvolvimento apresentam grandes diferenças entre eles. A República Dominicana é exemplo de um país em desenvolvimento com muitos problemas relacionados à qualidade de vida da população e a crises econômicas. Atualmente, no entanto, a economia do país vem apresentando crescimento. Santo Domingo, capital da República Dominicana. Foto de 2020.

CIDADANIA GLOBAL

COLONIZAÇÃO E DESIGUALDADE

A regionalização a partir dos níveis de desenvolvimento evidencia espacialmente a desigualdade entre os países. A maioria dos países classificados como em desenvolvimento e em transição passou por longos processos históricos de dominação pelos países desenvolvidos. Esse é o caso de toda a América Latina.

Em grupo, escolham um país da América Latina e busquem informações sobre seu processo de formação e suas consequências atuais.

1. Façam um histórico do processo de colonização vivenciado pelo país.

2. Identifiquem a influência desse processo histórico na inserção do país na Divisão Internacional do Trabalho (DIT) e no comércio mundial.

3. Reflitam sobre como esse processo histórico contribuiu para a desigualdade existente entre os países da América Latina e os da Europa Ocidental.

PARA EXPLORAR

Crianças invisíveis. Direção: Kátia Lund, Emir Kusturica, Spike Lee, John Woo, Jordan Scott, Ridley Scott, Mehdi Charef e Stefano Veneruso. França/Itália, 2005 (124 min).

O filme, feito a pedido da Unicef, é uma obra coletiva que retrata problemas sociais vivenciados por crianças em várias regiões do mundo.

Nos últimos anos, a China e a Coreia do Sul, que baseiam suas economias em tecnologia e inovação, também têm despontado entre os países emergentes. Funcionário em uma fábrica de painéis solares na província de Xianxim, China. Foto de 2022.

Entre os países em desenvolvimento, alguns deles tornaram-se potências regionais com elevado grau de industrialização e crescimento econômico, influenciando política e economicamente seus vizinhos. São os chamados **países emergentes**, que, nos últimos anos, têm participado cada vez mais do comércio mundial. Entre eles, destacam-se Brasil, Rússia, Índia, China e África do Sul, que formam o grupo conhecido como **Brics** (a sigla reúne as iniciais de cada país, em inglês). Em 2011, esses países formalizaram um acordo de cooperação econômica mútua.

A classificação de países em desenvolvimento na categoria de emergentes é bastante dinâmica, sobretudo em razão das crises econômicas que afetam o crescimento desses países entre um ano e outro. Nos últimos anos, por exemplo, Brasil e Rússia têm apresentado crescimento econômico mais reduzido.

O grupo de **países menos desenvolvidos** engloba países em desenvolvimento que estão em situação de pobreza, com base nos critérios de renda da população, vulnerabilidade econômica (relacionada ao grau de instabilidade da economia e influenciada por fatores como desastres naturais e crises comerciais) e problemas sociais, como má qualidade de saúde e baixa escolaridade.

Essa classificação é utilizada pela Organização das Nações Unidas (ONU), que revê, a cada três anos, a lista de países que fazem parte desse grupo. Em 2021, eram 46, quase todos localizados na África e na Ásia. As únicas exceções eram o Haiti, na América Latina, e Kiribati, Ilhas Salomão e Tuvalu, na Oceania.

Os indicadores sociais são muito baixos nos países menos desenvolvidos. Neles, grande parte das moradias não tem acesso à rede de água encanada, à coleta de esgoto e à eletricidade. Além disso, em alguns desses países, há prolongadas guerras civis. Escombros na cidade de Sanaa, Iêmen. O país, localizado no Oriente Médio, tem enfrentado violenta guerra civil desde 2014. Foto de 2022.

ATIVIDADES

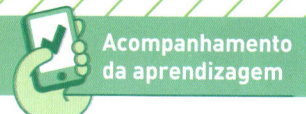

Acompanhamento da aprendizagem

Retomar e compreender

1. Qual é a finalidade da regionalização do espaço mundial?
2. Por que a regionalização do mundo em continentes não pode ser considerada uma classificação baseada somente em critérios naturais? Explique.
3. Na regionalização mundial utilizada durante a Guerra Fria, o que diferencia os países de Primeiro, Segundo e Terceiro Mundos?
4. Com base no que você estudou neste capítulo, complete o esquema a seguir com os tipos de regionalização, a classificação do Brasil em cada um deles e as características da regionalização.

CLASSIFICAÇÕES DO BRASIL EM REGIONALIZAÇÕES

- [ ]
  - [ ]
    - Países alinhados com os Estados Unidos durante a Guerra Fria, mas de economia pouco desenvolvida e com pouca relevância na política global.
- [ ]
  - Sul (subdesenvolvido)
  - [ ]
- Níveis de desenvolvimento
  - [ ]
  - [ ]

Aplicar

5. Observe o mapa e, em seguida, responda às questões.

■ Mundo: Desenvolvimento industrial (2019)

Legenda:
- Pouca ou nenhuma industrialização
- Semi-industrializado
- Recentemente industrializado
- Altamente industrializado

Fonte de pesquisa: Maria Elena Simielli. *Geoatlas*. 35. ed. São Paulo: Ática, 2019. p. 33.

a) Qual foi o critério utilizado para elaborar essa regionalização?
b) Cite a classificação de cada um dos países do Brics nessa regionalização.
c) Por que a regionalização do mundo em dois blocos de países, desenvolvidos e subdesenvolvidos, não representa mais o arranjo econômico atual? Justifique sua resposta.

CAPÍTULO 2
INDICADORES DE DESENVOLVIMENTO

PARA COMEÇAR

Você sabe como é possível mensurar a qualidade de vida das pessoas que vivem em diferentes países? Quais indicadores sociais e econômicos você conhece?

PRODUTO INTERNO BRUTO (PIB)

Um dos principais indicadores do desenvolvimento econômico, o Produto Interno Bruto (PIB), refere-se ao valor total de bens e serviços produzidos no território de um país ao longo de um ano. Um país com PIB alto tem mais recursos para investir no desenvolvimento socioeconômico, podendo aprimorar, por exemplo, as áreas de educação e de saúde.

Dividindo-se o valor do PIB pelo número de habitantes de um país, obtém-se o **PIB *per capita*** nacional, que indica a riqueza média disponível por habitante. O PIB *per capita* nacional permite avaliar a desigualdade de renda entre os países. Porém, por ser um dado médio, ele não revela o nível de concentração da riqueza na população de um país.

Para diferenciar o desenvolvimento dos países, é importante analisar tanto o PIB (total e *per capita*) do país como sua desigualdade de renda. Esse problema é marcante sobretudo nos países em desenvolvimento, em que a diferença de renda entre a população mais rica e a mais pobre é muito grande.

▼ De modo geral, a desigualdade de renda é menor nos países desenvolvidos, pois políticas públicas que visam ao desenvolvimento nacional, como o investimento em educação, costumam ser muito eficientes. Estudantes interagem com um robô em sala de aula no Japão, país com um dos sistemas educacionais mais igualitários do mundo. Foto de 2021.

Masaki Akizuki/The Yomiuri Shimbun/AFP

CONCENTRAÇÃO MUNDIAL DE RENDA

A década de 1990 se caracterizou pelo aumento da **concentração de riqueza** nos países desenvolvidos, especialmente nos Estados Unidos – situação que se deve, entre outros fatores, ao processo de abertura econômica –, e pela ocorrência frequente de crises econômicas em outros países.

Nos anos 2000, os países em desenvolvimento apresentaram intenso crescimento econômico, o que melhorou as condições de vida da população em geral. Nessa mesma década, o crescimento econômico desses países foi superior ao crescimento econômico dos países desenvolvidos. A China, por exemplo, há décadas apresenta crescimento do PIB maior que a média mundial e passou de décimo maior PIB mundial, em meados dos anos 1990, para o segundo maior PIB na década de 2000, posição mantida até hoje.

> **PARA EXPLORAR**
>
> *Que horas ela volta?*
> Direção: Anna Muylaert.
> Brasil, 2015 (114 min).
> O filme aborda a desigualdade social na sociedade brasileira por meio da personagem Val, uma pernambucana que trabalha como empregada doméstica em São Paulo. A rotina dela e da família para a qual trabalha muda quando Jéssica, filha de Val, que ficou em Pernambuco, decide ir para São Paulo prestar vestibular.

■ Mundo: Produto Interno Bruto (2021)

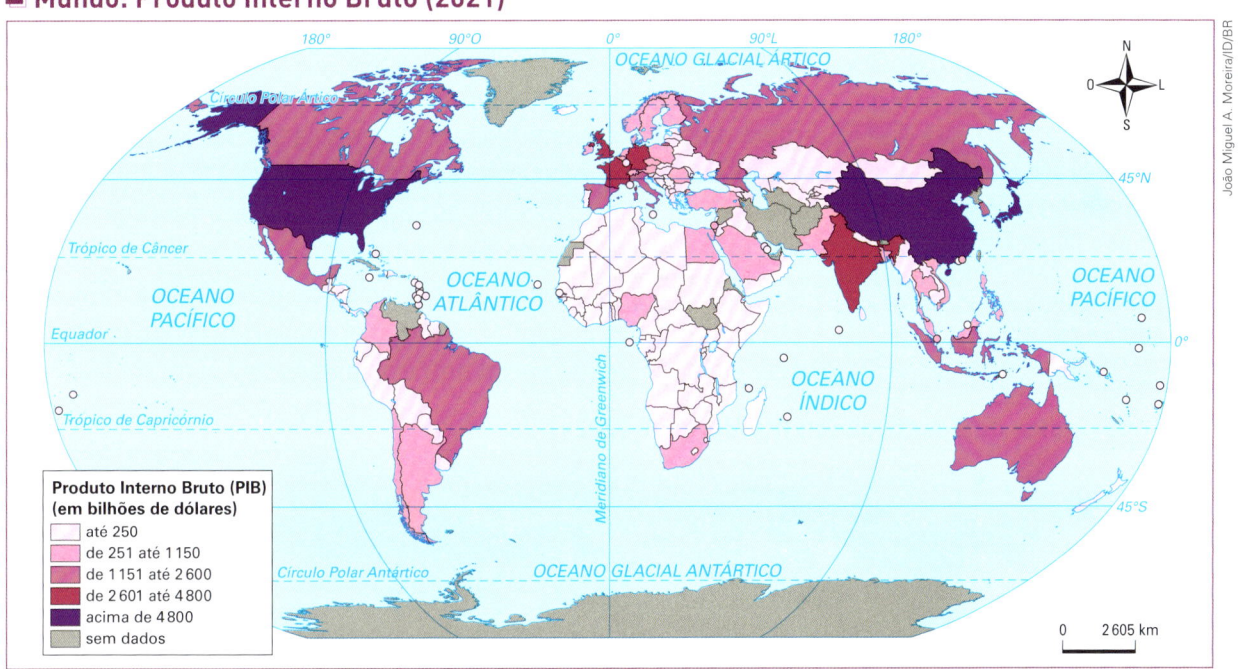

O mapa mostra os PIBs da maioria dos países do mundo. Contudo, altos valores do PIB não se revertem necessariamente em melhorias dos indicadores sociais, como educação e saúde.

Fonte de pesquisa: Banco Mundial. Disponível em: https://data.worldbank.org/indicator/NY.GDP.MKTP.CD. Acesso em: 4 abr. 2023.

ÍNDICE DE GINI

A desigualdade de distribuição de renda é analisada pelo Índice de Gini, indicador que varia de 0 a 100, com 0 significando igualdade plena de renda e 100 indicando desigualdade máxima. Quanto maior o nível de desenvolvimento de um país, menor ou mais próximo de 0 tende a ser seu Índice de Gini e, consequentemente, menor sua desigualdade social. De acordo com o Banco Mundial, em 2019, a Noruega, considerada um dos países mais desenvolvidos do mundo, apresentava Índice de Gini de 27,7, enquanto o Brasil, país em desenvolvimento – e um dos mais desiguais do mundo –, apresentava índice de 53,5.

> Como **indicadores e aspectos socioeconômicos** podem auxiliar na análise do espaço geográfico?

ÍNDICES DE CONDIÇÕES DE VIDA: IDH E IPM

Até a década de 1990, as condições de riqueza e de pobreza dos países eram medidas pelo PIB. Outros dados relativos às condições de vida não eram considerados, o que dificultava o conhecimento mais detalhado da realidade dos países. Para aperfeiçoar essa análise, a ONU criou, em 1990, o **Índice de Desenvolvimento Humano (IDH)** e, em 2010, o **Índice de Pobreza Multidimensional (IPM)**.

O IDH é um dos principais indicadores de desenvolvimento socioeconômico. O cálculo do IDH é feito pelo Programa das Nações Unidas para o Desenvolvimento (Pnud), com base na expectativa de vida; na média e na expectativa de anos de estudo; e na Renda Nacional Bruta (valor da produção de bens e serviços, menos os recursos enviados para fora do país) *per capita*. O índice obtido desse cálculo varia de 0 a 1, em que 1 corresponde ao grau mais elevado de desenvolvimento humano.

Apesar de sua importância, o IDH é um índice limitado, pois inclui poucos indicadores e não leva em consideração a concentração de renda nos países.

O IPM amplia os elementos utilizados no cálculo do IDH por meio da análise das privações da população de um país em relação à saúde, à educação e ao padrão de vida. Ele considera o percentual de pessoas em situação de pobreza multidimensional, ou seja, de privação de direitos e de serviços essenciais.

A desigualdade reduz o desenvolvimento socioeconômico de um país. Por meio do IPM, é possível avaliar de modo mais preciso a desigualdade social entre os países.

CIDADANIA GLOBAL

IDH E IDG

As desigualdades e as diferenças de desenvolvimento socioeconômico podem ser identificadas por meio de indicadores, e o IDH é um deles. Além do IDH, o Pnud também calcula o Índice de Desigualdade de Gênero (IDG), que mede a desigualdade de gênero a partir da autonomia (assentos parlamentares e acesso à educação superior por cada gênero), da saúde reprodutiva (mortalidade materna e fertilidade entre adolescentes) e da atividade econômica (participação no mercado de trabalho por cada gênero).

Em grupo, levantem os dados do país que vocês pesquisaram anteriormente e respondam às perguntas.

1. Qual é a classificação do IDH desse país? Ele reflete a realidade do país? Explique.
2. Qual é o IDG e a posição desse país no *ranking* mundial? Ele está bem classificado? Como a desigualdade de gênero se reflete?

■ **Mundo: Índice de Desenvolvimento Humano (2021)**

Índice de Desenvolvimento Humano (IDH):
- baixo
- médio
- alto
- muito alto
- sem dados

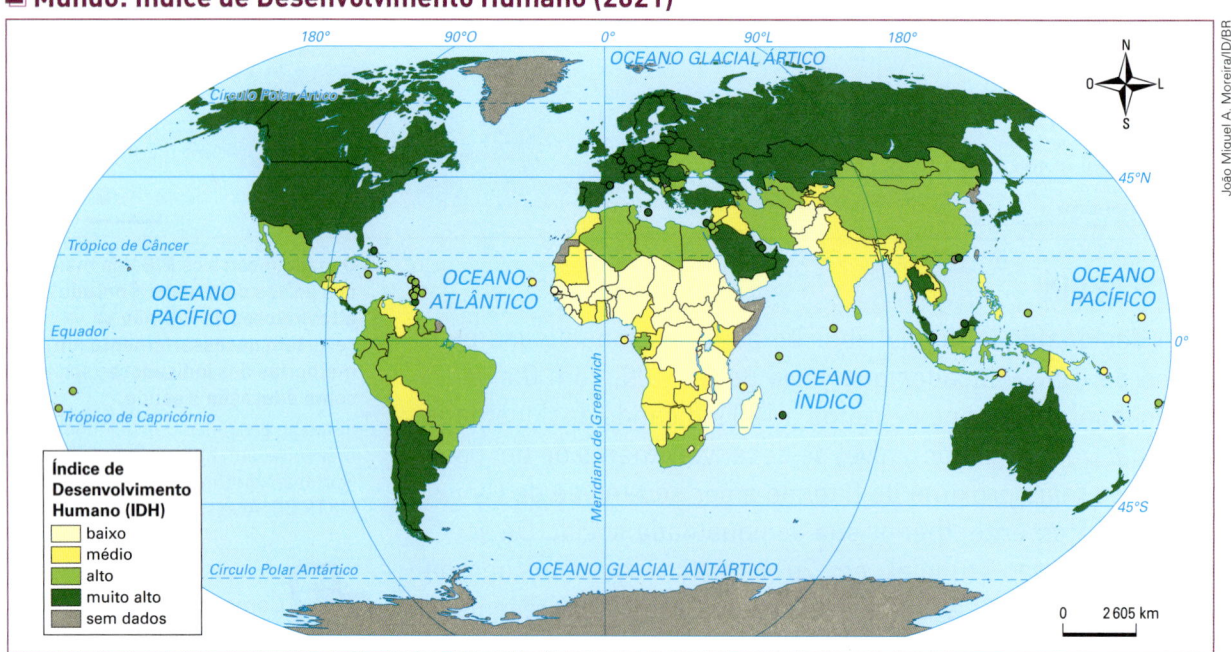

Fonte de pesquisa: Programa das Nações Unidas para o Desenvolvimento (Pnud). *Desenvolvimento humano*: relatório de 2021/2022 – síntese. Nova York: Pnud, 2022. Disponível em: https://hdr.undp.org/system/files/documents/global-report-document/hdr2021-22overviewpt1pdf.pdf. Acesso em: 4 abr. 2023.

ATIVIDADES

Acompanhamento da aprendizagem

Retomar e compreender

1. Complete o esquema a seguir com base no que você estudou neste capítulo.

INDICADORES SOCIOECONÔMICOS

| Analisa a desigualdade de renda entre os países. | Analisa a pobreza com base em indicadores de saúde, educação e padrão de vida. | Leva em conta as riquezas produzidas por um país em um ano. | Baseia-se na expectativa de vida, escolaridade e renda *per capita*. |

2. Compare os mapas *Mundo: Produto Interno Bruto (2021)* e *Mundo: Índice de Desenvolvimento Humano (2021)* deste capítulo e faça o que se pede.
   a) Qual é a diferença entre os indicadores representados em cada um dos mapas?
   b) Pode-se usar o PIB *per capita* para compreender a desigualdade de renda em um país? Explique.
   c) Em grupo, discutam se o critério econômico é suficiente para determinar a melhoria dos índices de desenvolvimento de um país.

Aplicar

3. Observe a charge. A primeira personagem afirma que o Brasil teve melhora no Índice de Desenvolvimento Humano. A segunda personagem afirma que não notou nada disso. Justifique a contradição apresentada na fala das personagens, tendo como base o que você estudou no capítulo e na cena retratada na charge.

▶ Charge de Carlos Myrria.

4. Leia o texto e, em seguida, responda às questões.

> A divulgação ontem [6 maio 2020] pelo Instituto Brasileiro de Geografia e Estatística (IBGE) de que a desigualdade social, medida pelo índice de Gini, mostrou estabilidade no ano passado depois de três anos de aumento na concentração de renda *per capita* seria uma notícia relativamente boa não fosse o fato de o país estabilizar exatamente no ponto mais alto da diferença entre os mais ricos e os miseráveis. [...] A realidade hoje é que a pandemia [causada pelo] coronavírus e a perspectiva de impacto forte na economia [...] certamente farão a desigualdade social aumentar. A perspectiva é de que [a pandemia] empurre 5,4 milhões de brasileiros para a condição de miséria [...].

Marcílio de Moraes. A endemia da desigualdade social mutila crescimento do PIB brasileiro. *Estado de Minas*, Belo Horizonte, 7 maio 2020. Disponível em: https://www.em.com.br/app/colunistas/marcilio-de-moraes/2020/05/07/interna_marcilio_de_moraes,1145097/a-endemia-da-desigualdade-social-mutila-crescimento-do-pib-brasileiro.shtml. Acesso em: 4 abr. 2023.

a) De acordo com o texto, como está a situação da desigualdade social no Brasil atualmente?
b) Quais devem ser os impactos da pandemia na população mais pobre do Brasil?
c) Em sua opinião, como é possível diminuir a desigualdade de renda?

CAPÍTULO 3
DESIGUALDADES NO COMÉRCIO INTERNACIONAL

PARA COMEÇAR

Você sabe como são as relações comerciais entre os países? Quais produtos que você utiliza no dia a dia são produzidos em outros países? Como esses produtos foram transportados até o Brasil? Em sua opinião, a integração econômica mundial influencia os padrões de consumo e a cultura no mundo?

INTEGRAÇÃO DA ECONOMIA MUNDIAL

A partir da segunda metade do século XX, houve grande avanço nos meios de transporte e de comunicação, o que intensificou as trocas comerciais de mercadorias e de serviços entre os países do mundo. Essa intensificação, responsável por tornar a **economia mundial** cada vez mais **integrada**, também está relacionada ao aumento da população mundial e ao crescimento do consumo e foi impulsionada pelas multinacionais e pelos organismos internacionais.

A expansão mundial das empresas e das transações econômicas internacionais levou à interligação da economia de diferentes países, processo que ficou conhecido como **globalização econômica**.

Apesar do aumento do comércio internacional, a participação dos países nas trocas comerciais é desigual. De modo geral, os países desenvolvidos, como Estados Unidos e países da Europa Ocidental, participam mais intensamente do comércio internacional, enquanto os países menos desenvolvidos têm participação menor nas importações e exportações. Isso está relacionado a fatores diversos, como o grau de industrialização e a história e as condições sociais dos países.

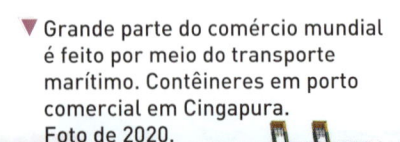

▼ Grande parte do comércio mundial é feito por meio do transporte marítimo. Contêineres em porto comercial em Cingapura. Foto de 2020.

MUDANÇAS NA DIVISÃO INTERNACIONAL DO TRABALHO (DIT)

Apesar do avanço considerável no comércio mundial e na industrialização em vários países durante o século XX, muitos permaneceram com suas economias baseadas nas atividades agropecuárias e na extração de recursos naturais, como minérios e petróleo.

Assim, estabeleceu-se uma Divisão Internacional do Trabalho (**DIT**), na qual os países desempenham diferentes papéis nas trocas comerciais internacionais. De modo geral, os países altamente industrializados (de industrialização clássica), como os Estados Unidos, o Reino Unido e outros países da Europa Ocidental, exportavam principalmente produtos manufaturados e importavam matérias-primas, enquanto os países menos industrializados exportavam produtos primários e importavam produtos industrializados.

Contudo, alguns fatores promoveram grandes alterações na DIT e tornaram esse cenário muito mais complexo. A partir de 1930, países como o Brasil, o México e a Argentina passaram por intenso processo de industrialização, por meio de **substituição de importações**. Além disso, após o término da Segunda Guerra Mundial, muitas empresas multinacionais estadunidenses e europeias descentralizaram suas atividades, abrindo unidades produtivas em outros países, principalmente em países em desenvolvimento. Esses fatores contribuíram para uma **desconcentração da indústria** no cenário mundial.

No fim dos anos 1970, por sua vez, o toyotismo foi implementado na Coreia do Sul, em Taiwan, em Hong Kong e em Cingapura, na Ásia, estimulando e consolidando sua industrialização, o que os tornou conhecidos como Tigres Asiáticos.

A China, no mesmo período, iniciou seu projeto de modernização e abertura econômica. O acelerado crescimento econômico chinês foi centrado na indústria, que tornou o país uma das principais potências econômicas mundiais. Assim, no início do século XXI, a China criou uma nova centralização das atividades industriais.

Nas últimas décadas, também houve a ascensão dos países emergentes que, com a China, formam o Brics (Brasil, Rússia, Índia, China e África do Sul). Esses países contam com importante crescimento econômico recente, contrapondo-se à força produtiva de potências como os Estados Unidos.

Nesse contexto, diminuiu a importância da Europa Ocidental e dos Estados Unidos como produtores e exportadores de produtos industrializados. Em 1960, juntos, Estados Unidos e Europa Ocidental eram responsáveis por 61% das exportações mundiais; ao final dos anos 2010, por 44%.

Por fim, é importante destacar que os Estados Unidos e os países emergentes também são importantes exportadores de produtos agropecuários e de recursos minerais.

CONTINENTES E PAÍSES SELECIONADOS: PRODUÇÃO DE AUTOMÓVEIS (1999-2021)		
	1999	2021
Europa	17 888 998	16 942 248
América	18 566 347	16 151 639
Estados Unidos	13 024 978	9 167 214
Brasil	1 350 828	2 248 253
Ásia e Oceania	16 382 501	46 732 785
China	1 829 953	26 082 220
Índia	818 193	4 399 112
Japão	9 895 476	7 846 955
Coreia do Sul	2 843 114	3 462 404
África	301 461	931 056

▲ O setor automobilístico é um dos mais importantes da economia mundial. As mudanças regionais na produção de veículos automotivos são um indicativo das profundas transformações na indústria mundial. Nessa tabela, é possível observar que, enquanto a produção diminuiu em polos industriais tradicionais, como Japão e Estados Unidos, ela cresceu em polos industriais emergentes, como Coreia do Sul, Índia e China.

Fonte de pesquisa: International Organization of Motor Vehicle Manufacturers (Oica). Disponível em: https://www.oica.net/category/production-statistics/2021-statistics/. Acesso em: 4 abr. 2023.

toyotismo: modelo de produção industrial que surgiu nos anos 1950, no Japão, no qual o sistema de produção é flexível e não há a geração de estoques. Assim, um produto só começa a ser fabricado após sua encomenda e na quantidade exata requisitada pelo comprador. Por isso, esse sistema também é conhecido como *just-in-time* (na hora certa, em inglês).

CIDADANIA GLOBAL

DESIGUALDADE TECNOLÓGICA

A desigualdade tecnológica atual é diretamente influenciada por questões históricas, como o processo de colonização.

Em geral, as empresas dos países desenvolvidos detêm patentes de produtos e serviços. Ao serem consumidos por pessoas ou outras empresas, esses produtos ou serviços geram rendimentos para as multinacionais. Contudo, países menos desenvolvidos que não podem pagar *royalties* (licenças pelo uso de produtos e serviços) ficam sem acesso a tecnologias de ponta.

O Índice Global de Inovação (IGI) mede o nível de desenvolvimento tecnológico de um país. Em grupo, busquem os dados do país que vocês pesquisaram anteriormente.

1. Qual é a classificação desse país? Ele é tecnologicamente desenvolvido?
2. Como isso pode influenciar a desigualdade socioeconômica do país em relação ao resto do mundo?

CORPORAÇÕES MULTINACIONAIS

Apesar da queda na participação na produção industrial, em relação a outras regiões do planeta, os países desenvolvidos, como os Estados Unidos e alguns da Europa Ocidental, permaneceram como maiores potências econômicas do mundo, dominando grande parte do **capital financeiro** investido.

Isso ocorreu principalmente porque as **empresas multinacionais**, assim chamadas por terem filiais e unidades em vários países do mundo, mantiveram suas sedes, onde estão seus centros financeiros e de tomada de decisão, nos países de origem, apesar de deslocarem seus centros produtivos para outros países. Desse modo, os países desenvolvidos mantiveram o poder econômico, perpetuando sua influência mundial, a desigualdade e a exploração entre os países.

As grandes corporações começaram a se expandir mundialmente após o fim da Segunda Guerra. Essa expansão foi motivada por fatores como a busca por novos mercados consumidores e mão de obra mais barata, a diminuição dos custos ambientais e legais, os incentivos oferecidos pelos países emergentes, entre outros. Grande parte dessas empresas é de setores que geram poluição e alto custo energético, causando danos ambientais, e muitas vezes paga baixos salários para os trabalhadores locais.

Além disso, no comércio internacional circulam não só mercadorias, mas também serviços. Outros tipos de empresas, além das indústrias, também se internacionalizaram, como bancos, fundos de investimentos, empresas de comunicações e de mídia, entre outras.

■ **Mundo: Localização da sede das 100 maiores empresas (abril de 2021)**

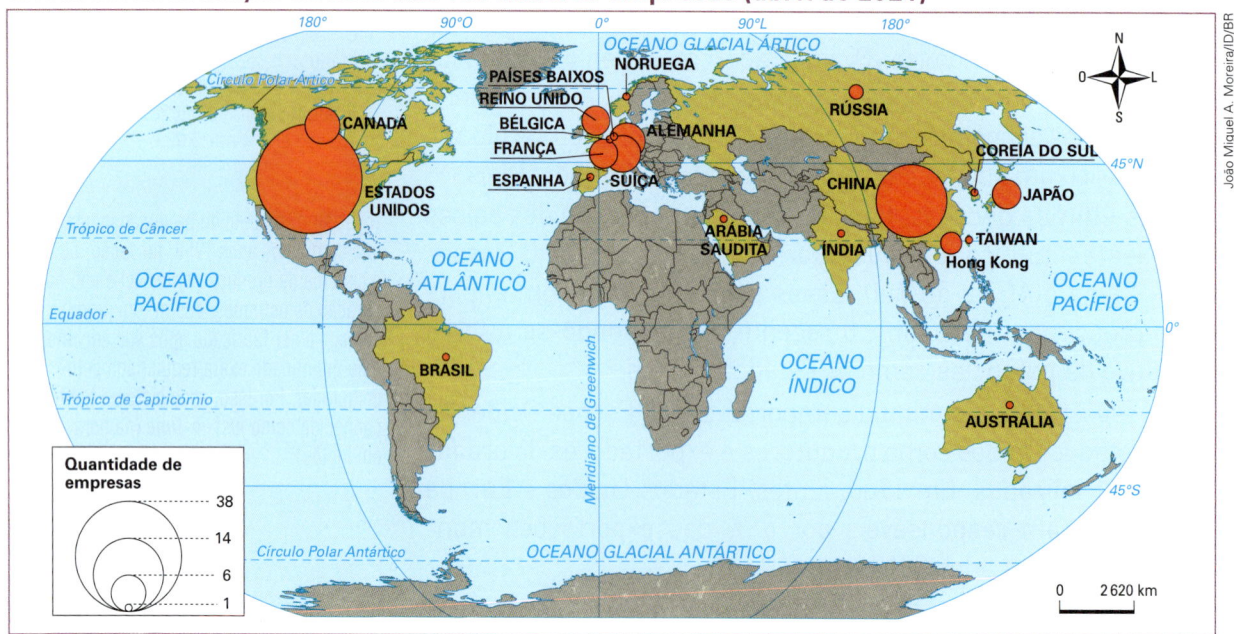

Fonte de pesquisa: Andrea Murphy; Isabel Contreras. The global 2000. *Forbes*, 12 maio 2022. Disponível em: https://www.forbes.com/lists/global2000/?sh=19cd1f275ac0. Acesso em: 4 abr. 2023.

INTEGRAÇÃO CULTURAL E PADRÕES DE CONSUMO

Uma potência é dominante não apenas por seu poder econômico, mas também por sua influência política e cultural. Assim, no período atual, ocorre uma difusão de padrões culturais, de comportamento e de consumo semelhantes aos dos Estados Unidos e de países da Europa Ocidental. Devido ao intenso fluxo de informações na atualidade e aos novos meios de comunicação e de mídia, a capacidade dos Estados Unidos de influenciar o mundo foi ampliada em comparação a outros períodos.

Nos anos 1930, a **indústria do cinema** cresceu muito nos Estados Unidos e contribuiu para a divulgação das ideias, da cultura e do estilo de vida da população estadunidense. Nas décadas seguintes, a televisão e as transmissões via satélite ampliaram essa possibilidade, e a influência desse país chegou à música e ao vestuário. Exemplos disso são a difusão do *rock'n'roll*, da calça *jeans* e das séries de televisão estadunidenses a partir dos anos 1960.

Nos anos 1990, a **internet** representou uma revolução nas comunicações. Com conexões *on-line*, foi possível realizar transmissões simultâneas e internacionais de conteúdos antes restritos aos canais de televisão locais. A maior parte das grandes empresas inovadoras na internet está sediada nos Estados Unidos, e os *sites* de transmissão de vídeos, filmes, séries, documentários e notícias também ampliaram a influência desse país nas produções culturais. Além disso, grupos estadunidenses compraram empresas de mídia e de comunicação de outros países para difundir o próprio conteúdo.

O idioma inglês se tornou a língua oficial no mundo dos negócios e mesmo nas relações diplomáticas e nas publicações científicas, e as **redes sociais**, a maioria delas também administradas por empresas estadunidenses, vêm despontando como um novo fenômeno de comunicação.

Contudo, a disseminação dos meios de comunicação não significou uma homogeneização cultural mundial. Em alguns países, o próprio avanço dos Estados Unidos gerou reações contrárias à globalização e à "ocidentalização", visando à preservação de tradições culturais e de costumes locais. Além disso, os mesmos meios de comunicação que permitiram a disseminação da cultura estadunidense estão disponíveis a outros países, que também aumentam sua capacidade de influenciar culturalmente, como a China e o Japão.

> **PARA EXPLORAR**
>
> **The true cost.** Direção: Andrew Morgan. Estados Unidos, 2015 (92 min).
> O documentário mostra os impactos sociais e ambientais gerados pela indústria da moda, que, para atender à alta demanda de consumo, recorre à internacionalização e à terceirização da produção de roupas.

Você acha que a **cultura sul-coreana** influencia os padrões culturais e de consumo ao redor do mundo?

▲ O *K-pop* é um gênero musical que surgiu na Coreia do Sul, em meados dos anos 1990. No entanto, somente nos últimos anos esse gênero se popularizou mundialmente, fazendo sucesso sobretudo entre o público jovem. *Show* da banda NCT Dream, em Seul, Coreia do Sul. Foto de 2022.

ATIVIDADES

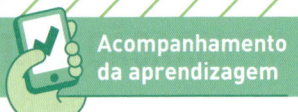

Acompanhamento da aprendizagem

Retomar e compreender

1. Quais fatores possibilitaram a integração da economia mundial?
2. Sobre a Divisão Internacional do Trabalho (DIT), responda às questões a seguir.
   a) O que é a DIT?
   b) Nas últimas décadas, que mudanças provocaram alterações na DIT? Qual é o papel dos países emergentes, como Brasil, China e Rússia, nesse processo?
3. O que são multinacionais? O que levou as empresas industriais a instalar filiais em outros países, internacionalizando a produção?
4. Você já consumiu algum produto por influência da mídia ou das redes sociais? Converse com os colegas e aponte outros exemplos de atuação das corporações mundiais que possam ser observados no dia a dia.

Aplicar

5. As grandes corporações dos países desenvolvidos usam diversas estratégias para a maximização dos lucros. Busque informações sobre as principais estratégias que essas empresas adotam e elabore um texto curto relatando como elas têm afetado os países em desenvolvimento.
6. Observe o mapa a seguir e responda às questões.

■ Mundo: Mudança dos grandes polos industriais (2019)

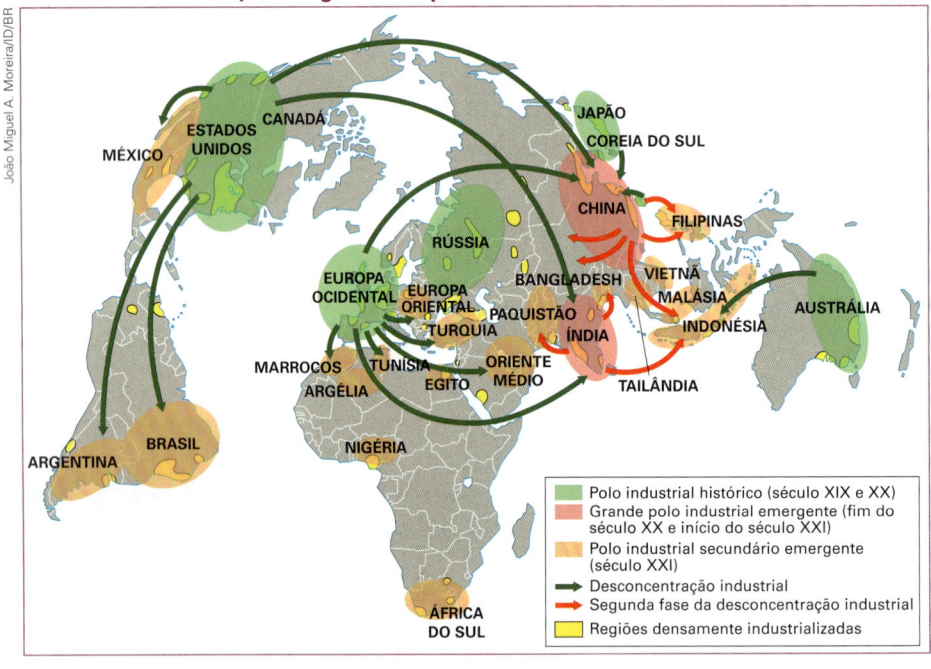

Nota: Em mapas nesta projeção, não é possível indicar a orientação e a escala.
Fontes de pesquisa: Maria Elena Simielli. *Geoatlas*. 35. ed. São Paulo: Ática, 2019. p. 33; Le Monde Diplomatique. *L'Atlas 2013*. Paris: Vuibert, 2012. p. 48; *Financial Times*. Disponível em: https://www.ft.com/content/0f534aa4-4549-11e7-8519-9f94ee97d996. Acesso em: 4 abr. 2023.

a) O que o mapa representa? Por que as setas têm cores diferentes?
b) Quais países estão passando pela segunda fase de desconcentração industrial?
c) Como o Brasil está inserido nessa dinâmica, de acordo com o mapa?
d) Para quais regiões foram transferidos os polos industriais dos Estados Unidos?
e) Cite países que receberam polos industriais da segunda fase de desconcentração industrial.
f) Em grupos, discutam as causas e as consequências do processo representado nesse mapa. Em seguida, elaborem um texto no caderno com as conclusões a que o grupo chegou.

CONTEXTO
DIVERSIDADE

A quinoa no contexto da globalização

Com a integração econômica mundial, produtos que antes ficavam restritos a um mercado local e tradicional passaram a ser distribuídos por todo o planeta, como ocorreu com a quinoa. Sobre esse assunto, leia o texto a seguir.

O caso da quinoa

A quinoa é um alimento consumido dentro do sistema alimentar boliviano desde a época pré-colombiana, nos Andes, pelas sociedades Incas. [...]

[...]

A partir do momento em que a quinoa foi reconhecida [...] como um alimento funcional, [...] o seu consumo e compra aumentaram em diversos países [...]. Apesar desse aumento de consumo ter ampliado a produção e a renda dos agricultores bolivianos, este fato gerou consequências àqueles que consomem o produto dentro dos seus sistemas alimentares [...].

Segundo a reportagem do The New York Times "Quinoa's Global Sucess Creates Quandary at Home", de março de 2011 [...], o preço da quinoa triplicou em cinco anos[,] e o consumo deste produto dentro da Bolívia caiu 34%[,] de acordo com os dados do Ministério da Agricultura desse país. [...]

A maior parte da produção da quinoa acontece na cidade de Salinas de Garcí Mendoza e, apesar de ter aumentado a demanda de mão de obra em virtude do crescimento agrícola, foi observada uma elevação no índice de desnutrição crônica em crianças justamente nessas localidades de produção.

Outro fator alarmante é a adaptação da cultura alimentar movida pela industrialização. Esses alimentos provindos das grandes indústrias [...] chegam ao mercado em valores muito mais baixos do que o próprio alimento produzido em suas terras nativas, já que tais produtos são, hoje, produzidos para a exportação.

Apesar das declarações de que o governo boliviano estaria interessado no incentivo do consumo doméstico do produto, [...] o acesso aos produtos industrializados de baixo preço contra o elevado valor da quinoa faz com que a substituição do produto seja mais fácil, prática e barata.

Pedro Diggelmann. O caso da quinoa: reflexões sobre globalização alimentar. *Revista Mangút: Conexões Gastronômicas*, Rio de Janeiro, v. 1, n. 2, p. 78-79, dez. 2021.

▲ Agricultor trabalhando em plantação de quinoa em Challapata, Bolívia. Foto de 2022.

Para refletir

1. Por que o sucesso comercial da quinoa tornou-se, ao mesmo tempo, um problema e uma vantagem para os bolivianos?

2. No lugar onde você vive, existe algum alimento, atividade econômica ou manifestação cultural que se tornou reconhecida em lugares ou regiões mais distantes?

REPRESENTAÇÕES

Mapas dinâmicos: fluxos proporcionais

Os mapas de fluxos proporcionais são utilizados para representar a **movimentação de determinado fenômeno no espaço**. Podem representar, por exemplo, a circulação de mercadorias entre certos países, os fluxos migratórios, os fluxos financeiros, as rotas marítimas, o movimento de massas de ar e de correntes oceânicas, entre outros fenômenos dinâmicos.

Esses mapas possibilitam uma visualização rápida da origem e do destino do fenômeno representado. Para isso, podem ser traçadas setas, que apresentam **tamanho**, **espessura** e **cores diferentes**, de acordo com as variações de intensidade ou de quantidade. Assim, os mapas de fluxos podem representar tanto a direção quanto a dimensão de um fenômeno.

Observe o mapa a seguir, que indica os fluxos proporcionais de investimentos chineses em diversas regiões do mundo.

■ **China: Investimentos externos (2021)**

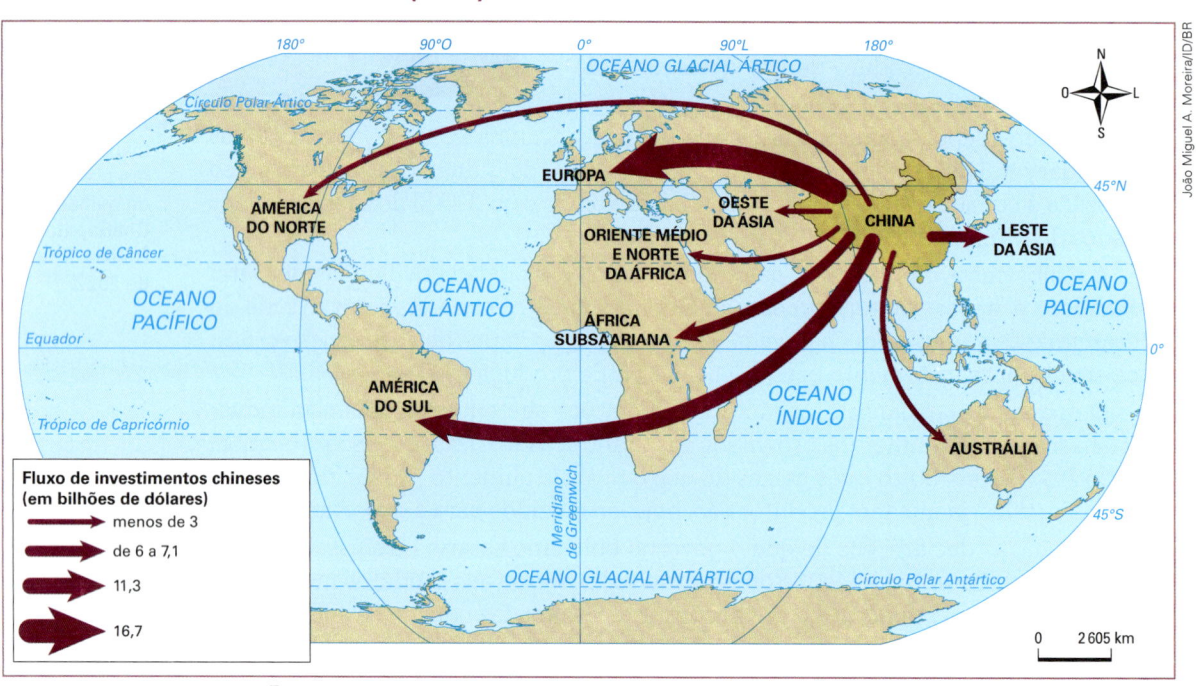

Fluxo de investimentos chineses (em bilhões de dólares)
- menos de 3
- de 6 a 7,1
- 11,3
- 16,7

Fonte de pesquisa: American Enterprise Institute. China Global Investment Tracker. Disponível em: https://www.aei.org/china-global-investment-tracker/. Acesso em: 4 abr. 2023.

A espessura proporcional das setas possibilita visualizar a intensidade do fluxo de investimentos chineses em outros países. É possível perceber, por exemplo, que a maioria dos investimentos, em 2021, foi para a Europa e para a América Latina, enquanto a menor parte dos investimentos foi para a Austrália, a América do Norte, o Oeste da Ásia e o Oriente Médio e Norte da África. Pode-se concluir isso porque a espessura da seta é mais grossa quanto maior for o volume de investimentos envolvido e mais fina quanto menor ele for.

Agora, observe um mapa que mostra os fluxos proporcionais das trocas de serviços comerciais dos Estados Unidos com outros países e com a União Europeia.

■ **Estados Unidos: Fluxo de serviços comerciais com economias selecionadas (2019)**

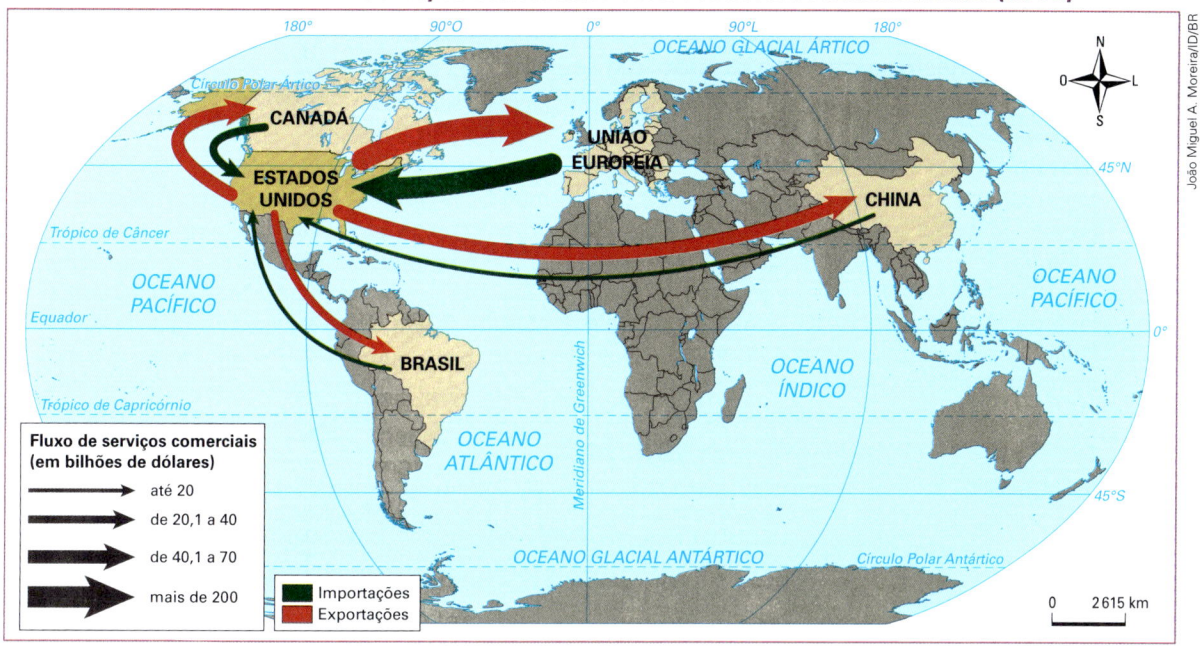

Fonte de pesquisa: Organização Mundial do Comércio (OMC). *World Trade Statistical Review 2021*. Switzerland: WTO, 2021. Disponível em: https://www.wto.org/english/res_e/statis_e/wts2021_e/wts2021_e.pdf. Acesso em: 4 abr. 2023.

Nesse mapa, as setas têm duas cores: a vermelha representa os dados relativos às exportações; a verde, os dados referentes às importações.

É possível notar que, em 2019, os Estados Unidos mantinham mais trocas de serviços comerciais com a União Europeia, o que é possível perceber pela espessura das setas, tanto de exportação quanto de importação.

Também é possível notar que a China, segunda maior economia do mundo, é um importante destino das exportações de serviços comerciais dos Estados Unidos, que, por sua vez, não realizam importações dos chineses na mesma proporção.

Pratique

1. Observe novamente o mapa *China: Investimentos externos (2021)* e responda:
   a) Qual é o fluxo mais intenso representado nesse mapa?
   b) A quais fenômenos econômicos os fluxos mostrados no mapa podem estar relacionados? Discuta essa questão em grupo.

2. De acordo com o mapa *Estados Unidos: Fluxo de serviços comerciais com economias selecionadas (2019)*, os Estados Unidos são um país que se notabiliza por ser mais importador ou exportador de serviços comerciais? Justifique sua resposta.

3. Explique de que maneira os fenômenos representados nos mapas desta seção estão relacionados com a globalização econômica.

ATIVIDADES INTEGRADAS

Analisar e verificar

1. Leia o texto a seguir e, depois, responda às questões.

> **Atual sistema de tributação de multinacionais ajuda a aumentar desigualdade no mundo, diz relatório**
>
> Um relatório divulgado [...] pela Comissão Independente pela Reforma da Taxação Corporativa Internacional (Icrict) aponta que o sistema atual de tributação de multinacionais pelo mundo contribui para o aumento da desigualdade entre os países. De acordo com a comissão, o fato de as empresas poderem levar seus lucros para paraísos fiscais "rouba governos e cidadãos", ao retirar recursos para o financiamento de "serviços vitais" para a população.
>
> "[...] Quando as grandes corporações, incluindo as multinacionais e os indivíduos ricos, não pagam sua parte justa dos impostos, os governos não têm capacidade para financiar a saúde, [a] educação, [a] infraestrutura e a luta contra as mudanças climáticas. [...]", afirma o presidente da organização, José Antonio Ocampo.
>
> [...] "As multinacionais são as que mais se beneficiam do sistema fiscal internacional atual. Elas até ameaçam os governos com a deslocalização de suas atividades econômicas, a menos que imponham um imposto sobre as sociedades que lhes convém", diz [Ocampo]. [...]
>
> Atual sistema de tributação de multinacionais ajuda a aumentar desigualdade no mundo, diz relatório. *Opera Mundi*, 11 fev. 2018. Disponível em: https://operamundi.uol.com.br/politica-e-economia/48843/atual-sistema-de-tributacao-de-multinacionais-ajuda-a-aumentar-desigualdade-no-mundo-diz-relatorio. Acesso em: 4 abr. 2023.

a) De acordo com o texto, que característica da relação entre as multinacionais e os países onde se instalam gera desigualdades sociais?

b) Discuta com um colega quais alternativas podem resolver o problema apontado no texto.

c) Em sua opinião, quais são as vantagens e as desvantagens da atuação de multinacionais para as populações dos países onde elas se instalam?

2. Leia o texto a seguir. Depois, responda às questões.

> A recessão global causada pela [pandemia de] covid-19 tende a acelerar o deslocamento do dinamismo da economia mundial para a Ásia, onde, com a China à frente, um melhor controle da pandemia já começa a resultar numa retomada mais rápida e vigorosa do que em outras regiões. [...]
>
> Esse movimento aponta para a continuidade das tensões comerciais entre China e Estados Unidos e para a manutenção da alta demanda chinesa por matérias-primas produzidas pelo Brasil, como soja, minério de ferro, celulose e carne.
>
> [...] Com a aproximação da China do posto de maior economia do mundo, o clima de confronto com os EUA – que começou com uma guerra comercial – tende a continuar, pois o governo americano vê a ascensão chinesa como uma perda histórica de protagonismo, diz Agostini [Alex Agostini, economista-chefe da agência classificadora de risco Austin Rating].
>
> Pandemia deve reforçar poder chinês na economia. *IstoÉ Dinheiro*, 25 out. 2020. Disponível em: https://www.istoedinheiro.com.br/pandemia-deve-reforcar-poder-chines-na-economia/. Acesso em: 4 abr. 2023.

a) Por que a pandemia de covid-19 tende a acelerar o deslocamento do dinamismo da economia global para a Ásia?

b) De acordo com o texto, as relações comerciais entre China e Estados Unidos são tensas. Explique por que ocorrem essas tensões comerciais.

c) De que maneira o Brasil é beneficiado na guerra comercial entre Estados Unidos e China?

Acompanhamento da aprendizagem

3. Observe a tabela e o mapa a seguir e, com base em seus conhecimentos, responda às questões.

MUNDO: DEZ MAIORES PIBs (2021)										
País	Estados Unidos	China	Japão	Alemanha	Reino Unido	Índia	França	Itália	Canadá	Coreia do Sul
PIB (em trilhões de dólares)	22,9	17,7	4,9	4,2	3,1	3,1	2,9	2,0	1,9	1,7

Fonte de pesquisa: Banco Mundial. Disponível em: https://data.worldbank.org/indicator/NY.GDP.MKTP.CD. Acesso em: 4 abr. 2023.

■ **Mundo: Índice de Pobreza Multidimensional (2010-2021)**

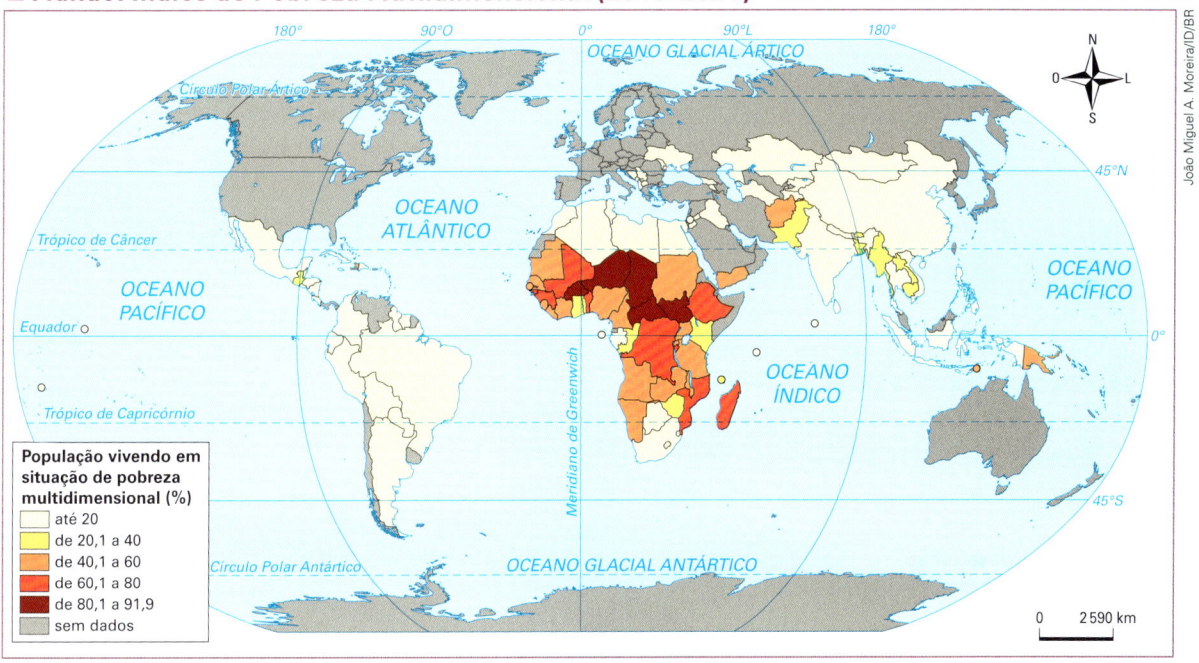

Fonte de pesquisa: Programa das Nações Unidas para o Desenvolvimento (Pnud); Oxford Poverty & Human Development Initiative. *Global Multidimensional Poverty Index 2022*. Disponível em: https://hdr.undp.org/system/files/documents/hdp-document/2022mpireportenpdf.pdf. Acesso em: 4 abr. 2023.

a) No que diz respeito ao PIB, qual era a situação da Índia no cenário mundial em 2021? E quanto à pobreza multidimensional? Se necessário, consulte um planisfério político.

b) Por meio dos dados representados, a que conclusão é possível chegar a respeito da Índia?

Criar

4. Com o auxílio de um planisfério político, localize os países que fazem parte da América Latina. Em seguida, crie uma regionalização desses países. Para isso, você pode utilizar como critérios o nível de IDH de cada um dos países ou outro que julgar interessante, como o principal esporte praticado no país, por exemplo. Por fim, compare a regionalização que você criou com a dos colegas.

5. **SABER SER** Reúna-se com dois colegas. Busquem em *sites*, revistas e jornais alternativas para combater as desigualdades sociais. Depois, elaborem um texto explicando como essas medidas podem ajudar a alcançar maior justiça social.

CIDADANIA GLOBAL
UNIDADE 2

10 REDUÇÃO DAS DESIGUALDADES

Retomando o tema

As desigualdades entre os países se manifestam sob diversos aspectos. Elas têm raízes históricas, se estabeleceram e se acentuaram ao longo do tempo, resultado de processos políticos, econômicos e sociais, como a relação de exploração no sistema colonial e a escravidão.

Reduzir as desigualdades, proporcionando a inclusão social e o desenvolvimento integral dos seres humanos e, consequentemente, melhorar a vida das pessoas, é o que busca um dos Objetivos do Desenvolvimento Sustentável (ODS).

1. Como as desigualdades podem afetar o desenvolvimento social? Cite exemplos.
2. Cite alguns indicadores de desenvolvimento que revelam desigualdades.
3. Por que estudar indicadores de desenvolvimento é importante para as tomadas de decisão por parte do poder público?

Geração da mudança

- Agora, em grupo, escrevam um artigo jornalístico sobre a desigualdade de desenvolvimento social entre os países da América Latina e da Europa Ocidental. No artigo, utilizem como exemplo o país que o grupo estudou ao longo da unidade e apresente os dados obtidos. Ao final, todos os artigos jornalísticos devem ser reunidos para formar um jornal sobre o tema, que pode ser distribuído na escola, como uma forma de disseminar o conhecimento produzido por vocês e de conscientização da comunidade escolar.

Autoavaliação

Yasmin Ayumi/ID/BR

UNIDADE 3

POPULAÇÃO MUNDIAL

PRIMEIRAS IDEIAS

1. Você sabe quantas pessoas habitam o planeta atualmente?
2. Quais países você acha que são os mais populosos?
3. Em que áreas do globo você acha que há maior concentração populacional?
4. Em sua opinião, o que leva as pessoas a se deslocar para viver em locais diferentes do seu local de origem?

Conhecimentos prévios

Nesta unidade, eu vou...

CAPÍTULO 1 — Dinâmica demográfica global

- Descrever a distribuição da população mundial e compreender os principais fatores dessa distribuição, por meio da análise de mapa.
- Compreender as principais tendências das dinâmicas demográficas e do processo de urbanização no mundo, com base na leitura de gráficos.
- Reconhecer a importância dos dados populacionais para o planejamento urbano.
- Buscar informações sobre a população e o uso dos espaços públicos pela população em meu local de vivência.
- Analisar e compreender a participação da mulher no mercado de trabalho no contexto das transformações demográficas das últimas décadas.
- Procurar informações e refletir sobre as necessidades específicas das mulheres em relação aos espaços públicos.

CAPÍTULO 2 — Deslocamentos populacionais

- Descrever os principais fluxos migratórios ao longo da história e em diferentes espaços, por meio da análise de mapas.
- Analisar os deslocamentos populacionais forçados em diferentes espaços na atualidade.
- Reconhecer as principais dificuldades enfrentadas pelos imigrantes e refugiados nos locais de destino.
- Identificar a presença de imigrantes e refugiados no meu município e refletir sobre a importância de promover a inclusão social dessa população no processo de planejamento urbano.
- Analisar e comparar representações cartográficas da distribuição da população pelos métodos ponto e área.

INVESTIGAR

- Verificar, por meio de entrevistas, as motivações para o deslocamento de migrantes e refugiados da minha comunidade.

CIDADANIA GLOBAL

- Compreender a importância dos parques urbanos para o desenvolvimento de cidades e comunidades sustentáveis.

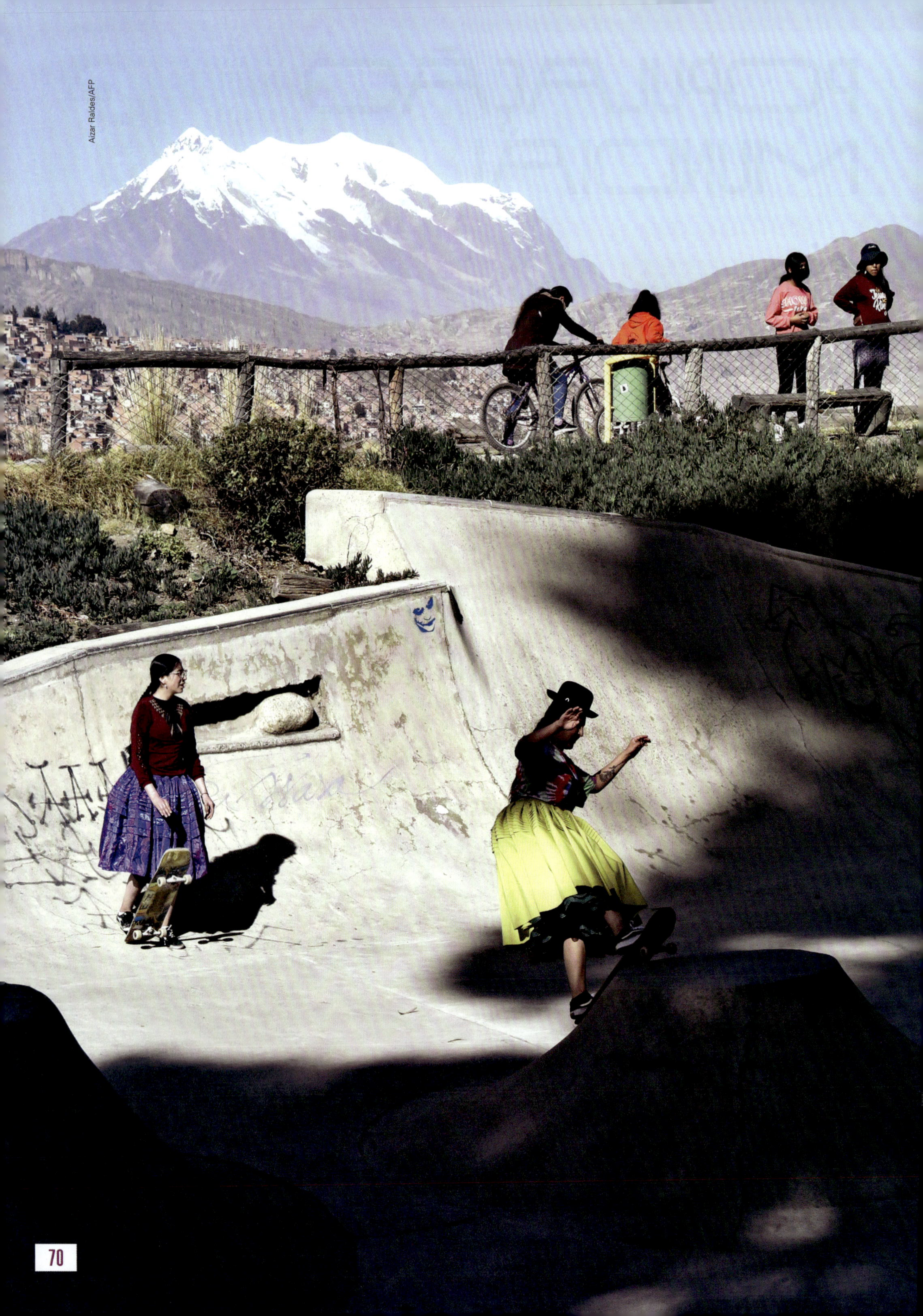

Aizar Raldes/AFP

LEITURA DA IMAGEM

1. O que as pessoas da foto estão fazendo?
2. Em qual local elas estão? Você acha que é um espaço público ou privado?
3. Se a imagem não tivesse legenda, você saberia em que país ou região as pessoas retratadas estão? Se sim, quais elementos da imagem dão pistas sobre esse local?

CIDADANIA GLOBAL

11 CIDADES E COMUNIDADES SUSTENTÁVEIS

Imagine que você é o prefeito do município onde mora e precisa desenvolver um projeto para criação ou revitalização de um parque urbano. A intenção é garantir o acesso da população a espaços públicos providos de áreas verdes, opções de lazer e prática de esportes e que sejam seguros, sustentáveis e inclusivos.

1. Em sua opinião, quais informações sobre a população e sobre o processo de urbanização do município é preciso ter para desenvolver um projeto como esse?
2. Você acha que o planejamento de um espaço público deve levar em consideração as necessidades de grupos sociais e etários específicos, como as mulheres, os imigrantes, as crianças e as pessoas idosas? Por quê?

Ao longo da unidade, você e os colegas vão levantar dados e informações e elaborar um plano de criação ou revitalização de um parque urbano municipal.

Por que os **espaços públicos verdes** são importantes para o desenvolvimento de cidades sustentáveis?

Os parques públicos com espaços para práticas de esportes colaboram para a melhoria da qualidade de vida das pessoas. Garotas andam de *skate* em La Paz, Bolívia. Foto de 2022.

CAPÍTULO 1
DINÂMICA DEMOGRÁFICA GLOBAL

PARA COMEÇAR

Você sabe quais fatores estão relacionados à existência de áreas com grande densidade demográfica e de áreas pouco povoadas? Quais são as tendências atuais da dinâmica demográfica mundial?

DISTRIBUIÇÃO DA POPULAÇÃO MUNDIAL

A distribuição da população no mundo ocorre de forma bastante **desigual**. Algumas áreas, sobretudo as urbanas, são densamente povoadas, outras têm muito pouco povoamento.

Os países com grande população total (população absoluta) são considerados **populosos**. Já os países com população numerosa em relação à extensão de seu território (população relativa, expressa pelo número de habitantes por km²) são considerados muito **povoados**.

De acordo com a ONU, em 2022 a população mundial tinha ultrapassado os 8 bilhões de habitantes. Os dez países com maior número de habitantes concentram mais da metade da população mundial. São eles: China, Índia, Estados Unidos, Indonésia, Paquistão, Nigéria, Bangladesh, Brasil, Rússia e México. Com mais de 1,3 bilhão de habitantes cada, a China e a Índia são os países mais populosos do mundo.

A Ásia abriga cerca de 60% dos habitantes do planeta (aproximadamente 4,5 bilhões de pessoas). Na Oceania, por outro lado, vive menos de 1% da população mundial. Ou seja, a Ásia é um continente muito populoso, e a Oceania, pouco populoso.

▼ As áreas de maior concentração populacional na Índia estão na faixa litorânea e no vale do rio Ganges. A cidade de Mumbai, no litoral, é a mais populosa do país, e sua região metropolitana abriga mais de 21 milhões de habitantes. Na foto, de 2022, pessoas participam de um festival religioso hindu. Mumbai, Índia.

FATORES DE DISTRIBUIÇÃO DA POPULAÇÃO MUNDIAL

A distribuição desigual da população no mundo está relacionada a fatores naturais, como as condições do clima e do relevo, e a fatores históricos, como o desenvolvimento de redes de comércio, as guerras, as aglomerações urbanas, etc. Observe o mapa.

Mundo: Densidade demográfica (2020)

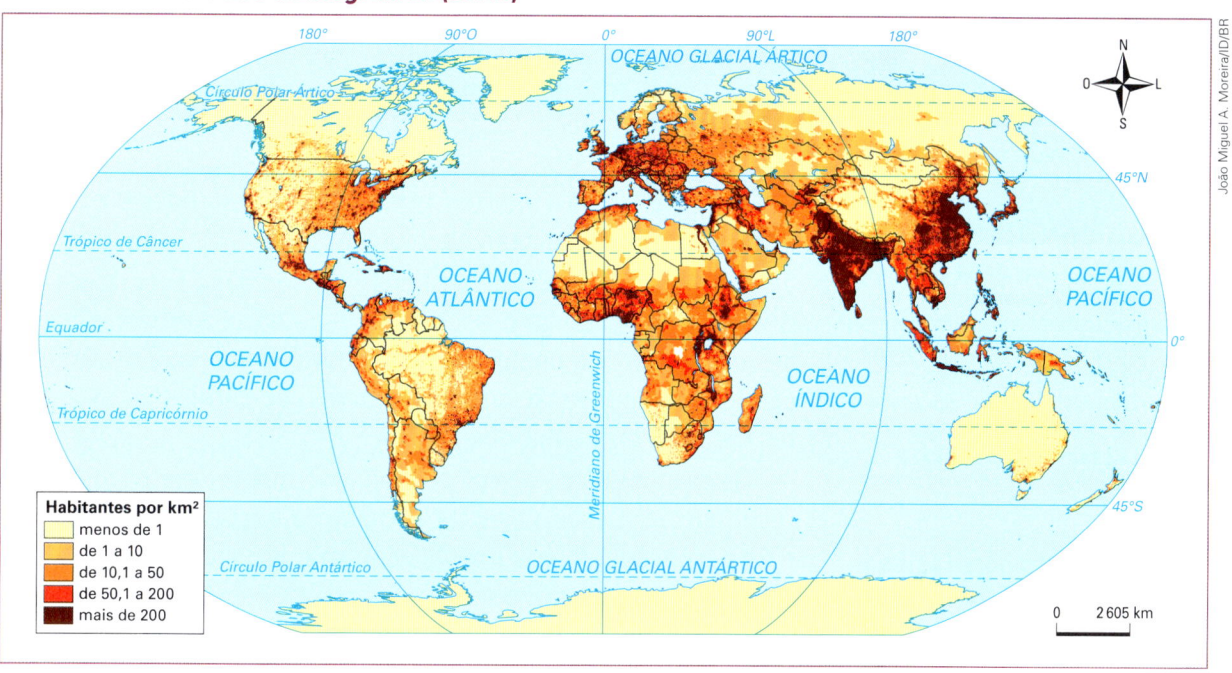

Fonte de pesquisa: Nasa. Socioeconomic Data and Applications Center (Sedac). Disponível em: https://sedac.ciesin.columbia.edu/data/set/gpw-v4-population-density-rev11/maps. Acesso em: 10 fev. 2023.

Com base na leitura do mapa, é possível verificar que alguns países do continente europeu, da Ásia Meridional, do Leste Asiático e do continente africano apresentam alta densidade demográfica, ou seja, são muito povoados.

Algumas dessas áreas estão em **planícies fluviais**. A ocupação humana é fortemente influenciada pela proximidade dos rios, pois eles fornecem água para a prática agrícola e para o consumo, além de serem importantes meios de transporte e fonte de alimentos. Além disso, planícies fluviais apresentam solos muito férteis, o que também contribui para o desenvolvimento da agricultura. Assim, desde a Antiguidade, áreas próximas ao rio Nilo, no Egito, ao rio Ganges, na Índia, e ao rio Amarelo, na China, concentram elevado número de habitantes.

No mapa, também é possível identificar países pouco povoados. Algumas áreas desses países correspondem a extensos **desertos**, como o Saara, no norte da África, e o deserto de Gobi, no centro do continente asiático. As áreas de **clima muito frio**, como a Sibéria e as regiões polares, também apresentam baixa densidade demográfica.

É importante destacar, no entanto, que o desenvolvimento de tecnologias favorece o adensamento de populações em áreas que antes eram consideradas inóspitas.

> **PARA EXPLORAR**
>
> **IBGE Países**
> Nesse *site*, é possível encontrar um conjunto de dados sobre população, economia e indicadores sociais dos países do mundo. Disponível em: https://paises.ibge.gov.br. Acesso em: 10 fev. 2023.

inóspito: local ou região que apresenta condições naturais que dificultam a sobrevivência humana.

CRESCIMENTO DA POPULAÇÃO MUNDIAL

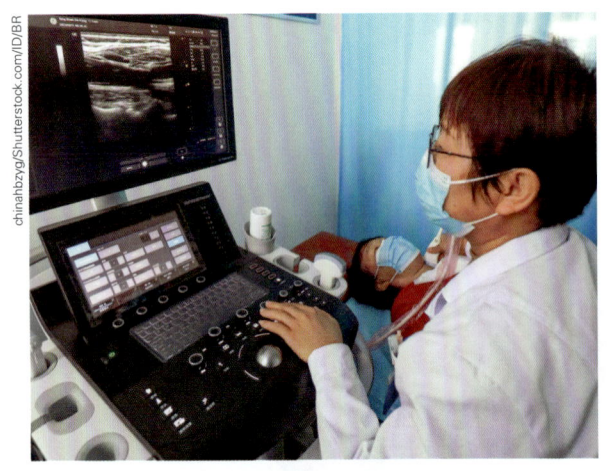

A população de um local aumenta quando o número de nascimentos (taxa de natalidade) é maior que o número de mortes (taxa de mortalidade) em determinado período. Essa diferença corresponde ao **crescimento vegetativo** da população, que pode ser positivo ou negativo. O crescimento vegetativo é positivo quando há mais nascimentos que mortes; nesse caso, a população absoluta aumenta. Por outro lado, o crescimento vegetativo é negativo quando há mais mortes que nascimentos; dessa forma, a população absoluta diminui.

A população absoluta também é influenciada pela migração: o local pode registrar crescimento vegetativo positivo, ao receber migrantes, ou negativo, quando há elevada taxa de emigração (geralmente relacionada a guerras, epidemias ou catástrofes naturais ou socioambientais).

Os avanços tecnológicos da medicina, que levaram a melhores resultados em tratamentos e combate a doenças, por exemplo, e da agropecuária, que impulsionaram a produção de alimentos, proporcionaram um notável crescimento populacional nos dois últimos séculos. É possível constatar esse crescimento elevado ao se observar que, nos últimos 150 anos, a população mundial cresceu cerca de cinco vezes. Em 1940, havia aproximadamente 2 bilhões de pessoas no mundo. Já em 2000, ou seja, em 60 anos, a população do mundo chegou ao total de 6,1 bilhões de habitantes. Observe o gráfico ao lado. Projeções da ONU indicam que em 2080 a população mundial terá ultrapassado os 10 bilhões de pessoas.

O crescimento populacional de uma região é influenciado por diversos fatores, como a estrutura etária, o desenvolvimento econômico e o acesso a serviços de saúde. Dessa forma, o elevado crescimento populacional do mundo não ocorreu de modo homogêneo. Veja, na tabela a seguir, os percentuais de crescimento da população dos continentes e subcontinentes.

▲ Os avanços na medicina que levaram ao desenvolvimento de vacinas, tratamentos para doenças e técnicas de medicina preventiva possibilitaram o aumento da expectativa de vida da população mundial. Profissional da saúde realiza exame em paciente na China. Foto de 2022.

Crescimento populacional mundial (1500-2020)

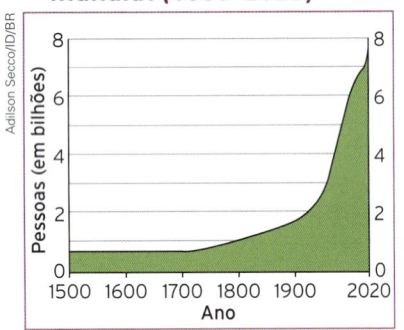

Fontes de pesquisa: *Reference world atlas*. London: Dorling Kindersley, 2013. p. XXV; Banco Mundial. Disponível em: https://data.worldbank.org/indicator/SP.POP.TOTL. Acesso em: 10 fev. 2023.

Fonte de pesquisa: United Nations. Department of Economic and Social Affairs. Population Division. *World population prospects 2022*. Disponível em: https://population.un.org/wpp/Download/Standard/MostUsed/. Acesso em: 10 fev. 2023.

MUNDO: CRESCIMENTO POPULACIONAL POR REGIÃO (1950-2021)	
Região	Crescimento médio anual
África	2,14%
América Latina	1,91%
América Anglo-Saxônica	1,18%
Ásia	1,72%
Europa	0,43%
Oceania	1,78%

TAXA DE NATALIDADE

A taxa de natalidade é o **número de nascimentos** a cada mil habitantes. Atualmente as taxas de natalidade estão em queda no mundo. Entre as razões para isso, estão o planejamento familiar, a disseminação dos métodos contraceptivos e a crescente taxa de urbanização da população; porém, é importante destacar que o impacto desses fatores é diferente entre os países.

A redução da taxa de natalidade é maior em países desenvolvidos, ou seja, urbanizados e industrializados há mais tempo. Nos países menos desenvolvidos, onde o percentual da população rural geralmente é mais elevado, as taxas de natalidade ainda são altas, embora também apresentem queda.

Segundo dados do Banco Mundial, em 2019, nos Estados Unidos e no Reino Unido, países com PIB (Produto Interno Bruto) elevado, essa taxa era de 11 nascimentos a cada mil habitantes. Países emergentes, como o México e a Índia, têm taxas de natalidade próximas à de países desenvolvidos: 17 nascimentos por mil. Por sua vez, no Afeganistão e no Zimbábue, países com PIB mais modesto, essa taxa era cerca de 30 nascimentos por mil. Em 2019, a taxa de natalidade brasileira era de 13 por mil.

■ **Mundo: Taxa de natalidade (1960-2020)**

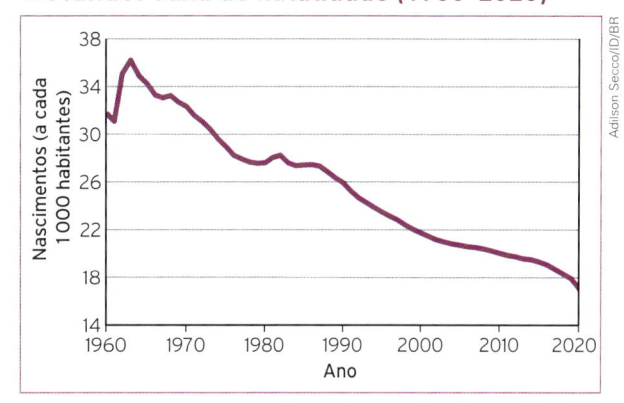

Fonte de pesquisa: Banco Mundial. Disponível em: https://data.worldbank.org/indicator/SP.DYN.CBRT.IN. Acesso em: 10 fev. 2023.

TAXA DE FECUNDIDADE

A taxa de fecundidade é um dado estatístico que mede o **número médio de filhos** que cada mulher teria durante sua idade reprodutiva. Dada a relação direta com a taxa de natalidade, muitos países do mundo vêm apresentando diminuição dessa taxa nas últimas décadas.

De acordo com a ONU, em 1950, as mulheres no mundo tinham, em média, 5 filhos. Em 2021, esse número caiu para 2,3 filhos por mulher e, de acordo com projeções, em 2050, deve estar abaixo de 2,1 filhos por mulher.

Ainda segundo a ONU, atualmente, cerca de 65% da população mundial vive em países que apresentam taxa de natalidade abaixo de 2,1 filhos por mulher.

▼ De acordo com o Banco Mundial, em 2020, a taxa de fecundidade na América Latina estava abaixo da média mundial: cerca de 1,9 filho por mulher. Na foto, maternidade na Colômbia, em 2022.

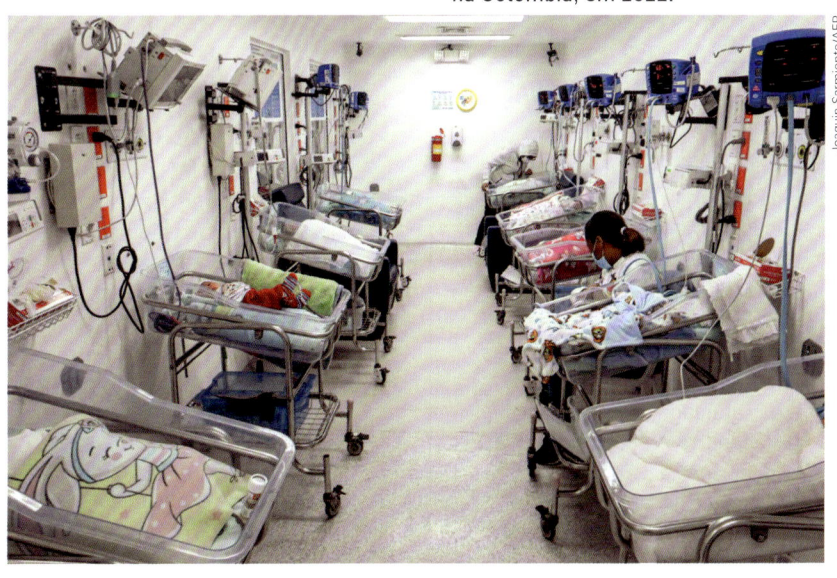

75

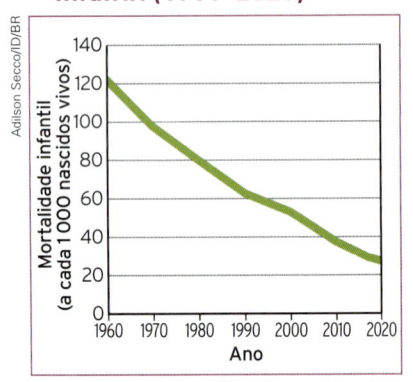

MORTALIDADE INFANTIL

A taxa de mortalidade infantil expressa o **número de crianças que morrem no primeiro ano de vida**, a cada mil nascimentos. Ao mesmo tempo que o número de nascimentos vem diminuindo em relação ao total da população, também se observa uma redução do número de crianças que morrem no primeiro ano de vida.

No mundo, a mortalidade infantil caiu expressivamente: de 121,9 por mil, em 1960, para 27,4 por mil, em 2020. No Brasil, essa taxa passou de 31 por mil, em 1960, para 13,1 por mil, em 2020.

Os principais fatores que explicam essa queda são as melhorias nas condições sanitárias, os avanços da medicina e a ampliação do acompanhamento médico pré-natal e da vacinação.

ENVELHECIMENTO GLOBAL

A crescente urbanização, os avanços da medicina e o aprimoramento e a ampliação do acesso à infraestrutura de saneamento são fatores que contribuíram para a **diminuição da taxa de mortalidade**. Assim, as pessoas vivem mais e melhor, e, por isso, a população mundial está em processo de envelhecimento.

Nos países desenvolvidos, em geral, a participação das pessoas idosas (acima de 60 anos) no total da população é alta: no Japão, por exemplo, correspondia a 29% em 2021. Nos países menos desenvolvidos, a proporção de pessoas idosas em relação à população total geralmente é menor: em Angola e em Uganda, era de apenas 4% em 2020. Esse dado mostra que a **expectativa de vida** é desigual no mundo.

A expectativa de vida indica a média de anos que se espera que uma pessoa viva. Em 1960, a expectativa de vida da população mundial era cerca de 52 anos. Em 2020, esse número era de 73 anos. Veja o gráfico *Mundo: Expectativa de vida (1960-2020)*.

Mundo: Mortalidade infantil (1960-2020)

Fonte de pesquisa: Banco Mundial. Disponível em: https://data.worldbank.org/indicator/SP.DYN.IMRT.IN. Acesso em: 10 fev. 2023.

Mundo: Expectativa de vida (1960-2020)

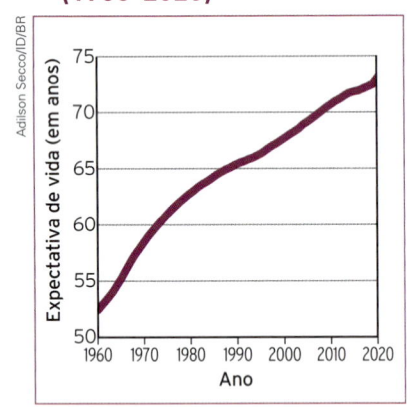

Fonte de pesquisa: Banco Mundial. Disponível em: https://data.worldbank.org/indicator/SP.DYN.LE00.IN. Acesso em: 10 fev. 2023.

OS DIREITOS DAS PESSOAS IDOSAS

Em 2003, foi implementado no Brasil o Estatuto da Pessoa Idosa, uma lei que visa garantir os direitos sociais da população que tem idade igual ou superior a 60 anos. Entre as principais garantias sociais da população idosa do país, destacam-se: a gratuidade obrigatória nos transportes coletivos aos maiores de 65 anos e o atendimento preferencial em serviços judiciais, de saúde e outros.

CIDADANIA GLOBAL

DADOS POPULACIONAIS E PLANEJAMENTO

Os dados populacionais, como a expectativa de vida, são importantes para o poder público planejar investimentos em infraestrutura e o fornecimento de serviços, por exemplo. Um eventual crescimento da taxa de natalidade torna importante a abertura de mais vagas em maternidades ou a construção de mais hospitais. Já o aumento da expectativa de vida faz com que seja necessário ampliar a assistência médica específica para a população idosa.

Para o planejamento da construção ou revitalização do parque urbano municipal é importante conhecer as características da população. Reúna-se com o seu grupo e busquem os dados da população do município onde vivem.

1. Qual é o tamanho da população? Quais são suas principais características? Qual é a faixa etária e sexo predominantes?
2. Há crescimento ou queda da taxa de natalidade? E da expectativa de vida? O que esses dados revelam sobre a população do município daqui a alguns anos? Como isso pode influenciar no planejamento do parque?

MULHERES NO MERCADO DE TRABALHO

Entre as transformações sociais ocorridas, nas últimas décadas, está o aumento da participação das mulheres no mercado de trabalho, embora essa participação ainda seja menor do que a masculina. Segundo o Banco Mundial, em 2021, 46% das mulheres com 15 anos ou mais no mundo estavam inseridas no mercado de trabalho; entre os homens, esse dado se aproxima de 72%. Um dos grandes desafios do poder público em todo o mundo é equilibrar esse percentual, promovendo maior inserção das mulheres e combatendo as discriminações.

Como fazer **planejamento urbano inclusivo para as mulheres**?

■ **Mundo: Participação feminina no mercado de trabalho (2020)**

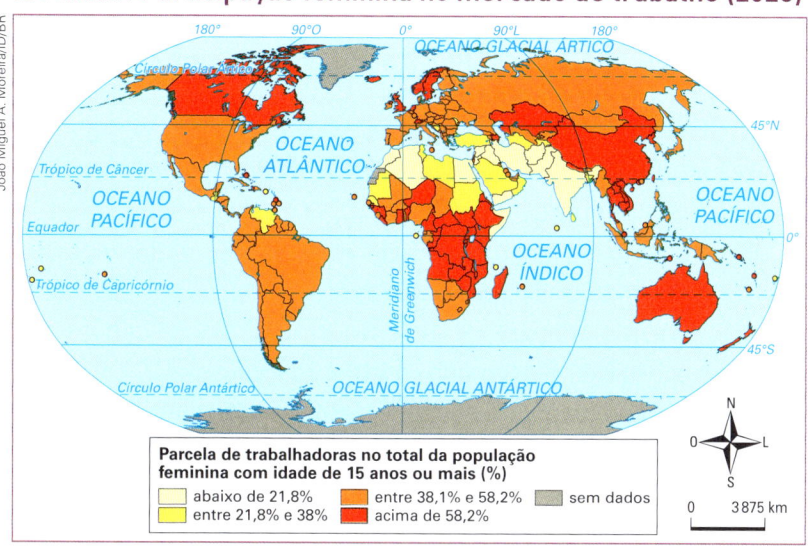

Parcela de trabalhadoras no total da população feminina com idade de 15 anos ou mais (%)
- abaixo de 21,8%
- entre 21,8% e 38%
- entre 38,1% e 58,2%
- acima de 58,2%
- sem dados

Fonte de pesquisa: Banco Mundial. Disponível em: http://data.worldbank.org/indicator/SL.TLF.CACT.FE.ZS?view=map. Acesso em: 10 fev. 2023.

▲ Nas últimas décadas, ampliou-se a presença de mulheres na liderança de países e de organismos internacionais. Na foto de 2018, na China, Christine Lagarde (1956-), primeira mulher a assumir o cargo de diretora-geral do Fundo Monetário Internacional (FMI). Atualmente, é presidente do Banco Central Europeu.

Em alguns países, o crescimento da participação feminina no mercado de trabalho é pequeno. De acordo com o Banco Mundial, em 2021, nos países árabes, apenas 20% do total de mulheres acima de 15 anos trabalhavam, contra 70% dos homens. Na África Subsaariana, a participação feminina tende a ser mais elevada, alcançando 60% das mulheres inseridas no mercado de trabalho, enquanto os homens chegam a 72%.

A diferença entre a participação masculina e a feminina no mercado de trabalho reflete um dos vários tipos de discriminação enfrentados pelas mulheres. A dificuldade de acesso a serviços essenciais, como a educação, e a **desigualdade de gênero** relacionada à remuneração e à ocupação de cargos de chefia são outros exemplos de discriminação.

Alguns países adotam uma política de cotas para combater a desigualdade de gênero, como é o caso da Noruega, onde, por lei, as empresas que têm ações na bolsa de valores devem destinar 40% dos cargos administrativos a mulheres. No Brasil, a legislação obriga os partidos políticos a ter pelo menos 30% de candidaturas femininas nas disputas eleitorais.

CIDADANIA GLOBAL

MULHERES E ESPAÇOS PÚBLICOS

A partir do século XX, as mulheres passaram a ocupar mais intensamente os espaços públicos dos municípios, o que influenciou o planejamento urbano e as arquiteturas locais. Um dos aspectos mais importantes quando se considera a perspectiva da mulher ao discutir o planejamento de espaços públicos, como os parques urbanos, é a segurança.

1. Procure informações sobre o tema e, depois, liste ações que podem tornar os parques urbanos mais seguros para todos.

PERFIS DEMOGRÁFICOS

A **pirâmide etária** é um gráfico que apresenta dados da distribuição da população por faixas etárias e sexo. O crescimento populacional, a queda da natalidade e da mortalidade infantil, assim como o envelhecimento da população, são transformações do **perfil demográfico** que podem ser observadas nas pirâmides etárias.

Quando a base da pirâmide etária de um país sofre transformações, interpretamos que há mudanças na taxa de natalidade ou de mortalidade, por exemplo. O estreitamento da base da pirâmide é uma evidência da queda da natalidade e indica uma parcela menor de crianças e jovens no conjunto da população. Se o topo da pirâmide é estreito em relação à base, a taxa de mortalidade está elevada, e a expectativa de vida é baixa. Logo, o alargamento do topo representará queda da taxa de mortalidade e, consequentemente, elevação da expectativa de vida da população.

Dessa forma, já que a pirâmide etária expõe dados relevantes sobre a população, pela sua análise, é possível identificar importantes informações de desenvolvimento socioeconômico.

Na maioria dos países com melhores indicadores socioeconômicos, como o Japão, a redução das taxas de natalidade ocorreu a partir de meados do século XX. Em países latino-americanos, como o Uruguai e o Brasil, essa tendência manifestou-se nas últimas décadas do século XX.

Na Nigéria, as estatísticas demográficas apontam que a taxa de natalidade vai continuar elevada e, provavelmente, as melhorias nas condições de saúde vão contribuir para a redução da mortalidade infantil e para o aumento da expectativa de vida.

A seguir, observe e compare as pirâmides etárias dos países citados anteriormente em 2020 (exceto o Brasil).

> Compare e descreva as **pirâmides etárias** da Nigéria, do Uruguai e do Japão de 2020 com as dos anos de 1950 e projeção para 2050.

■ Países selecionados: Pirâmides etárias (2020)

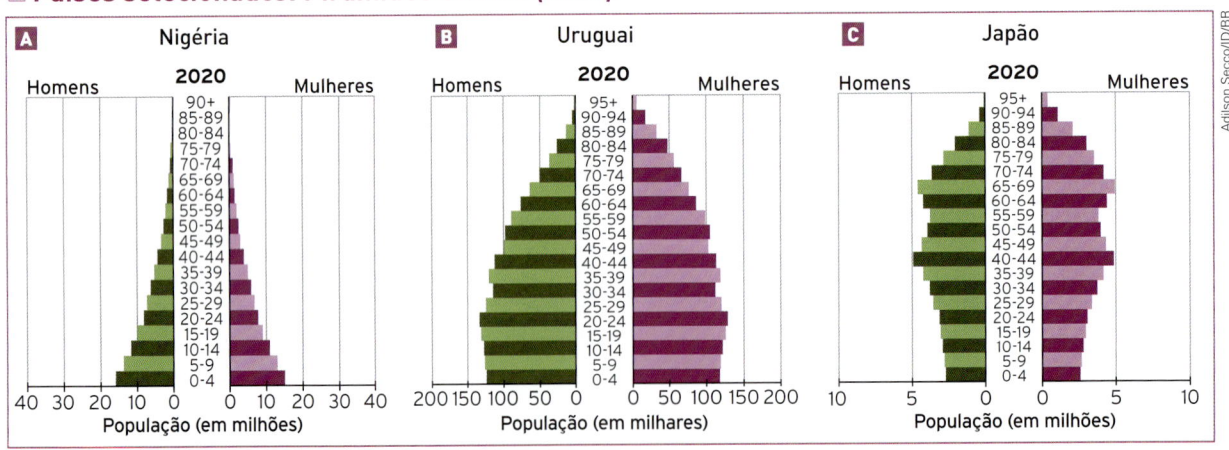

A Nigéria 2020 — População (em milhões)

B Uruguai 2020 — População (em milhares)

C Japão 2020 — População (em milhões)

Fonte de pesquisa: United Nations. Department of Economic and Social Affairs. Population Division. *World population prospects 2022*. Disponível em: https://esa.un.org/unpd/wpp/Graphs/DemographicProfiles/. Acesso em: 10 fev. 2023.

URBANIZAÇÃO

O processo de crescimento das cidades é chamado de **urbanização**. No século XIX, a industrialização levou a população a viver de forma mais concentrada nas cidades. Isso ocasionou, em um primeiro momento, a proliferação de diversas doenças, o que incentivou o avanço da medicina e gerou grandes preocupações com as condições sanitárias nas cidades e com a saúde pública.

Durante o século XX, o crescimento das cidades foi um fenômeno observado em países de diversos continentes. Esse crescimento resultou de muitos fatores, entre os quais se destacam a modernização agrícola, que reduziu a necessidade de mão de obra no campo, e a industrialização, responsável por atrair pessoas para as cidades, em busca de trabalho.

▲ Em 2021, Tóquio, no Japão, era a cidade mais populosa do mundo, com cerca de 37 milhões de habitantes. Foto de 2021.

Em 1950, aglomerações urbanas, como as cidades de Nova York e de Tóquio, já concentravam mais de 10 milhões de habitantes cada uma. Em 2015, mais de trinta cidades apresentavam população superior a 10 milhões de habitantes, sendo conhecidas como **megacidades**.

Desde 2007, as cidades concentram a maior parte da população global. Em 2020, a taxa de urbanização mundial era de 56% (de acordo com o Banco Mundial). Estima-se que essa tendência de aglomeração mantenha-se nas próximas décadas, o que aumentará a pressão sobre os recursos naturais e exigirá maior organização do poder público para garantir a oferta de serviços que atendam a aglomerações populacionais cada vez maiores.

Com a pandemia de covid-19, iniciada em 2020, as grandes aglomerações urbanas foram locais propícios para a rápida disseminação da doença. As condições de trabalho, de transporte público e de vida social dificultaram o isolamento social necessário – conforme indicado pela Organização Mundial da Saúde (OMS) – para diminuir a propagação dessa doença altamente contagiosa. Somou-se a isso a falta de condições sanitárias em áreas mais pobres, o que muitas vezes impossibilitava ações de prevenção, como lavar as mãos com sabão.

CIDADANIA GLOBAL

URBANIZAÇÃO

Como você viu, está crescendo o percentual de pessoas que vivem em cidades no mundo. Agora, você deverá buscar informações sobre a urbanização do município onde mora e observar os espaços públicos existentes.

1. A maior parte da população vive na área urbana ou na área rural?

2. Na área urbana, existem espaços públicos, como parques e praças para uso da população? Se sim, como são esses espaços? Quais usos a população do município faz deles?

ATIVIDADES

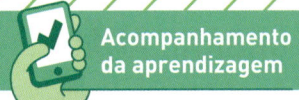

Acompanhamento da aprendizagem

Retomar e compreender

1. Quais fatores explicam a desigualdade na distribuição espacial da população mundial?

2. Observe novamente o mapa *Mundo: Densidade demográfica (2020)*, da página 73, e, com o auxílio de um atlas, cite quatro países que apresentam alta densidade demográfica e quatro países com áreas pouco povoadas.

3. Comente as transformações ocorridas nas últimas décadas em relação à participação das mulheres no mercado de trabalho.

4. Sobre a tendência de envelhecimento da população, responda às questões a seguir.
   a) Quais fatores explicam essa tendência de envelhecimento da população tanto no Brasil quanto no mundo?
   b) **SABER SER** No dia a dia, que dificuldades podem ser enfrentadas pela população idosa? Você já ajudou uma pessoa idosa que estava com alguma dificuldade? Em caso positivo, como você se sentiu?

Aplicar

5. O texto a seguir refere-se à história da descoberta das causas da contaminação pelo cólera no século XIX em Londres, no Reino Unido. Leia-o e responda às questões.

> Esta é uma história com quatro protagonistas: uma bactéria letal, uma grande cidade e dois homens igualmente talentosos, mas muito diferentes. Em uma semana sombria, há mais de cento e cinquenta anos, suas vidas se defrontaram em meio ao imenso horror e sofrimento humano na Broad Street, extremo oeste do bairro do Soho. [...] É a história de um mapa que se encontra na interseção de todos esses diferentes vetores, um mapa criado para ajudar a entender o sentido de uma experiência que desafiou a compreensão humana. [...]
>
> Steven Johnson. *O mapa fantasma*: como a luta de dois homens contra o cólera mudou o destino de nossas metrópoles. Rio de Janeiro: Zahar, 2008. p. 11.

   a) Qual é a representação cartográfica citada no texto? Busque informações sobre como ela foi importante para a descoberta das causas do cólera.

   b) Em sua opinião, os conhecimentos sobre urbanização e cartografia poderiam ajudar a combater a pandemia de covid-19?

6. Observe o gráfico a seguir e descreva as informações apresentadas, relacionando-as com o conteúdo estudado neste capítulo. Cite as causas dessa mudança demográfica.

Mundo: Taxa de fecundidade (1960-2019)

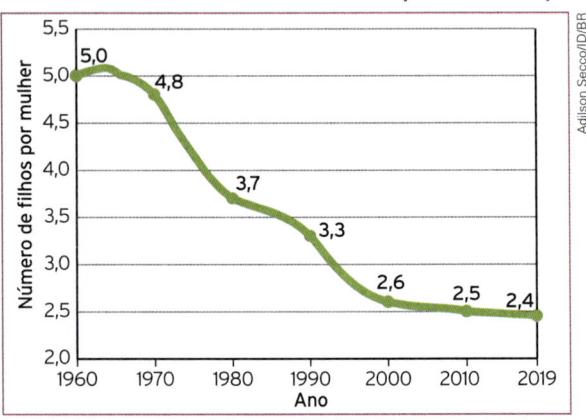

Fonte de pesquisa: Banco Mundial. Disponível em: http://data.worldbank.org/indicator/SP.DYN.TFRT.IN. Acesso em: 10 fev. 2023.

7. Observe o gráfico e responda às questões.

Mundo: População (1950-2100)

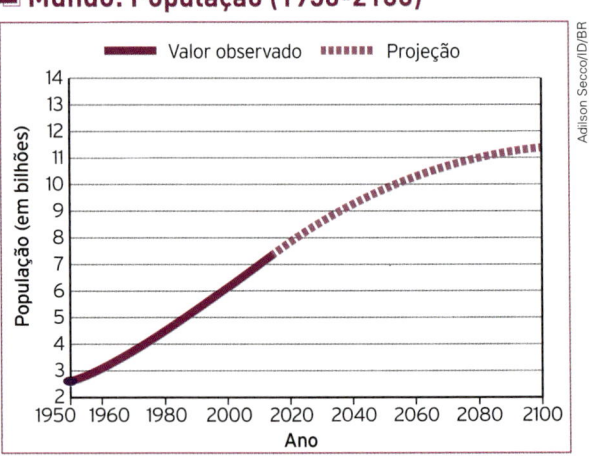

Fonte de pesquisa: United Nations. Department of Economic and Social Affairs. Population Division. *World population prospects 2022*. Disponível em: https://population.un.org/wpp/Graphs/Probabilistic/POP/TOT/. Acesso em: 10 fev. 2023.

   a) O gráfico apresenta tendência de crescimento ou de decréscimo populacional? Explique.
   b) Elabore um breve texto sobre como os países devem se preparar para garantir qualidade de vida a seus habitantes no futuro.

CAPÍTULO 2
DESLOCAMENTOS POPULACIONAIS

PARA COMEÇAR

Você sabe o que é migração? Em sua opinião, todas as pessoas que se deslocam para outros países o fazem por vontade própria? O que elas buscam?

DESLOCAMENTOS HUMANOS PELO MUNDO

As populações humanas sempre se deslocaram pelo espaço geográfico. De modo geral, os deslocamentos podem ser voluntários ou forçados.

Quando as pessoas saem de seus locais originais de residência, ultrapassando limites político-administrativos por vontade própria, dizemos que há uma **migração**. Diversos motivos levam as pessoas a migrar, como a busca por melhores condições de trabalho, saúde, segurança e educação.

Quando grupos humanos são obrigados a se deslocar ou mesmo levados à força de seus locais de origem, como no tráfico de africanos escravizados para a América, entre os séculos XVI e XIX, os deslocamentos são ditos **forçados**. Denominam-se **refugiados** pessoas que saem de seus países de origem fugindo de guerras, de desastres naturais ou de perseguições políticas, étnicas, religiosas ou de gênero. Esses indivíduos devem receber assistência e asilo nos lugares para os quais se destinam.

O deslocamento de pessoas entre países é um fator importante quando se analisa a dinâmica demográfica global. Os deslocamentos humanos não apenas alteram o número de habitantes de um local, mas também provocam mudanças culturais, inter-relacionando hábitos e costumes de diferentes populações.

▼ Em 2020, as restrições causadas pelo início da pandemia de covid-19 não impediram que um grande número de pessoas buscasse asilo e trabalho em outros países. Na foto, imigrantes no México se dirigem aos Estados Unidos. Foto de 2021.

DISPERSÃO HUMANA PELOS CONTINENTES

LUZIA, O FÓSSIL HUMANO MAIS ANTIGO DA AMÉRICA

Luzia foi o nome dado ao mais antigo fóssil de um ser humano encontrado no continente americano.

Segundo pesquisadores, o fóssil descoberto em 1975, em Lagoa Santa, Minas Gerais, é de uma mulher que viveu há mais de 11 mil anos.

Na década de 1990, pesquisadores reconstituíram a face de Luzia e percebeu-se que ela teria feições semelhantes às dos povos originários africanos e dos aborígenes da Oceania.

Na Pré-História, os ancestrais dos seres humanos já se deslocavam, fosse para atender à necessidade de **subsistência**, fosse para buscar um lugar mais seguro para viver.

Os primeiros hominídeos surgiram na África. A alimentação deles era baseada no que conseguiam extrair da caça, da coleta e da pesca, e eles estavam sempre à procura de um novo local para habitar. Durante o período Paleolítico, os primeiros seres humanos migraram do continente africano para outras áreas do globo, chegando à Ásia, à Europa e à Oceania. Possivelmente, atingiram a Ásia pela península do Sinai, chegando à Oceania pelas ilhas do Sudeste Asiático.

A partir de 40 mil anos atrás, grupos humanos passaram a chegar também ao continente americano. Acredita-se que uma onda migratória teria atravessado o estreito de Bering (entre a Ásia e a América), quando parte do mar de Bering estava congelado devido à glaciação. Outra hipótese, baseada em vestígios de fósseis de povos originários da Oceania e da África encontrados na América, considera que povos da Polinésia e da Oceania teriam navegado e atravessado o oceano Pacífico até a América do Sul.

No período Neolítico, houve o desenvolvimento da agricultura e a domesticação de animais, dando início à **sedentarização** e à formação de **aglomerações humanas**. Esse processo influenciou as migrações desse período, pois os grupos humanos buscavam locais para se fixar, como áreas próximas a rios, propícias ao desenvolvimento de atividades agrícolas.

■ **Mundo: Expansão humana a partir da África**

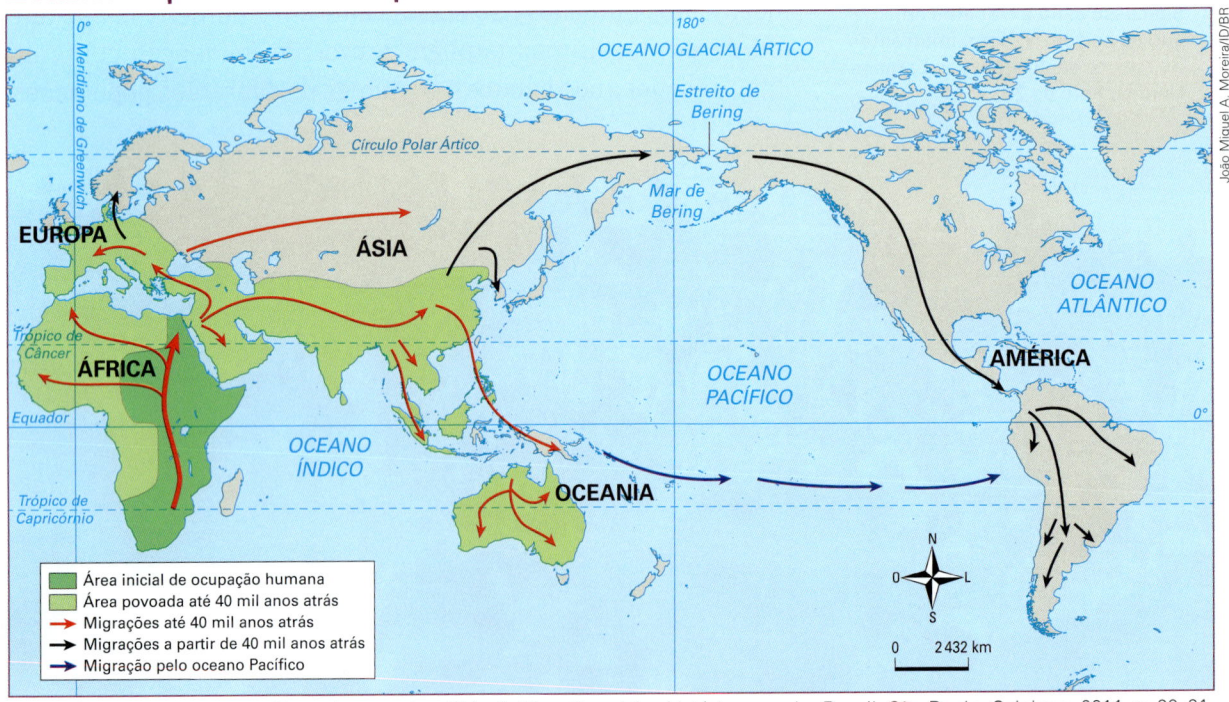

Fonte de pesquisa: Cláudio Vicentino. *Atlas histórico*: geral e Brasil. São Paulo: Scipione, 2011. p. 20-21.

MIGRAÇÕES ATÉ MEADOS DO SÉCULO XX

Durante a Antiguidade e o início da Idade Média, ocorreram diversos movimentos migratórios para a Europa. As grandes migrações de alguns povos do norte e do centro da Europa, conhecidos como **bárbaros**, foram motivadas tanto pela busca por climas mais amenos quanto por pressões de outros povos invasores. Esses deslocamentos permitiram o contato entre diferentes culturas no continente. Na Idade Média, também houve migrações de povos asiáticos, como os **mongóis**, e de povos **árabes** da África para a península Ibérica.

No século XIX, houve na Europa um grande crescimento demográfico relacionado ao processo de industrialização e a progressos na área da saúde. O aumento do desemprego, no entanto, levou muitas pessoas a se deslocar de países europeus para outras áreas do globo, em busca de novas oportunidades de trabalho e de melhores condições de vida. Muitos imigrantes mudaram para áreas colonizadas por potências europeias, como Austrália, norte da África e áreas litorâneas e vales fluviais da Ásia, à procura de terras para cultivar ou de riquezas minerais para explorar. As migrações foram facilitadas pelo aprimoramento dos transportes marítimos.

A **América** também foi destino de muitos imigrantes vindos de regiões que passavam por problemas econômicos ou vivenciavam conflitos. Entre os séculos XIX e XX, o continente recebeu imigrantes alemães, italianos, espanhóis, poloneses, irlandeses, japoneses, sírios, libaneses, entre outros. Estima-se que, entre 1815 e 1930, vieram para a América de 50 a 60 milhões de pessoas de países europeus; elas fugiam de perseguições religiosas, crises econômicas e restrições impostas a movimentos políticos.

O fluxo migratório europeu para a América se intensificou com a Primeira e a Segunda Guerra Mundial. Os migrantes foram atraídos por oportunidades de trabalho divulgadas pelos governos do Brasil, dos Estados Unidos, da Argentina, do Uruguai e do Chile, entre outros países.

■ **Migrações rumo à América (final do séc. XIX e início do séc. XX)**

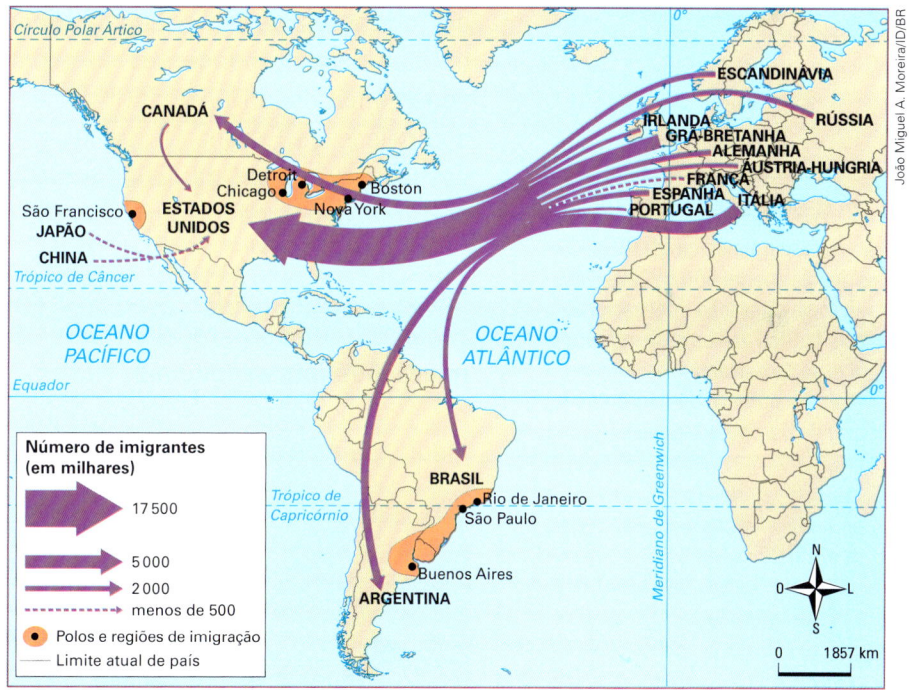

Fonte de pesquisa: SciencesPo. *La grande migrazione transatlantica*: fine XIX – inizio XX secolo. Disponível em: https://bibnum.sciencespo.fr/s/catalogue/ark:/46513/sc16cg4f#?c=&m=&s=&cv=&xywh=-497%2C-31%2C1689%2C710. Acesso em: 13 fev. 2023.

PRINCIPAIS FLUXOS MIGRATÓRIOS RECENTES

De meados do século XX ao século XXI, as migrações foram impulsionadas por **conflitos armados** e **desigualdades econômicas**.

Nesse período, a **Europa** se tornou uma importante área de atração populacional. Essa atração teve duas grandes etapas. A primeira ocorreu logo após a Segunda Guerra Mundial e foi encarada positivamente pelos europeus em geral, pois a Europa necessitava de mão de obra para sua reconstrução. Na segunda etapa, iniciada na década de 1980, os migrantes já não foram recebidos da mesma forma. Além disso, com o fim da União Soviética, as condições de vida no Leste Europeu se degradaram, provocando a migração de milhares de pessoas dessa região para a Europa Ocidental. Hoje, a Europa atrai muitos imigrantes do Oriente Médio, da Ásia e da África Setentrional.

No início do século XX, muitos japoneses migraram para outros países em busca de melhores condições de vida. Após a Segunda Guerra Mundial, porém, o **Japão** passou a registrar crescimento econômico, tornando-se um grande destino de migração. Muitos brasileiros descendentes de japoneses foram para o Japão nas décadas de 1980 e 1990 em busca de emprego.

A **África** e a **América Latina** são, em geral, áreas de origem de migrantes devido a suas economias menos diversificadas (muitas delas dependentes da exportação de *commodities*) e a seu menor desenvolvimento socioeconômico em comparação aos países da Europa Ocidental e aos Estados Unidos. Muitas pessoas que saem da África e da América Latina se arriscam entrando de forma irregular em outros países.

Segundo a ONU, no início do século XXI, as migrações internacionais foram numerosas entre países com nível de desenvolvimento humano parecido. Houve também um grande fluxo de **migrações intrarregionais**, ou seja, de pessoas se deslocando para outros países da mesma região, como é o caso do Oriente Médio, da África e da Europa.

PARA EXPLORAR

Valiant Hearts, jogo eletrônico
Ambientado na Primeira Guerra Mundial, o jogo acompanha importantes fatos históricos desse período por meio da história de quatro personagens. Ao mostrar a deportação de cidadãos alemães residentes na França, o jogo propicia uma reflexão acerca da migração de povos europeus ocasionada pelas crises oriundas dessa guerra.

PANDEMIA E MIGRAÇÕES

A pandemia de covid-19, principalmente entre 2020 e 2021, afetou a migração internacional, pois muitos países restringiram o acesso de estrangeiros. Mesmo assim, o número de migrantes foi grande durante o período.

A Itália recebe anualmente grande quantidade de migrantes e refugiados que vêm do Oriente Médio e da África. Na foto, migrantes que foram resgatados ao tentar chegar à Itália pelo mar Mediterrâneo são levados até o porto da ilha de Lampedusa, Itália. Foto de 2020.

Mauro Seminara/AFP

FLUXOS MIGRATÓRIOS RECENTES NA AMÉRICA LATINA

Desde os anos 1970, há um intenso fluxo migratório na América Latina devido às **condições econômicas**, **sociais** e **políticas** nessa porção do continente americano. Esse fluxo é observado tanto dentro da região quanto para fora dela. Segundo dados da ONU, o número de latino-americanos que viviam fora de seus países de origem passou de 22,2 milhões em 2000 para 40,1 milhões em 2020. México, Venezuela, Colômbia e Brasil eram os principais países de **saída de migrantes**.

No início do século XXI, houve uma mudança no padrão de migrações na América Latina: reduziu-se o fluxo de migrantes para outras regiões e aumentaram significativamente as **migrações intrarregionais**. A melhoria na situação econômica e nas condições de vida e de trabalho em alguns países latino-americanos, combinada às políticas anti-imigrantistas na Europa e nos Estados Unidos, foi responsável por essa mudança.

Além de questões econômicas e sociais, alguns países latino-americanos são áreas de expulsão, como o **Haiti**, que desde 2011 tem sofrido com violentos conflitos internos e com a destruição de parte do país após a ocorrência de um grande terremoto.

Na **Venezuela**, a crise política e de abastecimento iniciada em 2015 impulsionou a saída de muitos habitantes para países vizinhos, inclusive o Brasil, que, segundo estimativas, recebeu cerca de 700 mil imigrantes venezuelanos até o início de 2022.

O principal destino dos imigrantes latino-americanos são os **Estados Unidos**, que atraem sobretudo pessoas do México e de países da América Central. O número crescente de estrangeiros em situação irregular, no entanto, tem sido uma preocupação do governo federal estadunidense, que vem criando barreiras para evitar a entrada de imigrantes, como a construção de muros ou cercas em trechos da fronteira com o México e a deportação de imigrantes que estejam em situação irregular.

CIDADANIA GLOBAL

IMIGRANTES E REFUGIADOS

O caráter multiétnico da população brasileira e o desenvolvimento econômico do Brasil em décadas recentes têm atraído ao país milhares de imigrantes e refugiados, principalmente de países menos desenvolvidos ou em conflito, como a Venezuela, o Haiti e a Síria.

É importante que o poder público favoreça e promova a inserção de imigrantes e refugiados no mercado de trabalho (emitindo documentos para que possam viver e trabalhar legalmente no país) e na sociedade, pois muitos sofrem também com a falta de assistência social e de acesso aos serviços públicos, como educação, saúde e áreas de lazer.

1. O município onde você vive recebe muitos imigrantes ou refugiados?
2. Você acha que esse grupo precisa ser levado em consideração no planejamento de um parque urbano?

◀ Um muro construído e rigorosamente controlado pelos Estados Unidos tem a finalidade de impedir a entrada de imigrantes em seu território. Esse muro divide duas cidades que têm o mesmo nome: Nogales, uma no México (à direita) e outra nos Estados Unidos (à esquerda). Foto de 2017.

REFUGIADOS

Os deslocamentos forçados ao redor do mundo têm crescido consideravelmente. Segundo o Alto Comissariado das Nações Unidas para Refugiados (Acnur), estima-se que até o fim de 2021 havia cerca de 90 milhões de pessoas no mundo que se deslocaram devido a conflitos, perseguições e violações dos direitos humanos. Desse total, quase 27 milhões são refugiados, ou seja, se viram obrigados a abandonar seus países de origem. Quase metade do total de refugiados tem menos de 18 anos.

Como você viu, quando as pessoas são forçadas a se deslocar e abandonam seu país de origem, elas são denominadas **refugiadas**. Contudo, se elas são forçadas a sair da região ou do lugar onde vivem, mas não deixam o país, são chamadas de **deslocadas internas**. A situação dos deslocados internos é tão grave quanto a dos refugiados, mas com o agravante de que, por vezes, esses deslocados continuam sob a tutela do Estado (ou grupo político) responsável por seu deslocamento forçado.

Os refugiados costumam se dirigir a países com melhores condições econômicas, o que se tornou uma preocupação para vários países europeus, especialmente a Alemanha. O grande número de pessoas em busca de refúgio na Europa deu origem a uma crise migratória no continente. Em 2021, a população de refugiados na Alemanha chegou a mais de 1,2 milhão de pessoas. Observe o mapa a seguir, que mostra os países que mais recebem refugiados.

> **PARA EXPLORAR**
>
> *Uma boa mentira*. Direção: Philippe Falardeau. Estados Unidos, 2014 (116 min).
> Baseado em fatos reais, o filme narra a história de um grupo de crianças que, para fugir da guerra civil do Sudão, parte em uma jornada pelo interior do país até o campo de refugiados mais próximo. Mais tarde, essas crianças são sorteadas para viver nos Estados Unidos e, como parte de seu processo de adaptação, recebem o auxílio de uma assistente social.

Mundo: Número de refugiados e solicitantes de asilo (2020)

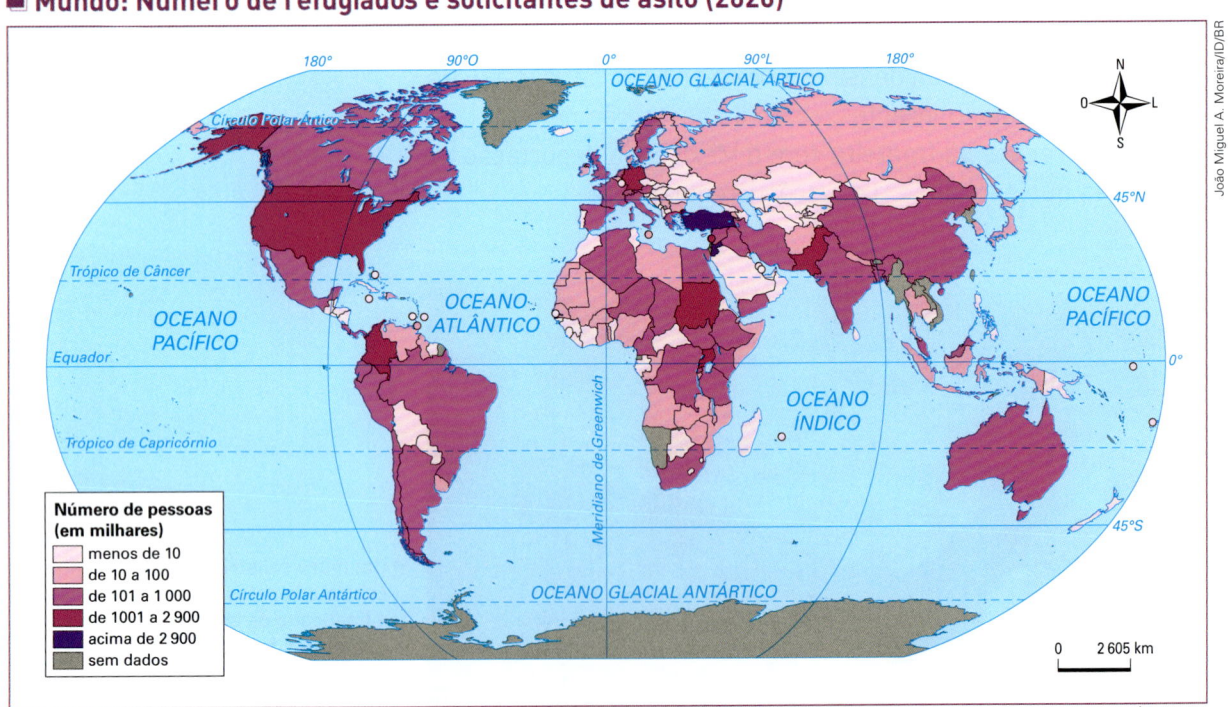

Número de pessoas (em milhares):
- menos de 10
- de 10 a 100
- de 101 a 1 000
- de 1001 a 2 900
- acima de 2 900
- sem dados

Fonte de pesquisa: Migration Data Portal. Estimated number of refugees and asylum-seekers at mid-year 2020. Disponível em: https://www.migrationdataportal.org/international-data?t=2020&i=stock_refug_abs_&cm49=478. Acesso em: 10 fev. 2023.

As condições de vida encontradas pelos refugiados são, de modo geral, precárias e difíceis em seus países de destino, que raramente contam com uma estrutura adequada e pensada para abrigar essas pessoas. Assim, essa população às vezes acaba habitando, por tempo indeterminado, **campos de refugiados**, construídos provisoriamente para receber um grande contingente de pessoas e tentar lhes oferecer condições básicas de sobrevivência.

A **África Subsaariana** e o **Oriente Médio** têm sido as principais regiões de origem de refugiados. O conflito na **Síria**, iniciado em 2011, tem provocado grande número de refugiados e deslocamentos internos (13 milhões em 2021). A Síria é hoje o país de origem do maior contingente de refugiados no mundo. A Turquia, por sua vez, é um dos países que mais têm recebido refugiados – em 2020, abrigava cerca de 3,9 milhões deles.

Na África, os conflitos políticos e sociais, a fome e os desastres naturais põem em movimento contingentes consideráveis de pessoas. Burundi, Eritreia, República Democrática do Congo, Somália, Sudão e Sudão do Sul são os países de origem de muitos refugiados desse continente, os quais, em geral, se deslocam para países vizinhos.

Na Europa, o ano de 2022 foi marcado pelo início da guerra na **Ucrânia**, invadida por tropas russas. Esse conflito já causou uma grande onda de deslocamento de ucranianos fugindo da guerra em direção a países vizinhos, como Romênia e Polônia. Estimativas do Acnur indicam que até abril de 2022 já havia cerca de 5 milhões de ucranianos refugiados por causa da guerra.

DIFICULDADES ENFRENTADAS POR IMIGRANTES E REFUGIADOS

Em geral, imigrantes e refugiados enfrentam muitas dificuldades quando chegam a outros países. Os migrantes irregulares vivem sem documentação e moradia fixa, e por isso acabam impedidos de ter acesso a serviços sociais, por exemplo, e a empregos formais, sendo obrigados a aceitar subempregos com baixos salários. Além disso, vivem sob o risco de serem deportados a qualquer momento, em situação de extrema insegurança quanto ao presente e ao futuro.

Muitas vezes, além dessas dificuldades, os imigrantes são vítimas de vários tipos de violência, xenofobia e discriminação. É o caso de imigrantes de países como Haiti e Bolívia que chegam ao Brasil e são submetidos a condições de trabalho análogas à escravidão.

Como você acha que se sentem os **refugiados**?

◀ Estação de trem em Lviv, na Ucrânia, tomada por pessoas que aguardam o embarque para a Polônia. Foto de 2022.

ATIVIDADES

Retomar e compreender

1. Quais são as duas principais causas de migrações entre os países atualmente?

2. Os primeiros seres humanos surgiram na África e se espalharam por outros continentes do globo. Utilizando o mapa *Mundo: Expansão humana a partir da África*, da página 82, descreva as possíveis rotas de dispersão dos antigos grupos humanos.

3. Observe novamente o mapa *Mundo: Número de refugiados e solicitantes de asilo (2020)*, página 86, e responda às questões a seguir.
    a) Os refugiados se concentram em alguns poucos países ou habitam uma grande variedade de países ao redor do mundo?
    b) O que diferencia o deslocamento de refugiados e migrantes? Dê exemplos de motivações que levam pessoas a buscar refúgio em outros países.
    c) Em sua opinião, quais são as consequências de um intenso fluxo de refugiados para os locais de destino dessas pessoas?
    d) Discuta com os colegas: Quais são as responsabilidades dos governos dos países que recebem os refugiados?

4. Descreva os principais fluxos migratórios registrados na segunda metade do século XX e no século XXI.

5. Busque informações em jornais, em revistas e em *sites* de notícias sobre a chegada de imigrantes aos países europeus e aos Estados Unidos. No caderno, sintetize as informações encontradas, listando:
    a) as razões do deslocamento do grupo ou do indivíduo migrante;
    b) a forma como esse grupo ou indivíduo foi recebido;
    c) as condições de permanência no país de destino.

Aplicar

6. Nas décadas de 1980 e de 1990, muitos brasileiros descendentes de japoneses migraram para o Japão em busca de melhores oportunidades de trabalho. Esses imigrantes ficaram conhecidos como "decasséguis", palavra formada pela união dos termos japoneses *deru* ("sair") e *kasegu* ("ganhar dinheiro"). Com base nessa informação e no conteúdo estudado neste capítulo, elabore um breve texto relacionando o dinamismo do fenômeno das migrações ao longo do tempo com as dificuldades enfrentadas pela população migrante.

7. A tabela a seguir mostra o saldo migratório de diferentes regiões do mundo entre 1960 e 2021. Analise-a e identifique as principais regiões de emigração e as regiões preferenciais de destino dos migrantes em cada período abordado.

REGIÃO	SALDO MIGRATÓRIO (EM MILHARES DE PESSOAS)			
	1960-1974	1975-1989	1990-2004	2005-2021
África	-3 094	-1 300	-9 523	-12 145
América Anglo-Saxônica	11 149	14 148	25 775	23 723
América Latina e Caribe	-5 775	-11 436	-12 595	-9 794
Ásia	-4 384	-7 166	-21 116	-30 258
Europa	745	5 154	15 717	24 364
Oceania	1 355	605	1 752	4 118

Fonte de pesquisa: United Nations. Department of Economic and Social Affairs. Population Division. *World population prospects 2022*. Disponível em: https://population.un.org/wpp/Download/Standard/MostUsed/. Acesso em: 13 fev. 2023.

GEOGRAFIA DINÂMICA

Migração durante a pandemia de covid-19

Em 2020, com o início da pandemia de covid-19, o distanciamento social foi incentivado para frear a velocidade de contaminação da doença. Em alguns países, houve a proibição de deslocamentos não essenciais. Com isso, caiu drasticamente o número de pessoas em trânsito, o que afetou os fenômenos migratórios. Sobre o tema, leia o texto a seguir.

Parabéns para quem? Migrantes e refugiados no Brasil da pandemia

Neste domingo [20 jun. 2021] e no próximo dia 25 de junho são comemorados, respectivamente, o Dia do Refugiado e do Imigrante. Datas que simbolizam o esforço de milhões de mulheres, homens e crianças pelo mundo, na luta por uma vida melhor e por um ambiente livre de perseguição e violações de direitos humanos. Celebrar a mobilidade humana numa época em que a imobilidade é a regra já seria um tema para reflexão. No Brasil da pandemia, pode ser contraditório.

Segundo dados da Organização para a Cooperação e Desenvolvimento Econômico (OCDE), as pessoas migrantes estão mais sujeitas aos efeitos socioeconômicos da pandemia de covid-19 e mais expostas à contaminação pelo coronavírus. Além de ocuparem postos de trabalho mais precários em setores diretamente atingidos por medidas de distanciamento, como os de alimentação e comércio ambulante, a necessidade de manter remessas financeiras aos países de origem e a pressão decorrente de regras cada vez mais rígidas para permanência legal puseram em xeque os discursos de acolhimento e os compromissos internacionais com migrantes e refugiados.

[...]

João Chaves. Parabéns para quem? Migrantes e refugiados no Brasil da pandemia. *Folha de S.Paulo*, São Paulo, 20 jun. 2021. Disponível em: https://www1.folha.uol.com.br/opiniao/2021/06/parabens-para-quem-migrantes-e-refugiados-no-brasil-da-pandemia.shtml. Acesso em: 13 fev. 2023.

▲ Nos últimos anos, muitos refugiados venezuelanos se dirigiram ao Brasil. Venezuelanos em estrada em Pacaraima (RR), município que faz fronteira com a Venezuela. Foto de 2019.

Em discussão

1. Por que, de acordo com a OCDE, as pessoas migrantes estavam mais sujeitas aos efeitos socioeconômicos da pandemia de covid-19?
2. **SABER SER** Releia o texto e converse com os colegas sobre a importância de acolher e recolocar migrantes e refugiados nos países a que eles chegam.

REPRESENTAÇÕES

Representação da população por ponto e área

A população mundial não se distribui igualmente pelos continentes. Nas antigas sociedades que se formaram na China, na Índia e no Egito, por exemplo, as populações fixavam-se próximo a rios para aproveitar a fertilidade natural das várzeas. Historicamente, as áreas litorâneas também concentram grande contingente populacional pela facilidade de transporte. Atualmente, o principal fator de atração populacional é o desenvolvimento econômico.

Os mapas podem representar a distribuição da população pelo espaço de diversas maneiras. Uma delas é o uso de pontos. Observe o mapa abaixo.

■ **Mundo: Distribuição da população (2019)**

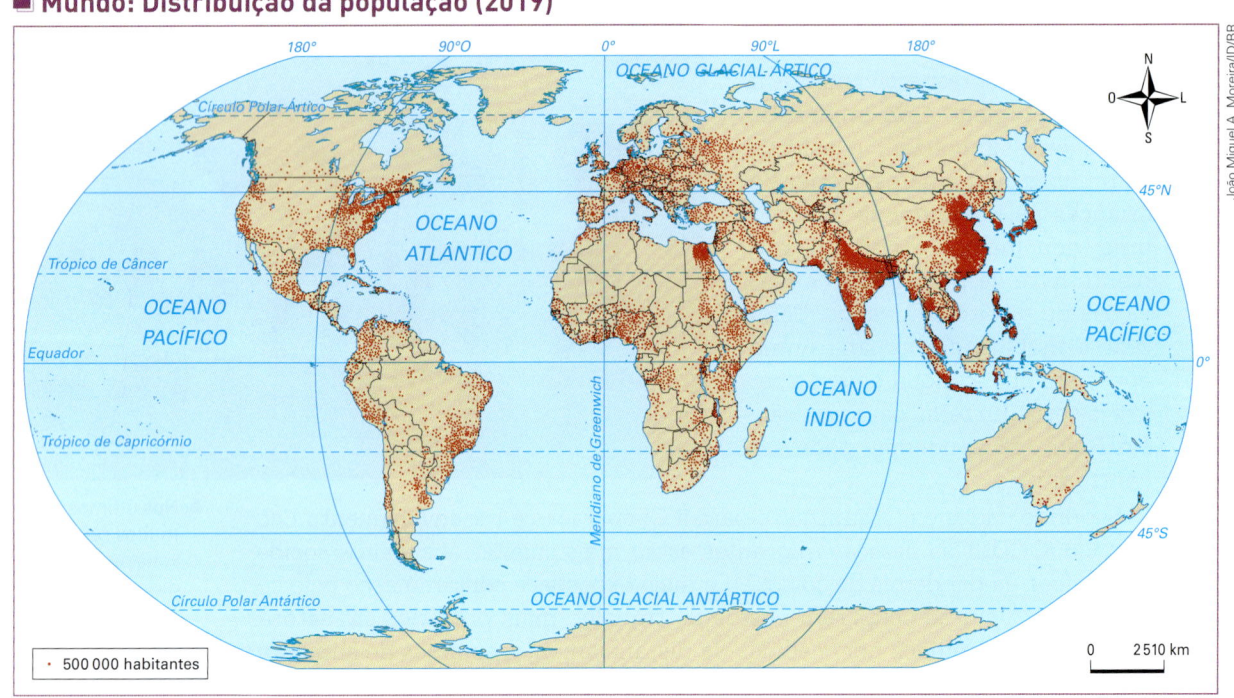

Fonte de pesquisa: Maria Elena Simielli. *Geoatlas*. 35. ed. São Paulo: Ática, 2019. p. 34.

A legenda do mapa mostra que o valor de cada ponto vermelho equivale a 500 mil habitantes. Observando o contraste dos pontos vermelhos com a cor de fundo do mapa, temos duas percepções: a densidade da distribuição da população pelo mundo e a quantidade de pessoas.

Vemos, por exemplo, que existem áreas com pouca ocupação humana, como o leste e o norte da Rússia, a Groenlândia, o norte do Canadá e as áreas que correspondem à floresta Amazônica e ao deserto do Saara, enquanto outras concentram grande quantidade de pessoas, como o norte da Índia e o leste da China.

Em geral, esse tipo de representação não possibilita a leitura exata dos dados quantitativos mostrados no mapa, mas permite reconhecer facilmente a manifestação do fenômeno analisado – no caso, a distribuição da população pelo mundo.

Outra forma de representar a concentração populacional é o uso de áreas coloridas. A variação de cores ou de tons de uma mesma cor para representar um fenômeno é um recurso cartográfico muito comum. Por convenção, as cores mais fortes e/ou os tons mais escuros indicam a maior intensidade daquilo que está sendo demonstrado. Observe o mapa a seguir.

Nele, destacou-se com a cor mais escura os países que têm maior **densidade demográfica**, ou seja, maior quantidade de pessoas pela área total do país. Então, quanto mais clara é a cor do território de um país, mais baixa é sua densidade demográfica.

■ **Mundo: Densidade demográfica (2020)**

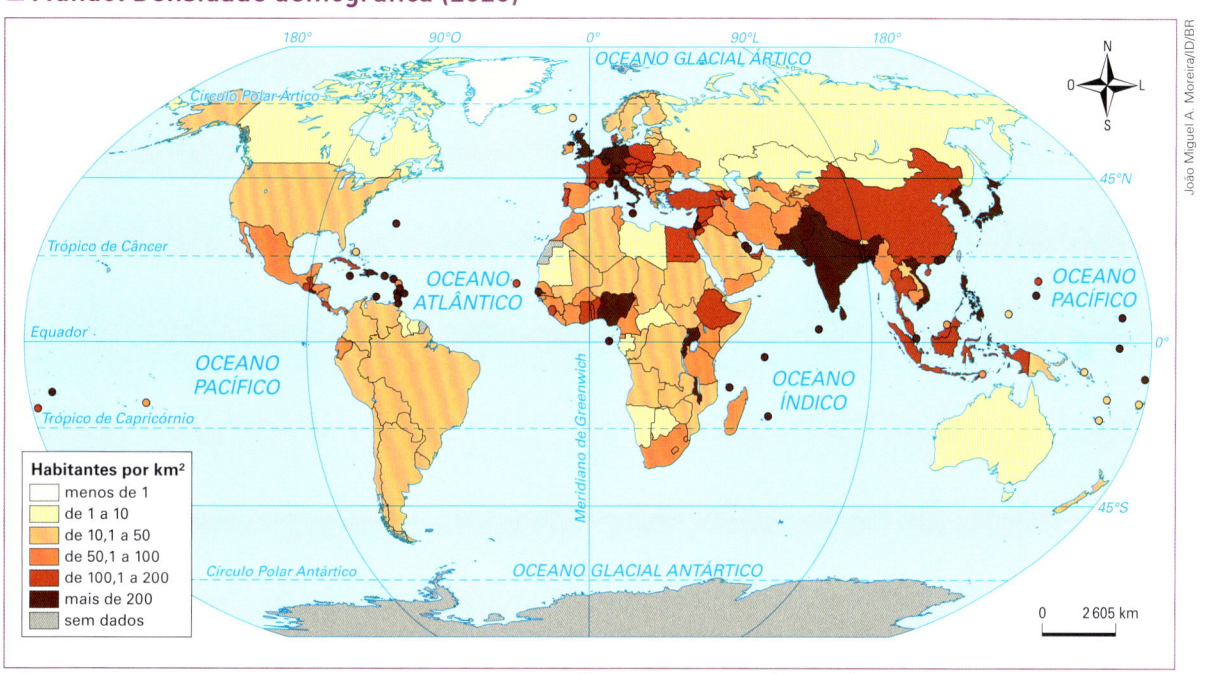

Fontes de pesquisa: Our World in Data. Disponível em: https://ourworldindata.org/grapher/population-density; Banco Mundial. Disponível em: https://data.worldbank.org/indicator/EN.POP.DNST. Acessos em: 10 fev. 2023.

Nesse mapa, ficam bem nítidas as diferenças de densidade demográfica entre os países. No entanto, a distribuição da população no interior de cada território nacional não está sendo representada. Perceba que, no mapa da página anterior, é possível, por exemplo, distinguir a grande diferença de concentração de pessoas entre o leste e o oeste da China. O mapa desta página, por sua vez, indica a densidade demográfica média de cada país.

Pratique

1. Compare os dois mapas e aponte as principais diferenças entre eles.
2. Como é possível que países com diferentes extensões apresentem densidade populacional semelhante?
3. Em que regiões estão localizadas as maiores densidades demográficas do mundo?

INVESTIGAR

Imigrantes, refugiados e suas motivações

Para começar

Como você já aprendeu, as pessoas podem deixar um país para viver em outro em decorrência de muitos fatores, entre os quais a busca de melhores condições econômicas e a fuga de perseguições, desastres ambientais, conflitos ou guerras.

O problema

Quais foram os fatores que levaram determinadas pessoas de sua comunidade a migrar de outros países para o Brasil?

A investigação

- **Procedimento:** pesquisa qualitativa.
- **Instrumento de coleta:** entrevista.

Material

- folha de papel avulsa para anotações; caneta e lápis;
- celular com gravador e/ou com câmera fotográfica (opcional).

Procedimentos

Parte I – Planejamento

1. Formem grupos de até quatro integrantes. Selecionem até três pessoas estrangeiras (imigrantes ou refugiados) para serem entrevistadas por grupo – podem ser familiares, amigos ou conhecidos que vivam no mesmo município em que vocês residem. Vocês também podem entrevistar descendentes de pessoas que vieram de outros países.
2. Combinem, com antecedência, o local e o horário da entrevista.
3. Definam quem fará as perguntas – se mais de um estudante ficar encarregado dessa tarefa, definam a ordem em que cada um vai se pronunciar e como os demais vão acompanhar a entrevista.

Parte II – Elaboração dos roteiros das entrevistas (questionários)

1 Preparem os roteiros das entrevistas com as perguntas que vocês farão aos entrevistados. Como as motivações para a mudança de lugar de habitação podem ser variadas, é indicado usar um **questionário aberto**, ou seja, elaborar questões que admitam respostas discursivas. Essas perguntas devem ser claras e objetivas. É essencial perguntar a cada entrevistado:

- o nome, a idade e o lugar onde mora atualmente;
- o país de origem dele (ou de seus ascendentes) e quanto tempo viveu (ou viveram) nesse país antes de se mudar;
- os motivos que o levaram a sair desse país;
- se houve outras mudanças de endereço antes de chegar ao Brasil;
- o ano em que chegou ao Brasil;
- o que influenciou a escolha de ficar no Brasil e no município onde vive hoje;
- se ele migrou para o Brasil sozinho ou acompanhado de parentes;
- se ele pensa em deixar o município onde vive hoje ou mesmo o Brasil.

2 Se, no decorrer das entrevistas, julgarem necessário fazer outras perguntas, avaliem se são adequadas e pertinentes aos objetivos da pesquisa. Anotem as respostas do entrevistado.

Parte III – Organização e análise dos dados da entrevista

1 O grupo deve analisar o material registrado de modo a relacionar as informações fornecidas pelos entrevistados com os conhecimentos adquiridos sobre os principais fluxos migratórios recentes. Estas questões poderão auxiliar no processo de análise: Quais foram as motivações de mudança mais citadas? É possível estabelecer relação entre as motivações conhecidas durante a pesquisa com algum fluxo migratório estudado nesta unidade?

2 Façam um texto sintetizando as respostas obtidas nas entrevistas.

Questões para discussão

1. Quais foram as principais dificuldades encontradas na elaboração do questionário? E na realização das entrevistas?
2. A pesquisa auxiliou vocês no entendimento das razões que levam as pessoas a mudar de país e ajudou a compreender os fluxos de deslocamento populacional de modo geral?
3. Quais foram as principais conclusões do grupo sobre as motivações dos migrantes ou refugiados? Foi possível estabelecer alguma relação com os fluxos migratórios estudados nesta unidade?

Comunicação dos resultados

Apresentação oral para a classe

Em sala de aula, cada grupo pode fazer uma apresentação oral dos resultados da pesquisa e das conclusões a que o grupo chegou sobre as motivações dos imigrantes ou refugiados.

DICAS

- Caso queiram gravar as entrevistas, peçam autorização aos entrevistados.
- Se resolverem editar a gravação para apresentá-la aos colegas, tomem cuidado para que as falas dos entrevistados não fiquem fora de contexto, levando a interpretações equivocadas do que foi dito.
- Mostrem aos entrevistados o material editado e peçam a aprovação deles antes de apresentá-lo aos colegas ou compartilhá-lo.

ATIVIDADES INTEGRADAS

Analisar e verificar

1. Em 2012, a população mundial atingiu 7 bilhões de habitantes; em 2050, de acordo com o *World Resources Institute*, esse número deve ser de 9,7 bilhões. Metade desse crescimento populacional deve ocorrer na África Subsaariana. Agora, observe o gráfico e responda às questões.

▪ **Mundo: Projeção do crescimento populacional por regiões (2012 e 2050)**

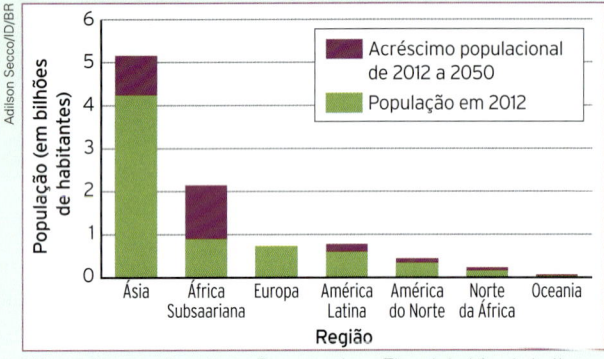

Fonte de pesquisa: Janet Ranganathan. The global food challenge explained in 18 graphics. *World Resources Institute*, 3 dez. 2013. Disponível em: https://www.wri.org/insights/global-food-challenge-explained-18-graphics. Acesso em: 13 fev. 2023.

a) Em quais regiões haverá maior crescimento populacional até 2050?

b) Qual será a participação dos países europeus no crescimento populacional entre 2012 e 2050? Explique essa tendência com base no que você estudou nesta unidade.

c) Identifique qual será a terceira região mais populosa do mundo em 2050. Haverá mudanças em relação a 2012?

d) De que maneira as migrações internacionais podem alterar a dinâmica demográfica mundial?

2. Observe o mapa e responda às questões.

▪ **Mundo: Participação política feminina nos parlamentos (2021)**

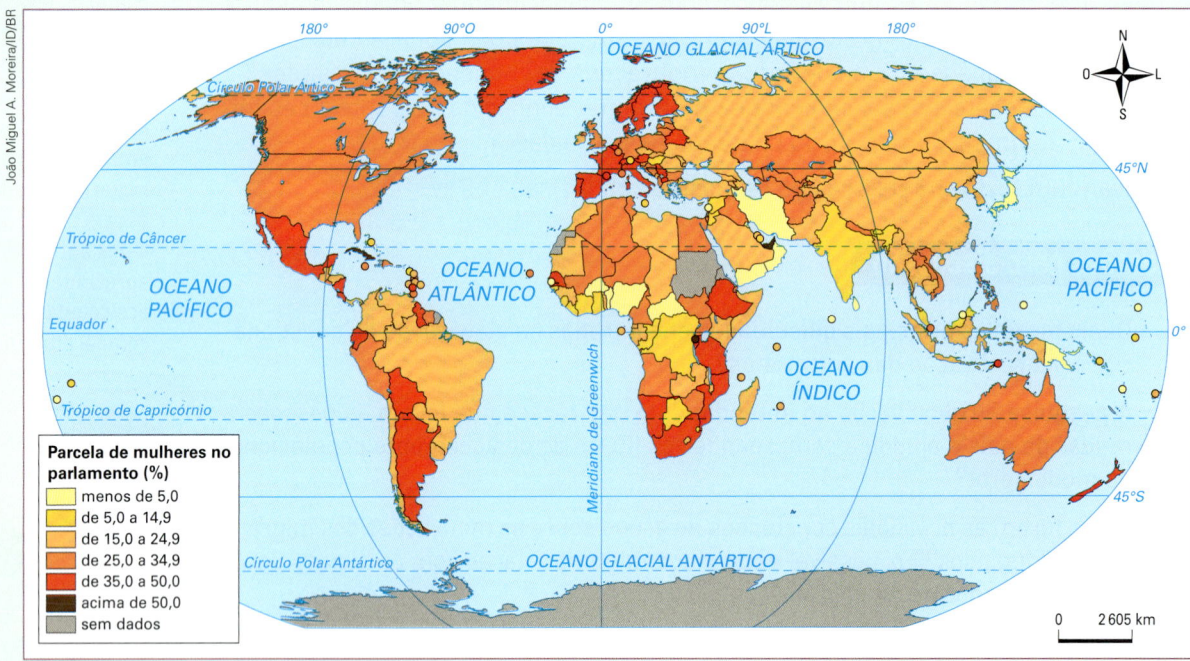

Fonte de pesquisa: ONU. *Women in politcs*: 2021. Disponível em: https://www.unwomen.org/en/digital-library/publications/2021/03/women-in-politics-map-2021. Acesso em: 10 fev. 2023.

a) Cite países em que a participação feminina no parlamento é superior ou igual a 35%.

b) A participação feminina no parlamento brasileiro condiz com a proporção de mulheres no Brasil, que corresponde a, aproximadamente, 52% da população?

Acompanhamento da aprendizagem

3. Observe o gráfico e responda às questões.

■ **Mundo: Distribuição da população por idade e sexo (2019)**

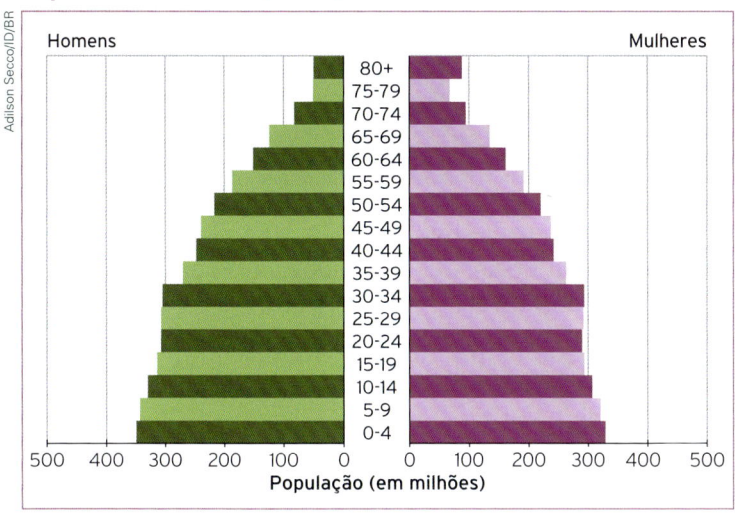

a) Descreva a estrutura etária da população mundial e, com base no que você estudou neste capítulo, descreva também como essa estrutura tende a se apresentar no futuro.

b) Quais as consequências desse cenário?

Fonte de pesquisa: United Nations. Department of Economic and Social Affairs. Population Division. *World population prospects 2019*, v. II: Demographic Profiles. New York: United Nations, 2019. Disponível em: https://population.un.org/wpp/Publications/Files/WPP2019_Volume-II-Demographic-Profiles.pdf. Acesso em: 10 fev. 2023.

Criar

4. Os gráficos a seguir mostram mudanças ocorridas na população global nos dois últimos séculos, adaptando os dados como se ela fosse composta de um grupo de 100 pessoas. Com base nesses gráficos, formule hipóteses sobre como será o mundo daqui a 200 anos.

■ **O mundo em 100 pessoas ao longo dos dois últimos séculos**

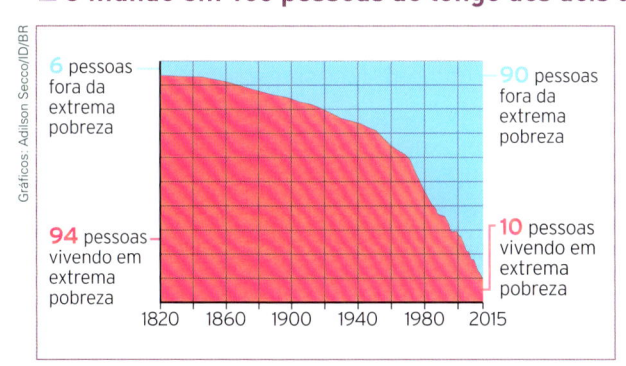

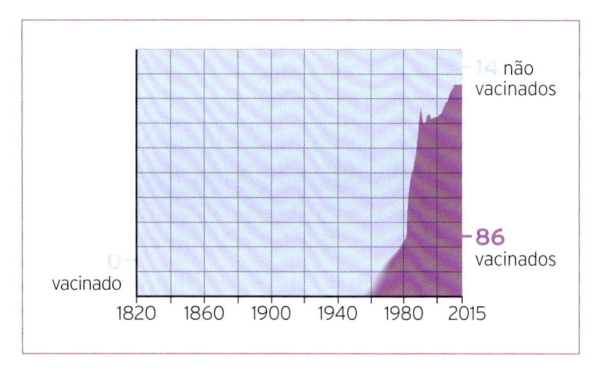

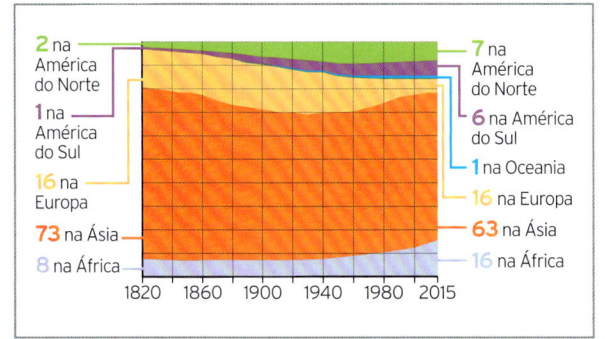

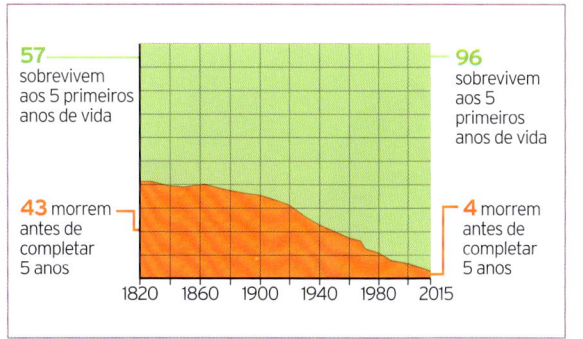

Fonte de pesquisa: Max Roser. The short history of global living conditions and why it matters that we know it. Our World in Data. Disponível em: https://ourworldindata.org/a-history-of-global-living-conditions-in-5-charts. Acesso em: 10 fev. 2023.

CIDADANIA GLOBAL
UNIDADE 3

11 CIDADES E COMUNIDADES SUSTENTÁVEIS

Retomando o tema

Nesta unidade, você viu que uma das principais tendências demográficas mundiais é o crescimento da população global e o processo de urbanização. Por isso, é importante tornar as cidades e também as comunidades rurais espaços cada vez mais acessíveis, inclusivos, seguros e sustentáveis. Esse é um dos Objetivos de Desenvolvimento Sustentável, o ODS 11.

1. Qual é o papel do poder público para o planejamento, a construção, a manutenção, a ocupação e o fornecimento de infraestrutura e serviços públicos para que um município seja mais acessível, seguro e sustentável?
2. Quais são os benefícios ambientais e sociais que os parques urbanos podem trazer para o município e sua população?
3. Como os espaços públicos podem oferecer opções de lazer para a população?
4. É importante que, além de agradáveis, esses espaços sejam bem cuidados?
5. Também é importante que esses espaços sejam inclusivos, ou seja, acessíveis a todas as pessoas, com ou sem deficiência?
6. Os parques devem fornecer tranquilidade e equipamentos em bom estado para que seu uso seja seguro para as pessoas?

Geração da mudança

- Agora, com base nas pesquisas e nas reflexões que vocês fizeram ao longo da unidade, elaborem um projeto de um parque urbano municipal. Nesse projeto, vocês devem fazer um croqui e representar os elementos que o parque terá para atender à população (por exemplo: áreas verdes, pista de *skate*, espaço de recreação infantil, palco para eventos culturais, etc.) e justificar por que cada um desses elementos é importante. Finalizado o projeto, elaborem uma carta apresentando e detalhando o projeto que vocês desenvolveram, que deverá ser endereçada à prefeitura do município onde vocês vivem.

Autoavaliação

UNIDADE 4
AMÉRICA: ASPECTOS GERAIS

PRIMEIRAS IDEIAS

1. Em quais regiões a América pode ser dividida de acordo com critérios físicos? E com base em critérios culturais?
2. O que explica a existência de montanhas e de cordilheiras na costa oeste do continente americano?
3. O que você sabe a respeito da diversidade de paisagens da América?
4. O cultivo do milho é uma herança cultural dos povos tradicionais da América. Quais outros cultivos desses povos originários você conhece?

Conhecimentos prévios

Nesta unidade, eu vou...

CAPÍTULO 1 — Diversidade regional

- Compreender os principais critérios de divisão regional do continente americano.
- Analisar, em mapas e imagens, características dos climas, das formas de relevo, da hidrografia e das formações vegetais encontradas no continente americano.
- Reconhecer a importância dos recursos hídricos da América Latina.
- Buscar informações sobre os princípios da agricultura sustentável e relacioná-las com a conservação dos recursos hídricos.

CAPÍTULO 2 — Colonização europeia na América

- Conhecer os principais povos pré-colombianos.
- Buscar informações sobre técnicas tradicionais de cultivo dos povos originários da América e relacioná-las a práticas de agricultura sustentável.
- Reconhecer características gerais do processo de colonização da América.
- Entender o processo de subjugação das populações nativas americanas, a partir do século XVI, por colonizadores europeus.
- Analisar as consequências do processo de escravização de africanos trazidos para a América, valorizar as matrizes étnicas africanas presentes no continente e reconhecer a importância dos movimentos sociais da população negra no combate ao racismo.
- Compreender, por meio da análise de mapas, o recurso de sobreposição de informações em mapas temáticos.

CIDADANIA GLOBAL

- Reconhecer a importância da agricultura sustentável para a preservação e a conservação dos recursos naturais, como solos e recursos hídricos.
- Analisar de que maneira a agricultura sustentável pode favorecer a produção de alimentos saudáveis e nutritivos.
- Compreender como a agricultura sustentável pode contribuir para evitar a escassez de alimentos e promover a segurança alimentar.

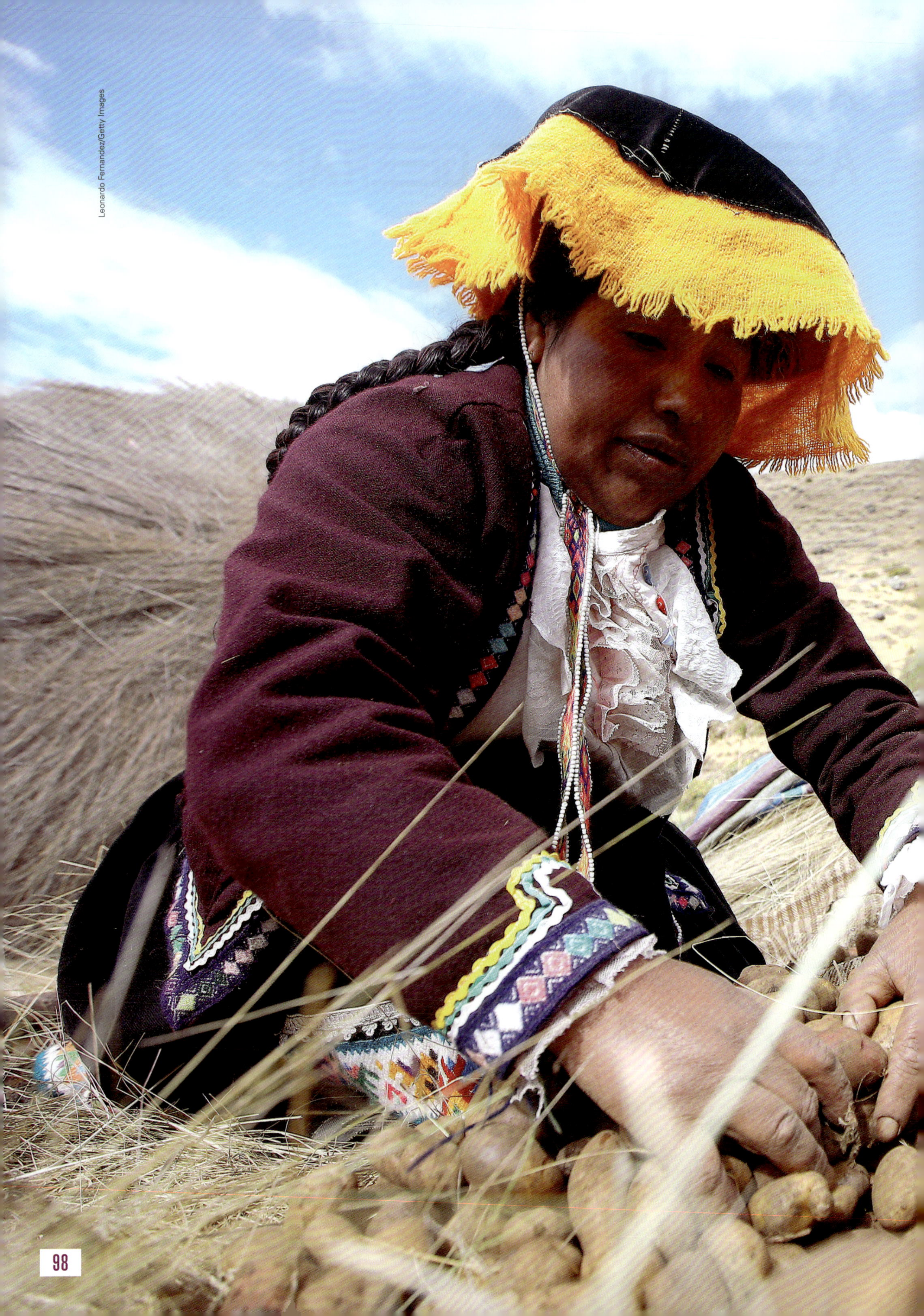
Leonardo Fernandez/Getty Images

LEITURA DA IMAGEM

1. O que a pessoa da imagem está fazendo?
2. Você conhece o alimento que está sendo cultivado?
3. Em sua opinião, a imagem mostra um cultivo tradicional ou uma produção em larga escala?

CIDADANIA GLOBAL

2 FOME ZERO E AGRICULTURA SUSTENTÁVEL

Você já ouviu falar sobre agricultura sustentável? De modo geral, trata-se do uso de técnicas agrícolas que promovem a conservação do solo, do meio ambiente e da biodiversidade. Além disso, a adoção de práticas sustentáveis na agricultura contribui para a produção de alimentos saudáveis. Agora, forme um grupo e converse com os colegas sobre o que vocês sabem acerca das atividades agrícolas no município em que vivem.

1. Realizam-se práticas de agricultura sustentável no município? Se não, quais mudanças poderiam ser implementadas na produção de alimentos?
2. Há uso de agrotóxicos, pesticidas e defensivos agrícolas? Caso haja, vocês acham que eles deveriam deixar de ser usados?
3. Com relação à água, o que pode ser feito para evitar o desperdício no processo de irrigação?

Ao longo da unidade, vocês vão reunir informações e elaborar uma campanha de conscientização sobre os benefícios da agricultura sustentável.

Como a **agricultura sustentável** contribui para a promoção da segurança alimentar?

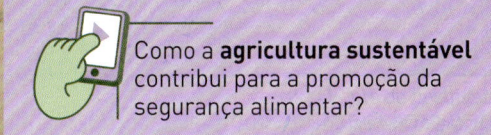

Agricultora trabalhando em cultivo de batata em Pisac, Peru. Na região, os agricultores utilizam técnicas tradicionais incas. Foto de 2022.

CAPÍTULO 1
DIVERSIDADE REGIONAL

PARA COMEÇAR
O que você sabe das paisagens do continente americano? E das populações que vivem nesse continente e seus modos de vida? O que você conhece dos recursos hídricos na América Latina?

ASPECTOS GERAIS

O continente americano tem grande extensão no sentido latitudinal (norte-sul), o que resulta em **diversas paisagens naturais**. Há desde áreas polares, ao norte, no Canadá e no Alasca (Estados Unidos), até densas florestas tropicais, na América Latina. Na porção oeste, próximo ao oceano Pacífico, estão localizadas as cadeias montanhosas do continente, na área de contato entre diferentes placas tectônicas.

As condições socioeconômicas na América também são muito diversas. Nesse continente, há países desenvolvidos que oferecem boa qualidade de vida a seus habitantes, como os Estados Unidos (a maior potência política e econômica mundial) e o Canadá, e países menos desenvolvidos, como Haiti e El Salvador, que têm grande dificuldade em oferecer à população serviços básicos adequados, como saúde e segurança.

Economicamente, o continente se destaca pela existência de áreas altamente industrializadas e por abrigar algumas das regiões agrícolas mais produtivas do mundo.

▼ No Peru, a maior parte da população é de origem indígena, o que marca diversos aspectos da cultura do país. As ilhas flutuantes, construídas com fibras naturais, são um registro da herança cultural pré-colombiana do povo Uro, que vive principalmente da pesca e do turismo no lago Titicaca, na fronteira entre Peru e Bolívia. Foto de 2021.

REGIONALIZAÇÃO DO CONTINENTE AMERICANO

Entre as formas de regionalização da América, há duas que são mais utilizadas. Uma se baseia em **critérios físicos**, que divide o continente em três porções territoriais: América do Norte, América Central e América do Sul. A outra tem por base **critérios culturais e históricos** relativos à colonização do continente, separando-o em América Anglo-Saxônica e América Latina.

O Canadá e os Estados Unidos formam a América Anglo-Saxônica, caracterizada pelo predomínio da **colonização de povoamento**. Esses países foram colonizados principalmente pelo Reino Unido; no entanto, em certas regiões do Canadá, houve também colonização francesa. Na colonização de povoamento, os imigrantes buscavam oportunidades de trabalho fora de seu lugar de origem. Assim, chegavam à nova terra com a perspectiva de ali viver e de construir uma "nova pátria".

Os demais países do continente compõem a América Latina e foram colonizados, sobretudo, por espanhóis e portugueses, tendo predominado a **colonização de exploração**. O objetivo principal desses colonizadores consistia na exploração de recursos naturais, que eram enviados para a Metrópole.

■ América: Divisões regionais

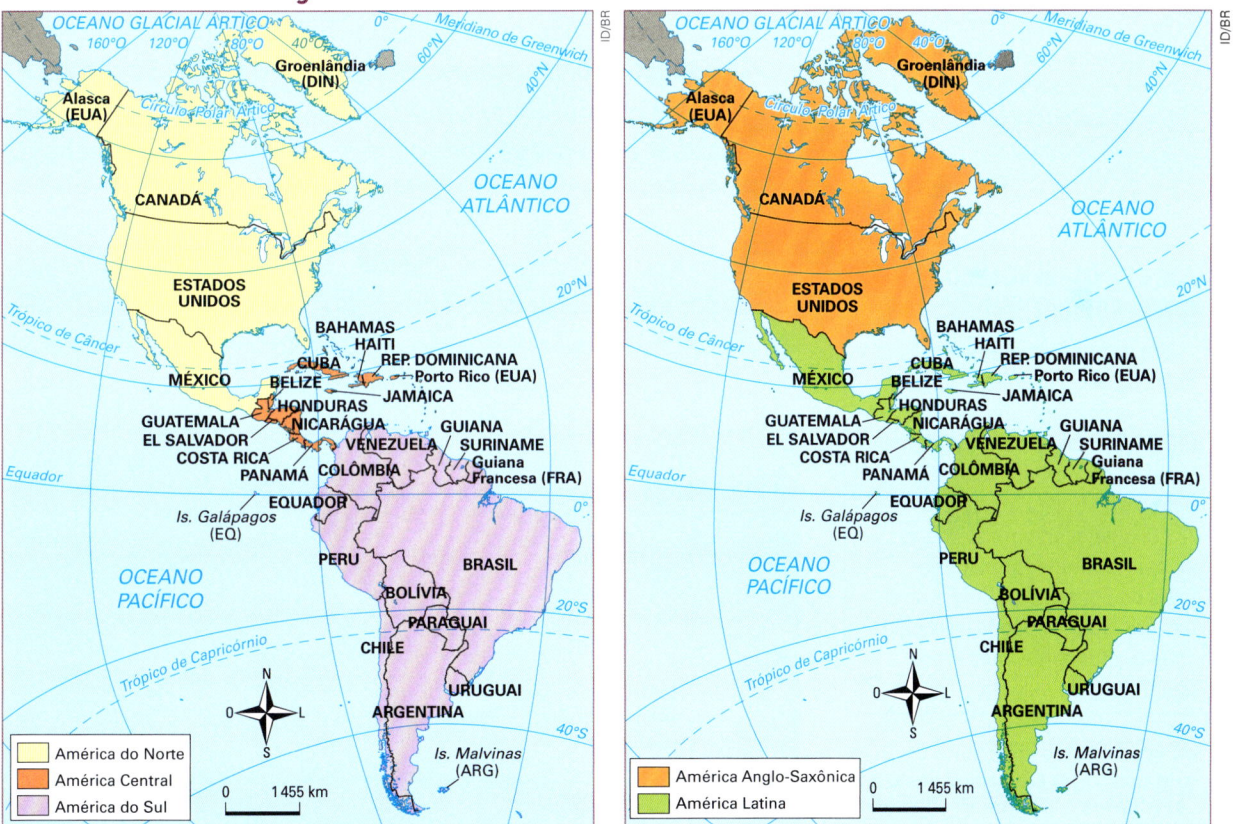

▲ Para facilitar a análise das características dos países americanos, foram realizadas várias regionalizações do continente, de acordo com critérios como o tipo de colonização, a língua falada e as características físicas do território.

Fontes de pesquisa: *Atlas geográfico escolar*. 8. ed. Rio de Janeiro: IBGE, 2018. p. 37, 39, 41; Gisele Girardi; Jussara Vaz Rosa. *Atlas geográfico do estudante*. São Paulo: FTD, 2016. p. 124.

CLIMA E VEGETAÇÃO

As paisagens naturais são constituídas de uma combinação de diversos elementos, como relevo, hidrografia, solos e variedade de vegetação e de fauna.

Há uma interdependência dos fatores naturais, ou seja, as características de um elemento influenciam as características específicas dos demais. Os tipos climáticos regionais estão diretamente relacionados com as formações vegetais, exercendo influência sobre elas e sendo por elas influenciados. Observe essa relação nos mapas apresentados nesta página e na seguinte.

O continente americano apresenta grande variação climática. Isso ocorre pela grande variação de latitude (responsável pela variação de intensidade da radiação solar), pelas formas de relevo (que interferem na circulação atmosférica e nas temperaturas, por exemplo), e pelas correntes marítimas e massas de ar (que alteram a umidade e a precipitação), entre outros fatores. Esse cenário favorece a existência de paisagens naturais bastante distintas, além da rica flora e enorme variedade na fauna, especialmente nos biomas florestais das áreas tropicais e equatoriais.

▲ A criação de lhamas e alpacas é uma atividade tradicional dos povos quíchuas, que vivem na região da cordilheira dos Andes, onde predominam climas de baixa temperatura ao longo do ano. Essa criação visa à produção de lã para tecidos utilizados na confecção de roupas que os protegem do frio. Na foto, mulheres quíchuas com lhamas e uma alpaca no Peru. Foto de 2019.

ZONA DE CONVERGÊNCIA INTERTROPICAL

Um importante elemento que influencia o clima é a Zona de Convergência Intertropical (ZCIT). Ela compreende a área de confluência dos ventos alísios do hemisfério Sul e do hemisfério Norte, que ocorrem nas regiões de baixa latitude (próximas à linha do Equador). A ZCIT é uma das principais responsáveis pelas chuvas abundantes nas áreas equatoriais do planeta.

■ América: Climas

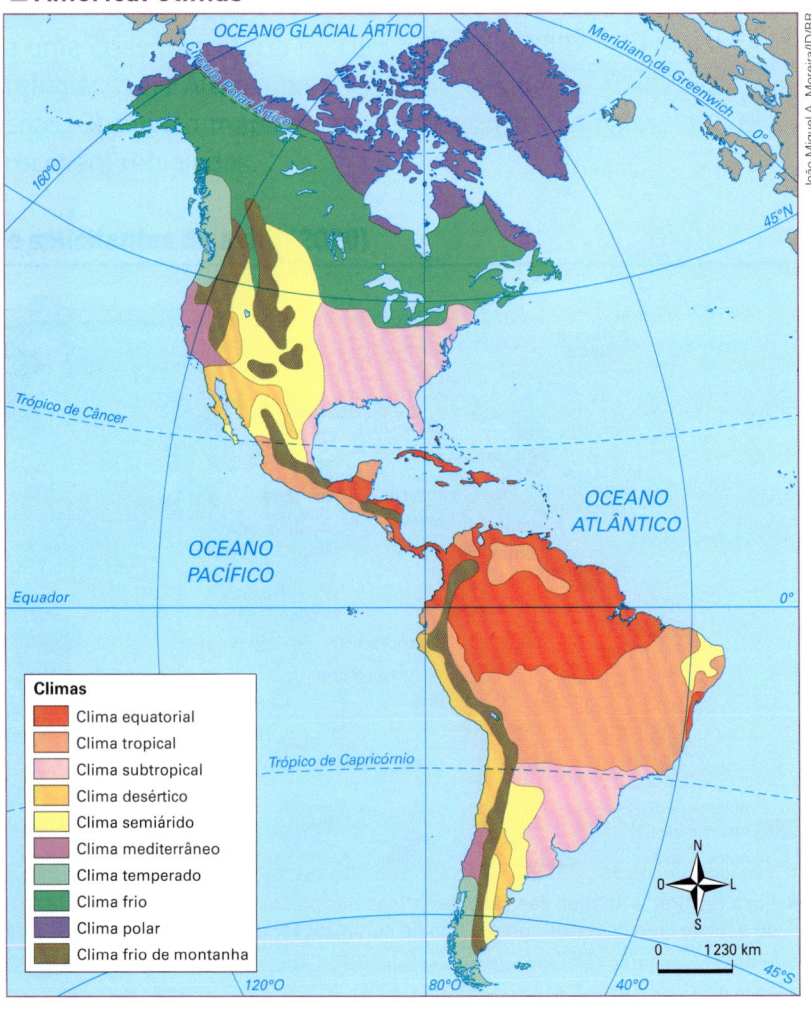

Climas
- Clima equatorial
- Clima tropical
- Clima subtropical
- Clima desértico
- Clima semiárido
- Clima mediterrâneo
- Clima temperado
- Clima frio
- Clima polar
- Clima frio de montanha

Fonte de pesquisa: *Atlas geográfico escolar*. 8. ed. Rio de Janeiro: IBGE, 2018. p. 58.

CLIMA POLAR E CLIMAS FRIOS

O **clima polar**, que predomina no extremo norte do continente americano, apresenta temperaturas médias abaixo de 0° C durante todo o ano e um curto período de verão. Por causa do frio intenso, nessa região desenvolve-se principalmente a vegetação de **tundra**, caracterizada pela presença de musgos e liquens, que florescem nos meses de verão.

O **clima frio**, que ocorre no Canadá e em parte do norte dos Estados Unidos, caracteriza-se por baixas temperaturas durante quase todo o ano. Nas regiões de clima frio, há formações de **taiga** (floresta boreal), na qual predominam espécies de pinheiros.

A exploração comercial das áreas de tundra e de taiga, sobretudo a extração de madeira e de minerais, prejudica a conservação ambiental dessas áreas. Além disso, essas atividades extrativistas, aliadas às mudanças climáticas, podem impactar de modo negativo o ecossistema dessas áreas e as populações que vivem nelas. Assim, programas de conservação são importantes para preservar esses biomas e o modo de vida das populações tradicionais.

Nas áreas de elevadas altitudes, como na cordilheira dos Andes e nas montanhas Rochosas, predomina o **clima frio de montanha**, em que o solo permanece coberto de neve quase todo o ano. Como consequência, nessas áreas há pouca diversidade de vegetação. Existem, ainda, os desertos frios, localizados no extremo norte do continente, na Groenlândia, e no extremo sul, entre o Chile e a Argentina.

Na Patagônia, região localizada no extremo sul da América – no Chile e na Argentina –, vivem descendentes de povos indígenas nativos. Esses povos, genericamente chamados de tehuelches, são grupos bastante heterogêneos. O modo de vida dessas populações está relacionado ao clima e à vegetação das áreas que ocupam. Contudo, o processo de colonização dizimou parte desses grupos, que hoje vivem em reservas.

▲ Floresta boreal no Alasca, Estados Unidos. Foto de 2020.

■ **América: Vegetação nativa**

Fonte de pesquisa: *Atlas geográfico escolar*: Ensino Fundamental – do 6º ao 9º ano. Rio de Janeiro: IBGE, 2010. p. 106.

CLIMA TEMPERADO E CLIMA SUBTROPICAL

O **clima temperado** ocorre em áreas dos Estados Unidos e do Canadá e em pequena parte do sul do continente americano. Caracteriza-se pela ocorrência das quatro estações bem definidas: verão, outono, inverno e primavera. Nas áreas mais úmidas, há presença de vegetação mais densa, árvores de grande porte e grande diversidade de espécies.

Nas áreas de transição entre as zonas temperadas e as zonas tropicais, verifica-se o **clima subtropical**, que apresenta verão quente e inverno ameno. A vegetação predominante é de florestas densas e úmidas, como a **mata de araucária**, no Brasil.

Nas áreas menos úmidas, como as extensas planícies do sul do Brasil, da Argentina e do Uruguai, há predomínio de vegetação herbácea e rasteira (**campos** ou **pradarias**). Os solos arenosos e pouco férteis dessas áreas impedem o desenvolvimento de vegetação mais densa e variada.

Nas áreas de florestas subtropicais e temperadas, predominam as atividades de extração de madeira, que ameaçam as formações florestais nativas. Devido à intensa ocupação humana nessas áreas, o desmatamento é acentuado e muitas espécies da fauna e da flora estão ameaçadas.

O manejo florestal dessas formações vegetais para a produção de celulose é comum, especialmente no Canadá e no Brasil. No território brasileiro, a prática da silvicultura está crescendo, sobretudo com a plantação de espécies que não são nativas, como os eucaliptos.

▲ Veleiros no lago Massawippi, em meio à floresta temperada no Canadá. Foto de 2022.

▶ A criação de gado bovino é uma importante atividade econômica das áreas de pradaria no Brasil, na Argentina e no Uruguai. Pradaria na província de La Pampa, Argentina. Foto de 2020.

CLIMA TROPICAL E CLIMA EQUATORIAL

O **clima tropical** prevalece em áreas do Brasil, da Bolívia, da Venezuela, do Paraguai e do México. Nesse tipo de clima, o verão é caracterizado pelas elevadas temperaturas e alta pluviosidade e o inverno, pela baixa pluviosidade. A umidade das áreas mais próximas do oceano favorece o desenvolvimento da floresta pluvial tropical, como a **Mata Atlântica**, presente no Brasil.

O **clima equatorial** ocorre nas áreas ao longo da linha do Equador, ou seja, no norte do Brasil, da Bolívia e em partes da América Central. Nessa região do globo, há maior incidência de raios solares, o que resulta em poucas variações climáticas ao longo do ano. Na zona equatorial, predominam chuvas abundantes e temperaturas elevadas.

Nas regiões de clima equatorial, a elevada umidade e a presença de extensas planícies inundadas propiciaram o desenvolvimento de vegetação abundante e exuberante, constituída de árvores de grande porte, como a **floresta equatorial**, ou **floresta Amazônica**. Com aproximadamente 5 milhões de quilômetros quadrados, a floresta Amazônica apresenta grande diversidade de espécies animais e vegetais.

Grande parte da floresta é composta de mata densa, úmida e fechada, acompanhando os rios na extensa rede hidrográfica da região. Há também áreas de floresta menos densas, Campos e áreas de transição que combinam elementos de diferentes tipos de vegetação.

A biodiversidade das florestas tropicais e equatoriais também influencia o modo de vida das populações que as habitam, como povos indígenas e povos que vivem do extrativismo de espécies nativas da floresta. Populações ribeirinhas que habitam a região da floresta Amazônica no Brasil, na Venezuela, na Colômbia e no Peru praticam a pesca como meio de sustento.

Além desses recursos, a região da floresta Amazônica conta com reservas minerais economicamente importantes, como as de ferro e de bauxita. Contudo, a exploração pode ter graves consequências para o meio ambiente e para as populações tradicionais da região.

▲ Trecho de floresta Amazônica (equatorial) no Parque Nacional Madidi, na bacia do rio Amazonas, Bolívia. Foto de 2019.

▼ Ribeirinhos pescam utilizando técnicas tradicionais. Ao fundo da imagem, vê-se trecho de floresta Amazônica em Carauari (AM). Foto de 2021.

CLIMA SEMIÁRIDO E CLIMA DESÉRTICO

O **clima semiárido** ocorre em áreas do México, do Meio-Oeste dos Estados Unidos, do Nordeste brasileiro e da Argentina. A vegetação predominante é rasteira, dos tipos **estepe** e **savana**, com árvores esparsas de pequeno porte. No Brasil, essa vegetação é característica do bioma **Caatinga**.

O **clima desértico**, também conhecido como **árido**, é encontrado nos Estados Unidos, no México, no Chile, na Argentina e no Peru. No hemisfério norte, as montanhas Rochosas formam uma barreira que dificulta a chegada da umidade vinda do oceano Pacífico; além disso, a presença da corrente marítima fria da Califórnia (que diminui a evaporação e, consequentemente, a umidade na atmosfera), contribui para a ocorrência do clima desértico. Já no hemisfério sul, o principal fator que contribui para a ocorrência desse clima é a presença das correntes frias de Humboldt e das Falkland, nos oceanos Pacífico e Atlântico, respectivamente. O clima desértico caracteriza-se pelas chuvas escassas, pela grande amplitude térmica ao longo do dia (com temperatura elevada durante o dia e baixa durante a noite) e pela vegetação dispersa e formada, principalmente, por gramíneas e arbustos.

◀ As espécies vegetais encontradas em áreas de clima desértico apresentam características que as permitem sobreviver com pouca disponibilidade de água e suportar longos períodos de seca. Deserto de Sonora, Arizona, Estados Unidos. Foto de 2019.

OCUPAÇÃO DE ÁREAS COM CLIMA ÁRIDO OU SEMIÁRIDO

Existem grandes aglomerações populacionais em áreas desérticas e semiáridas. Nos Estados Unidos, por exemplo, a cidade de Las Vegas, localizada em região de clima desértico, é um grande polo turístico. Em 2019, segundo o Departamento do Censo dos Estados Unidos, a cidade tinha cerca de 635 mil habitantes. No Brasil, estima-se que cerca de 20 milhões de pessoas vivam em áreas de clima semiárido.

Planejamento e políticas públicas adequadas são necessários para garantir o abastecimento de água às populações que vivem nessas áreas.

▲ Vista aérea de parte da cidade de Las Vegas, Estados Unidos, com as montanhas que a cercam ao fundo. Foto de 2020.

RELEVO E HIDROGRAFIA

O relevo do continente americano abrange três formações geológicas principais.

Os **maciços antigos** são formados por estruturas cristalinas antigas e estáveis do ponto de vista tectônico e bastante desgastadas pela erosão. Abrangem **planaltos** e **áreas montanhosas** localizadas na porção leste do continente.

Os **dobramentos modernos** são estruturas mais recentes, encontrados em áreas de instabilidade geológica (com frequente ocorrência de terremotos e vulcanismo ativo), no oeste do continente americano. Consistem nas **montanhas** e nas **cordilheiras** jovens, que apresentam altitudes elevadas, como os Andes e as montanhas Rochosas.

Por fim, as **bacias sedimentares** são formações recentes decorrentes da sedimentação e estão localizadas nas porções centrais do continente, por onde fluem os principais rios, tanto na América do Norte quanto na América do Sul.

Na América Central, na porção continental, destacam-se as cadeias de montanhas a oeste e as planícies a leste. Na porção composta de ilhas, há planícies de menor extensão.

■ **América: Físico**

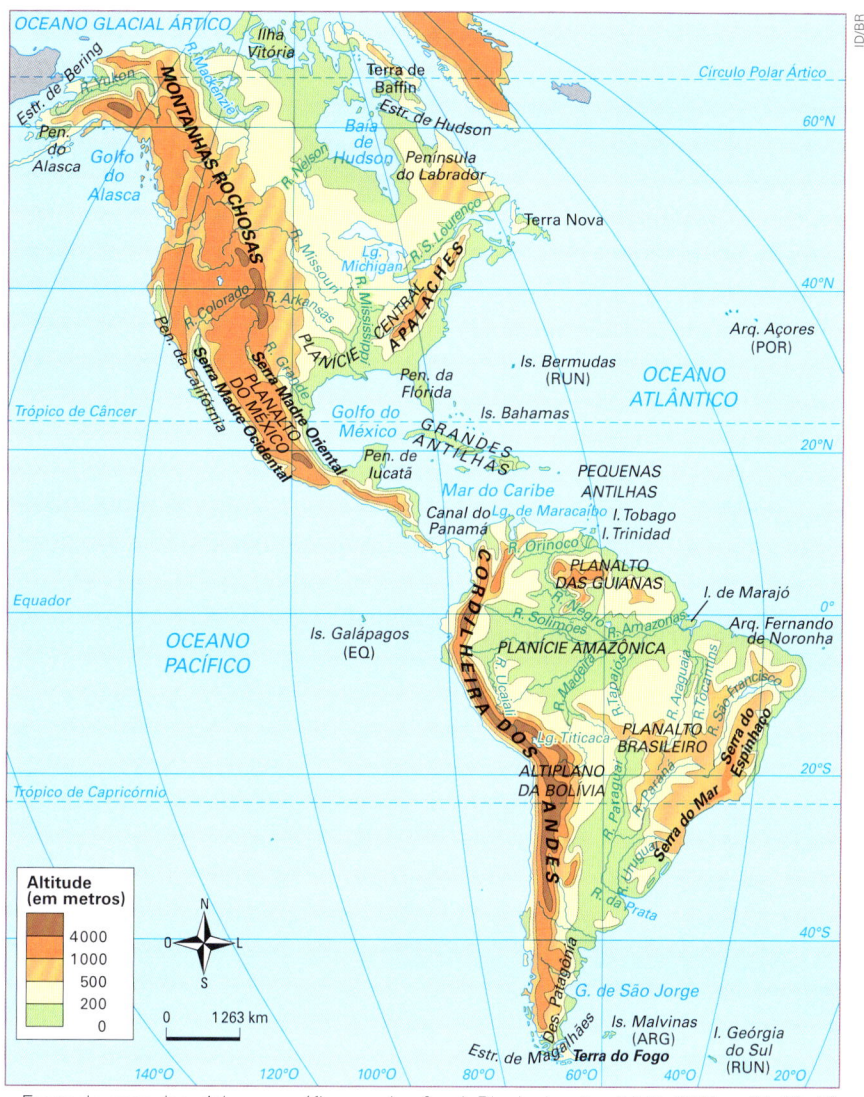

Fonte de pesquisa: *Atlas geográfico escolar*. 8. ed. Rio de Janeiro: IBGE, 2018. p. 36, 38, 40.

Descreva a diversidade de **paisagens naturais da América do Sul**.

Em Cuba, o Parque do Vale de Viñales ▶ busca conservar o relevo da região e o modo de vida das populações que habitam o parque. Essa região é considerada patrimônio mundial pela Unesco devido à preservação de técnicas agrícolas tradicionais e pela tradição relativa à música, ao artesanato e à arquitetura. Foto de 2019.

Os Estados Unidos apresentam extensa rede hidrográfica em planícies, o que facilita a navegação fluvial em larga escala. Navio cargueiro em rio na Geórgia, Estados Unidos. Foto de 2021.

Na América do Norte, os dobramentos modernos, em decorrência do choque entre as placas tectônicas Norte-Americana e do Pacífico, formaram as montanhas Rochosas, localizadas no oeste do Canadá e dos Estados Unidos. No leste dessa região, onde há formação antiga, destacam-se os planaltos e os montes Apalaches.

Na porção central da América do Norte, formaram-se grandes planícies, nas quais se localiza parte da bacia hidrográfica mais importante da América do Norte: a planície do Mississippi-Missouri. O planalto do México, de formação mais recente, ocupa quase a metade do país e está cercado pelas montanhas da serra Madre oriental e ocidental.

No oeste da América do Sul, a cordilheira dos Andes é um dobramento moderno, decorrente do choque entre as placas Sul-Americana e de Nazca.

As partes mais a leste do continente sul-americano apresentam estrutura de relevo antiga, com formas modeladas por processos erosivos e por movimentos de placas tectônicas.

Os planaltos que se destacam são o das Guianas, ao norte da América do Sul, e o Brasileiro, no centro do Brasil. As planícies Amazônica, ao norte da América do Sul, e Platina, no sul dessa região, abrangem áreas de diversos países.

Planaltos, cordilheiras, serras e montanhas estão diretamente relacionados à distribuição hidrográfica na América. Por exemplo, a nascente do rio Missouri está localizada nas montanhas Rochosas, nos Estados Unidos, e o rio Amazonas nasce na cordilheira dos Andes, no Peru.

■ **América: Principais bacias hidrográficas**

Fonte de pesquisa: Gisele Girardi; Jussara Vaz Rosa. *Atlas geográfico do estudante*. São Paulo: FTD, 2016. p. 125.

RECURSOS HÍDRICOS NA AMÉRICA LATINA

O território latino-americano apresenta **grandes reservas hídricas**, e o Brasil, em especial, detém o maior conjunto fluvial do mundo em extensão e volume de água. Na América Latina, estão localizadas grandes bacias hidrográficas, muito importantes economicamente. Essa situação hídrica é responsável pela manutenção de atividades como a pesca, a mineração, a agricultura e a indústria, que dependem da abundância de água para se desenvolver. Além disso, os rios são muito utilizados no transporte de pessoas e de mercadorias.

A gestão dos recursos hídricos demanda a cooperação entre governos de vários países, pois muitos desses recursos se localizam em territórios internacionais, ou seja, em territórios de mais de um país. Assim, os governos realizam acordos diplomáticos para que todos os países envolvidos possam se beneficiar dos recursos hídricos sem prejudicar outros países, evitando também a exploração predatória. Entre as reservas hídricas da América Latina, destacam-se o aquífero Guarani e as bacias dos rios Amazonas, Orinoco e da Prata.

Bacia do rio Amazonas

Com uma área de cerca de 7 milhões de quilômetros quadrados, a bacia hidrográfica do rio Amazonas é **a maior do mundo**. O regime de abastecimento do rio Amazonas vem da água das chuvas e do derretimento sazonal de geleiras na cordilheira dos Andes. A área da bacia se estende por: Bolívia, Brasil, Colômbia, Equador, Guiana, Peru, Venezuela e Suriname. Ela apresenta pouca declividade, o que gera baixa velocidade das águas, rios largos e com muitos meandros. Por isso, os rios da bacia Amazônica são bastante utilizados para navegação pelas populações que vivem em suas margens.

Bacia do rio Orinoco

A bacia do rio Orinoco abrange a maior parte do território da Venezuela e parte do território da Colômbia e possui **grande potencial hídrico**. Com área aproximada de 880 mil quilômetros quadrados, essa bacia abriga rica biodiversidade, relacionada sobretudo à floresta equatorial, típica da região. Grande parte do rio Orinoco é navegável, e por isso ele é fundamental para a integração dos territórios no interior da Colômbia e da Venezuela.

Bacia do rio da Prata

Considerada a quinta maior bacia hidrográfica do mundo, a bacia do rio da Prata abrange diversos biomas, como o Pantanal, os Pampas, o Cerrado e a Mata Atlântica. Apresenta muitos rios de planalto, como o Paraná e o Iguaçu, o que confere a ela grande potencial de geração de energia.

GUERRA DA ÁGUA NA BOLÍVIA

Apesar da relativa abundância de água na América Latina, algumas áreas sofrem com a escassez desse recurso. No ano 2000, as águas municipais da cidade de Cochabamba, na Bolívia, foram privatizadas. Essa é uma área em que historicamente há grande falta desse recurso e, após a privatização, o valor pago pelo consumo de água aumentou exponencialmente. Os moradores iniciaram uma revolta popular contra essa atitude do governo. O conflito durou quatro meses e a população conseguiu reverter a privatização.

PARA EXPLORAR

Também a chuva. Direção: Icíar Bollaín. Espanha/França/México, 2010 (103 min).
O filme mostra, indiretamente, o conflito entre a população boliviana e o governo em relação à privatização dos recursos hídricos. Esse conflito ocorreu em Cochabamba, no ano 2000, e ficou conhecido como Guerra da Água.

Sistemas de aquíferos

A América Latina possui importantes reservatórios subterrâneos de água doce, chamados de **aquíferos**. Os principais são o **Sistema Aquífero Guarani** (SAG) e o **Sistema Aquífero Grande Amazônia** (Saga), ambos parcialmente localizados no território brasileiro.

Com área de cerca de 1,2 milhão de quilômetros quadrados, o aquífero Guarani se estende pelo território de quatro países: Brasil, Paraguai, Uruguai e Argentina. Devido à extensão internacional do aquífero, a gestão desse recurso hídrico precisa ser discutida entre os diferentes governos e sua exploração deve ser sustentável, sem causar poluição e possibilitando a recarga das águas. Segundo a Agência Nacional de Águas (ANA), a reserva de água do aquífero Guarani tem volume de 45 mil quilômetros cúbicos.

A estrutura geológica e os solos são fatores determinantes para a formação do aquífero Guarani: o solo da área que ele abrange é composto de uma mistura de argila e areia, o que facilita a infiltração das águas das chuvas. Os arenitos que formam o substrato também contribuem para o armazenamento das águas que penetram no aquífero. Contudo, esse armazenamento ocorre apenas nas áreas de recarga, trechos específicos onde as águas infiltram no aquífero, reabastecendo suas reservas hídricas. Por isso, as áreas de recarga (que, no caso do aquífero Guarani, estão situadas em diferentes países) precisam ser preservadas para garantir a manutenção e o reabastecimento desse reservatório de água. Observe o bloco-diagrama a seguir.

■ **Aquífero Guarani: Modelo hidrológico conceitual**

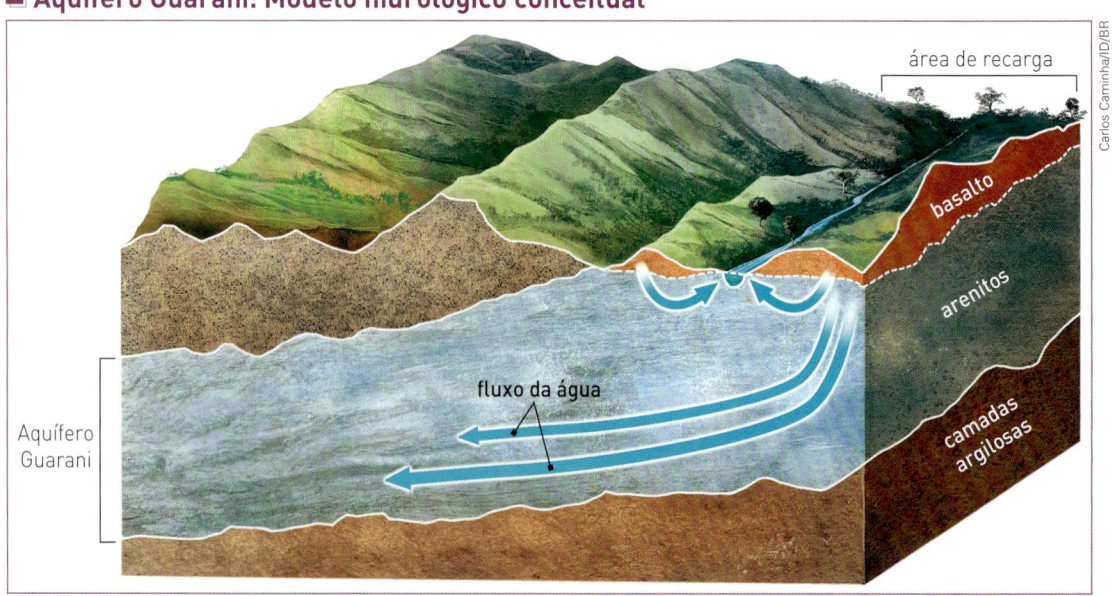

Nota: Esquema em cores-fantasia e sem proporção de tamanho.
Fonte de pesquisa: Mara Akie Iritani; Sibele Ezaki. *As águas subterrâneas do estado de São Paulo*. 3. ed. São Paulo: Secretaria de Estado do Meio Ambiente (SMA), 2012. p. 44. Disponível em: http://arquivos.ambiente.sp.gov.br/publicacoes/2016/12/01-aguas-subterraneas-2012.pdf. Acesso em: 23 fev. 2023.

Sistema Aquífero Grande Amazônia

Outro importante reservatório subterrâneo de águas doces da América do Sul está localizado no Brasil, na Região Norte. Trata-se do Sistema Aquífero Grande Amazônia (Saga), onde está o aquífero Alter do Chão.

Segundo estudos recentes feitos por pesquisadores da Universidade Federal do Pará, esse aquífero tem capacidade muito maior do que se tinha conhecimento: são mais de 160 mil quilômetros cúbicos de água, o que o torna o maior sistema de águas subterrâneas do continente.

Rios voadores

Além das reservas hídricas terrestres, a América Latina conta com reservas de água atmosféricas. As massas de ar e a circulação dos ventos levam muita umidade para o interior da América do Sul, provenientes da evaporação das águas do oceano Atlântico e da vegetação da floresta Amazônica.

Ao se deslocar em direção à cordilheira dos Andes, os ventos são elevados pelo relevo, favorecendo a formação de nuvens e chuva. Dessa forma, a umidade não consegue ultrapassar a barreira do relevo, contribuindo para o aumento da umidade no interior do continente. Além disso, essa umidade também chega ao Paraguai e às regiões Centro-Oeste, Sul e Sudeste do Brasil. Estima-se que a quantidade de água transportada nesses fluxos aéreos seja igual à vazão do rio Amazonas. Essa dinâmica atmosférica sofre alteração ao longo do ano, devido às estações (no inverno, por exemplo, a massa de ar polar ganha força), e é fundamental para a ocorrência das chuvas, influenciando também as atividades agropecuárias e o abastecimento de água da população que vive nessas áreas.

Fonte de pesquisa. Expedição Rios Voadores. Fenômeno dos rios voadores. Disponível em: https://riosvoadores.com.br/o-projeto/fenomeno-dos-rios-voadores/. Acesso em: 23 fev. 2023.

América do Sul: Rios voadores

CIDADANIA GLOBAL

AGRICULTURA SUSTENTÁVEL E CONSERVAÇÃO DOS RECURSOS HÍDRICOS

Segundo a ONU, aproximadamente 70% da água doce do mundo é utilizada na agropecuária, sobretudo na irrigação. Por isso, o manejo adequado da água é um dos princípios básicos da agricultura sustentável. Em grupo, busquem informações para responder às questões a seguir.

1. Quais são os princípios fundamentais da agricultura sustentável?
2. De que maneira a agricultura sustentável contribui para a conservação dos recursos hídricos?

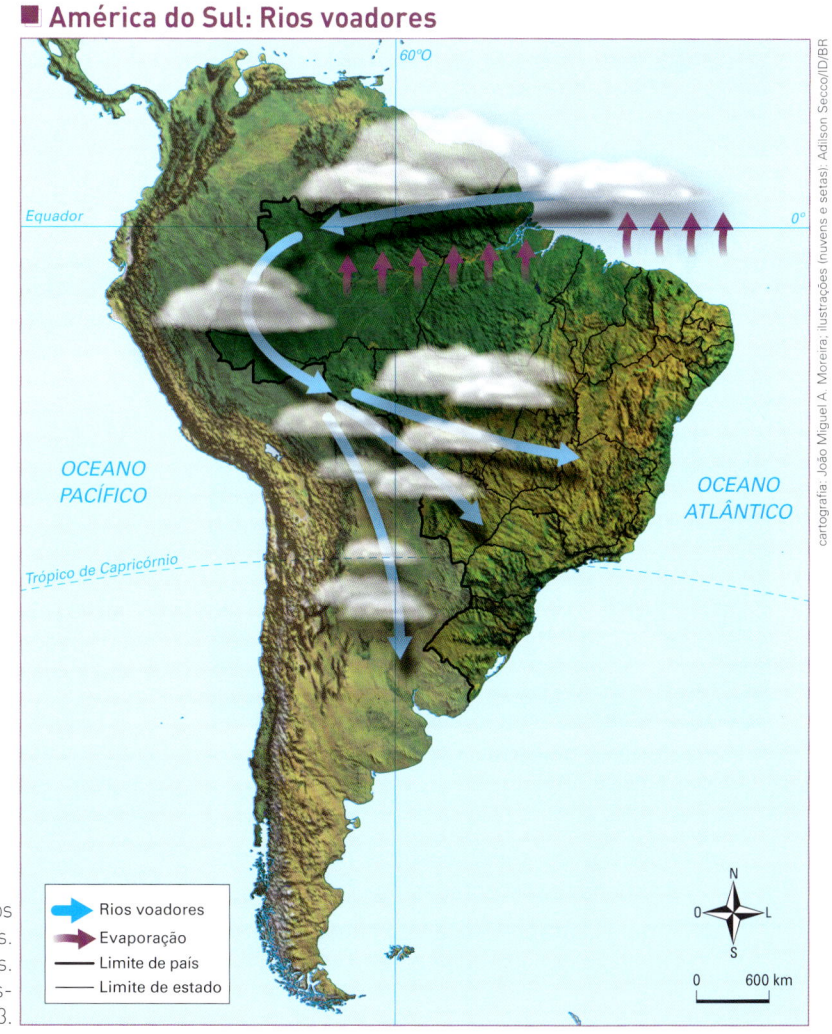

ATIVIDADES

Acompanhamento da aprendizagem

Retomar e compreender

1. Quais são os tipos de clima que ocorrem no continente americano?
2. Quais fatores explicam a diversidade climática desse continente?
3. Identifique as grandes formações que compõem o relevo da América.
4. Quais são as cadeias de montanhas do continente americano? Explique o processo de formação dessas cadeias.
5. Observe as fotos e responda às questões.

▲ Província de Salta, Argentina. Foto de 2019.

▲ Parque Nacional Grand Teton, Wyoming, Estados Unidos. Foto de 2019.

   a) Quais são as características naturais das paisagens representadas nas fotos?
   b) Como as características do clima afetam a vegetação que se observa nessas fotos?

Aplicar

6. A região da floresta Amazônica é uma das que mais despertam o interesse dos países desenvolvidos e dos órgãos ambientalistas. Em sua opinião, por que isso ocorre?
7. Leia a notícia a seguir para responder às questões.

> **Escassez de água pode limitar crescimento econômico nas próximas décadas, diz ONU**
>
> Três em cada quatro empregos do mundo são forte ou moderadamente dependentes de água, segundo estimativa de relatório das Nações Unidas publicado nesta terça-feira (22) [de março de 2016], na ocasião do Dia Mundial da Água. [...]
>
> A América Latina e o Caribe estão particularmente dependentes da água na criação de empregos, porque a maior parte de suas economias é ligada à exploração de recursos naturais, como mineração e agricultura (incluindo biocombustíveis). [...]
>
> "Apesar de a região (América Latina e Caribe) ter cerca de um terço da provisão de água no mundo, o uso intenso desse recurso em suas economias e sua dependência dos recursos naturais e dos preços internacionais das matérias-primas impõem importantes desafios para o crescimento econômico e a criação de empregos", disse o relatório.
>
> Escassez de água pode limitar crescimento econômico nas próximas décadas, diz ONU. Nações Unidas Brasil, 22 mar. 2016. Disponível em: https://brasil.un.org/pt-br/node/72525. Acesso em: 23 fev. 2023.

   a) Qual tema essa notícia aborda?
   b) O relatório descrito na notícia organizou os dados com base em que regionalização do continente americano?
   c) Quais países do continente americano não fazem parte da região citada na notícia?
   d) Quais atividades podem comprometer a oferta de água na região indicada?
   e) Com base nesse texto, discuta, em grupo, como os países poderão ser afetados se o uso da água não for planejado de modo sustentável.

CAPÍTULO 2
COLONIZAÇÃO EUROPEIA NA AMÉRICA

PARA COMEÇAR

O que você sabe dos povos que viviam no continente americano antes da chegada dos colonizadores europeus? Quais foram os impactos da colonização na América?

Conheça a diversidade dos **povos pré-colombianos**.

▼ Complexo arquitetônico de parte da antiga cidade de Teotihuacán, no México. Parcialmente preservado, constitui um importante sítio arqueológico com vestígios da civilização asteca. A pirâmide do Sol (a maior das pirâmides) fornece indícios da importância do Sol nas crenças religiosas. Estima-se que a cidade tenha sido erguida entre 200 e 650 d.C. Foto de 2022.

POVOS PRÉ-COLOMBIANOS

Antes da chegada dos europeus à América, inúmeros povos nativos, chamados povos pré-colombianos, habitavam o continente. Alguns deles, especialmente os **incas**, os **maias** e os **astecas**, apresentavam complexo desenvolvimento social (sociedade organizada em classes) e técnico (conhecimentos avançados em diversas áreas, como a astronomia).

Entre os povos nativos, havia milhares de comunidades indígenas com culturas, idiomas e modos de vida diversos. Algumas viviam principalmente da caça, da pesca e da coleta de produtos da mata. Outras praticavam a agricultura e a criação de animais.

Os **maias** e os **astecas** localizavam-se na parte central do continente, em áreas do atual México e de países da América Central. Os maias constituíam uma sociedade predominantemente camponesa, mas também formada por uma aristocracia composta de militares e sacerdotes. Esse povo alcançou grande desenvolvimento cultural, que incluiu a criação de um sistema de escrita e conhecimentos avançados de astronomia e arquitetura.

Os astecas formaram um grande Estado, cuja capital era Tenochtitlán, que chegou a abrigar mais de 300 mil habitantes. A sociedade era composta de uma elite monárquica e administrativa, artesãos, comerciantes, camponeses e escravizados. A principal atividade econômica era a agricultura, realizada com técnicas avançadas, como jardins flutuantes e sistemas de irrigação.

No oeste da América do Sul, ao longo da cordilheira dos Andes, situava-se o **Império Inca**. O povo inca desenvolveu um Estado com governo centralizado, no qual a maior autoridade era o imperador, e a sociedade era dividida em classes sociais. Esse povo praticava artesanato e agricultura intensiva, com o emprego de técnicas avançadas de irrigação e o cultivo de lavouras em terraços. Muitas plantas que conhecemos hoje, como a batata, o milho, a abóbora, a mandioca e o feijão, foram cultivadas primeiramente pelos povos andinos e, posteriormente, incorporadas aos hábitos alimentares dos colonizadores europeus.

O milho e a mandioca estão entre os alimentos mais importantes para os povos indígenas, pois, além de terem o domínio do cultivo dessas plantas, eles conheciam técnicas de processamento e de fabricação de subprodutos que podem ser utilizados em diversos tipos de comida, como a farinha.

Os povos originários da América tinham, ainda, avançados conhecimentos de matemática, astronomia, engenharia e arquitetura e construíram grandes e importantes centros urbanos, como Cuzco, capital do antigo império inca.

■ **América: Povos pré-colombianos**

Fontes de pesquisa: Cláudio Vicentino. *Atlas histórico*: geral e Brasil. São Paulo: Scipione, 2011. p. 52; José J. de A. Arruda. *Atlas histórico básico*. São Paulo: Ática, 2007. p. 21.

CIDADANIA GLOBAL

CONHECIMENTO TRADICIONAL E AGRICULTURA SUSTENTÁVEL

Como você viu, alimentos que consumimos atualmente, como a batata e o milho, já eram cultivados pelos povos que habitavam a América antes da chegada do colonizador europeu. Algumas técnicas de cultivo desses povos se mantiveram ao longo do tempo, mas muitas se perderam.

O resgate de saberes agrícolas milenares e tradicionais podem revelar maneiras de realizar atividades agrícolas que promovem a conservação do meio ambiente.

1. Reúna-se com seu grupo e busquem informações sobre as técnicas de cultivo dos povos americanos originários. Quais conhecimentos se mantiveram até os dias atuais?

2. De que modo essas técnicas e saberes tradicionais poderiam ser úteis atualmente para o desenvolvimento da agricultura sustentável?

COLONIZADORES

Entre os séculos XV e XVII, ocorreu a expansão marítima europeia, conhecida como época das Grandes Navegações. Motivados pela busca de riquezas e de novas rotas comerciais, os europeus lançaram-se à conquista de novos territórios. Ao longo desse processo, as explorações comerciais transformaram-se em **projetos coloniais**, com a fixação, nesses novos territórios, de centros administrativos e da população vinda dos países colonizadores, além do desenvolvimento de atividades econômicas regulares.

Os navegadores pioneiros foram o genovês Cristóvão Colombo e os portugueses Vasco da Gama e Fernão de Magalhães. Os portugueses e os espanhóis foram os primeiros colonizadores do continente americano; depois, vieram ingleses, franceses e holandeses.

Os portugueses ocuparam parte da área que hoje corresponde ao Brasil, e os espanhóis tomaram o restante da América do Sul, da América Central e do México, com exceção de algumas áreas dominadas por ingleses, holandeses e franceses, que ocuparam as Guianas e algumas ilhas do Caribe.

Essas áreas foram submetidas a uma **colonização de exploração**. As primeiras atividades eram extrativas e tinham por objetivo encontrar ouro, prata e matérias-primas como madeira e especiarias. As grandes lavouras se basearam na monocultura de cana-de-açúcar, cultivada pelos portugueses somente depois da escravização indígena. Além disso, iniciou-se o **tráfico de africanos escravizados** para o continente. Atividade altamente lucrativa, o tráfico de escravizados movimentava consideravelmente as relações comerciais europeias.

Os ingleses invadiram a região onde hoje se localizam os Estados Unidos e parte do Canadá, enquanto os franceses se instalaram também em parte do Canadá e na região da Louisiana, nos Estados Unidos. Nessas regiões, estabeleceram uma **colonização de povoamento**.

■ **América: Domínios coloniais europeus (séculos XVI e XIX)**

Fonte de pesquisa: Gisele Girardi; Jussara Vaz Rosa. *Atlas geográfico do estudante*. São Paulo: FTD, 2016. p. 126.

CONFLITOS ENTRE COLONIZADORES E POVOS NATIVOS

Foram inúmeros os conflitos entre os colonizadores europeus e os povos nativos do continente americano. De modo geral, os colonizadores impuseram sua língua, cultura, religião e organização econômica na tentativa de sobrepô-las à cultura dos povos nativos.

Os espanhóis entraram em guerra com os incas – um dos primeiros povos com os quais tiveram contato –, fazendo desaparecer o Império Inca. Os astecas também foram alvo da conquista espanhola. As grandes civilizações pré-colombianas tiveram suas cidades destruídas, suas riquezas saqueadas e seus templos derrubados para dar lugar a igrejas erguidas pelos colonizadores. O acesso desigual aos armamentos e as doenças trazidas pelos europeus foram os principais fatores para a redução da população nativa.

Na América portuguesa, os conflitos entre os colonizadores e os povos nativos foram se agravando à medida que os europeus avançavam pelo território. Houve a escravização e o extermínio de milhões de indígenas.

Nos Estados Unidos, os conflitos intensificaram-se no final do século XVIII com a **Marcha para o Oeste**, que levou ao massacre de muitos povos indígenas, como os sioux.

Apesar da dominação colonial dos europeus, houve casos de resistência dos povos nativos, o que permitiu manter um legado cultural que atravessou gerações.

Em diversos países, como México, Paraguai, Bolívia e Peru, parte significativa da população tem origem indígena e mantém as tradições de seus antepassados. No Paraguai, na Bolívia e no Peru, idiomas como o **guarani**, o **quíchua** e o **aimará** são falados por grande parte das pessoas.

> **PARA EXPLORAR**
>
> *Histórias da América Latina*, de Silvana Salerno. São Paulo: Planeta Jovem.
> Nesse livro, a jornalista Silvana Salerno apresenta ao leitor a história e a rica diversidade dos povos que vivem na América Latina, além de aspectos naturais de cada país dessa região.

> **MARCHA PARA O OESTE**
>
> Foi o movimento de expansão das fronteiras dos Estados Unidos a partir das primeiras áreas ocupadas, próximas ao oceano Atlântico, em direção à costa do Pacífico, a oeste, que resultou na invasão de terras habitadas por vários povos indígenas.

A pintura, do século XVI, mostra o espanhol Hernán Cortés e suas tropas em território que hoje faz parte do México. Hernán Cortés liderou diversos massacres e batalhas contra o povo asteca e conquistou a capital Teotihuacán. Autor desconhecido. Óleo sobre tela. 120 cm × 200 cm.

POPULAÇÃO NEGRA

A diáspora africana foi um processo extremamente traumático e doloroso. Estimativas atuais consideram que, entre os séculos XVI e XIX, cerca de 12 milhões de pessoas foram retiradas à força de seus lugares de origem e transportadas até a América.

diáspora: dispersão forçada de um povo.

O Brasil foi o centro desse tráfico. O país concentrou mais da metade do número de escravizados no período: cerca de 6,6 milhões, desembarcados principalmente nos portos do Rio de Janeiro e da Bahia. A maioria desses cativos era das regiões costeiras ocidentais da África, próximas ao golfo de Benin.

Portugal foi a nação que dominou o tráfico transatlântico de escravizados e o explorou intensamente como mão de obra no Brasil, em especial nas grandes lavouras de cana-de-açúcar.

O trabalho em extensas lavouras também foi a motivação para a exploração do tráfico e da mão de obra de africanos escravizados nos Estados Unidos. Embora a América do Norte tenha concentrado apenas 5% do tráfico de escravizados, muitos foram levados para as terras do sul dos Estados Unidos, no vale do rio Mississippi, para o trabalho nas plantações de algodão.

O Caribe foi outro grande destino do mercado de escravizados originários da África. As regiões produtoras de açúcar na Jamaica, na ilha de São Domingos (atuais Haiti e República Dominicana) e em Cuba concentraram a maior parte dos africanos levados para a região.

Antes do processo de colonização europeia, o continente americano já apresentava grande diversidade étnica. Quando os africanos escravizados chegaram à América, criaram estratégias para garantir a manutenção de seus valores e, na tentativa de praticar seus ritos religiosos (que eram proibidos), assimilaram elementos da cultura nativa e da cultura dos colonizadores. Desse modo, o contato e as **trocas culturais** entre matrizes culturais e sociais distintas influenciaram a cultura e a formação dos povos do continente americano.

Esse processo moldou diferentes aspectos das culturas americanas, como os costumes, as tradições, a culinária, a música e as religiões. Dos imigrantes europeus, o continente herdou a matriz religiosa predominante na população americana, o **cristianismo** (catolicismo e protestantismo); ainda assim, as religiões de **matriz africana e indígena** têm forte presença no continente, especialmente na América Latina. O contato entre culturas fez com que elas influenciassem umas às outras. No caso da religião, essa influência mútua resultou em grande **sincretismo**, ou seja, na fusão de rituais de diferentes religiões.

▼ Celebração em homenagem a São Roque, com presença de adeptos do candomblé e do catolicismo, em Salvador (BA). Foto de 2022.

RACISMO ESTRUTURAL E INSTITUCIONAL

O racismo é compreendido, muitas vezes, como um comportamento individual e preconceituoso de uma pessoa em relação a outra, pelo simples e único fato de esse outro pertencer a determinado grupo étnico ou racial. No entanto, a análise da estrutura da sociedade ocidental revela que o racismo não é meramente um preconceito de uma pessoa em relação a outra, mas faz parte, também, do próprio modo de reprodução do sistema capitalista. Assim, pode-se afirmar que existe um **racismo estrutural**.

Na atualidade, o marcador racial é parte integrante das relações socioeconômicas. Mulheres e homens negros, de modo geral, recebem salários mais baixos do que trabalhadores brancos. No Brasil, segundo o IBGE, cerca de 56% da população é formada por pretos e pardos, e observa-se enorme disparidade salarial dessas populações em relação aos brancos, além de índices de desemprego maiores entre essas populações.

marcador racial: conjunto de características físicas de uma pessoa (como cor da pele e tipo de cabelo) que outros grupos sociais veem como marca de algo "ruim" ou "inferior", gerando e naturalizando estereótipos, preconceitos e desigualdades.

■ **Brasil: Taxa de desocupação, por cor e raça (2012-2021)**

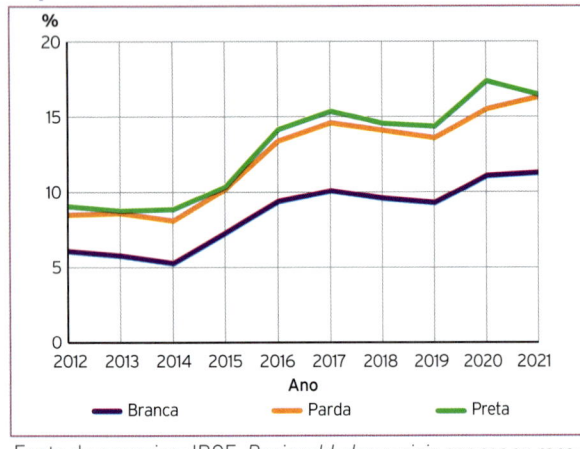

■ **Brasil: Rendimento médio, por cor e raça (2012-2021)**

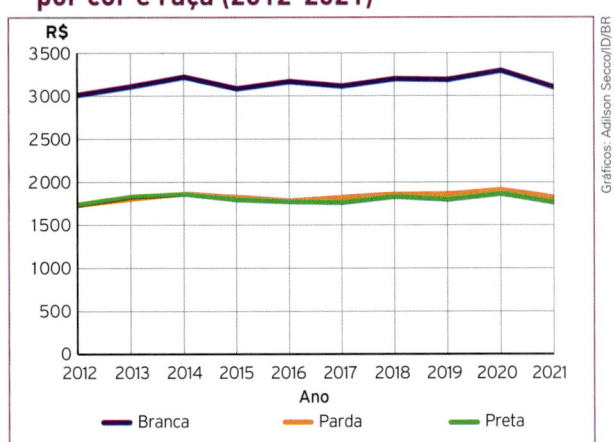

Fonte de pesquisa: IBGE. *Desigualdades sociais por cor ou raça no Brasil*. Disponível em: https://www.ibge.gov.br/estatisticas/sociais/populacao/25844-desigualdades-sociais-por-cor-ou-raca.html?=&t=resultados. Acesso em: 23. fev. 2023.

Além dessa desigualdade evidenciada nas relações no mercado de trabalho, há a reprodução de preconceitos e de discriminação nas instituições, como escolas e meios de comunicação, o que contribui para tornar o racismo socialmente naturalizado. A propagação e a defesa da ideia da meritocracia levam muitos a acreditar que as condições desfavoráveis vivenciadas por minorias são fruto da "falta de merecimento" (por "não se esforçarem", por exemplo) dos indivíduos que fazem parte desses grupos e, ao mesmo tempo, geram a crença de que quem é bem-sucedido conseguiu alcançar esse *status* social apenas por merecimento próprio. Essas percepções desconsideram a desigualdade social, que favorece sobretudo a população branca, geralmente possuidora de melhores oportunidades, como o acesso à educação.

meritocracia: sistema de valorização do indivíduo que pressupõe que qualquer um é capaz de prosperar socialmente apenas pelas próprias capacidades, sem precisar da ajuda da família, da sociedade ou do Estado.

MOVIMENTOS SOCIAIS CONTRA O RACISMO

Os movimentos sociais que reivindicam os direitos da população negra estão bastante presentes no continente americano e são muitas vezes marcados por fatos que comovem a opinião pública.

Nos Estados Unidos, em 2013, após a absolvição de um homem responsável pela morte de Trayvon Martin, um adolescente negro, houve um levante da população contra a violência direcionada à população negra, principalmente na atuação de policiais. A onda de protestos e o movimento que se iniciou ficaram conhecidos como Black Lives Matter ("Vidas Negras Importam", em português). Em 2020, o assassinato de George Floyd levou milhares de pessoas às ruas em manifestações contra o racismo tanto nos Estados Unidos, onde ocorreu o crime, quanto em diversos outros países, inclusive no Brasil.

No Brasil, anualmente ocorre a Marcha das Mulheres Negras e Indígenas, que reivindica políticas públicas voltadas para a saúde dessas mulheres, o fim da violência policial contra a população negra e a equidade de direitos entre todos os cidadãos.

Na Colômbia, desde os anos 1960, vários movimentos buscam denunciar a discriminação racial. Eles se fortaleceram na década de 1990 com a aprovação da Lei das Comunidades Negras, que previa a propriedade coletiva das terras e mecanismos de proteção para a população colombiana negra. Processos semelhantes de direito à terra e ao reconhecimento tornaram-se leis no Peru, no Equador, em Belize, na Guatemala e em Honduras. No Brasil, a Constituição de 1988 garantiu às comunidades remanescentes de quilombos a titulação das terras em que vivem.

Mulher segura cartaz em que se lê "Black Lives Matter" durante manifestação realizada em decorrência do assassinato de George Floyd. Minneapolis, Estados Unidos. Foto de 2020.

ATIVIDADES

Acompanhamento da aprendizagem

Retomar e compreender

1. Quais são as influências dos povos nativos da América na sociedade atual desse continente?
2. Como foi a convivência entre os colonizadores e os povos nativos da América?

Aplicar

3. O gráfico a seguir mostra a constante e acentuada redução da população indígena no México em pouco mais de um século. Observe-o e responda às questões.

México: População indígena (1518-1623)

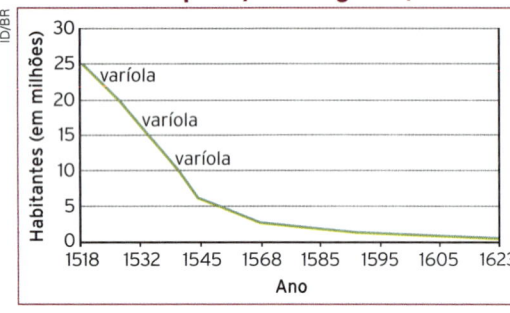

a) Em que período o declínio da população indígena foi maior?

b) Qual motivo, indicado no gráfico, explica parte dessa diminuição da população indígena? Que outros motivos, além do indicado no gráfico, podem estar relacionados a essa redução?

Fonte de pesquisa: Sherburne Friend Cook; Woodrow Borah. *The indian population of Central Mexico, 1531-1610*. Berkeley: University of California Press, 1963.

4. **SABER SER** Sobre a população negra no Brasil, responda às questões.

a) Qual era o papel dos negros escravizados na sociedade colonial brasileira?

b) Quais foram as contribuições dos africanos para a formação cultural brasileira?

c) Você já participou ou ouviu falar de alguma manifestação contra o racismo no Brasil? Em caso afirmativo, de que modo ela se assemelha aos movimentos sociais contra a discriminação racial de outros países da América, descritos na página 119?

5. Observe o mapa a seguir e depois responda às questões.

Estados Unidos: População negra, hispânica e latina (2022)

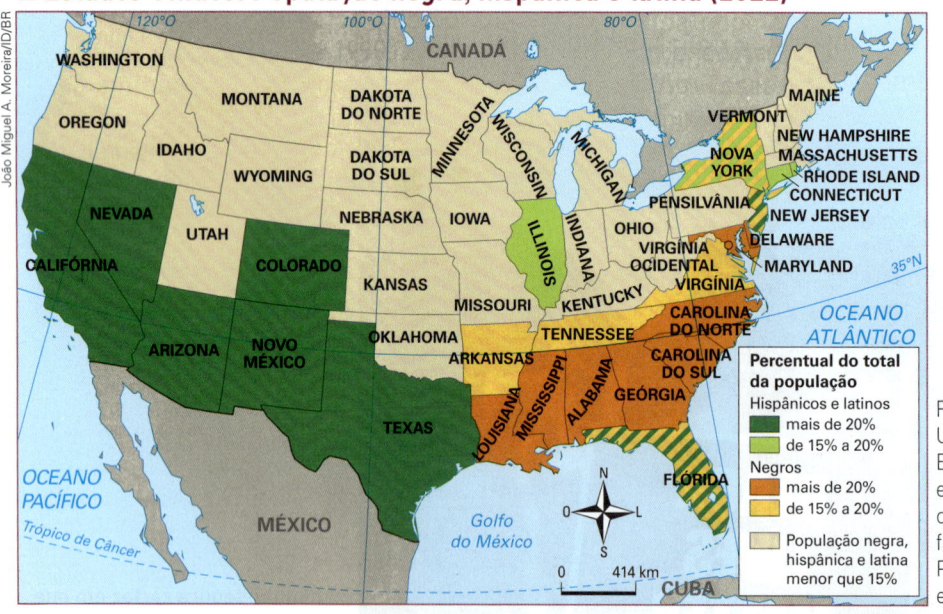

Fonte de pesquisa: United States Census Bureau. Disponível em: https://www.census.gov/quickfacts/fact/table/US/PST045222. Acesso em: 23 mar. 2023.

a) Onde estão localizados os estados com maior percentual de população negra nos Estados Unidos?

b) Com base em seus conhecimentos, indique quais fatores históricos podem ser relacionados a essa concentração.

CONTEXTO

DIVERSIDADE

Hip-hop: a voz da periferia

O texto a seguir trata do *hip-hop* como instrumento de reivindicação da periferia.

O *hip-hop* surgiu na década de 1970, em Nova York, como movimento artístico-musical de jamaicanos, latino-americanos e afrodescendentes. No Brasil, começou a se desenvolver em meados da década de 1980, na região central de São Paulo. [...]

O *hip-hop* é formado por três linguagens – estética, cantada e *performance*. Apresentar um argumento aberta e explicitamente ou defender uma opinião é expressão de um direito, o de falar. A linguagem é a expressão desse direito. O espaço público é um espaço de disputa. Só ingressando nele é que as populações marginalizadas e oprimidas podem se tornar visíveis e politicamente relevantes.

Quatro elementos caracterizam o movimento *hip-hop*: a música *rap*, com seu som falado e suas letras e o MC (mestre de cerimônia), a presença do DJ (*disc jockey*), a dança *break* e o grafite.

[...]

O *rap*, o canto falado, criou um som próprio, pesado e seco, elaborado com um mínimo de recursos: voz e um disco de vinil. [...]. Na festa de rua, o DJ cede o microfone ao MC – mestre de cerimônias – para que ele improvise um canto falado, sobre a vida da comunidade e as várias formas de injustiça, no ritmo da música. Em suas letras, o *rap* recria com palavras da rua a vida nos bairros pobres, nas periferias, nas favelas, retratando seu cotidiano de loucura, miséria e violência. As palavras cantadas derivam da interação entre o compositor-intérprete e a vida da comunidade da qual participa, ou de comunidades afins. A voz denuncia as novas formas de injustiças que surgem no país, ao lado das antigas que persistem. Com profusão de imagens assombrosas, expõem seu protesto contra a precariedade das políticas públicas. É a música da palavra e a épica da rua. [...]

Rap. Memorial da Democracia. Disponível em: http://memorialdademocracia.com.br/page/bronca-social/estilos/rap. Acesso em: 23 fev. 2023.

▲ O movimento *hip-hop* tem como palco as ruas das cidades. Os versos do *rap* expõem os problemas sociais e a falta de infraestrutura que afeta milhões de pessoas no Brasil. Na foto, batalha de rimas em São Paulo (SP). Foto de 2019.

Você conhece a história do **movimento *hip-hop***?

Para refletir

1. Quais são os quatro elementos que compõem o movimento *hip-hop*?
2. Você concorda que o *hip-hop* é a voz da periferia? Justifique sua posição.
3. SABER SER No Brasil, o movimento *hip-hop* é uma expressão de resistência de uma população excluída e marginalizada. Você conhece outras manifestações artísticas relacionadas à luta contra a desigualdade social e a discriminação cultural?
4. SABER SER Discuta com um colega sobre formas de proporcionar maior igualdade social à população negra brasileira que sofre discriminação.

REPRESENTAÇÕES

Sobreposição de informações zonais e pontuais em mapas

Sobrepor informações zonais e pontuais em mapas permite a complementação e a análise de informações diferentes de uma mesma localidade.

Veja, a seguir, o exemplo de dois mapas do continente americano. Eles apresentam o mesmo recorte espacial, mas representam temas diferentes: uso e cobertura do solo e produção agropecuária.

O mapa de uso e cobertura do solo destaca a localização, a extensão e a distribuição de fenômenos como áreas florestadas, áreas montanhosas e áreas em que há o predomínio de cultivos agrícolas. Para isso, as informações são representadas por meio de manchas (zonas) com cores diferentes (representação **qualitativa**). Nessa representação, há generalização do uso e cobertura do solo pela sua característica predominante.

Por sua vez, o mapa da produção agropecuária mostra como estão distribuídos espacialmente os principais tipos de cultivo (como algodão e soja) e de criação de animais (bovinos e ovinos). Nele, as informações aparecem como elementos pontuais e são utilizados diferentes símbolos para cada elemento.

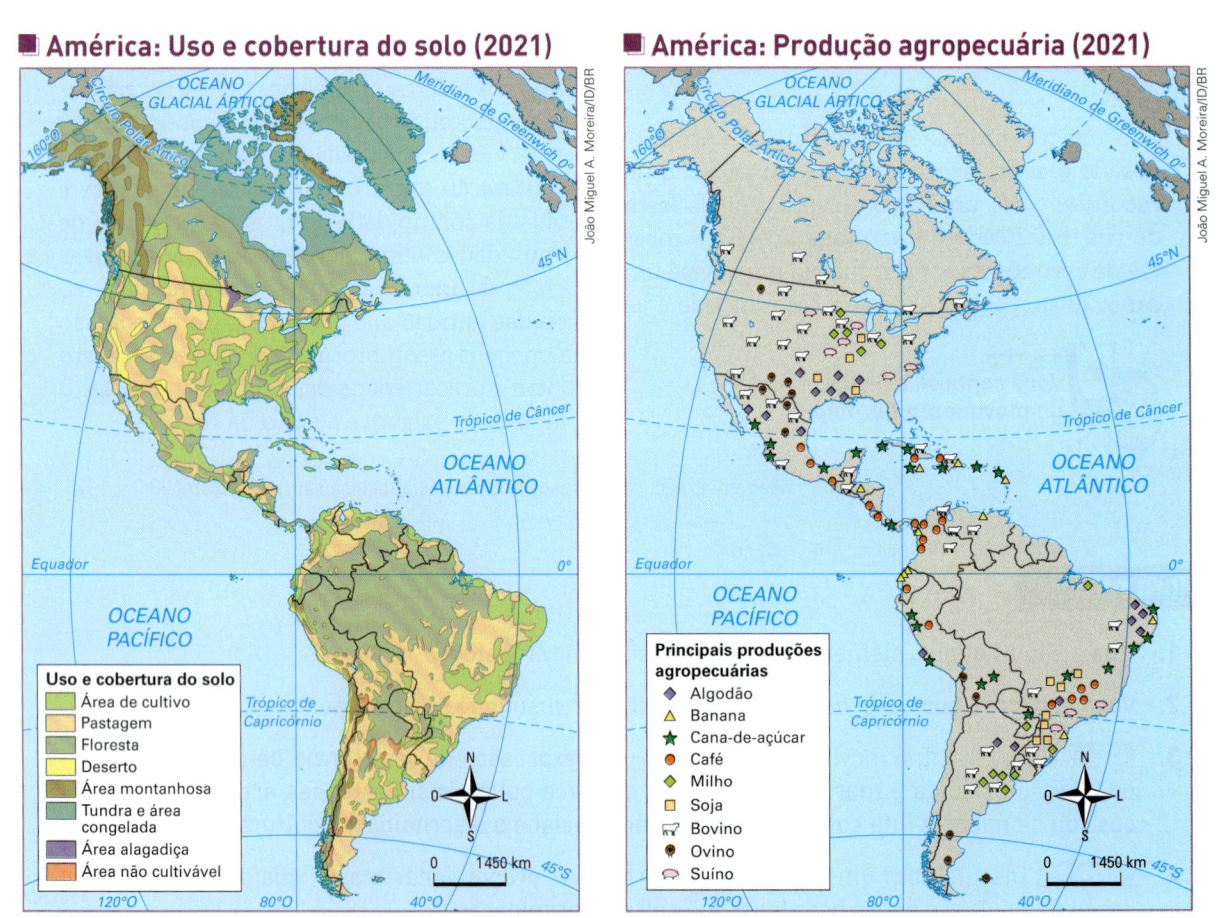

América: Uso e cobertura do solo (2021)

América: Produção agropecuária (2021)

Fonte de pesquisa dos mapas: *Reference world atlas*. London: Dorling Kindersley, 2021. p. 7-53.

Com base nos mapas da página anterior, pode-se elaborar um único mapa, sobrepondo as informações (zonais e pontuais) contidas nos anteriores. As informações apresentadas se complementam, uma vez que é possível identificar a correlação entre as áreas (manchas) de pastagem (uso do solo) e a ocorrência do símbolo de rebanho bovino, por exemplo. Assim, a sobreposição torna mais fácil estabelecer relações entre as informações apresentadas pelo mapa.

Contudo, devido às generalizações das representações qualitativas (por meio de manchas) é possível perceber, por exemplo, o símbolo de soja em área indicada como pastagem. Esse fato revela que, apesar de haver cultivo de soja, a área se caracteriza pelo predomínio da atividade pecuária.

A sobreposição de mapas é importante não apenas para a comparação de informações, mas também é uma possibilidade para ampliar a observação e a análise dos dados e dos fenômenos mapeados.

■ **América: Uso e cobertura do solo e produção agropecuária (2021)**

Fonte de pesquisa: *Reference world atlas*. London: Dorling Kindersley, 2021. p. 7-53.

Pratique

1. A respeito do mapa *América: Uso e cobertura do solo e produção agropecuária (2021)*, responda às questões.
    a) Quais foram as cores aplicadas nas informações de área? O que cada uma delas representa?
    b) Cite agumas informações pontuais aplicadas nas áreas de pastagem do Brasil.
    c) Como a sobreposição das informações zonais e pontuais favorece a leitura das informações do mapa?

2. Em livros, revistas e *sites*, busque mapas que façam sobreposição de representações zonais e pontuais. Depois, analise-os e responda às questões.
    a) Quais são as informações apresentadas?
    b) Quais recursos visuais foram aplicados para representar as informações?

ATIVIDADES INTEGRADAS

Analisar e verificar

1. Leia a notícia e, depois, faça o que se pede.

   Um forte terremoto de 8,2 graus de magnitude foi sentido nesta terça-feira [1º abr. 2014] perto da área de mineração de Iquique, na região de Arica e Parinacota e Tarapacá, no Chile, de acordo com o Serviço Geológico dos Estados Unidos, entidade que monitora a atividade sísmica no mundo.

   Terremoto de 8,2 graus atinge o Chile; há alerta de *tsunami*. Terra, 1º abr. 2014. Disponível em: https://www.terra.com.br/noticias/mundo/america-latina/terremoto-de-82-graus-atinge-o-chile-ha-alerta-de-tsunami,8be9146d0cf15410VgnVCM10000098cceb0aRCRD.html. Acesso em: 23 fev. 2023.

   - Com base na formação geológica do continente, explique por que o Chile está mais sujeito a terremotos.

2. Observe com atenção o esquema de relevo e de conjuntos paisagísticos da América do Sul. Depois, responda: Em qual mapa o segmento de reta atravessa corretamente os países que estão representados no esquema?

América do Sul: Perfil esquemático

Fonte de pesquisa: *Atlas geográfico escolar Oxford*. São Paulo: Oxford, 2013. p. 65.

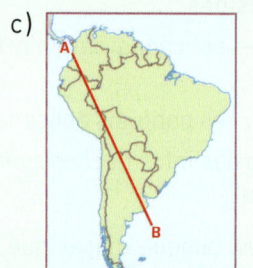

a) b) c) d)

3. É possível relacionar o período colonial da América à marginalização das populações negra e indígena? Escreva um texto argumentativo sobre o tema.

Acompanhamento da aprendizagem

4. Leia o texto a seguir e responda às questões.

> [...] A Prefeitura de Ribeirão Preto (SP) anunciou [...] a criação de um parque ecológico em uma área de recarga do Aquífero Guarani, [...] responsável por 100% do abastecimento da cidade. [...]
>
> Apesar da importância ambiental, a mesma região da cidade já registrou denúncias de descaso, como um lixão a céu aberto com um quilômetro de extensão considerado pelo Departamento de Águas e Energia Elétrica do Estado (DAEE) uma ameaça para o aquífero. [...]

Área de recarga do Aquífero Guarani será protegida por estação ecológica em Ribeirão Preto. *G1 Ribeirão Preto e Franca*, 20 mar. 2018. Disponível em: https://g1.globo.com/sp/ribeirao-preto-franca/noticia/area-de-recarga-do-aquifero-guarani-sera-protegida-por-estacao-ecologica-em-ribeirao-preto.ghtml. Acesso em: 23 fev. 2023.

a) Segundo o texto, qual ameaça ambiental aos aquíferos está presente na região do município de Ribeirão Preto?

b) Qual é a importância dos recursos hídricos do aquífero Guarani para esse município?

c) Por que é importante preservar as áreas de recarga dos aquíferos?

5. **SABER SER** No Brasil, o Dia da Consciência Negra é celebrado no dia 20 de novembro. A data marca o dia da morte de Zumbi dos Palmares e foi criada para ser um momento de reflexão sobre a população negra na sociedade brasileira. Sobre esse assunto, responda às questões a seguir.

a) O período da escravatura deixou uma dívida histórica da sociedade com os afrodescendentes. Você concorda com essa frase? Justifique sua resposta.

b) Em sua opinião, o que pode ser feito para garantir uma condição igualitária aos afrodescendentes no conjunto da sociedade brasileira?

Criar

6. **SABER SER** As populações negra e indígena, devido ao histórico de violência a que foram submetidas, são mais vulneráveis socialmente e, por isso, precisam reivindicar ativamente os seus direitos. Observe a foto e faça o que se pede.

◀ Manifestação de indígenas contra a mudança no processo de demarcação de terras indígenas em Brasília (DF). Foto de 2021.

a) Em sua opinião, qual é a importância dos movimentos sociais em prol dos direitos das populações negra e indígena na América? Converse com os colegas.

b) Reúnam-se em grupos e busquem informações em jornais e revistas sobre movimentos sociais organizados por povos originários no Brasil e em outros países latino-americanos. Em seguida, elaborem um cartaz para apresentar o que descobriram a respeito desses movimentos sociais. Para o cartaz, construam um mapa ou um croqui da América Latina, identificando os povos pesquisados, as regiões em que vivem, aspectos de seu modo de vida e suas principais reivindicações.

c) Em sua opinião, como o poder público poderia contribuir para preservar e valorizar a história dos povos tradicionais americanos? Discuta com os colegas e elaborem uma lista de sugestões que vocês dariam aos governos municipal, estadual e federal.

CIDADANIA GLOBAL
UNIDADE 4

2 FOME ZERO E AGRICULTURA SUSTENTÁVEL

Retomando o tema

Ao longo desta unidade, você estudou aspectos relacionados à agricultura sustentável. Também buscou informações sobre a importância da conservação dos recursos hídricos no contexto das atividades agrícolas e do resgate de saberes tradicionais, que podem fornecer soluções que unam a produtividade agrícola e a produção de alimentos saudáveis e nutritivos, ao mesmo tempo que promovem o uso sustentável dos recursos naturais e a conservação da biodiversidade. Agora, converse com os colegas sobre as questões a seguir.

1. De que modo a agricultura sustentável contribui para a conservação de recursos naturais, como os recursos hídricos?
2. Como a agricultura sustentável pode ajudar na produção de alimentos saudáveis e nutritivos?
3. No município onde você vive, há povos tradicionais? De que modo os conhecimentos desses povos podem colaborar para promover práticas agrícolas sustentáveis?
4. De que maneira a agricultura sustentável auxilia na segurança alimentar?

Geração da mudança

- Agora, em grupo, vocês devem planejar e elaborar uma campanha de conscientização sobre a importância da agricultura sustentável. Na campanha, informem de que maneira as práticas agrícolas sustentáveis colaboram para a conservação dos recursos naturais (como solos e recursos hídricos), como a água é utilizada na irrigação de maneira racional e eficiente, entre outros aspectos. A campanha pode ser divulgada para toda a comunidade escolar.

Autoavaliação

AMÉRICA ANGLO-SAXÔNICA

UNIDADE 5

PRIMEIRAS IDEIAS

1. O que você sabe a respeito dos Estados Unidos? E do Canadá?
2. Por que os Estados Unidos são a maior economia do mundo?
3. Você sabe como são as relações comerciais entre os Estados Unidos e o Brasil?
4. Por que os Estados Unidos e o Canadá recebem tantos imigrantes?

Conhecimentos prévios

Nesta unidade, eu vou...

CAPÍTULO 1 — Estados Unidos da América

- Entender o processo de expansão territorial estadunidense, por meio da leitura de mapa, e a Guerra de Secessão.
- Compreender as questões geopolíticas que envolvem os Estados Unidos e como se deu o fortalecimento do poder do país após a Segunda Guerra Mundial.
- Conhecer as condições em que ocorreu a urbanização dos Estados Unidos e aspectos das condições de vida de sua população.
- Entender os processos de imigração para os Estados Unidos e a diversidade étnica do país.
- Refletir sobre a relação entre consumo, produção industrial e escassez de recursos naturais.

CAPÍTULO 2 — Economia dos Estados Unidos

- Compreender o processo de industrialização dos Estados Unidos e verificar as principais características da atividade industrial no país por meio da leitura de mapa.
- Conhecer a organização espacial da atividade agropecuária estadunidense: os cinturões (*belts*).
- Identificar as características dos setores de comércio e de serviços do país.

CAPÍTULO 3 — Canadá

- Conhecer a formação e a ocupação territorial canadense.
- Identificar aspectos da economia do Canadá e sua relação com os Estados Unidos.
- Compreender o processo de urbanização canadense, como vive a população do país e a atração de imigrantes para o Canadá.
- Buscar informações e exemplos locais sobre o conceito de indústria sustentável.
- Analisar mapas temáticos com informações geopolíticas e estratégicas.

CIDADANIA GLOBAL

- Compreender a importância da adoção de processos produtivos sustentáveis para o meio ambiente e para a vida humana, considerando os impactos para as gerações futuras.
- Divulgar informações e iniciativas sobre indústria sustentável para a comunidade.

William DeShazer/Chicago Tribune/Tribune News Service/Getty Images

LEITURA DA IMAGEM

1. O que mostra a imagem? Descreva-a.
2. Leia a legenda da imagem. Em sua opinião, o fotógrafo teve alguma intenção ao representar a indústria ao fundo e os animais silvestres em primeiro plano? Se sim, qual?
3. **SABER SER** Descreva as sensações que a imagem causa em você.

CIDADANIA GLOBAL

9 INDÚSTRIA, INOVAÇÃO E INFRAESTRUTURA

As atividades industriais podem provocar diversos impactos ambientais, como poluição dos rios, dos solos e do ar, devido à geração de resíduos. Além disso, nem sempre os processos industriais utilizam as matérias-primas de modo eficiente, gerando grande desperdício de recursos. Por isso, a fim de garantir o desenvolvimento sustentável, é preciso que as atividades industriais adotem cada vez mais processos que não gerem impactos ao meio ambiente e que utilizem os recursos naturais de modo responsável.

1. Há indústrias no seu município? Você sabe se elas se preocupam em adotar práticas sustentáveis em seus processos produtivos?
2. Você sabe se existem, em seu município, incentivos públicos para desenvolver iniciativas sustentáveis nos processos produtivos?

Ao longo desta unidade, você e os colegas vão levantar dados e informações sobre as indústrias sustentáveis e divulgar exemplos de ações de empresas que se preocupam com a sustentabilidade em sua comunidade.

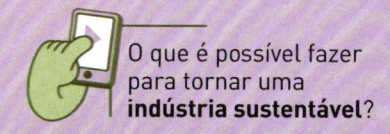

O que é possível fazer para tornar uma **indústria sustentável**?

A indústria petroquímica retratada na imagem, localizada perto de Chicago, nos Estados Unidos, foi acusada de lançar poluentes no ar, entre 2019 e 2021, quarenta vezes mais que o permitido. Foto de 2023.

CAPÍTULO 1
ESTADOS UNIDOS DA AMÉRICA

PARA COMEÇAR

Você sabe como ocorreu a formação territorial dos Estados Unidos? Como esse país se tornou uma potência mundial? Quais são as condições de vida da população estadunidense?

FORMAÇÃO TERRITORIAL

A formação do atual território dos Estados Unidos se iniciou com a criação das **Treze Colônias** inglesas no litoral atlântico da América Anglo-Saxônica, no século XVII. Após a independência em relação à Inglaterra, ocorrida em 1776, teve início o processo de expansão territorial com a **Marcha para o Oeste**. Essa expansão dos limites do país em direção ao oceano Pacífico foi fundamental para seu desenvolvimento econômico, pois possibilitou a abertura de áreas de agropecuária e a descoberta de recursos minerais como o ouro, a prata e o petróleo.

O avanço em direção ao México levou muitos estadunidenses a cruzar as fronteiras para criar gado e para intensificar a procura por ouro e petróleo na região, o que provocou uma guerra entre os dois países (1846-1848). Como resultado, os Estados Unidos anexaram cerca de metade do território do México, o que possibilitou a criação de novos estados, do Texas à Califórnia. Veja no mapa a seguir como se deu a expansão territorial dos Estados Unidos.

Fontes de pesquisa: José J. de A. Arruda. *Atlas histórico básico*. São Paulo: Ática, 2007. p. 23; Cláudio Vicentino. *Atlas histórico*: geral e Brasil. São Paulo: Scipione, 2011. p. 96.

■ **Estados Unidos: Formação do território (1775-1898)**

Legenda:
- Fronteira internacional
- Limites atuais dos estados
- Território correspondente às antigas Treze Colônias (1775)
- Colônias do Norte
- Colônias do Sul
- Território obtido da Inglaterra no Tratado de Versalhes (1783)
- Território comprado da França (1803)
- Território comprado da Espanha (1819)
- Território cedido pela Inglaterra (1846)
- Território cedido pelo México (1848)
- Território comprado do México (1853)
- Anexação do Texas (1845-1848)
- Território comprado da Rússia (1867)
- Anexação do Havaí (1898)

GUERRA DE SECESSÃO

Provocada pelo conflito de interesses entre os estados do Sul (agrícolas) e os do Norte (industrializados) dos Estados Unidos, a Guerra de Secessão (1861-1865) previa a separação dos estados sulistas do restante do território estadunidense.

Os estados do Norte buscavam ampliar o mercado consumidor e, para isso, apoiavam a mão de obra livre e o fim do sistema de escravidão. No Sul, vigorava o sistema de *plantation*, no qual havia produção agrícola voltada para a exportação, em grandes latifúndios monocultores e com uso de mão de obra escravizada.

Insatisfeitos, os sulistas decidiram separar-se do restante do país após a eleição de 1860, que conduziu à presidência dos Estados Unidos um defensor do fim da escravidão, **Abraham Lincoln**. O presidente recém-eleito não reconheceu a independência dos estados do Sul, tampouco sua congregação em um novo país, manifestando a intenção de usar todos os meios possíveis para evitar a separação.

A ação das lideranças sulistas foi decisiva para o início da guerra. Em 1861, tropas formadas pelos estados separatistas atacaram uma base militar federal, iniciando efetivamente a guerra civil. O conflito terminou em 1865 com a vitória dos estados do Norte e um saldo de mais de 600 mil mortos.

Após 1865, com o término da Guerra de Secessão, o governo estadunidense acelerou a ocupação do Oeste do país oferecendo estímulos aos colonos e às empresas que migrassem para as novas regiões. Com isso, houve um impulso da indústria, especialmente do carvão, do ferro e do aço.

DESTINO MANIFESTO

Ao longo da expansão territorial dos Estados Unidos, durante a Marcha para o Oeste, foi difundida a doutrina do Destino Manifesto, segundo a qual os estadunidenses seriam pessoas "eleitas por Deus" para desenvolver a mais importante nação do mundo. Essas ideias reforçavam os sentimentos de superioridade e patriotismo, incentivando o avanço sobre as terras indígenas e a tomada de territórios de outros países, como ocorreu com o México.

PARA EXPLORAR

Guerra da Secessão, de Farid Ameur. Porto Alegre: L&PM Pocket.

O livro aborda a Guerra de Secessão como um dos grandes marcos da história estadunidense, fundamental à consolidação territorial do país.

Como são feitas as demarcações de **territórios indígenas nos Estados Unidos**?

◀ A Guerra de Secessão opôs os estados do Sul e os do Norte dos Estados Unidos, que apresentavam posicionamentos divergentes quanto à organização política do país. Kurz & Allison. *A Batalha de Franklin*, 1864. Cromolitografia.

POPULAÇÃO E URBANIZAÇÃO

Segundo o censo estadunidense, o país somava, em 2020, uma população de aproximadamente 331,4 milhões de habitantes. Embora a maior parte desse total se encontre no leste e no nordeste do país, por todo o território há imensos **aglomerados urbanos**, com milhões de habitantes.

As primeiras grandes cidades dos Estados Unidos concentraram-se na porção nordeste e leste, onde se iniciou a colonização do território. Esse processo ocorreu associado à industrialização do país, com a implantação de siderúrgicas, indústrias têxteis, entre outras, nos séculos XIX e XX. Nessa área de industrialização mais antiga, no litoral nordeste e na região dos Grandes Lagos, surgiram as primeiras metrópoles estadunidenses, como Nova York. A ampliação da rede de transportes, especialmente das ferrovias após 1860, facilitou o deslocamento entre cidades como Nova York, Washington e Chicago, o que impulsionou a expansão dos grandes aglomerados urbanos.

O crescimento dessas metrópoles formou grandes áreas urbanizadas, as **megalópoles**. As principais megalópoles dos Estados Unidos são **Bos-Wash**, entre Boston e Washington, e **Chi-Pitts**, entre Chicago e Pittsburgh, ambas na costa leste. Para ter uma ideia da dimensão dessas megalópoles: a distância entre Boston e Washington é de cerca de 700 km.

Na costa oeste, em torno dos polos industriais mais recentes (*Sun Belt*), encontra-se a megalópole **San-San**, entre São Francisco e San Diego. O estado da Califórnia tornou-se o principal polo de atração populacional do país no fim do século XX, devido ao crescimento econômico impulsionado pelo desenvolvimento tecnológico do Vale do Silício. Essa região, localizada ao sul da baía de São Francisco, concentra muitas empresas que desenvolvem alta tecnologia em diversos segmentos, como microeletrônica, biotecnologia e aeroespacial. O nome está relacionado ao fato de o silício ser um componente fundamental na fabricação de *chips* eletrônicos.

ESTADOS UNIDOS: DADOS SOCIOECONÔMICOS	
Crescimento populacional (2022)	0,69%
Expectativa de vida (2022)	Homens: 78,4 anos Mulheres: 82,8 anos
População urbana (2022)	83,3%
Taxa de desemprego (2021)	5,4%
Taxa de crescimento do PIB (2021)	5,95%

Fonte de pesquisa: CIA. The World Factbook. Disponível em: https://www.cia.gov/the-world-factbook/countries/united-states/. Acesso em: 17 abr. 2023.

◀ Grande densidade de edifícios na região central de Chicago, a terceira cidade mais populosa dos Estados unidos, com cerca de 2,7 milhões de habitantes, em 2020. Foto de 2019.

CONDIÇÕES DE VIDA

Ao longo do século XX, houve grande crescimento econômico nos Estados Unidos e muitas melhorias na condição de vida da população – como nos serviços de saúde, educação, saneamento básico e assistência social. Como resultado, as taxas de mortalidade caíram e a expectativa de vida aumentou.

Outra importante mudança ocorrida no século XX, decorrente de fatores como a mobilização dos movimentos feministas e a urbanização, foi a entrada das mulheres no mercado de trabalho, especialmente a partir da década de 1950. Esse foi um dos motivos da redução do número de filhos por família e, consequentemente, da taxa de natalidade. Assim como outros países desenvolvidos, os Estados Unidos apresentam, atualmente, crescimento populacional mais lento, com redução da parcela de jovens e aumento da população idosa.

Em 2008, uma grave crise econômica atingiu a economia estadunidense, o que provocou uma redução da qualidade de vida da população. Diversas empresas encerraram as atividades e a taxa de desemprego no país, que era de 4,7% da população economicamente ativa, em 2007, passou para 5,9%, em 2008; em 2010, chegou a 9,7%. A população mais pobre foi a mais atingida pela redução dos postos de trabalho.

> **PARA EXPLORAR**
>
> *Sicko: SOS saúde*. Direção: Michael Moore. Estados Unidos, 2007 (123 min).
> O documentário revela a situação do sistema de saúde dos Estados Unidos, comparando-o com modelos mais eficientes, como os do Canadá e de Cuba.

PANDEMIA DE COVID-19

Os Estados Unidos foram um dos países mais afetados pela pandemia de covid-19. Isso ocorreu tanto pelas dificuldades de implementação de medidas sanitárias eficientes pelos diferentes estados da federação como pela resistência do governo federal em promover ações de combate à contaminação no início da pandemia. Além disso, o fato de não haver um sistema universal de saúde no país dificulta o acesso de grande parcela da população aos serviços básicos de saúde.

A pandemia contribuiu para um novo avanço do desemprego no país, que havia recuado. Em 2019, a taxa de desemprego era de 3,7% e passou para cerca de 8% em 2020. Nesse mesmo ano, o aumento do número de mortes causadas pela covid-19 levou o governo a aumentar os investimentos na indústria farmacêutica para o desenvolvimento de vacinas. Com o advento da vacinação, o número de mortes foi diminuindo e a economia se recuperando. Em 2021, o PIB do país cresceu cerca de 6%, maior alta em quase 40 anos, e o desemprego caiu para 5,4%.

▲ A cidade de Nova York foi epicentro da pandemia de covid-19 nos Estados Unidos e, como maneira de combater a transmissão do vírus, o prefeito da cidade estabeleceu medidas como o uso obrigatório de máscaras em locais públicos. Nova York, Estados Unidos. Foto de 2020.

DIVERSIDADE ÉTNICA E IMIGRAÇÕES

A população dos Estados Unidos apresenta grande **diversidade étnica**. Em 2020, segundo o censo nacional, 61,6% da população era branca, 18% tinha origem latina, 12,4% era negra, 6% era asiática e 1,1% era constituída de população nativa.

Durante o século XX, a ascensão dos Estados Unidos como potência mundial atraiu imigrantes de várias partes do mundo, especialmente da América Latina. Esses imigrantes buscavam melhores condições de vida e de trabalho, ao mesmo tempo que o país necessitava de trabalhadores para ocupar vagas em funções que os estadunidenses não queriam mais desempenhar.

Entre as décadas de 1950 e 1970, ocorreu um grande fluxo migratório de pessoas atraídas pelo crescimento econômico estadunidense. Logo após o fim da Segunda Guerra Mundial (1939-1945), aumentou o número de imigrantes de países atingidos pelo conflito, especialmente europeus.

Nas décadas de 1980 e 1990, uma grave crise econômica afetou a América Latina, ampliando o fluxo migratório dos países da região para os Estados Unidos. Diante desse cenário, o governo estadunidense passou a adotar medidas para desestimular e diminuir as imigrações, intensificando o controle das fronteiras e deportando os imigrantes irregulares.

O atentado de 2001 contra o World Trade Center, em Nova York, e a crise econômica de 2008 influenciaram a política migratória dos Estados Unidos. Os imigrantes passaram a ser vistos como um risco à segurança nacional, o que aumentou o preconceito contra eles no país. Assim, o governo estadunidense ampliou as exigências para a obtenção do visto de entrada no país e reforçou o controle policial na fronteira, principalmente com o México, principal local de entrada de imigrantes vindos da América Latina.

Atualmente, os Estados Unidos sofrem com uma **crise migratória** diante da grande quantidade de pessoas oriundas de nações latino-americanas – como México, Venezuela, Cuba, Haiti, Honduras, Guatemala e El Salvador – que tentam entrar no país. Em 2022, estima-se que cerca de 2,76 milhões de pessoas entraram nos Estados Unidos de modo irregular.

▲ Até meados do século XX, houve grande fluxo de imigrantes europeus para os Estados Unidos. Imigrantes desembarcando em Ellis Island, em Nova York, Estados Unidos. Foto de 1905.

■ **Estados Unidos: Total de imigrantes e percentual de imigrantes em relação à população (1850-2021)**

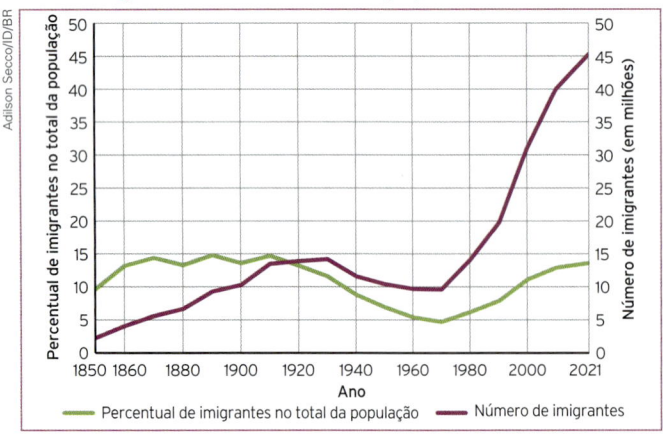

Fonte de pesquisa: Migration Policy Institute. Disponível em: https://www.migrationpolicy.org/programs/data-hub/us-immigration-trends. Acesso em: 17 abr. 2023.

PODER MUNDIAL DOS ESTADOS UNIDOS

Após o fim da Segunda Guerra Mundial, os Estados Unidos consolidaram sua posição como a principal **potência econômica e política** mundial, liderando o bloco dos países capitalistas. Como seu território continental não havia sido afetado pelo conflito e suas indústrias foram grandes abastecedoras de produtos para os países europeus tanto durante quanto após a guerra, esse foi um período de grande crescimento industrial do país.

Durante a Guerra Fria, o então presidente estadunidense Harry Truman adotou uma política externa para bloquear o avanço da União Soviética nos países europeus e asiáticos. Os Estados Unidos passaram a beneficiar economicamente esses países, enquanto isolavam os países socialistas ou simpáticos à União Soviética. Essa política ficou conhecida como **Plano Marshall**.

Com o fim da Guerra Fria e, portanto, da rivalidade acirrada com a União Soviética, iniciou-se um período de ampliação do poder dos Estados Unidos. No campo da geopolítica, um dos objetivos da expansão política estadunidense era garantir acesso às principais fontes de **petróleo**. Isso explica o grande interesse do país nos conflitos do **Oriente Médio**, a maior região produtora de petróleo do mundo.

A influência política dos Estados Unidos se estendeu aos organismos supranacionais: o país liderou a criação de **organismos transnacionais**, como a Organização das Nações Unidas (ONU), o Fundo Monetário Internacional (FMI), o Banco Mundial e a Organização dos Estados Americanos (OEA). Além disso, essa influência se ampliou com a expansão das empresas transnacionais estadunidenses.

O poder econômico estadunidense também chegou ao Brasil. Existem diversos acordos econômicos entre os dois países, e os Estados Unidos são o segundo maior parceiro comercial do Brasil. Além disso, durante a Guerra Fria, o Brasil alinhou-se aos interesses econômicos do bloco capitalista liderado pelos Estados Unidos.

No século XXI, no entanto, alguns fatores têm provocado a redução do poder dos Estados Unidos, como o crescimento econômico da China e a disputa por mercados com a União Europeia.

CIDADANIA GLOBAL

AMERICAN WAY OF LIFE

A influência estadunidense extrapola o âmbito político e econômico. Na década de 1950, início da Guerra Fria, o estilo de vida e o padrão de consumo da população dos Estados Unidos foram disseminados entre os países do bloco capitalista. Assim, diversos produtos e marcas estadunidenses se espalharam pelo mundo. Esse estilo ficou conhecido como *American Way of Life* e incentivava o consumo excessivo de bens, desde carros até eletrodomésticos, influenciando também a religiosidade, os padrões de beleza e o ideal de sucesso.

1. O consumismo depende da produção de mercadorias e da disponibilidade de matérias-primas. Sabendo disso, imagine um cenário de escassez de recursos naturais e da impossibilidade de produzir diversos produtos de uso comum no cotidiano. Você acha que esse cenário é possível de acontecer? Se sim, como seria? Converse com os colegas.

■ **Brasil: Principais destinos das exportações (2001-2020)**

▲ Os Estados Unidos eram o principal comprador de mercadorias brasileiras até 2008, quando foram superados pela China.

Fonte de pesquisa: The Observatory of Economic Complexity. Disponível em: https://oec.world/en/profile/country/bra?yearSelector1=exportGrowthYear26. Acesso em: 17 abr. 2023.

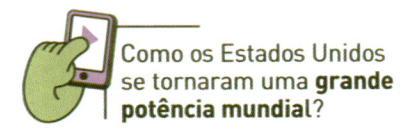

POLÍTICA EXTERNA NO INÍCIO DO SÉCULO XXI

> **PARA EXPLORAR**
>
> *Castelo de areia*. Direção: Fernando Coimbra. Estados Unidos, 2017 (113 min).
> Um grupo de soldados estadunidenses busca restabelecer o fornecimento de água em um pequeno vilarejo iraquiano durante a Guerra do Iraque. Contudo, a população local teme os estadunidenses, e grupos dissidentes tentam prejudicar o retorno do abastecimento.

Como os Estados Unidos se tornaram uma **grande potência mundial**?

A política externa estadunidense de intervenções militares se intensificou após os ataques terroristas ao Pentágono e ao World Trade Center em 2001, organizados pela rede terrorista Al-Qaeda.

Depois dos atentados, o então presidente **George W. Bush** anunciou a doutrina da segurança nacional, que ficou conhecida como **Guerra ao Terror**, com a intenção de rever a política externa dos Estados Unidos e impedir que qualquer país interferisse em sua supremacia econômica e militar. Em seguida, os Estados Unidos invadiram o Afeganistão, iniciando uma guerra (e ocupando o país por quase vinte anos); logo depois, em 2003, invadiram também o Iraque.

O governo Bush foi sucedido pelo governo de **Barack Obama**, que presidiu os Estados Unidos entre 2009 e 2017. Obama elegeu-se com a promessa de acabar com os conflitos em que os Estados Unidos se envolveram no Oriente Médio, mas, ao contrário, ampliaram-se as pressões internacionais e a influência em conflitos como no norte da África, em 2011, na Guerra da Síria e, em 2014, na crise na Ucrânia.

Em 2011, o Exército estadunidense conseguiu localizar Osama bin Laden, apontado como líder da Al-Qaeda e responsável pelo ataque terrorista de 2001. Ele foi morto durante um ataque militar dos Estados Unidos no norte do Paquistão. O período do governo de Obama também foi de grande expansão da Organização do Tratado do Atlântico Norte (Otan) no Leste Europeu.

Com a eleição de **Donald Trump** (que governou o país entre 2017 e 2021), foram reforçadas as políticas de controle de imigração e de fechamento das fronteiras. Trump iniciou a chamada "guerra comercial" contra a China, a fim de reduzir a dependência de importações desse país e defender a economia estadunidense. Por outro lado, houve acordos e conversas diretas com a Coreia do Norte e com o Vietnã, na busca de normalizar as relações diplomáticas.

Trump foi sucedido por **Joe Biden**, que logo no primeiro ano de seu governo, em 2021, concretizou a retirada das tropas estadunidenses do Afeganistão. Contudo, houve uma saída desastrosa desse país, resultando na queda de popularidade de seu governo e no retorno do Talibã ao governo do Afeganistão.

▲ O pretexto para a invasão do Afeganistão, em 2001, foi a necessidade de derrubar o Talibã (movimento político, militar e religioso então no poder), considerado responsável por apoiar a Al-Qaeda. No entanto, com a saída dos Estados Unidos do país em 2021, esse grupo retornou ao poder. Na foto, centenas de pessoas no aeroporto de Cabul tentando fugir do Afeganistão com medo de represálias do Talibã. Foto de 2021.

ATIVIDADES

Acompanhamento da aprendizagem

Retomar e compreender

1. Por que a expansão territorial, marcada pela chamada Marcha para o Oeste, foi importante para o crescimento econômico dos Estados Unidos?

2. Sobre a Guerra de Secessão, responda às questões.
   a) Qual foi o principal fator que levou a esse conflito?
   b) Descreva as mudanças econômicas ocorridas nos Estados Unidos após essa guerra.
   c) Como o modelo econômico dos estados do Sul do país, se continuasse em vigor, poderia comprometer o desenvolvimento e a igualdade social da população?

3. Como se deu a mudança da ordem bipolar para a hegemonia dos Estados Unidos no século XX?

Aplicar

4. Observe o mapa a seguir. Depois, responda às questões.

■ Estados Unidos: Densidade demográfica (2020)

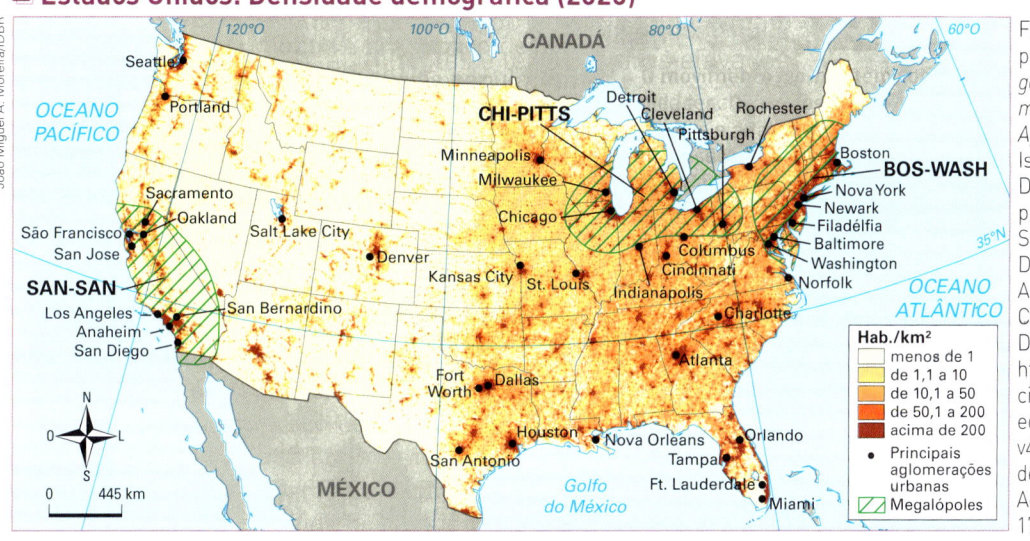

Fontes de pesquisa: *Atlante geografico metodico De Agostini*. Novara: Istituto Geografico De Agostini, 2013. p. E34; Nasa. Socioeconomic Data and Applications Center (Sedac). Disponível em: https://sedac.ciesin.columbia.edu/data/set/gpw-v4-population-density-rev11. Acesso em: 17 abr. 2023.

a) Onde se localizam as principais concentrações populacionais dos Estados Unidos?
b) Explique por que certas áreas se urbanizaram tanto a ponto de formar megalópoles.

5. Observe o gráfico a seguir. Depois, comente a evolução da situação de pobreza nos Estados Unidos ao longo do período apresentado. Houve redução em algum momento? E crescimento?

■ Estados Unidos: População em situação de pobreza (1959-2020)

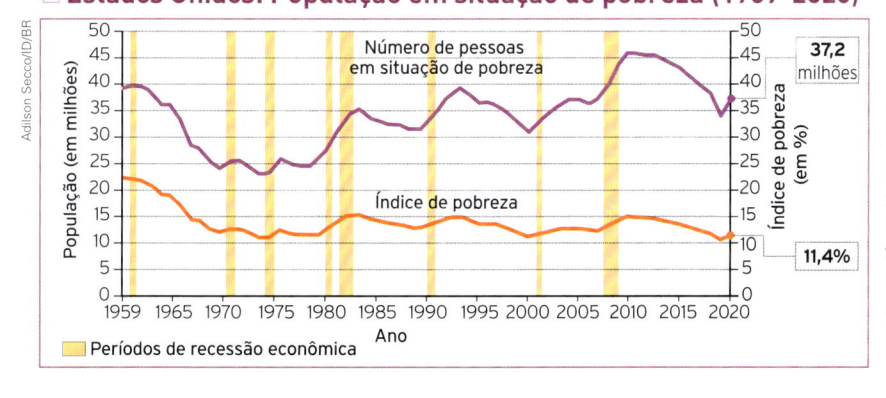

Fonte de pesquisa: United States Census Bureau. *Income and Poverty in the United States: 2020*. Disponível em: https://www.census.gov/content/dam/Census/library/publications/2021/demo/p60-273.pdf. Acesso em: 17 abr. 2023.

CAPÍTULO 2
ECONOMIA DOS ESTADOS UNIDOS

PARA COMEÇAR

O que você sabe da economia dos Estados Unidos? As atividades agropecuárias no país são tão importantes quanto as industriais? Por que o incentivo ao consumo é importante para as empresas estadunidenses?

INDÚSTRIA

Durante a Segunda Revolução Industrial, os Estados Unidos ampliaram a industrialização das áreas no nordeste do país e também promoveram sua expansão no oeste e em algumas regiões do sul. Novas tecnologias foram desenvolvidas, como a energia elétrica, a siderurgia e o motor a combustão. Nesse período, a indústria estadunidense superou a indústria inglesa.

No início do século XX, criaram-se grandes grupos de exploração e de refino de petróleo e houve grande desenvolvimento da **indústria automobilística**, fatores fundamentais para o fortalecimento da economia do país. A fabricação de automóveis deu novo impulso na industrialização e concentrou-se na região dos Grandes Lagos, em razão da disponibilidade de fontes de matérias-primas e de energia, da facilidade de escoamento da produção e da proximidade com os mercados consumidores.

O espaço geográfico estadunidense foi sendo amplamente integrado por meio de uma vasta **rede de transportes**, formada por aeroportos, ferrovias e rodovias. Essa rede, aliada ao **avanço das comunicações**, tornou cada vez mais denso o fluxo de mercadorias e de pessoas, favorecendo a integração das regiões do país e também dos Estados Unidos com o mundo.

▼ Nos Estados Unidos, a fabricação de automóveis teve início no fim do século XIX. No século XX, a indústria automobilística estadunidense conquistaria mercados em outras regiões do mundo. Indústria de automóveis em Michigan, Estados Unidos. Foto de 1940.

MANUFACTURING BELT E SUN BELT

O **Manufacturing Belt** (cinturão fabril) corresponde à área industrial mais antiga do país, estendendo-se do nordeste até os Grandes Lagos. Desde o final do século XVIII, muitas indústrias se instalaram nessa região em virtude da grande oferta de carvão e minério de ferro. Esse cinturão fabril dispõe de indústrias que atuam nos setores siderúrgico, metalúrgico, químico, naval, aeronáutico, de informática, entre outros; contudo, a indústria automobilística foi a que mais se desenvolveu.

Entre as décadas de 1950 e 1960, a concorrência com a indústria automobilística japonesa levou a um processo de **desindustrialização** na região do *Manufacturing Belt*, pois muitas fábricas entraram em decadência ou se deslocaram para outros locais. Em razão disso, em 1980, a área foi apelidada de **Rust Belt** (cinturão da ferrugem), em associação ao declínio das indústrias. Atualmente, no entanto, a região mantém sua importância estratégica desempenhando funções concentradas no setor de serviços e em empresas de tecnologia de ponta.

Na costa oeste, após a Segunda Guerra Mundial, novos projetos de infraestrutura atraíram milhares de pessoas, que começam a migrar para a área denominada **Sun Belt** (cinturão do Sol). Nessa região se instalaram, a partir de 1970, muitas empresas de informática, tecnologia e armamentos. Destacam-se as cidades de Palo Alto, San Jose e São Francisco, que compõem o Vale do Silício, no estado da Califórnia.

Nas últimas décadas, a produção industrial (excluindo a construção civil e a indústria de geração de energia) dos Estados Unidos vem perdendo importância: nos anos 1970, esse setor representava cerca de 20% do PIB do país, enquanto em 2021 foi responsável por 10,7% do PIB.

> ### FORDISMO
> A expansão industrial e econômica dos Estados Unidos no início do século XX ficou marcada pelo modelo de administração chamado fordismo (de Henry Ford, fundador da empresa automobilística Ford Motor, pioneira nesse modelo).
>
> Esse modelo caracterizava-se por produção em série, padronização de peças e predominância de grandes monopólios industriais e financeiros. A partir desse momento, a classe trabalhadora também conquistou maior poder de compra. Assim, o fordismo marca um modelo de sociedade com base no consumo em massa.

■ Estados Unidos: Indústria (2021)

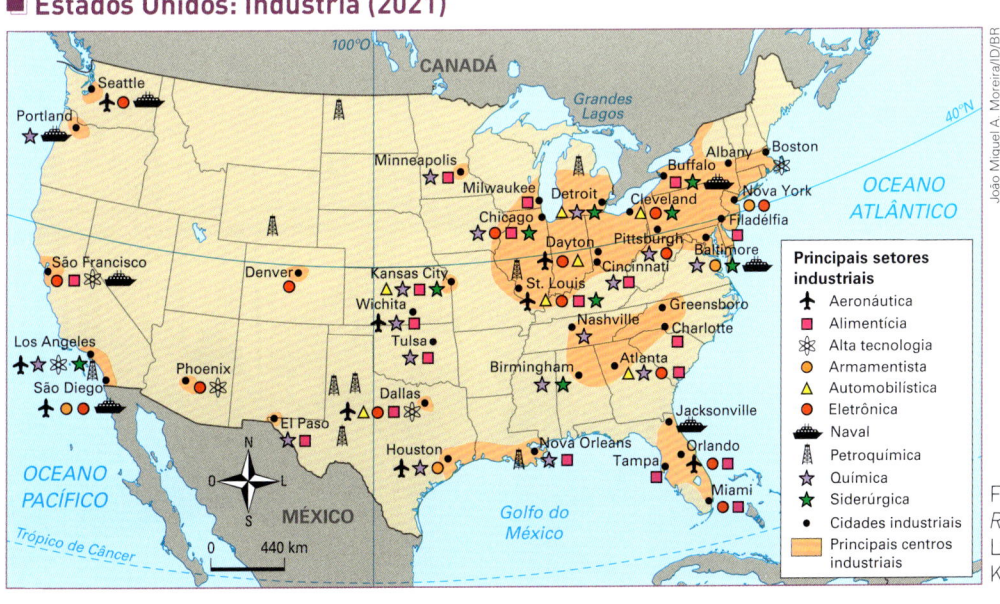

Fonte de pesquisa: *Reference world atlas*. London: Dorling Kindersley, 2021. p. 6.

AGRICULTURA E PECUÁRIA

A agricultura dos Estados Unidos é altamente mecanizada, com uso de sementes geneticamente modificadas, fertilizantes químicos, técnicas de irrigação e drenagem e controle de pragas. Tecnologias de ponta, como a **biotecnologia**, o uso de satélites e o sensoriamento remoto para o monitoramento da produção e a automação dos tratores, são amplamente utilizadas. Essas tecnologias aumentam consideravelmente a produtividade nas lavouras, o que permite um elevado índice de aproveitamento das terras cultivadas. Acrescenta-se a isso uma ampla rede de transportes, que possibilita enorme eficiência de escoamento da produção, o que representa uma vantagem competitiva na comercialização.

Nas regiões mais áridas do país, como no oeste e no sul, onde o clima apresenta temperaturas elevadas, frutas e hortaliças são produzidas em áreas menores, com o emprego de técnicas de irrigação.

A criação de animais de corte, principalmente aves, bovinos e suínos, por muito tempo garantiu aos Estados Unidos a liderança na produção mundial de carnes.

A modernização do campo aumentou a produtividade e possibilitou o surgimento de grandes empresas agroindustriais de produção de insumos (sementes, defensivos e fertilizantes) e de maquinário, que desenvolveram uma das cadeias produtivas mais eficientes e sofisticadas do mundo. Posteriormente, essas corporações se expandiram para outros países. Essa expansão, contudo, pode provocar mudanças no modo de produção local, ao impor **padrões de produção** específicos, como o uso de insumos e de sementes geneticamente modificadas. Outro resultado da modernização da produção agropecuária estadunidense foi a redução dos postos de trabalho ligados às atividades rurais, o que contribuiu para o aumento do êxodo rural.

▲ Para obter o maior aproveitamento do solo, recursos tecnológicos diversificados são empregados nas atividades agrícolas. Maquinário utilizado na colheita mecanizada de algodão na Geórgia, Estados Unidos. Foto de 2020.

PARA EXPLORAR

Ticket to Ride, jogo de tabuleiro
No jogo, ambientado na virada do século XX para o século XXI, cada jogador assume o papel de um magnata que receberá contratos do governo para construir ferrovias ao longo de todo o território dos Estados Unidos e no sul do Canadá, ligando as maiores cidades da região por linhas de trem.

A agroindústria estadunidense é muito desenvolvida, e é comum que os produtos agrícolas sejam processados próximo das áreas de cultivo e de criação. Fabricação de queijo em Wisconsin, Estados Unidos. Foto de 2019. ▶

CINTURÕES AGROPECUÁRIOS (BELTS)

Historicamente, o espaço agrário nos Estados Unidos foi organizado com base no sistema de produção agrícola chamado **plantation** (que utilizava o modelo escravagista de trabalho e o monocultivo destinado à exportação), nas colônias do Sul. As colônias do Norte, por usa vez, produziam para o consumo interno, em propriedades familiares.

Hoje, a produção agropecuária estadunidense é realizada em estabelecimentos rurais de diferentes dimensões e, geralmente, bastante mecanizado e com emprego de pouca mão de obra. Além disso, o governo é responsável pelo financiamento de parte da produção, o que reduz o custo dos produtos (tornando os produtos importados menos competitivos). No entanto, observa-se uma tendência de diminuição do número de fazendas familiares e de concentração da produção por **grandes corporações**.

A agropecuária nos Estados Unidos está organizada no território em áreas especializadas em determinados tipos de plantações ou atividades pecuárias. São os chamados **belts** (cinturões), que concentram mão de obra qualificada, equipamentos e insumos produtivos específicos, como rações e sementes adequadas às condições locais e rede viária para escoar a produção.

Os principais cinturões agropecuários são: o *Corn Belt* (cinturão do milho), o *Wheat Belt* (cinturão do trigo), o *Cotton Belt* (cinturão do algodão), o *Dairy Belt* (cinturão dos laticínios), o *Fruit Belt* (cinturão da fruticultura) e o *Ranching Belt* (cinturão da pecuária).

> **BIOENERGIA**
>
> Alguns alimentos servem como matéria-prima para a produção de bioenergia. No Brasil, por exemplo, utiliza-se a cana-de-açúcar para a produção de etanol. Já os Estados Unidos fazem uso do milho para a produção de etanol, visando reduzir a dependência em relação ao petróleo.
>
> Contudo, é preciso levar em conta, na expansão da bioenergia, os impactos sociais e ambientais causados pelo avanço da monocultura, como o risco à segurança alimentar nacional (ao não destinar terras agricultáveis para a produção de alimento) e os riscos ambientais da monocultura (característica da produção destinada à bioenergia).

■ **Estados Unidos: Uso do solo e agropecuária (2021)**

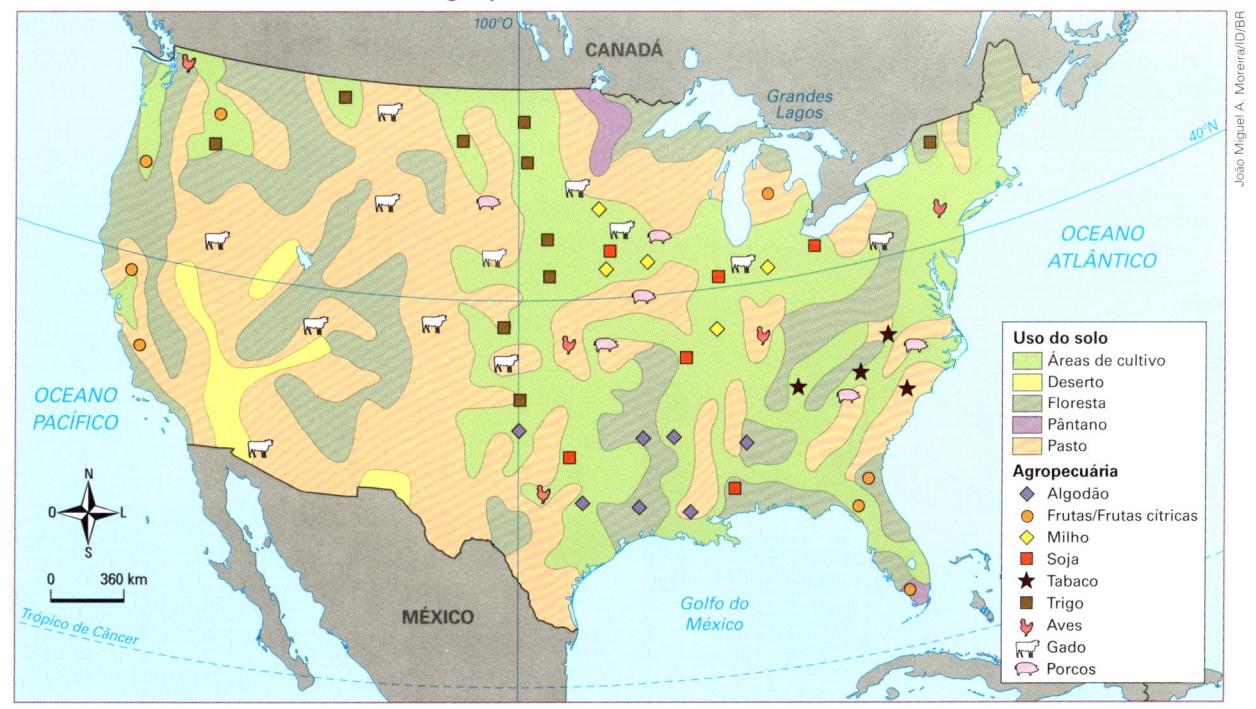

Fonte de pesquisa: *Reference world atlas*. London: Dorling Kindersley, 2021. p. 7.

COMÉRCIO E SERVIÇOS

De acordo com o Banco Mundial, o setor de serviços era responsável por cerca de 77% do PIB dos Estados Unidos, em 2021. As oportunidades de emprego e de bons salários no setor atraíram tanto a população rural do país quanto estrangeiros. De modo geral, os imigrantes assumiram principalmente os postos de menor remuneração (atividades domésticas, de limpeza pública, entre outros). Atualmente, muitos imigrantes entram no país vinculados a empresas e a centros de pesquisa ou universidades.

▲ A cidade de Nova York concentra sedes de muitas empresas de atuação global e constitui um dos maiores centros financeiros do mundo. Times Square, em Nova York, cruzamento que se destaca pela concentração de grandes lojas e letreiros publicitários. Foto de 2022.

Os serviços financeiros foram fundamentais na expansão da economia dos Estados Unidos. Com a globalização da economia, os principais bancos estadunidenses tiveram alcance mundial, o que resulta em um mercado de exportação de serviços e de capital e coloca cidades como Nova York, Los Angeles, Chicago e Filadélfia como sedes de empresas do setor financeiro e de prestação de serviços altamente especializadas e com atuação mundial.

Muitas empresas inovadoras, especialmente as do ramo de tecnologia e de informática, beneficiam-se da proximidade entre centros de pesquisa e universidades. Na Califórnia, universidades como as de Stanford e Berkeley, por exemplo, formam estudantes capacitando-os a atuar em empresas de tecnologia.

EMPRESAS ESTADUNIDENSES PELO MUNDO

Durante a Segunda Guerra Mundial, a indústria dos Estados Unidos abasteceu as nações em conflito, e isso favoreceu a economia do país e aumentou o poder de consumo da população, melhorando seu padrão de vida. Os Estados Unidos passaram, então, a financiar a industrialização em outros países, especialmente naqueles onde a mão de obra é mais barata e que dispõem de reservas significativas de recursos naturais, como o México, o Canadá e alguns países asiáticos.

Essa atuação mundial se deu por meio da instalação de fábricas e escritórios de grandes empresas estadunidenses na forma de grupos **transnacionais**.

▼ As transnacionais se beneficiam das novas tecnologias, que possibilitam a redução dos custos de produção e a distribuição do processo produtivo em diversos países. Linha de produção de indústria automotiva estadunidense associada a uma companhia chinesa, em Beijing, China. Foto de 2019.

ATIVIDADES

Acompanhamento da aprendizagem

Retomar e compreender

1. Qual foi o contexto da industrialização dos Estados Unidos no fim do século XIX e início do século XX?

2. Qual modelo de produção criado nos Estados Unidos no século passado teve destaque na industrialização do país? Explique suas características e como esse modelo impactou a sociedade estadunidense.

3. Em 2019, a produção agropecuária estadunidense empregou cerca de 1,4% da mão de obra do país e correspondeu a quase 1% do PIB nacional. Com base nessas informações, responda às questões a seguir.
   a) Explique a baixa participação do setor agropecuário no PIB dos Estados Unidos, mesmo o país sendo um dos principais produtores mundiais de vários alimentos.
   b) Como está organizada a produção agropecuária nos Estados Unidos?

4. Sobre o *Manufacturing Belt* e o *Sun Belt*, identifique as frases verdadeiras e reescreva as falsas no caderno, fazendo as devidas correções.
   a) Na região do *Manufacturing Belt*, destacam-se a fruticultura e a pecuária de corte.
   b) O *Rust Belt* é o nome dado à área em que hoje se localizam centros urbanos e econômicos, mas que no passado concentrava grandes indústrias automobilísticas.
   c) Localizado na área do *Sun Belt*, o Vale do Silício é uma das áreas que agrupam empresas e centros de pesquisa de alta tecnologia.

Aplicar

5. Analise as fotos a seguir.

▲ Sede de empresa de comunicação e tecnologia, em Mountain View, Califórnia, Estados Unidos. Foto de 2019.

▲ Entrada de uma indústria automobilística desativada em Detroit, Michigan, Estados Unidos. Foto de 1986.

   a) Onde se localizam as empresas retratadas nas fotos? A quais regiões econômicas elas pertencem?
   b) Caracterize as atividades econômicas que se desenvolvem nessas regiões atualmente.
   c) Qual relação pode ser estabelecida entre as duas imagens?

6. A capacidade produtiva dos Estados Unidos se mantém pelo elevado padrão de consumo da população e pelo incentivo ao consumo de produtos de suas transnacionais em outros países, principalmente por meio de influências culturais. A publicidade é fundamental para a expansão dessa influência. Considerando essa informação, observe a foto a seguir e faça o que se pede.

▲ Fila para compra de celulares de uma empresa estadunidense, em Shangai, China. Foto de 2022.

- Forme dupla com um colega. Façam um levantamento de dez empresas transnacionais de origem estadunidense instaladas no Brasil. Depois, discutam de que modo os produtos oferecidos por elas podem influenciar seus hábitos culturais e de consumo.

143

CAPÍTULO 3
CANADÁ

PARA COMEÇAR

O que você sabe do Canadá? E das relações desse país com os Estados Unidos? Por que o Canadá é destino de muitos imigrantes?

FORMAÇÃO E OCUPAÇÃO DO TERRITÓRIO

Entre os séculos XVI e XIX, o território do atual Canadá foi ocupado alternadamente por ingleses e por franceses, que disputaram seu domínio com os povos indígenas da região. No século XIX, houve a formalização do território como colônia inglesa, com a predominância de franceses no leste, na região de Quebec.

O território permaneceu ligado à Inglaterra até 1931, quando, para evitar que os Estados Unidos tomassem a colônia, a Inglaterra aprovou a independência canadense.

Inicialmente, apenas as províncias do leste formavam o Canadá, enquanto o restante do território permanecia vinculado à Inglaterra. Grupos indígenas que ainda vivem na região se estabeleceram nas áreas florestais do norte e conseguiram, nas últimas décadas, o reconhecimento de direitos ancestrais e a soberania sobre essa porção do território canadense.

A dupla colonização é uma característica importante do Canadá e reflete-se, por exemplo, na existência de duas línguas oficiais (inglês e francês). Contudo, na província de Quebec, colonizada pela França e onde a maior parte da população é descendente de franceses, existem movimentos separatistas que defendem a criação de um novo país.

▼ Montreal é a maior cidade da província de Quebec e sua região metropolitana é a segunda mais populosa do Canadá. Grande parte de sua população é falante do francês, constituindo a maior cidade francófona da América do Norte. Foto de 2022.

ECONOMIA

O Canadá é um país desenvolvido com grande participação industrial no PIB: cerca de 10% em 2018 (sem considerar a construção civil e a geração de energia). Na indústria canadense, destacam-se os setores energético (de combustíveis), automobilístico, químico, siderúrgico, aeronáutico, alimentício e as indústrias ligadas à exploração de recursos naturais.

O Canadá passou por um processo acelerado de industrialização após a Segunda Guerra Mundial, beneficiando-se de suas grandes **reservas minerais** e de **fontes de energia**. Grande parte dos investimentos industriais foi feita pelos Estados Unidos.

As indústrias canadenses apresentam alta produtividade e avançado nível tecnológico. As províncias de Quebec e Ontário são responsáveis pela maior parte do valor da produção industrial do país. Em 2019, cerca de 79% da população economicamente ativa canadense encontrava-se no setor terciário, enquanto 19% estava no setor secundário e 2% no setor primário.

A agricultura do Canadá é bastante **mecanizada**, diversificada e tinha participação de 1,7% do PIB nacional em 2018. Nesse ano, apenas 4,3% das terras do país eram aráveis, devido principalmente a fatores climáticos. O território canadense, localizado em altas latitudes, é coberto pelo *permafrost* (camada de solo, matéria orgânica e rochas permanentemente congeladas), o que torna reduzida a área de aproveitamento do solo para a agricultura. Desse modo, a produção agrícola é concentrada nas áreas de Campos, ao passo que, na pecuária, destaca-se a criação de bovinos. Outro setor de grande importância econômica é a **aquicultura**, ou seja, a produção de peixes e frutos do mar.

▲ Atualmente, o Canadá possui a terceira maior reserva comprovada de petróleo do mundo. A maior parte dessa produção ocorre na província de Alberta. Extração de petróleo em Drumheller, Alberta, Canadá. Foto de 2021.

CIDADANIA GLOBAL

INDÚSTRIA SUSTENTÁVEL

Como você viu, os Estados Unidos e o Canadá são países altamente industrializados, cujos processos de industrialização sofreram diversas transformações ao longo das últimas décadas com o surgimento de novas tecnologias.

Atualmente, um novo desafio se coloca para as atividades industriais em todo o mundo: o desenvolvimento de processos eficientes que otimizem o uso dos recursos naturais e gerem cada vez menos resíduos e impactos ao meio ambiente. Para isso, a inovação e o desenvolvimento de novas técnicas são muito importantes.

1. Em grupos, busquem informações em *sites* e livros sobre o conceito de indústria sustentável e exemplos de inovações e ações que uma indústria pode implementar em seus processos para se tornar mais sustentável.

2. Em seguida, verifique se há indústrias investindo em inovações para tornar seus processos sustentáveis em seu município ou estado.

Como estão distribuídos espacialmente a infraestrutura de transportes, os recursos minerais e as atividades industriais e agropecuárias no **Canadá**?

O Canadá possui grandes jazidas minerais e a exploração desses recursos contribuíram para a implantação e a diversificação de vários setores produtivos, já que nas minas canadenses são explorados metais variados. A exploração mineral atende às demandas do mercado interno e é também destinada à exportação.

O país é um dos maiores exportadores mundiais de **madeiras** e seus derivados, como o papel e a celulose. O reflorestamento e o manejo florestal são exigências do governo canadense, desde a década de 1980, com o objetivo de reduzir os impactos ambientais dessa exploração.

De modo geral, a economia canadense é bastante dependente de seu principal parceiro comercial, os Estados Unidos. Como é possível observar nos gráficos a seguir, mais de 70% das exportações do Canadá foram destinadas ao país vizinho; e mais de 50% das importações canadenses vieram dos Estados Unidos, revelando que a balança comercial entre os dois países é positiva para o Canadá.

■ **Canadá: Principais destinos de exportações (2020)**

- Estados Unidos: 71,2%
- China: 5,2%
- Reino Unido: 3,6%
- Japão: 2,6%
- Outros: 17,4%

■ **Canadá: Principais origens de importações (2020)**

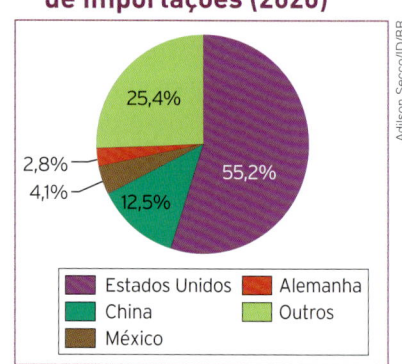

- Estados Unidos: 55,2%
- China: 12,5%
- México: 4,1%
- Alemanha: 2,8%
- Outros: 25,4%

Fonte de pesquisa: The Observatory of Economic Complexity. Disponível em: https://oec.world/en/profile/country/can. Acesso em: 17 abr. 2023.

ACORDOS ECONÔMICOS

Na década de 1980, foram assinados os primeiros acordos de livre-comércio entre o Canadá e os Estados Unidos, o que levou ao aumento das trocas comerciais entre ambos e ao grande volume de investimentos estadunidenses no Canadá. O Nafta (Acordo de Livre Comércio da América do Norte) é um acordo comercial entre Estados Unidos, Canadá e México, criado em 1994. Esse acordo aproximou ainda mais as economias canadense e estadunidense.

Em 2018, Donald Trump, então presidente dos Estados Unidos, pressionou para que houvesse uma revisão do Nafta, que passou a ser chamado de Acordo Estados Unidos-México-Canadá (USMCA, sigla em inglês) e substituiu definitivamente o Nafta em 2020.

O Canadá também é membro da Apec (Cooperação Econômica da Ásia e do Pacífico, sigla em inglês), além de ser um dos integrantes do G7, grupo formado pelos países mais industrializados e ricos do mundo.

POPULAÇÃO E URBANIZAÇÃO

A população do Canadá, em geral, possui renda média e qualidade de vida elevadas. Seus habitantes têm acesso a serviços públicos de educação e saúde de alta qualidade. O país investiu em um sistema de saúde público universal que resultou no aumento da expectativa de vida e na melhoria da condição de saúde da população.

O processo de urbanização canadense data do início do século XX. Desde a independência, as atividades comerciais e manufatureiras passaram a desempenhar papel mais importante que as agropecuárias na economia. Assim, não houve um período marcante de crescimento acelerado da urbanização, e a taxa de crescimento urbano permaneceu constante.

A população urbana, em 2021, representava 81,8% do total dos 38 milhões de habitantes do país, e mais de 10 milhões de pessoas moravam nas duas principais regiões metropolitanas do país: Toronto e Montreal.

As áreas mais povoadas e as maiores cidades do Canadá ficam no centro-sul, no vale do rio São Lourenço e no entorno dos Grandes Lagos, onde se concentram também a maioria das indústrias e as principais atividades econômicas do país. Nas demais regiões, a densidade populacional é muito baixa, com vastas áreas florestais ou com predomínio de clima com temperaturas extremamente baixas.

Em 1999, uma parte do norte do Canadá foi emancipada para os indígenas **inuítes**, tornando-se o território **Nunavut**.

■ **Canadá: Principais origens dos imigrantes (2021)**

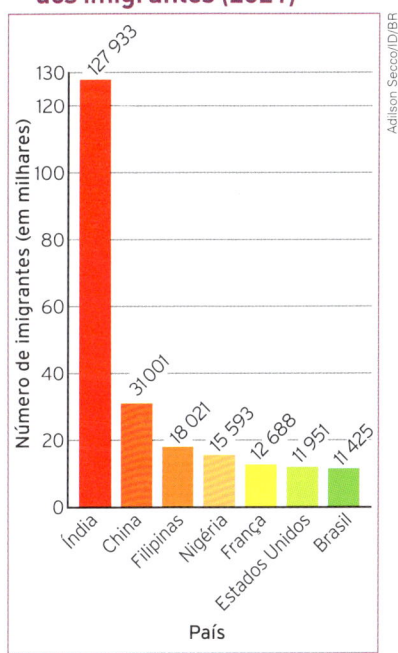

País	Número de imigrantes (em milhares)
Índia	127 933
China	31 001
Filipinas	18 021
Nigéria	15 593
França	12 688
Estados Unidos	11 951
Brasil	11 425

Fonte de pesquisa: *Annual Report to Parliament on Immigration 2022*. Disponível em: https://www.canada.ca/content/dam/ircc/documents/pdf/english/corporate/publications-manuals/annual-report-2022-en.pdf. Acesso em: 17 abr. 2023.

MIGRAÇÕES PARA O CANADÁ

Na segunda metade do século XX, o Canadá transformou-se no destino de milhões de imigrantes, o que tornou sua população marcadamente **multicultural**. Com falta de mão de obra para a indústria em expansão, o governo incentivou a imigração de trabalhadores.

A escassez de mão de obra em diversos setores possibilita que os imigrantes ocupem cargos de alta qualificação, como na indústria de programas de computador e de jogos eletrônicos. A imigração tornou-se um fator essencial do crescimento populacional canadense: em 2020, cerca de 21,5% dos habitantes eram de origem estrangeira.

▶ Vancouver é a região metropolitana com maior população oriental do Canadá: 43% têm ascendência asiática, especialmente de chineses, indianos e sul-coreanos. Pessoas executam a dança do dragão durante a celebração do Ano-Novo Lunar chinês, em Vancouver, Canadá. Foto de 2022.

ATIVIDADES

Acompanhamento da aprendizagem

Retomar e compreender

1. Descreva os principais elementos que caracterizam o elevado padrão de vida da maioria da população canadense e mencione que indicador social pode sintetizar essa situação no país.

2. Faça uma análise da importância dos Estados Unidos para a economia canadense.

3. Há relação entre as atividades produtivas e os aspectos naturais no Canadá? Explique.

Aplicar

4. Observe o mapa a seguir e elabore um texto descrevendo a distribuição populacional no Canadá, utilizando os conceitos populoso e povoado. Explique, ainda, os principais motivos da concentração da população na porção sul do país.

■ **Canadá: Densidade demográfica (2020)**

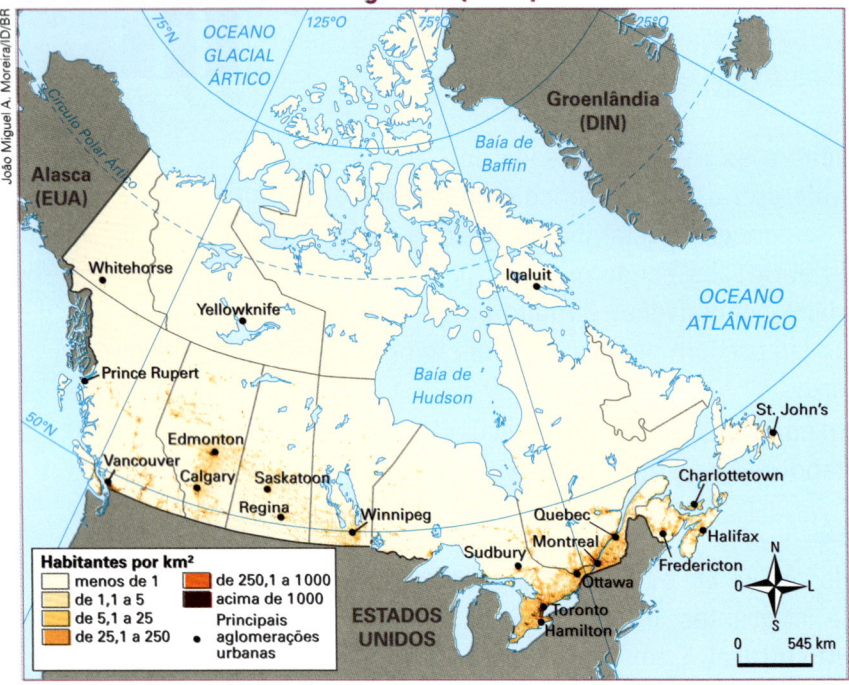

Fonte de pesquisa: Nasa. Socioeconomic Data and Applications Center (Sedac). Disponível em: https://sedac.ciesin.columbia.edu/data/set/gpw-v4-population-density-rev11. Acesso em: 17 abr. 2023.

5. Com base no que você estudou sobre o Canadá, analise o gráfico e responda às questões.

■ **Canadá: Crescimento natural e migrações (1999-2019)**

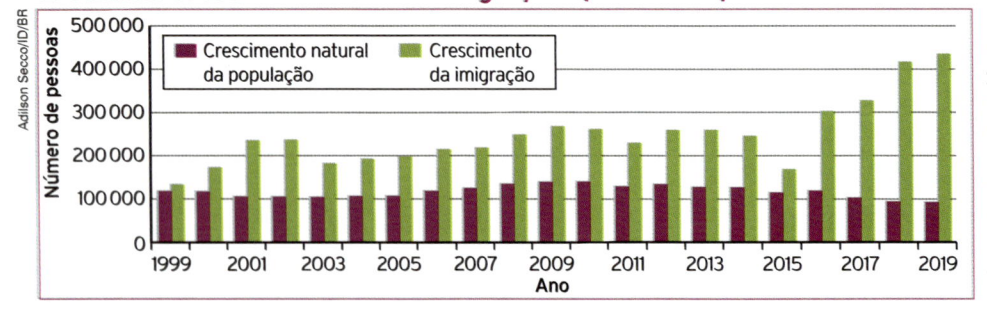

Fonte de pesquisa: Statistics Canada. Disponível em: https://www150.statcan.gc.ca/n1/pub/91-215-x/2019001/sec1-eng.htm. Acesso em: 17 abr. 2023.

a) No período, qual foi a tendência de crescimento natural da população? E da imigração?
b) Que fatores levaram o governo canadense a incentivar a imigração para o país?
c) Em sua opinião, qual é a relação entre as condições de vida no país e o crescimento da imigração?

GEOGRAFIA DINÂMICA

Movimento antivacina

No início de 2022, ocorreu no Canadá uma manifestação de caminhoneiros contrários à obrigatoriedade da vacina contra covid-19. O ato durou três semanas e terminou com confrontos entre a polícia e os manifestantes. Os caminhoneiros se organizaram após o governo canadense obrigar os não vacinados a fazer quarentena ao retornar dos Estados Unidos.

Apesar de diversas evidências científicas mostrarem que as vacinas são uma estratégia eficaz de combate a várias doenças infecciosas, como a covid-19, recentemente tem crescido o número de pessoas que não querem se vacinar em diversos países do mundo.

Manifestações contra a obrigatoriedade de passaportes vacinais ocorreram em diversos lugares do mundo durante a pandemia de covid-19. Você sabe quais são os argumentos de grupos contrários às vacinas? Leia, a seguir, um trecho de uma entrevista do historiador da ciência Laurent-Henri Vignaud.

Quais são os argumentos daqueles que se opõem à vacinação? Como esses argumentos variaram nos últimos 300 anos?

Laurent-Henri Vignaud – Esses argumentos são muito diversos [...]. Muitos têm dúvidas simples sobre a qualidade das vacinas ou sobre os conflitos de interesse de quem as promove. Outros desenvolvem teorias extremas de conspiração, dizendo que as vacinas são feitas para adoecer, para esterilizar, matar ou escravizar. [...]

Aqueles que recusam explicitamente uma ou mais vacinas [...] o fazem por motivos religiosos, políticos ou alternativos e naturalistas. Há certas correntes rigorosas, em todas as religiões, que recusam a vacinação em nome de um princípio fatalista e providencialista, numa afirmação da ideia de que o homem não é senhor de seu próprio destino.

Já os que se opõem às vacinas por razões políticas atacam as leis impositivas em nome da livre disposição de seus corpos e das liberdades individuais, no discurso do "meu corpo me pertence".

Outros, muito numerosos hoje, contestam a eficácia das vacinas e defendem outras terapias que vão desde regimes de saúde a fitoterápicos e homeopatia – o que aparece em discursos como "a imunidade natural é superior à imunidade a vacinas" e "as doenças nos fortalecem". A maioria desses argumentos está presente desde o início da polêmica vacinal no final do século 18, mas se atualizam de maneira diferente em cada época. [...]

João Paulo Charleaux. O movimento antivacina é também um efeito da hiperinformação. *Nexo Jornal*, 13 out. 2021. Disponível em: https://www.nexojornal.com.br/entrevista/2021/10/13/%E2%80%98O-movimento-antivacina-%C3%A9-tamb%C3%A9m-um-efeito-da-hiperinforma%C3%A7%C3%A3o%E2%80%99. Acesso em: 17 abr. 2023.

Em discussão

1. Falácia é um argumento aparentemente embasado em um raciocínio lógico, mas que na verdade é fundamentado em informações erradas ou distorcidas. Selecione no texto argumentos que podem ser considerados falaciosos e explique por que eles podem ser assim classificados.

REPRESENTAÇÕES

Mapas geopolíticos com temas estratégicos

Os mapas temáticos sobre questões estratégicas podem representar ou relacionar diferentes **formas de poder**, servindo de ferramenta para o fornecimento e a identificação de informações geopolíticas ou da ocorrência de fenômenos relacionados às formas de poder.

Esses mapas temáticos são feitos com a finalidade de compreender e analisar espacialmente estratégias para o **domínio de territórios** ou para o planejamento e a tomada de **decisões econômicas**, por exemplo.

Isso significa que o conhecimento geográfico, a cartografia e o estudo do espaço geográfico podem ser aplicados estrategicamente, por exemplo, na área militar, para planejar técnicas e formas de defesa territorial, e no campo econômico, para traçar rotas comerciais e identificar mercados.

Analise o mapa a seguir, que apresenta informações econômicas, geopolíticas e militares relacionadas aos Estados Unidos. Nele, foram utilizados **símbolos** e **setas** coloridas e foram delimitadas **áreas** para representar a dinâmica espacial e a atuação geopolítica estadunidense.

■ **Mundo visto pelos Estados Unidos**

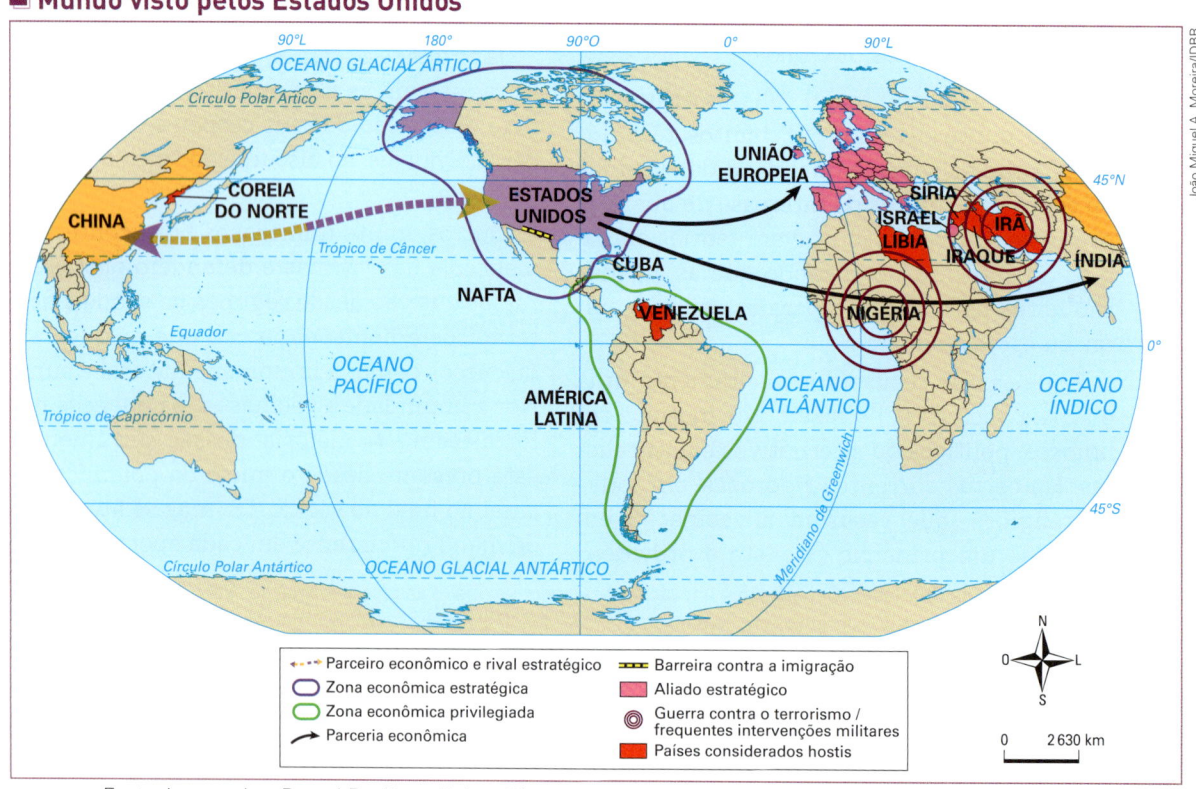

Fonte de pesquisa: Pascal Boniface; Hubert Védrine. *Atlas do mundo global.* São Paulo: Estação Liberdade, 2009. p. 68.

Observe que os Estados Unidos estão representados no centro no mapa e, a partir de seu território, é possível identificar relações de parceria econômica, questões políticas e diplomáticas importantes para o país, assim como os conflitos em que estão envolvidos e os países considerados hostis de seu ponto de vista político.

O poder militar e os mapas

Alguns países possuem armamentos de tecnologia avançada, de longo alcance e com grande poder de destruição. A indústria armamentista estadunidense é extremamente desenvolvida, sendo responsável por grandes despesas governamentais. Para manter as atividades dessa indústria, os Estados Unidos fornecem armamentos a seus parceiros estratégicos.

É possível, por meio da simbologia cartográfica, localizar e distinguir os variados tipos de arma ou instalações militares. Observe, no mapa a seguir, os países que possuem armas nucleares, químicas e biológicas e a localização de bases militares estadunidenses.

■ **Mundo: Bases militares estadunidenses**

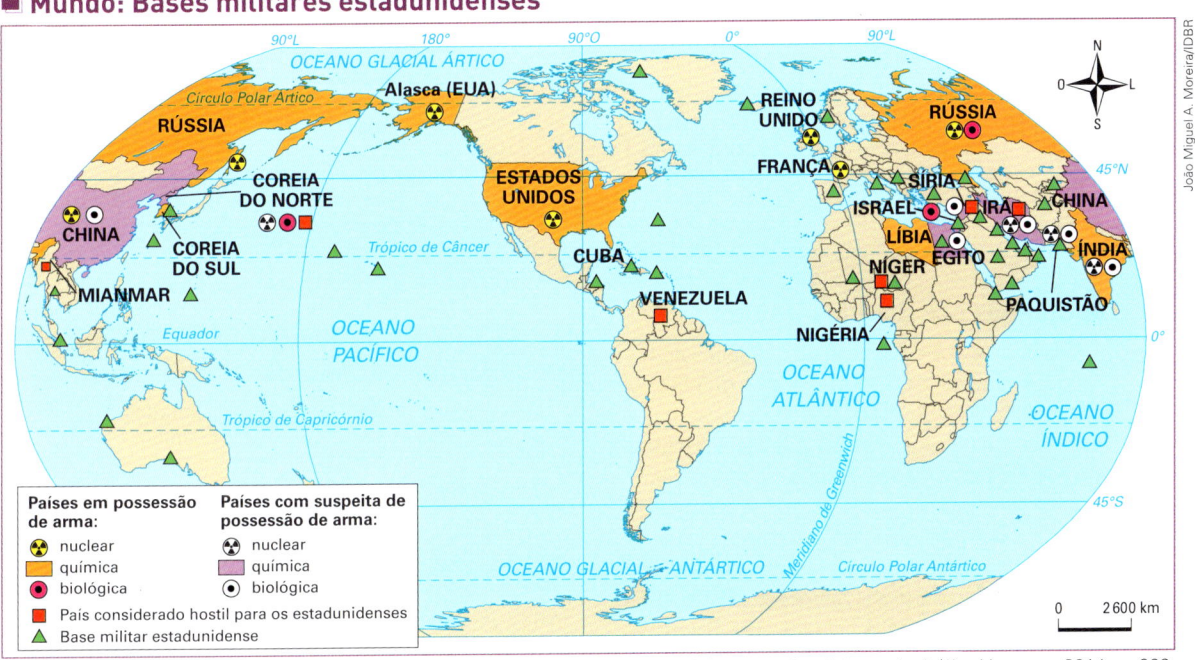

Fonte de pesquisa: Istituto Geografico De Agostini. *Atlante storico del mondo*. Itália: Novarra, 2014. p. 203.

Com base na análise desse mapa, é possível identificar o interesse dos Estados Unidos na instalação de bases militares.

Pratique

1. Observe o mapa *Mundo visto pelos Estados Unidos* e responda às questões.
   a) Em que continente estão os principais aliados dos Estados Unidos?
   b) Que país é considerado parceiro econômico e rival estratégico dos Estados Unidos?
   c) Uma barreira contra a imigração foi construída na fronteira entre quais países?

2. Observe o mapa *Mundo: Bases militares estadunidenses* e responda às questões.
   a) Como foram representados os países que possuem armas nucleares? E os que possuem armas químicas?
   b) Quais países são considerados hostis aos Estados Unidos?
   c) Cite cinco países onde os Estados Unidos têm bases militares.

ATIVIDADES INTEGRADAS

Analisar e verificar

1. Complete o diagrama a seguir de acordo com seus conhecimentos sobre a organização do espaço geográfico dos Estados Unidos.

ESTADOS UNIDOS: REGIÕES PRODUTIVAS

- Manufacturing Belt
  - [ ]
  - [ ]
  - Região industrial tradicional: automobilísticas, siderúrgicas
- [ ]
  - Região da costa oeste
  - Após a Segunda Guerra Mundial
  - [ ]

2. **SABER SER** Leia o texto a seguir. Depois, faça o que se pede.

> **Indígenas nos Estados Unidos**
>
> Estima-se que o número de indígenas nos Estados Unidos varia entre 4 e 7 milhões, dos quais cerca de 20% vivem em áreas indígenas estadunidenses ou aldeias nativas do Alasca. Nos Estados Unidos, os indígenas costumam ser chamados de grupos nativos [...]. Com algumas exceções, o *status* oficial de ser um indígena estadunidense ou um nativo do Alasca é oferecido aos membros de aldeias indígenas reconhecidas pelo governo federal [...]. As nações indígenas reconhecidas pelo governo federal são soberanas por natureza, porém sua soberania em termos legais é limitada [...]. O governo federal consulta os povos para diversas questões, mas possui plena autoridade sobre as nações indígenas.
>
> IWGIA. *The Indigenous World 2022*. 36. ed. Disponível em: https://www.iwgia.org/en/resources/indigenous-world. Acesso em: 17 abr. 2023.

- Comente o fato de o governo federal dos Estados Unidos ter autoridade sobre os povos indígenas e as consequências disso para essas populações.

3. Analise a pirâmide etária do Canadá a seguir e levante hipóteses sobre a dinâmica populacional do país.

Canadá: Pirâmide etária (2021)

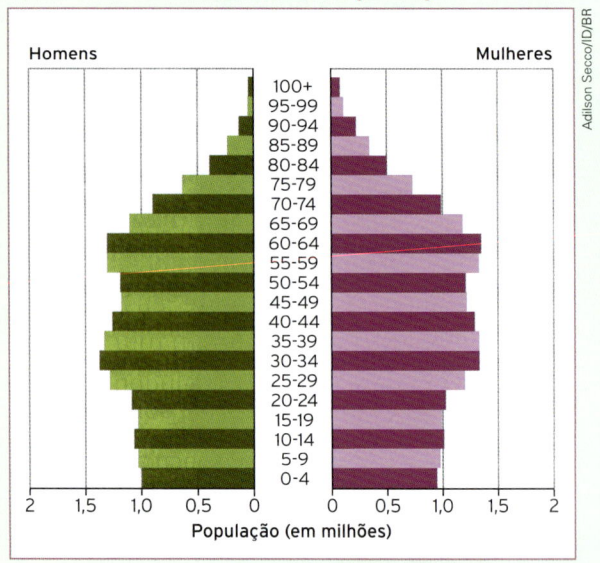

Fonte de pesquisa: CIA. The World Factbook. Disponível em: https://www.cia.gov/the-world-factbook/countries/canada/#people-and-society. Acesso em: 17 abr. 2023.

4. Com base na tabela, responda às questões.

USMCA: INDICADORES SOCIOECONÔMICOS			
	Canadá	Estados Unidos	México
PIB *per capita*, em dólares (2020)	45 900	60 200	17 900
Posição no IDH (2021)	15ª (0,936)	21ª (0,921)	86ª (0,758)
Média de anos de escolaridade (2021)	13,8	13,7	9,2
Taxa de mortalidade infantil por mil nascimentos (2021)	4,4	5,2	11,6

Fonte de pesquisa: Programa das Nações Unidas para o Desenvolvimento (Pnud). *Relatório do Desenvolvimento Humano 2021-2022*. Nova York: Pnud, 2022. Disponível em: https://hdr.undp.org/system/files/documents/global-report-document/hdr2021-22pdf_1.pdf. Acesso em: 17 abr. 2023.

a) Quais são as diferenças entre as condições sociais dos países do USMCA (ex-Nafta)?

b) Identifique o país com o maior PIB *per capita*.

c) Relacione os indicadores sociais com o PIB *per capita* de cada país.

d) Em sua opinião, o fato de esses países pertencerem ao USMCA poderia garantir bons indicadores socioeconômicos? Justifique.

Acompanhamento da aprendizagem

5. Observe o infográfico a seguir. Depois, faça o que se pede.

■ **Canadá: Proporção de falantes de línguas diferentes do inglês ou francês no domicílio (2021)**

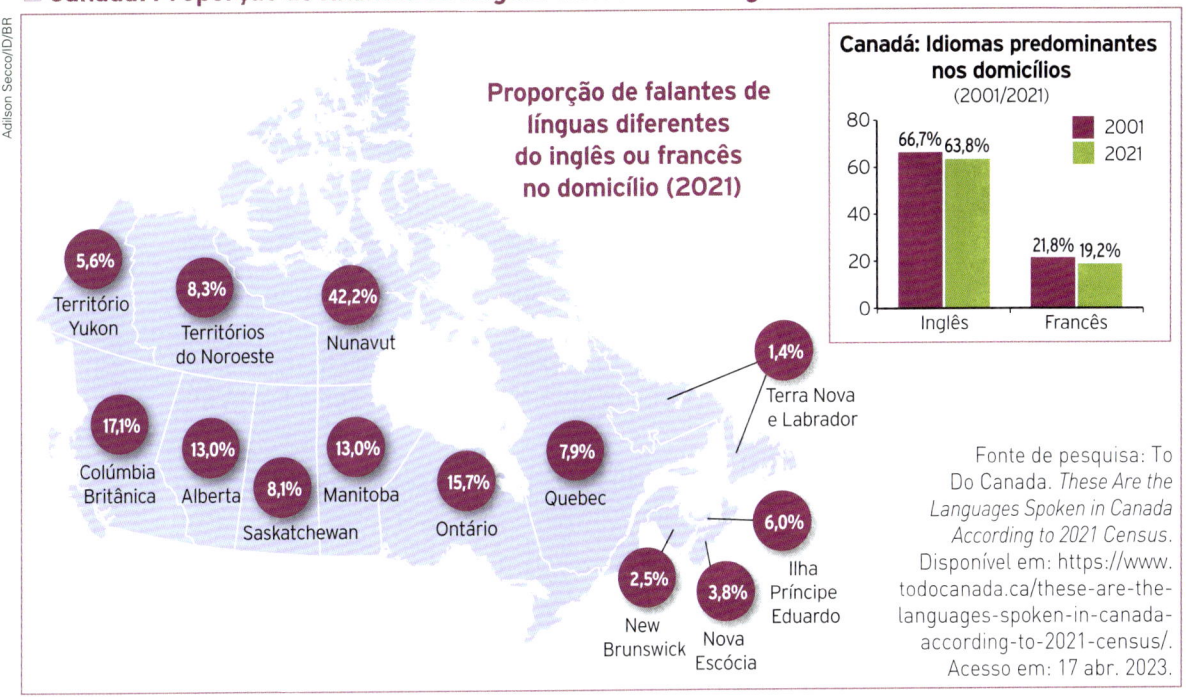

Proporção de falantes de línguas diferentes do inglês ou francês no domicílio (2021)

- Território Yukon: 5,6%
- Territórios do Noroeste: 8,3%
- Nunavut: 42,2%
- Colúmbia Britânica: 17,1%
- Alberta: 13,0%
- Saskatchewan: 8,1%
- Manitoba: 13,0%
- Ontário: 15,7%
- Quebec: 7,9%
- Terra Nova e Labrador: 1,4%
- New Brunswick: 2,5%
- Nova Escócia: 3,8%
- Ilha Príncipe Eduardo: 6,0%

Canadá: Idiomas predominantes nos domicílios (2001/2021)

- Inglês: 66,7% (2001), 63,8% (2021)
- Francês: 21,8% (2001), 19,2% (2021)

Fonte de pesquisa: To Do Canada. *These Are the Languages Spoken in Canada According to 2021 Census.* Disponível em: https://www.todocanada.ca/these-are-the-languages-spoken-in-canada-according-to-2021-census/. Acesso em: 17 abr. 2023.

a) De acordo com o infográfico, qual é a tendência do inglês e do francês como idiomas falados nas residências? Explique.

b) Cite o nome da província canadense onde o inglês e o francês são os idiomas menos predominantes nas residências. Explique os motivos pelos quais essa província apresenta uma porcentagem significativa quando comparada às demais.

Criar

6. A tabela a seguir mostra o total de imigrantes que vivem nos Estados Unidos, por país de origem, em milhões de habitantes.

ESTADOS UNIDOS: POPULAÇÃO TOTAL IMIGRANTE POR PAÍS DE ORIGEM (2021)	
México	10 697 000
Índia	2 709 000
China	2 380 000
Filipinas	1 982 000
El Salvador	1 418 000
Vietnã	1 339 000
Cuba	1 279 000
República Dominicana	1 255 000

Fonte de pesquisa: Migration Policy Institute. Disponível em: https://www.migrationpolicy.org/programs/data-hub/charts/largest-immigrant-groups-over-time. Acesso em: 17 abr. 2023.

a) Elabore um gráfico de barras com os dados da tabela e compare-os com o gráfico de imigrantes no Canadá, na página 147. Ao final, escreva um texto sintetizando as suas observações sobre os dados.

b) Em seguida, de acordo com os dados da tabela, elabore um mapa ou um croqui para representar os fluxos de imigrantes que se destinaram aos Estados Unidos.

CIDADANIA GLOBAL
UNIDADE 5

9 INDÚSTRIA, INOVAÇÃO E INFRAESTRUTURA

Retomando o tema

Conforme você estudou ao longo desta unidade, tornar os processos produtivos mais sustentáveis é essencial para a conservação do meio ambiente e para a própria vida humana. Assim, é fundamental que as inovações tecnológicas contribuam para melhorar os processos produtivos, considerando, além da produtividade, a questão ambiental. Essa é uma das propostas dos Objetivos de Desenvolvimento Sustentável.

1. As industriais deveriam aprimorar seus processos com o objetivo de adotar práticas sustentáveis, mas na realidade isso nem sempre ocorre. É importante que a sociedade civil cobre das empresas a adoção de processos mais sustentáveis e transparentes? E o Estado? Em sua opinião, qual deve ser o papel dos governantes diante dessa realidade?

2. Quais são os principais desafios das indústrias para desenvolver processos industriais mais sustentáveis?

3. De que modo os processos produtivos sustentáveis podem ser benéficos para a população de um município?

4. Por que o cuidado com os processos produtivos na atualidade é fundamental para as gerações futuras?

Geração da mudança

- Agora, com base no que vocês aprenderam nesta unidade, criem um vídeo ou um *podcast* (com duração de 5 a 10 minutos) para divulgar à sua comunidade o que é indústria sustentável, mostrar exemplos de ações que podem ser implementadas nas indústrias para diminuir o impacto da sua produção e mencionar o papel do Estado na implementação de modelos produtivos sustentáveis. Vocês podem abordar iniciativas de indústrias do seu município ou estado. Caso não tenham descoberto nenhuma iniciativa desse tipo em seu município, pode-se usar o vídeo ou o *podcast* para solicitar às indústrias locais a implementação de ações nesse sentido.

Autoavaliação

AMÉRICA LATINA

UNIDADE 6

PRIMEIRAS IDEIAS

1. Você sabe quais países fazem parte da América Latina?
2. O Brasil é um país latino-americano. Que semelhanças, em aspectos políticos, econômicos e sociais, o Brasil tem com outros países dessa região?
3. Os países latino-americanos apresentam, de modo geral, altas taxas de urbanização?
4. Quais são os principais problemas sociais e ambientais enfrentados pelos países latino-americanos?

Conhecimentos prévios

Nesta unidade, eu vou...

CAPÍTULO 1 — Questões políticas

- Compreender a formação territorial e política dos países latino-americanos com base em seus processos de independência, da colonização à atualidade.
- Analisar os impactos da instituição colonial na organização socioeconômica e política dos territórios da América Latina.
- Reconhecer os esforços políticos de integração regional da América Latina.
- Compreender os conflitos territoriais e as tensões na América Latina, bem como as relações de alguns países latino-americanos com os Estados Unidos.
- Levantar informações sobre mulheres nas lutas por independência dos países latino-americanos e a atuação atual na ciência.

CAPÍTULO 2 — Economia e destaques regionais

- Conhecer aspectos econômicos de países da América Latina, por meio da análise de gráficos, tabelas e mapas.
- Analisar territórios latino-americanos e suas diferentes estruturas produtivas relacionadas ao contexto histórico.
- Compreender semelhanças e especificidades no desenvolvimento econômico da América Latina.
- Analisar a desigualdade de gênero no mundo do trabalho.

CAPÍTULO 3 — População e urbanização

- Analisar indicadores sociais relativos à população latino-americana.
- Analisar aspectos relacionados aos espaços urbanos e rurais da América Latina.
- Compreender o que é o SIG (Sistema de Informações Geográficas) e sua utilidade na cartografia digital e no planejamento urbano.
- Buscar informações sobre a participação das mulheres em questões ambientais e nos movimentos sociais.

CIDADANIA GLOBAL

- Reconhecer as desigualdades de gênero na América Latina.
- Compreender a importância da igualdade de gênero na promoção de uma sociedade justa e igualitária.

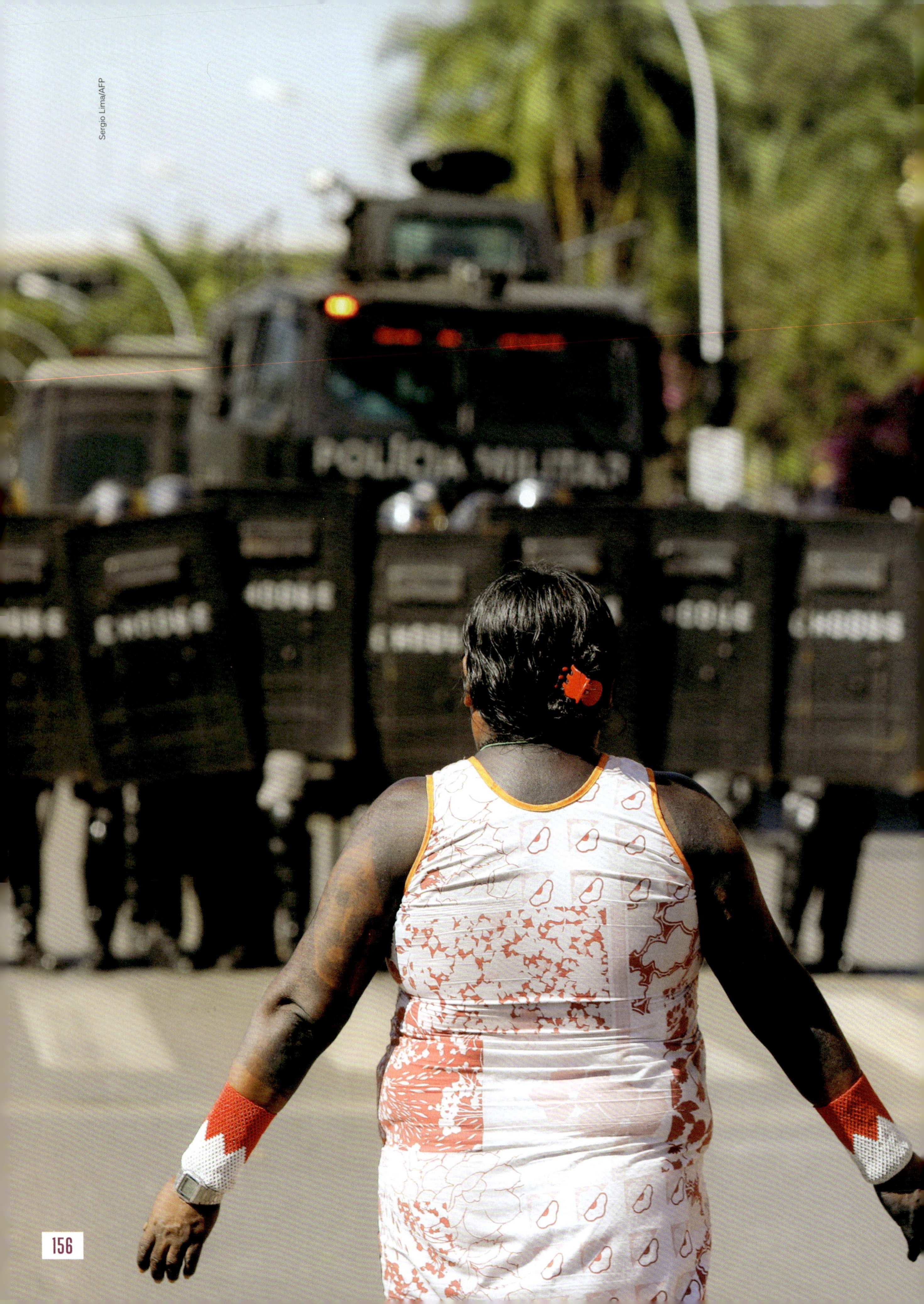

Sergio Lima/AFP

LEITURA DA IMAGEM

1. O que mostra a imagem?
2. Descreva os elementos que mais chamam sua atenção na cena retratada.
3. **SABER SER** Que sentimentos a imagem desperta em você?

CIDADANIA GLOBAL

5 IGUALDADE DE GÊNERO

No mundo inteiro, as desigualdades de gênero impactam diversos âmbitos da vida social, e, na América Latina, essa situação é ainda mais grave devido às profundas desigualdades sociais dessa parte do continente americano. A reflexão e o diálogo sobre gênero oferecem a oportunidade de maior compreensão sobre a sociedade e sobre a importância de reconhecer as consequências dessas desigualdades para promover uma transformação rumo a uma sociedade mais justa e igualitária para todas as pessoas.

1. Você acha que homens e mulheres têm as mesmas oportunidades nas diversas áreas da vida pública?
2. Você considera que pessoas de todos os gêneros ocupam posições de liderança de forma igualitária na sociedade?
3. De que forma as desigualdades de gênero se apresentam no seu cotidiano?

Ao longo da unidade, você e seus colegas vão buscar informações e dados sobre as desigualdades de gênero na América Latina e sobre mulheres importantes na luta pela igualdade. Em grupos, vocês vão organizar uma campanha de conscientização sobre o tema.

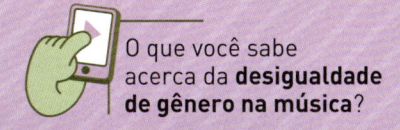

O que você sabe acerca da **desigualdade de gênero na música**?

Mulheres indígenas são protagonistas de importantes lutas pela defesa de seus povos, de seus territórios e do meio ambiente. Mulher em protesto contra a alteração das regras de demarcação de terras indígenas, em Brasília (DF). Foto de 2021.

CAPÍTULO 1
QUESTÕES POLÍTICAS

PARA COMEÇAR

Você sabe como foram os processos de independência dos países latino-americanos, colonizados por nações europeias? Como esses países se desenvolveram depois de se tornarem independentes?

INDEPENDÊNCIAS NACIONAIS

Até o início do século XIX, os atuais países da América Latina eram **colônias europeias**, principalmente da Espanha e de Portugal. Após inúmeros conflitos que duraram vários anos, durante o século XIX grande parte das colônias conquistou a **independência**.

O Haiti foi um dos primeiros países a se tornar independente, em 1804. O México proclamou a independência em 1821, mas esteve sob a ameaça da expansão territorial dos Estados Unidos e perdeu metade de seu território após uma guerra entre os dois.

Muitas ex-colônias inglesas e holandesas tiveram seu processo de independência na segunda metade do século XX, como Jamaica, Guiana, Suriname e Belize.

No Brasil, o processo de independência de Portugal foi negociado entre dom Pedro I, herdeiro do trono português, e comerciantes e grandes fazendeiros brasileiros, que vinham ganhando força política.

Há, também, casos de países que se emanciparam e se separaram após a independência colonial, como o Panamá, que se desmembrou da Colômbia em 1903, com o apoio dos Estados Unidos.

▼ A emancipação da América espanhola ocorreu em meio a muitos conflitos e resistência das antigas metrópoles. Nesse contexto, destacaram-se dois líderes a favor das independências: José de San Martín e Simón Bolívar. A pintura retrata Simón Bolívar na Batalha de Maipú, em 1818, como parte do processo de independência do Chile. Pedro Subercaseaux Errazuriz. *O abraço de Maipú*, 1908. Óleo sobre tela, 40 cm × 33 cm.

COLONIZAÇÃO E SUAS CONSEQUÊNCIAS

Muitas características atuais dos países latino-americanos têm origem no período colonial.

Durante a colonização, o sistema produtivo da região baseava-se na grande propriedade monocultora, com o uso de mão de obra escravizada de povos nativos e de negros africanos e produção voltada à exploração e ao fornecimento de matérias-primas (minerais, vegetais e agrícolas) para as metrópoles. Após a independência (veja os anos de independência no mapa), os países latino-americanos tiveram de fortalecer suas economias. No entanto, as sociedades formadas após as independências mantiveram suas características coloniais: o poder concentrado nas **oligarquias agrárias**, vinculadas ao mercado externo; a **alta concentração das terras**; e as grandes **desigualdades sociais**.

■ **América Latina: Independências**

Fonte de pesquisa: Cláudio Vicentino. *Atlas histórico*: geral e Brasil. São Paulo: Scipione, 2011. p. 127.

TRANSFORMAÇÕES NO SÉCULO XX

Durante o século XX ocorreram profundas mudanças nos países da América Latina, que ainda viviam processos de consolidação como Estados soberanos. Esse percurso foi marcado pela oscilação entre períodos de **avanços econômicos e sociais** e **períodos de crise**, **golpes** e **regimes ditatoriais**.

Os países da América Central e do Caribe sentiram mais diretamente a **influência econômica e política dos Estados Unidos**, que já se tornavam uma potência regional, no fim do século XIX e início do século XX. Guatemala, Nicarágua, El Salvador, Panamá, República Dominicana, Porto Rico, Cuba e México, tradicionais produtores agrícolas, tornaram-se destino de investimentos de empresas agroalimentares estadunidenses. Assim, os Estados Unidos buscavam explorar a abundância de recursos naturais, como madeira e petróleo, e as terras agrícolas produtoras de frutas, cana-de-açúcar e café. Os Estados Unidos realizaram acordos com os governos locais para garantir a segurança de suas empresas e a abertura do Caribe para a exploração turística com a construção de hotéis de luxo.

Além disso, os Estados Unidos interferiam na política desses países, apoiando governos ditatoriais e colaborando com golpes de Estado a seu favor. Fatores como condições sociais precárias e extrema desigualdade levaram essas nações à constante **instabilidade política**, com inúmeros conflitos.

CIDADANIA GLOBAL

MULHERES NO PROCESSO DE INDEPENDÊNCIA

Historicamente, as mulheres vêm exercendo importantes papéis na sociedade, mas, muitas vezes, sua relevância é invisibilizada. Por isso, ao longo do tempo, mulheres vêm buscando ocupar os espaços dos quais foram culturalmente afastadas, reivindicando seus direitos e promovendo uma cultura inclusiva, de igualdade e de respeito às minorias.

1. Em grupo, façam levantamentos e elaborem um texto sobre mulheres que tiveram papéis importantes no processo de independência dos países da América Latina.

> **REVOLUÇÃO MEXICANA**
>
> Em 1910, iniciou-se a Revolução Mexicana, protagonizada por camponeses (majoritariamente, indígenas), pequenos comerciantes e trabalhadores urbanos. Em um primeiro momento, diferentes grupos se uniram contra o ditador Porfírio Díaz, implantando um governo liberal. No entanto, como as mudanças sociais mais profundas não se realizaram, o conflito armado entre os camponeses (sob a liderança de Emiliano Zapata e Pancho Villa) e as forças governamentais continuou. Os revolucionários propunham, principalmente, a divisão dos latifúndios entre os camponeses e o reconhecimento dos direitos dos indígenas sobre suas terras. Em 1917, elaborou-se uma Constituição, que estabeleceu o controle mexicano sobre os recursos naturais. Também foi feita uma reforma agrária e elaborada uma legislação trabalhista.

golpe militar: ato em que um governo legitimado pela população é derrubado pelas Forças Armadas do próprio país, com o uso da força e sem eleições.

Os países da América do Sul também foram influenciados pelos Estados Unidos durante o século XX, mas conseguiram se desenvolver com melhor situação econômica e social. Em alguns desses países, como Brasil, Argentina e Chile – assim como no México na América do Norte –, ocorreram acelerados processos de **industrialização** e **urbanização**, que visavam à substituição das importações. Essa política de incentivo ao crescimento da indústria recebeu apoio dos Estados Unidos e acompanhou o crescimento dos mercados consumidores nacionais. Contudo, teve como consequências o êxodo rural acelerado, a redução da agricultura tradicional e o aumento do preço dos alimentos e das desigualdades sociais.

Outros países mantiveram suas economias estruturadas na exploração de seus recursos minerais, como no período colonial. Venezuela e Bolívia, por exemplo, exploravam cada vez mais as reservas de petróleo e gás natural, embora a maior parte de sua população (em especial os indígenas) se mantivesse ocupada nas atividades agrícolas. Com isso, a economia desses países tornou-se extremamente dependente da importação de produtos básicos, o que provocou graves crises econômicas.

Nas décadas de 1960 e 1970, ocorreram golpes militares em vários países sul-americanos. Esses golpes tiveram o apoio dos Estados Unidos, que justificavam sua participação alegando que era preciso conter os movimentos de esquerda que surgiram após o fim da Revolução Cubana, em 1959.

A partir da década de 1980, uma grave **crise econômica** atingiu os países industrializados da América Latina, em virtude da elevação de suas dívidas externas em um momento de baixo crescimento econômico. Com isso, houve aumento do desemprego e redução dos investimentos públicos em saúde, educação e infraestrutura, agravando seus problemas e as desigualdades sociais já existentes.

Na década de 1990, após a **redemocratização** de grande parte dos países sul-americanos, houve crescimento do modelo econômico neoliberal, pautado no processo de **abertura econômica**, com a entrada de multinacionais e o aumento das importações, na privatização de empresas estatais, na retirada de medidas protecionistas da agricultura e da indústria nacional e na transnacionalização das economias nacionais.

▲ Manifestação de estudantes no Chile, em 1970. Nessa época, o Chile vivia grande instabilidade política, que precedeu a implantação da ditadura militar no país, em 1973.

QUESTÕES SOCIAIS E POLÍTICAS NO SÉCULO XXI

O início da década de 1990, com o avanço da globalização, anunciava um período promissor, que traria crescimento aos países latino-americanos e resolveria antigos problemas. No entanto, o que se verificou no final dessa década foi o agravamento dos problemas sociais e a permanência da crise econômica.

Muitos países da América do Sul tiveram crescimento econômico acima da média mundial no começo do século XXI e conseguiram reverter, em parte, os efeitos negativos da década de 1990, com a recuperação do mercado interno e o combate à pobreza. Os governos locais procuraram mudar a situação com programas que visavam reduzir as desigualdades sociais.

Contudo, uma nova crise econômica global, iniciada em 2008, gerou ondas de crises políticas e econômicas, no âmbito nacional, em diversos países da América Latina. Essas crises dificultaram a implantação de projetos nacionais de desenvolvimento de longo prazo. Além disso, o antagonismo entre governos nacionalistas, como o de Hugo Chávez, na Venezuela, e o de Cristina Kirchner, na Argentina, e a oposição a esses governos se acirraram na segunda década do século XXI.

Na Venezuela, a morte de Hugo Chávez, em 2013, e a desaceleração econômica aumentaram as tensões e fortaleceram a oposição, impulsionando mobilizações populares marcadas por greves e conflitos violentos. Na Argentina e no Brasil, em 2016 e 2017, agravou-se a crise política e econômica, gerando incertezas sobre o futuro e piora das condições de vida da população.

Na América Central e no Caribe, persistiram, ou até mesmo se agravaram, as más condições de vida da população. Os países da região se mantiveram como exportadores de produtos agrícolas, com baixos salários e alta desigualdade de renda. Paralelamente, constantes conflitos violentos em países como Haiti e Nicarágua dificultaram a recuperação econômica e ocasionaram intervenções internacionais.

A pandemia de covid-19 prejudicou ainda mais as condições de vida em muitos países da América Latina. O elevado número de contágios sobrecarregou os sistemas de saúde e resultou em grande número de mortes. A paralisação de inúmeras atividades econômicas levou ao agravamento da crise econômica, de modo que a desigualdade de renda voltou a crescer.

| AMÉRICA LATINA: PIB (2021) ||
Países selecionados	PIB, em bilhões de dólares
Argentina	487,8
Bolívia	40,4
Brasil	1 608,9
Chile	317
Colômbia	314,4
Haiti	20,9
México	1 272,8
Nicarágua	14
Panamá	63,3
Paraguai	39,4
Uruguai	59,3

Fonte de pesquisa: Banco Mundial. Disponível em: https://data.worldbank.org/. Acesso em: 2 fev. 2023.

▼ O comércio foi um dos setores econômicos mais impactados pela pandemia de covid-19. Comerciante usando máscara de proteção em loja de artigos típicos do Equador. Cuenca, Equador. Foto de 2020.

INTEGRAÇÃO REGIONAL

Nas últimas décadas, a integração regional na América Latina foi marcada por avanços em termos econômicos e comerciais.

A primeira associação criada nessa região foi a **Organização dos Estados Americanos** (OEA), da qual participam a maioria dos países latino-americanos, os Estados Unidos e o Canadá. A OEA foi fundada em 1948, com o objetivo de garantir a paz e de promover a democracia e a cooperação técnica e científica entre os países-membros.

Posteriormente, surgiram associações entre os países da América Latina com o objetivo de incentivar as trocas comerciais, por meio da redução ou do estabelecimento de tarifas comuns, do compartilhamento de cadeias produtivas e da criação de zonas de livre circulação de pessoas e de mercadorias, fortalecendo assim a economia da região.

No final dos anos 1970, foi criada a **Comunidade Andina de Nações** (CAN), da qual fazem parte Colômbia, Equador, Peru e Bolívia, mas que já teve entre seus membros o Chile e a Venezuela. Atualmente, a CAN visa à formação de um mercado comum que possibilite a livre circulação de pessoas e de mercadorias entre os países-membros e o fortalecimento econômico internacional desses países.

Na década de 1980, um acordo entre alguns países da América do Sul, Cuba, México e Panamá resultou na criação da **Associação Latino-Americana de Integração** (Aladi). Em 2022, o bloco era composto de 13 países – Argentina, Bolívia, Brasil, Chile, Colômbia, Cuba, Equador, México, Panamá, Paraguai, Peru, Uruguai e Venezuela – e tem como meta a integração econômica e social.

Em 2004, em contraposição à proposta estadunidense de criação da Área de Livre Comércio das Américas (Alca), que pretendia ampliar a área de influência econômica do Nafta e, consequentemente, dos Estados Unidos na América Latina, Cuba e Venezuela fundaram a **Aliança Bolivariana para os Povos da Nossa América** (Alba), que foi chamada de Alternativa Bolivariana para as Américas. A Alba visa à integração econômica e política dos países-membros e à redução da dependência econômica em relação aos países desenvolvidos. Em 2022, a Alba era formada por: Venezuela, Cuba, Bolívia, Dominica, Antígua e Barbuda, Nicarágua, Granada, São Cristóvão e Nevis e São Vicente e Granadinas.

PARA EXPLORAR

Comissão Econômica para a América Latina e o Caribe (Cepal). Disponível em: https://www.cepal.org/pt-br. Acesso em: 6 abr. 2023.

Vinculada à ONU, a Cepal foi criada no final da década de 1940 para contribuir com o desenvolvimento econômico da América Latina e do Caribe. No *site*, é possível consultar publicações, dados e estatísticas sobre a população, a economia e a política dos países da região.

América: Principais blocos econômicos (2022)

Fontes de pesquisa: Comunidade Andina de Nações. Disponível em: http://www.comunidadandina.org/; Aladi. Disponível em: https://www.aladi.org/sitioaladi/; Mercosul. Disponível em: http://www.mercosur.int/; Alba-TCP. Disponível em: https://www.albatcp.org/historia/; Aliança do Pacífico. Disponível em: https://alianzapacifico.net/en/. Acessos em: 6 abr. 2023.

Mais recentemente, em 2012, foi criada a **Aliança do Pacífico**, um bloco comercial que tem o objetivo de estabelecer a livre circulação de mercadorias e de pessoas entre alguns países banhados pelo oceano Pacífico: Chile, Peru, Colômbia e México.

Na década de 1990, foi fundado o **Mercado Comum do Sul** (Mercosul), que reunia Argentina, Brasil, Paraguai e Uruguai. A Venezuela aderiu ao Mercosul em 2012, porém foi suspensa em 2016, por não ter cumprido até aquela data parte dos quesitos exigidos pelo bloco. A Bolívia é candidata a membro pleno do Mercosul; Chile, Peru, Equador, Colômbia, Guiana e Suriname são membros associados.

O Mercosul foi o bloco que proporcionou o maior avanço nas trocas comerciais entre os países latino-americanos, mas ainda há o desafio de integrar as legislações desses países, o que permitiria ampliar a circulação de pessoas e o mercado de trabalho.

INTEGRAÇÃO GEOPOLÍTICA E CIENTÍFICA

Além da integração comercial, houve iniciativas de aproximação no âmbito político e intensificação das relações diplomáticas entre os países sul-americanos.

Em 2008, foi criada a **União de Nações Sul-Americanas** (Unasul), da qual faziam parte Argentina, Bolívia, Brasil, Chile, Colômbia, Equador, Guiana, Paraguai, Peru, Suriname, Uruguai e Venezuela. Em 2018, Brasil, Argentina, Colômbia, Chile, Peru e Paraguai suspenderam as atividades na Unasul e, em 2019, o Equador saiu do bloco. A Unasul tinha como objetivo proporcionar maior autonomia econômica em relação aos países desenvolvidos.

Outra importante instituição que abrange países latino-americanos é a **Organização de Estados Ibero-Americanos** (OEI), da qual fazem parte vinte países da América Latina, além de Espanha, Portugal e Guiné Equatorial. A OEI objetiva a integração dos países-membros no que se refere a educação, cultura e tecnologia.

Uma das mudanças mais significativas na América do Sul nos anos 2000 foi a redução da influência dos Estados Unidos na região e o crescimento significativo da parceria com a China.

Os líderes de governo dos países-membros do Mercosul reúnem-se regularmente para discutir diretrizes para o bloco e ampliar as possibilidades de integração política e econômica. Na foto de 2021, conferência do Mercosul realizada no Rio de Janeiro (RJ).

QUANDO UM PAÍS PODE SER SUSPENSO DOS BLOCOS?

Os principais critérios para suspender um país que integra um bloco ou uma associação econômica e política são o desrespeito aos direitos humanos e o descumprimento das leis democráticas do país. Nos últimos anos, houve dois casos no Mercosul: a Venezuela, que foi suspensa em 2016, e o Paraguai, afastado em 2012, quando ocorreu a destituição do então presidente Fernando Lugo. Este último país, no entanto, foi readmitido em 2013, após a ocorrência de eleições diretas para presidente.

PARA EXPLORAR

Memorial da América Latina (SP)
O Memorial da América Latina é um espaço de integração e de difusão cultural dos povos latino-americanos. No *site* do Memorial, há informações sobre as atividades nele desenvolvidas.
Informações: http://memorial.org.br/. Acesso em: 6 abr. 2023.
Localização: Av. Mário de Andrade, 664 – Barra Funda, São Paulo (SP).

CONFLITOS TERRITORIAIS E TENSÕES

■ **América Latina: Zonas de litígio internacional e bases militares dos Estados Unidos (século XIX-início do século XXI)**

Fonte de pesquisa: Geopolítica. Enciclopédia Latinoamericana. Disponível em: http://latinoamericana.wiki.br/verbetes/g/geopolitica. Acesso em: 11 abr. 2023.

Apesar dos avanços na integração da América Latina, ainda persistem conflitos territoriais entre os países da região.

Chile e Bolívia, por exemplo, disputam o chamado corredor do Atacama, área que garantiria à Bolívia acesso ao oceano Pacífico. A área pertence ao Chile desde a Guerra do Pacífico (1879-1883). O Peru, por sua vez, propõe uma alteração na fronteira marítima com o Chile, favorecendo-se com essa mudança.

Outra questão é a disputa entre Costa Rica e Nicarágua pelo direito de navegação e de utilização do rio San Juan, que marca a fronteira entre esses dois países. Além disso, havia uma controvérsia entre esses países quanto à delimitação das fronteiras marítimas nos oceanos Pacífico e Atlântico. Nessa questão, a Nicarágua foi beneficiada pela Corte Internacional de Justiça (órgão judiciário da ONU).

Nas décadas de 1970 e 1980, muitos brasileiros migraram para o Paraguai em busca de terras agrícolas baratas, ficando conhecidos como brasiguaios. Eles se tornaram proprietários de grande parte de terras agricultáveis, principalmente nas áreas próximas à fronteira, e são os principais produtores de soja do país. Na última década, as disputas pela **posse da terra** envolvendo os brasiguaios e os camponeses paraguaios se intensificaram, levando o Paraguai a aprovar, em 2005, uma lei que proíbe a venda de terras paraguaias para estrangeiros a menos de 50 quilômetros da fronteira. No entanto, isso não impediu que crescesse, em outras partes do país, a venda de terras a estrangeiros.

Nos anos 2000, a influência estadunidense na América Latina diminuiu, mas ainda permanece forte. Os Estados Unidos não mantêm boas relações diplomáticas com Cuba e Venezuela. Na Venezuela, assim como no Equador, as divergências culminaram em conflitos. Os Estados Unidos preocuparam-se com a postura do governo venezuelano, especialmente no que se refere à aproximação com Cuba, à criação da Alba e à rejeição da proposta estadunidense de criação da Alca.

A Colômbia é um dos países latino-americanos que se relacionam mais diretamente com os Estados Unidos. Desde 2002, o governo desse país vem implementando com o governo colombiano o chamado **Plano Colômbia**, que prevê o envio de tropas estadunidenses para combater o narcotráfico no país sul-americano. Contudo, essas tropas também foram utilizadas para pressionar a Venezuela, agravando a disputa territorial entre os países.

QUESTÕES TERRITORIAIS ENTRE BRASIL E URUGUAI

Uma questão litigiosa encontra-se na fronteira entre Brasil e Uruguai desde o século XIX: a disputa pelas ilhas fluviais no rio Quaraí. De acordo com um tratado assinado em 1851, as ilhas pertencem ao território brasileiro. No entanto, os uruguaios argumentam que elas estariam no rio Uruguai e, portanto, pertenceriam ao seu território.

Outra área da fronteira brasileira contestada pelo Uruguai é a do arroio Invernada. O Uruguai afirma que a comissão binacional cometeu um erro ao demarcar a fronteira, conforme tratado assinado em 1851.

RELAÇÕES ENTRE O MÉXICO E OS ESTADOS UNIDOS

Desde a fundação do Nafta, a influência estadunidense sobre o México se ampliou. Porém, com o aumento do **fluxo migratório** do México para os Estados Unidos e do **tráfico de drogas** na fronteira desses países, as relações diplomáticas entre eles nem sempre são amistosas. O governo estadunidense passou a interferir na política interna mexicana financiando ações de combate ao tráfico de drogas e propondo uma reestruturação da polícia mexicana.

É grande o número de mexicanos que emigram para os Estados Unidos: em 2019, cerca de 24% do total de imigrantes no país eram originários do México, muitos de forma ilegal. Em busca de melhores condições de vida, a maioria dos imigrantes mexicanos enfrenta condições degradantes de trabalho e de moradia. Como resposta à onda migratória, o governo estadunidense determinou a construção de barreiras ao longo da fronteira com o México, para dificultar a travessia ilegal para os Estados Unidos, e criou leis para restringir a imigração e punir com rigor os imigrantes apreendidos sem a documentação necessária.

DISPUTAS NA ANTÁRTIDA

As regiões polares se tornaram foco das atenções internacionais por conta de **pesquisas científicas** e **disputas territoriais**.

A Antártida é um imenso bloco continental coberto de gelo, no polo Sul, que influencia os níveis dos oceanos, o clima global e a disponibilidade de pescado nas Américas. A região despertou interesse dos países por sua posição estratégica, pelos recursos naturais, como água doce acumulada em suas geleiras e possibilidade de haver petróleo. Além disso, com o crescimento das preocupações ambientais relacionadas ao aquecimento global, o continente antártico também atrai o interesse científico.

O **Tratado da Antártida**, assinado em 1959 por diversos países, estabeleceu que esse continente pode ser explorado apenas para atividades científicas. O **Protocolo de Madri**, de 1991, estendeu essa proibição até 2048, ano em que será revisto. Existe a preocupação de que os governos, em nome de interesses econômicos, pressionem pela liberação da exploração dos recursos naturais do continente após o fim do tratado.

O Chile e a Argentina já disputam a soberania sobre a Antártida, com o argumento da contiguidade territorial da cordilheira dos Andes com a península Antártica. A Inglaterra também reivindica controle sobre a região, argumentando que foi a primeira nação a chegar a esse continente, no século XIX.

Em 1982, o Brasil deu início ao **Programa Antártico Brasileiro** (Proantar), com a instalação de uma base científica na Antártida: a Estação Antártica Comandante Ferraz.

CIDADANIA GLOBAL

MULHERES NA CIÊNCIA

De acordo com a Unesco, embora a participação feminina na ciência esteja em crescimento na América Latina, as mulheres ainda têm uma participação significativamente menor que a dos homens. Reúna-se com o seu grupo para levantar informações sobre o assunto.

1. Quais são os desafios enfrentados pelas mulheres no campo da ciência?
2. Busquem informações sobre uma cientista de um país da América Latina e façam um resumo sobre a relevância de sua pesquisa para a área de conhecimento na qual atuam. O que estudou? Qual foi o impacto de sua pesquisa? De que forma sua atuação e pesquisa influenciaram a sociedade?

▲ O Tratado da Antártida definiu que o continente só poderia ser ocupado por bases científicas, para a realização de pesquisas com fins pacíficos. Além disso, o acordo estabeleceu que a Antártida é uma zona desmilitarizada, ou seja, é proibida a realização de testes nucleares e de atividades militares. Base Eduardo Frei, do Chile, na Antártida. Foto de 2020.

ATIVIDADES

Acompanhamento da aprendizagem

Retomar e compreender

1. Relacione os tipos de colonização praticados nos países latino-americanos com algumas características socioeconômicas comuns a muitos países dessa região, como a concentração de terras e a desigualdade social, que atingem principalmente as populações negra, indígena e mestiça.

2. Quais transformações políticas marcaram alguns países latino-americanos que viviam sob ditaduras no fim do século XX? Quais são os principais desafios desses países no início do século XXI?

3. Sobre os organismos de integração vigentes na América Latina, responda às questões.
   a) Cite os objetivos dos principais blocos econômicos latino-americanos.
   b) Qual é o bloco econômico formado apenas por países latino-americanos e que atingiu o maior grau de integração econômica na América?

4. Para a América do Sul e, especialmente, para o Brasil, a década de 1980 é frequentemente chamada por economistas internacionais de "década perdida". De acordo com o que você estudou neste capítulo, qual pode ser a origem dessa expressão?

5. Por que a Antártida é considerada estratégica para alguns países latino-americanos? Quais são os principais acordos internacionais relativos a essa região e quais são suas diretrizes?

Aplicar

6. Observe o mapa.

América Central e México: Interferência dos Estados Unidos (fim do século XIX-início do século XX)

Fonte de pesquisa: Philippe Rekacewicz. Ingérences étatsuniennes. *Le Monde Diplomatique*, jan. 1995. Disponível em: https://www.monde-diplomatique.fr/cartes/amcentetatsunis. Acesso em: 11 abr. 2023.

a) Discuta com os colegas a relação política dos Estados Unidos com os países da América Central e com o México entre o fim do século XIX e o começo do século XX.
b) Qual é o panorama dessa relação na atualidade?

7. Observe novamente o mapa da página 164. Depois, escolha um conflito fronteiriço representado no mapa e busque informações sobre como os países pretendem resolver esse conflito. Elabore um texto apresentando e sintetizando as informações que você levantou.

CAPÍTULO 2
ECONOMIA E DESTAQUES REGIONAIS

PARA COMEÇAR

Há grandes diferenças econômicas e sociais entre os países da América Latina. Você sabe como a economia da região está organizada? Quais países se destacam na economia latino-americana?

economia agroexportadora: economia com participação majoritaria da exportação de produtos agropecuários.

▼ A exploração de recursos minerais é muito importante para as economias dos países latino-americanos. Mineração de cobre, no Chile. Foto de 2021.

ECONOMIAS DA AMÉRICA LATINA

Como você estudou, ao longo do século XX houve a **abertura econômica** de muitos países latino-americanos para o capital externo, com grande crescimento das exportações e das importações. Assim, no início do século XXI, a maior parte desses países se encontra integrada ao **comércio mundial**.

Os países latino-americanos apresentam, no entanto, grandes diferenças em suas economias e em níveis de desenvolvimento. O Brasil, o México e a Argentina são as maiores economias da região e se industrializaram com base na política de substituição de importações no século XX. Contudo, Brasil e Argentina passam por processos de desindustrialização, com redução das atividades industriais dentro de seus territórios.

Na América Latina, há também países cuja economia está baseada na exportação de **recursos minerais** e **energéticos**, como é o caso de Chile, Venezuela e Bolívia, e países de economia agroexportadora, como Paraguai, Uruguai e Haiti. As economias agroexportadoras são mais sujeitas a crises econômicas, em razão da variação no preço de produtos agropecuários.

O **turismo** é uma importante fonte de renda para muitos países centro-americanos e caribenhos. A Costa Rica e a Guatemala, por exemplo, cresceram economicamente graças ao fluxo de turistas. Conheça, a seguir, as principais características socioeconômicas de alguns países latino-americanos.

BRASIL

A economia brasileira é a maior da América Latina e uma das maiores do mundo e se caracteriza por ser **diversificada**, com desenvolvimento na agricultura, na mineração, na indústria e nos serviços.

Os principais produtos de exportação do Brasil têm origem no agronegócio e na indústria extrativa: soja, carne bovina e de frango, açúcar, minério de ferro e petróleo. Seus maiores parceiros comerciais são a China, os Estados Unidos e a Argentina.

De 2003 a 2010, a economia brasileira apresentou crescimento, que elevou a renda da população, reduziu desigualdades sociais e expandiu a presença do Brasil nos mercados mundiais.

Houve também a ampliação do **mercado interno**, ocasionada pelo aumento do consumo das famílias de renda baixa e média, além da recuperação e da expansão de diversos setores industriais, como o automobilístico e o de eletrodomésticos. Foi relevante também a expansão do acesso à moradia, impulsionada por programas governamentais de financiamento de imóveis.

Em 2008, a crise mundial levou muitos países a reduzir suas importações, em especial de *commodities*, o que prejudicou a economia brasileira, que era dependente da exportação desses produtos.

Desde 2011, o Brasil apresenta baixas taxas de crescimento do PIB. Em 2015, 2016 e 2020, o país passou por períodos de **recessão econômica**, como é possível observar no gráfico.

Em parte, essa situação é resultado da balança comercial dependente da **exportação de produtos primários**, sujeitos à variação dos preços internacionais, e que vem caindo desde 2015, e do baixo investimento no setor produtivo e em pesquisa, tecnologia, inovação e educação, o que favoreceria a qualificação da mão de obra e de toda a produção. Além disso, o baixo investimento em infraestrutura dificulta a retomada do crescimento econômico em curto prazo.

Recentemente, as crises econômica e política contribuíram para o alto nível de desemprego, a redução da atividade produtiva e o aumento do número de pessoas em situação de pobreza. Esse cenário foi agravado pela pandemia de covid-19.

▲ A economia brasileira é dependente da exportação de matérias-primas, do agronegócio e da indústria extrativista. A carne bovina, por exemplo, é um importante produto brasileiro de exportação. Na foto, pecuária extensiva de bovinos em Curionópolis (PA). Foto de 2022.

Brasil: Taxa de crescimento anual do PIB (2000-2021)

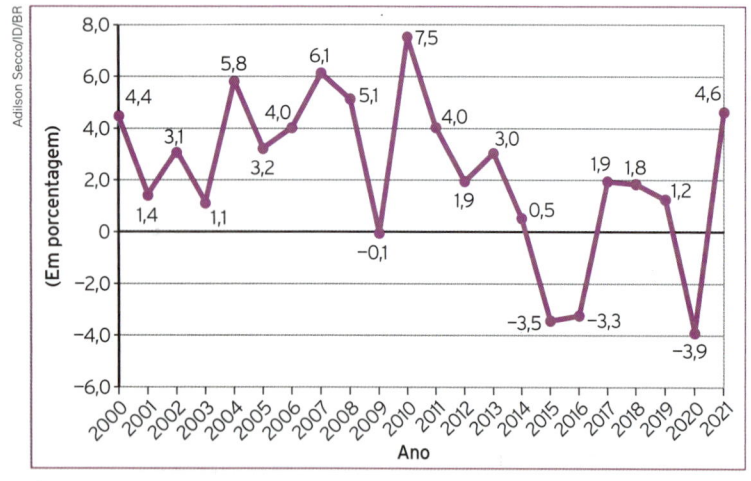

Valores (Em porcentagem) por ano:
- 2000: 4,4
- 2001: 1,4
- 2002: 3,1
- 2003: 1,1
- 2004: 5,8
- 2005: 3,2
- 2006: 4,0
- 2007: 6,1
- 2008: 5,1
- 2009: −0,1
- 2010: 7,5
- 2011: 4,0
- 2012: 1,9
- 2013: 3,0
- 2014: 0,5
- 2015: −3,5
- 2016: −3,3
- 2017: 1,9
- 2018: 1,8
- 2019: 1,2
- 2020: −3,9
- 2021: 4,6

▲ As situações de crescimento econômico negativo são verificadas em anos de recessão econômica, ou seja, em um cenário de baixa produtividade industrial, alta inflação, desemprego e queda na renda da população.

Fontes de pesquisa: IBGE. Disponível em: https://agenciadenoticias.ibge.gov.br/agencia-noticias/2013-agencia-de-noticias/releases/20166-pib-avanca-1-0-em-2017-e-fecha-ano-em-r-6-6-trilhoes.html;https://agenciadenoticias.ibge.gov.br/agencia-noticias/2012-agencia-de-noticias/noticias/33066-pib-cresce-4-6-em-2021-e-supera-perdas-da-pandemia. Acessos em: 11 abr. 2023.

MÉXICO

Atualmente, a economia mexicana baseia-se em indústrias, como as dos setores automobilístico, de máquinas, de produtos químicos e de vestuário. A indústria extrativa também é importante para o país, com destaque para a exploração da prata, do petróleo e do gás natural.

As indústrias mexicanas são, em sua quase totalidade, transnacionais ou empresas que foram privatizadas. A adesão do México ao antigo Nafta (atual USMCA), em 1994, impulsionou as exportações do país, sobretudo para os Estados Unidos, o principal destino dos produtos mexicanos. Após o Nafta, milhares de indústrias maquiladoras foram instaladas na zona de fronteira com os Estados Unidos. Ampliou-se o investimento estadunidense nos setores industrial e energético do país vizinho. Nessa época, a expansão de áreas de cultivo e de usinas hidrelétricas provocou **problemas agrários**, com a expulsão de pequenos agricultores e de indígenas de suas terras. Na década de 2000, o México incrementou a política de apoio às indústrias maquiladoras. Desde os anos 2010, o governo mexicano tem adotado políticas de proteção às indústrias nacionais. Em 2015, o México aderiu à **Parceria Transpacífico**, acordo de livre-comércio estabelecido entre 12 países banhados pelo oceano Pacífico.

Os principais produtos de exportação mexicanos, em 2020, foram o petróleo e seus derivados, além de produtos manufaturados, como veículos e maquinários.

Na agricultura, as principais produções do México são o cultivo de milho, de café, de cana-de-açúcar e de algodão.

O **turismo** também é uma importante fonte de renda, atraindo visitantes tanto pelas praias dos litorais do Pacífico e do Atlântico como pelos diversos sítios arqueológicos de povos pré-colombianos que habitavam o país.

A desigualdade social e a pobreza, no entanto, são elevadas no México. De acordo com dados do Banco Mundial, em 2020, cerca de 44% da população vivia em situação de pobreza. Essa situação cria espaço para que o tráfico de drogas seja uma atividade de sobrevivência para muitos mexicanos, dificultando o combate a essa atividade criminosa e à violência.

■ **México: Indústria (2021)**

Fonte de pesquisa: *Reference world atlas*. London: Dorling Kindersley, 2021. p. 41.

maquiladora: indústria estrangeira que importa a maior parte de seus componentes e exporta a produção, fazendo uma "maquiagem" para se beneficiar, por exemplo, de incentivos fiscais e de mão de obra mais barata.

■ **México: Participação dos setores da economia no PIB (2021)**

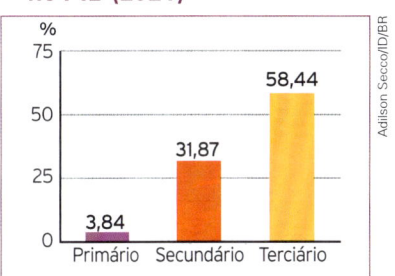

- Primário: 3,84
- Secundário: 31,87
- Terciário: 58,44

▲ A agricultura, embora tenha a menor participação no PIB do país, é importante como atividade de mercado e de subsistência de milhões de indígenas, principalmente no sul do território.

Fonte de pesquisa: Statista. Disponível em: https://www.statista.com/statistics/275420/distribution-of-gross-domestic-product-gdp-across-economic-sectors-in-mexico/. Acesso em: 11 abr. 2023.

ARGENTINA

A **industrialização** da Argentina é a mais antiga da América do Sul. Na década de 1930, o país iniciou um processo de urbanização e de modernização econômica, principalmente em decorrência da exportação da carne e seus derivados para a Inglaterra.

Houve grande impulso para a agricultura, com a produção de grãos (especialmente soja, trigo e milho), para a pecuária de corte e leiteira e para a produção de vinhos.

Durante as décadas de crescimento econômico, entre 1930 e 1980, o país atingiu alto patamar de **desenvolvimento social e cultural**, com elevado nível de escolarização. Nesse período, buscou-se a **diversificação do setor industrial**, com destaque para a indústria automobilística, resultando em crescimento econômico.

No entanto, na década de 1990, o país passou por uma grave crise econômica e por um intenso processo de **desindustrialização**. A economia abriu-se à importação, enfraquecendo a indústria nacional e gerando altos níveis de desemprego e queda nos indicadores socioeconômicos.

De 2003 em diante, a Argentina retomou as exportações de alimentos e vários setores industriais se fortaleceram, como as indústrias alimentícia, automobilística e de eletrodomésticos. Nos últimos anos do governo da presidente Cristina Kirchner (entre 2007 e 2015), a economia enfrentou nova crise, com aumento do desemprego e redução das atividades econômicas. A queda nos preços internacionais de produtos agrícolas e a alta dívida do país com os Estados Unidos agravaram a crise. Os problemas persistiram durante o governo de Mauricio Macri (entre 2015 e 2019), e, em 2018, o país voltou a enfrentar uma grave crise econômica, recorrendo a empréstimos do FMI.

Após 2020, sob o governo de Alberto Fernández, a economia fragilizada da Argentina se tornou uma das mais atingidas pela pandemia de covid-19, o que levou à redução de atividades econômicas e ao aumento da pobreza.

▸ Em 2020, o principal parceiro econômico da Argentina era o Brasil, para o qual exportava principalmente caminhões, carros e trigo. Indústria automobilística na província de Buenos Aires, Argentina. Foto de 2021.

INDÚSTRIA CINEMATOGRÁFICA ARGENTINA

A presença do cinema argentino no Brasil é ainda pouco expressiva, sobretudo em comparação com a influência da indústria cinematográfica estadunidense. Contudo, os filmes argentinos vêm, aos poucos, ganhando mais espaço não somente no Brasil, mas também em outros países, com filmes figurando entre os principais lançamentos mundiais anualmente. De modo geral, o cinema argentino, além de focar em temas políticos, explora as relações humanas.

PARA EXPLORAR

Medianeras: *Buenos Aires na era do amor virtual*. Direção: Gustavo Taretto. Argentina, 2011 (92 min). O filme conta a história do encontro de duas pessoas em meio ao caos urbano de Buenos Aires, capital da Argentina.

O que você conhece da **arte na América Latina**?

CHILE

Até os anos 1970, o Chile exportava quase exclusivamente **cobre**. A agricultura, praticada nos latifúndios, era pouco desenvolvida, e havia imensa desigualdade social no país.

As décadas de 1960 e 1970 foram marcadas tanto pelo surgimento de governos populares, que iniciaram reformas profundas para a diversificação da economia, a redução das desigualdades e a implementação da reforma agrária, quanto pelo **golpe militar** de 11 de setembro de 1973, que levou ao poder uma das ditaduras mais violentas da América Latina.

O governo do general Augusto Pinochet, entre 1973 e 1990, reprimiu a oposição e suprimiu liberdades civis. Também deu início a um processo de crescimento econômico que combinava o forte apoio do Estado com a privatização de várias empresas. Apesar de ter diversificado a estrutura produtiva, o Chile ainda permanece muito dependente das exportações de minérios, especialmente o cobre, do qual é o maior produtor mundial. Em 2020, essas exportações representavam quase metade das exportações chilenas.

Desde a década de 1980, as exportações de alimentos e bebidas, principalmente de frutas, pescados e vinhos, vêm ganhando importância. Com o apoio do Estado, desenvolveram-se novas regiões produtivas: nos vales centrais, a produção de vinhos; no norte semiárido, a fruticultura; no sul, a silvicultura, com grandes unidades industriais de processamento de madeira, papel e celulose; no litoral, a pesca em grande escala; e, nos rios do sul, a criação de salmão. O país importa principalmente maquinários, automóveis e petróleo.

Mesmo com o crescimento econômico dos últimos quarenta anos, a desigualdade social no Chile permanece. Nos anos 2000, governos nacionalistas estiveram no comando, como ocorreu em outros países da América Latina. No entanto, não se realizou um processo de redistribuição da renda ou de mudança nas condições de trabalho, além de se manter a predominância do ensino e da previdência privados.

Em 2013, a presidente Michelle Bachelet foi eleita novamente (seu primeiro governo foi entre 2006 e 2010) com a promessa de implantar reformas para combater a desigualdade. Sebastián Piñera foi o presidente eleito em 2018, e seu governo ficou marcado pela realização de protestos populares reivindicando acesso aos sistemas públicos de educação e de saúde e a resolução da crise da previdência. Em 2021, o Chile elegeu o candidato de oposição, Gabriel Boric.

▲ O vinho é um importante produto de exportação do Chile. Em 2020, o país foi o quarto maior exportador de vinho do mundo, atrás apenas da Espanha, da Itália e da França. Vinhedo em Millahue, Chile. Foto de 2018.

Chile: Principais destinos das exportações (2020)

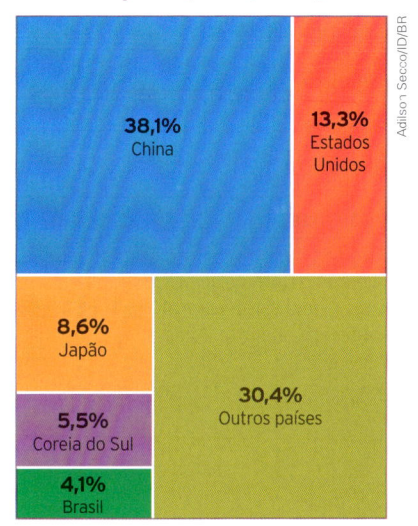

- 38,1% China
- 13,3% Estados Unidos
- 8,6% Japão
- 5,5% Coreia do Sul
- 4,1% Brasil
- 30,4% Outros países

Fonte de pesquisa: The Observatory of Economic Complexity. Disponível em: https://oec.world/en/profile/country/chl?yearSelector1=2020. Acesso em: 2 maio 2023.

Quais são as consequências da **ditadura chilena**?

▲ Com a Guerra na Ucrânia, iniciada em 2022, houve crescimento das exportações colombianas de recursos energéticos. Em 2020, o principal destino das exportações de carvão da Colômbia foi a Turquia (20,2%). Mineração de carvão na Colômbia. Foto de 2022.

COLÔMBIA: PRINCIPAIS PRODUTOS EXPORTADOS (2021)	
Petróleo cru e refinado	28,1%
Carvão mineral	12,8%
Café	7,9%
Ouro	7,28%
Flores e plantas ornamentais	4,43%
Bananas	3,34%

Fonte de pesquisa: The Observatory of Economic Complexity. Disponível em: https://oec.world/en/profile/country/col#yearly-exports. Acesso em: 2 fev. 2023.

COLÔMBIA

As exportações de recursos energéticos, ouro e café são a base econômica da Colômbia, o que torna esse país frágil ante a variação e a queda no preço das *commodities*.

Desde meados de 2010, o país vem procurando fortalecer a economia com a **diversificação** da produção e das exportações. Atualmente, é um importante exportador mundial de carvão mineral e um dos principais produtores de petróleo da América Latina. No entanto, o desenvolvimento econômico tem encontrado dificuldades para superar a falta de infraestrutura, a elevada concentração de renda e o narcotráfico.

Na década de 1960, surgiram movimentos que defendiam mudanças profundas na sociedade, entre eles as **Forças Armadas Revolucionárias da Colômbia** (Farc), que visavam tomar o poder pela luta armada. Ainda naquela década, o Exército colombiano passou a combater as Farc.

A Colômbia tornou-se um dos maiores produtores mundiais de drogas, que são exportadas ilegalmente e em grande quantidade para os Estados Unidos. Isso fez com que o governo do país fosse controlado pelos cartéis do narcotráfico. As Farc entraram no comércio e na produção ilegal de drogas e, assim, passaram a controlar grandes áreas no interior do país.

Desde 2002, para desarticular as redes de drogas e as Farc, os Estados Unidos têm enviado recursos financeiros e militares à Colômbia, com a criação do Plano Colômbia, no governo de Álvaro Uribe.

O plano resultou na prisão dos principais chefes do narcotráfico e na redução significativa do poder das Farc. No entanto, a produção e o tráfico de drogas permaneceram em plena atividade, o que levou a denúncias de envolvimento do governo Uribe com essa prática criminosa e com a violência dos paramilitares. O Plano Colômbia passou a ser desacreditado pela população nos governos seguintes.

Em 2016, as Farc negociavam com o governo um acordo de paz e a anistia para ex-guerrilheiros. No mesmo ano, foi realizado um plebiscito popular sobre a realização desse acordo com as Farc, mas a negociação desagradou a população, que votou contra. Nesse mesmo ano, o grupo entregou suas armas às missões da ONU e se tornou um partido político, a Força Alternativa Revolucionária do Comum. O país ainda apresenta grande número de **deslocamentos internos** em decorrência das lutas armadas.

VENEZUELA

A Venezuela é o único país americano membro da Organização dos Países Exportadores de Petróleo (Opep), e sua economia é muito dependente desse recurso.

Nos anos 2000, dois fatores favoreceram os países exportadores de petróleo: o crescimento do consumo mundial e a alta do preço do produto no mercado internacional. Nesse contexto, o governo do presidente Hugo Chávez – que durou de 1999 a 2013, ano de seu falecimento – retomou o controle de refinarias que pertenciam a empresas transnacionais (dos Estados Unidos, da França, da Inglaterra e do Brasil) e passou a controlar os investimentos e a reter os lucros da exploração do petróleo.

Dessa maneira, o governo conseguiu realizar **reformas sociais**, reduzindo a pobreza e aumentando a escolaridade da população. A política nacionalista iniciada no governo Chávez foi mantida por seu sucessor, Nicolás Maduro.

Não houve, no entanto, diversificação da indústria, e a Venezuela se tornou **dependente das importações** para o suprimento de diversos produtos, inclusive para o abastecimento de alimentos. O setor de combustíveis continua sendo a base econômica da Venezuela – em 2016, respondia por 96% das exportações do país. Logo, a queda no preço internacional do petróleo nesse mesmo ano teve grande impacto na economia venezuelana.

Desde 2014, o país vem enfrentando uma forte **crise econômica** e **política**, que piorou com a queda no preço do petróleo e foi agravada pelas sanções impostas pelos Estados Unidos. Em 2018, com a inflação acima de 800% ao ano e problemas de abastecimento de produtos básicos, como alimentos e remédios, a oposição ao governo cresceu, mas foi fortemente reprimida, o que levou ao aumento da violência no país.

Quanto à política externa, para driblar as sanções estadunidenses, a Venezuela assinou, em 2021, um acordo de cooperação de 20 anos com o Irã, o que explica o aumento da produção de petróleo venezuelana nesse ano.

Com a persistência da crise política e econômica e o avanço da pobreza da população, o país vem enfrentando uma **onda migratória e de refugiados**. Muitos venezuelanos têm migrado para outros países americanos, como a Colômbia, o Peru, os Estados Unidos e o Brasil.

■ **Venezuela: Indústria (2021)**

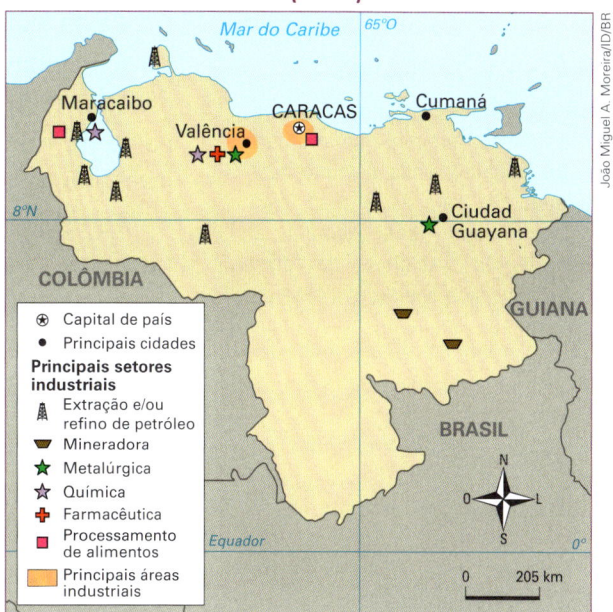

▲ O principal setor industrial da Venezuela é o de extração e refinamento de petróleo, localizado em grande parte na região do lago de Maracaibo.

Fonte de pesquisa: *Reference world atlas*. London: Dorling Kindersley, 2021. p. 55.

▼ Caravana de migrantes venezuelanos, no México, se deslocando em direção ao Estados Unidos. Foto de 2022.

CIDADANIA GLOBAL

MULHERES E TRABALHO

Na América Latina, a representação feminina no mercado de trabalho ainda é muito desigual em relação à masculina. No Equador, por exemplo, as mulheres trabalham de forma remunerada apenas 19 horas por semana, enquanto os homens trabalham 40 horas. Por outro lado, o trabalho não remunerado das mulheres ocupa 37 horas semanais, enquanto o dos homens, apenas 10 horas. Esses dados apontam para a profunda desigualdade de gênero, que reflete, também, as desigualdades sociais do país.

1. Busquem dados sobre o trabalho não remunerado de mulheres e elaborem um texto explicativo sobre o tema.

▼ O governo de Evo Morales incentivou os investimentos de empresas estrangeiras nos setores de mineração e de gás natural. Mineradores trabalhando em Potosí, Bolívia. Foto de 2022.

EQUADOR

O setor industrial no Equador é pouco diversificado e concentra-se na exploração de **petróleo** por empresas estrangeiras.

A economia equatoriana entrou em grave crise no fim da década de 1990, com as políticas de abertura econômica. A maior parte da riqueza obtida com a exploração do petróleo não foi investida no país.

Ao contrário de muitos países latino-americanos, que iniciaram uma recuperação econômica, no século XXI, no Equador a crise se agravou ainda mais. Com uma dívida externa elevada, o país resolveu adotar o dólar como moeda oficial, mas o efeito foi desastroso. A elevação dos custos de produção afetou a agricultura e a indústria, o desemprego cresceu e a população iniciou uma **migração** em massa. Tanto as camadas mais pobres quanto os integrantes da classe média migraram aos milhares para a Europa e os Estados Unidos, em busca de melhores condições de vida.

A partir de 2007, a situação econômica começou a mudar, com a eleição do presidente Rafael Correa – que adotou medidas nacionalistas de proteção ao mercado interno – e com a aprovação de uma nova Constituição, que reconhece o Equador como um **Estado multiétnico**. A renda da população mais pobre aumentou, assim como os investimentos em saúde e infraestrutura.

Contudo, em 2015, a queda no preço do petróleo resultou no corte de gastos públicos por parte do governo.

BOLÍVIA

A economia boliviana é **pouco diversificada**. Embora a Bolívia disponha de muitos recursos naturais, especialmente **gás natural**, estes foram explorados por empresas estrangeiras durante muitos anos. A população é de maioria indígena, que até hoje sofre forte exclusão social.

A crise econômica das décadas de 1980 e 1990 agravou a situação do país, levando a grande insatisfação popular, um dos fatores que possibilitou a eleição, em 2006, de Evo Morales, o primeiro representante indígena a chegar à presidência.

O governo Morales nacionalizou o patrimônio das empresas estrangeiras de gás natural e adotou políticas de melhoria na distribuição de renda e de combate ao desemprego. Essas medidas provocaram conflitos internos, pois líderes políticos e empresariais sentiram-se prejudicados.

A falta de investimento estrangeiro, associada aos conflitos sociais, criou muitos desafios para a economia boliviana. Em 2015, o governo Morales buscou ampliar a produção energética no país e passou a oferecer melhores condições de investimento para empresas estrangeiras. Em 2020, Luis Arce, aliado de Evo Morales, foi eleito presidente da Bolívia.

AMÉRICA CENTRAL E CARIBE

As economias dos países da América Central são baseadas em **atividades agrícolas**, e cerca de metade da produção é voltada para a exportação.

No Panamá destaca-se o **canal do Panamá**, canal construído pela França e pelos Estados Unidos. O canal possibilita a navegação entre os oceanos Atlântico e Pacífico, diminuindo o trajeto percorrido por embarcações comerciais. A construção do canal foi concluída em 1914, e ele foi administrado pelos Estados Unidos até 1999, quando passou a ser controlado pelo governo do Panamá. A maior parte do PIB panamenho tem origem nas taxas cobradas pelo uso do canal do Panamá.

▲ Vista aérea do canal do Panamá, que ainda é considerado muito importante para a economia panamenha. Foto de 2020.

No mar do Caribe, localizam-se centenas de ilhas; as Grandes Antilhas são as maiores e abrangem Cuba, Jamaica, Porto Rico e São Domingos (ou Hispaniola), onde se localizam a República Dominicana e o Haiti. Nas Pequenas Antilhas, estão diversos países e possessões. As atividades econômicas são limitadas pelos pequenos territórios e pela baixa ocupação dessas ilhas. Dessa forma, o **turismo** é a principal atividade econômica dos países caribenhos. Atividades extrativistas, como a pesca, contribuem para a subsistência da população. Países maiores, como Cuba e Jamaica, apresentam **agricultura** mais significativa.

O Haiti é o país caribenho que apresenta as piores condições de vida, em decorrência tanto da grande instabilidade política quanto do terremoto de 2010, que arrasou a já precária infraestrutura do país.

Algumas das ilhas do Caribe não conquistaram sua independência e são territórios ultramarinos de outros países. Porto Rico, por exemplo, embora tenha sido colonizada por espanhóis, foi dominada pelos Estados Unidos em 1917. A administração de Porto Rico é semelhante à de um estado dos Estados Unidos, e suas leis são subordinadas ao Congresso Nacional estadunidense.

Algumas ilhas do Caribe também são **paraísos fiscais**, como as ilhas Cayman, as Bahamas e as ilhas Virgens Britânicas.

■ **América Central e Caribe: Uso do solo (2021)**

Fonte de pesquisa: *Reference world atlas*. London: Dorling Kindersley, 2021. p. 42, 44.

CUBA

Principal ilha do Caribe, Cuba apresenta as melhores taxas de expectativa de vida e de escolaridade dessa região. A economia do país é baseada na **exportação** de café, tabaco, frutas tropicais e produtos derivados da cana-de-açúcar. As indústrias de base e de bens de consumo são pouco diversificadas e modernizadas.

Até meados do século XX, a pobreza nas áreas rurais de Cuba contrastava com a riqueza dos grandes produtores de cana-de-açúcar e de charutos e dos hotéis de luxo destinados ao turismo.

▲ Havana, capital de Cuba, é a maior cidade do país. Vista de Havana, Cuba. Foto de 2020.

A ditadura do general Fulgêncio Batista, iniciada em 1934 e apoiada pelos Estados Unidos, aumentou a insatisfação popular. Surgiram, então, movimentos rebeldes, que depuseram Fulgêncio Batista na Revolução de 1959 e levaram ao poder seu líder, **Fidel Castro**.

Entre as medidas adotadas pelo novo governo estavam o confisco das propriedades de estrangeiros, a reforma agrária, a nacionalização e a socialização da indústria e a aproximação com a União das Repúblicas Socialistas Soviéticas (URSS). Em 1961, Fidel Castro declarou Cuba um Estado socialista.

Em represália às medidas adotadas e ao alinhamento com a URSS, em 1962, os Estados Unidos impuseram a Cuba um **bloqueio econômico**, que proibia empresas e cidadãos estadunidenses de manter quaisquer relações com o país caribenho, impedia a obtenção de créditos internacionais e restringia as importações. A partir de então, a URSS tornou-se a principal parceira comercial de Cuba.

Na década de 1990, com o fim da URSS, os problemas econômicos de Cuba aumentaram, e o governo estadunidense intensificou a pressão política. Nos anos 2000, Cuba melhorou suas relações com países latino-americanos, como a Venezuela e o Brasil, e com a nova potência econômica mundial, a China, ampliando o comércio externo e criando um ambiente internacional favorável para contestar o bloqueio estadunidense.

Em 2016, os Estados Unidos restabeleceram relações diplomáticas com Cuba, passando a facilitar as viagens para a ilha caribenha e a reduzir parte das limitações comerciais entre os dois países. O governo cubano permitiu a instalação de algumas empresas privadas – até então, todas eram controladas pelo Estado –, e aos poucos o país vem recebendo investimentos estrangeiros, principalmente para o desenvolvimento do turismo, do sistema portuário e das telecomunicações.

GUANTÁNAMO

Ao sul da ilha de Cuba há uma área totalmente administrada pelos Estados Unidos: a baía de Guantánamo. A ocupação dessa área ocorre há mais de cem anos, e os Estados Unidos pagam aluguel por seu uso. Apesar disso, Cuba reivindica a soberania sobre essa área, onde os Estados Unidos instalaram uma base naval e, em 2002, uma prisão para abrigar e interrogar suspeitos de ações terroristas. A prisão de Guantánamo é criticada internacionalmente, inclusive pela ONU, por violar os direitos humanos.

ATIVIDADES

Acompanhamento da aprendizagem

Retomar e compreender

1. Caracterize, de modo geral, as economias dos países da América Latina.
2. O que são indústrias maquiladoras?
3. Qual é a importância do canal do Panamá para o comércio mundial? E para o Panamá?
4. Por que o Plano Colômbia passou a ser desacreditado pela população colombiana?
5. Caracterize as condições socioeconômicas de Cuba.
6. Observe o mapa e, depois, responda às questões.

■ **América do Sul: Recursos minerais e indústria (2021)**

Fonte de pesquisa: *Reference world atlas*. London: Dorling Kindersley, 2021. p. 52, 53.

a) De acordo com o mapa, onde estão localizadas as principais regiões industriais da América do Sul?

b) Em qual dessas regiões industriais há o desenvolvimento de alta tecnologia?

c) O Chile se destaca pela exploração de qual recurso mineral?

Aplicar

7. Leia o texto a seguir. Depois, responda às questões.

> [...] A migração venezuelana começou com profissionais altamente qualificados, que tinham meios para viajar e se estabelecer em outros países sem muitos problemas, mas inclui cada vez mais pessoas pobres da classe trabalhadora. [...]
>
> Crise migratória sem precedentes dispara na América Latina. *CNN Brasil*, 15 out. 2021. Disponível em: https://www.cnnbrasil.com.br/internacional/crise-migratoria-sem-precedentes-dispara-na-america-latina/. Acesso em: 10 abr. 2023.

a) De qual fluxo de pessoas o texto se refere? O que levou essas pessoas a se deslocarem?

b) Qual é a importância de políticas públicas que garantam direitos e acolhimentos às pessoas refugiadas?

CAPÍTULO 3
POPULAÇÃO E URBANIZAÇÃO

PARA COMEÇAR
A América Latina é uma região muito populosa. O que você sabe da população dos países da América Latina? Quais são as maiores cidades da região? Como é a situação da população rural?

POPULAÇÃO

Em 2021, viviam na América Latina aproximadamente **655 milhões de pessoas**. Essa região apresentava, no mesmo ano, taxa de crescimento populacional menor que 0,7% ao ano, número próximo ao de países desenvolvidos. Em 1980, por exemplo, essa taxa era três vezes maior que a atual (2,3%), o que demonstra mudanças na dinâmica demográfica da região.

A população latino-americana está distribuída de maneira **desigual** pelo continente. A maior parte da população da América do Sul concentra-se nas áreas próximas ao litoral, tanto do oceano Pacífico quanto do Atlântico. O extremo sul da Argentina e do Chile e a porção central sul-americana, que abrange as regiões Norte e Centro-Oeste do Brasil, o sudeste da Venezuela e o nordeste da Bolívia, são as áreas menos povoadas. Na América Central, por sua vez, a maior parte da população ocupa a faixa litorânea do oceano Pacífico. No México, a população está concentrada na porção central do país, e as áreas menos povoadas estão nas regiões de clima semiárido.

Na América Latina encontram-se duas das maiores **aglomerações urbanas** do mundo: São Paulo e Cidade do México, com cerca de 22 milhões de habitantes cada.

▼ A população indígena latino-americana apresenta grande diversidade étnica e, apesar de ter sido muito reduzida durante a colonização americana, continua lutando pelos seus direitos. Crianças da etnia Mehinako, em Gaúcha do Norte (MT). Foto de 2022.

CONDIÇÕES DE VIDA E INDICADORES SOCIAIS

As populações de alguns países da América Latina ainda enfrentam sérios problemas sociais, como **fome**, **desnutrição** e **doenças tropicais**, a exemplo da malária. Entre esses países estão Honduras, Nicarágua, Panamá, República Dominicana e Guatemala.

No entanto, desde os anos 2000, ocorrem **melhorias nas condições de vida** da população latino-americana em geral, com o aumento da expectativa de vida, a redução das taxas de desnutrição e de mortalidade infantil, o aumento de programas de vacinação, entre outros. Apesar de variar entre os países, a expectativa de vida média na América Latina aumentou de 68 anos, em 1990, para 73 anos, em 2020. Esse aumento fez com que a população com mais de 65 anos passasse de 5% do total da população da América Latina, em 1990, para 9%, em 2020.

Países como Brasil, México e Argentina, que apresentam economias mais diversificadas, conseguiram superar pacialmente problemas sociais mais graves, como a fome e a desnutrição. Contudo, nos anos mais recentes, crises econômicas (que provocaram desindustrialização) e políticas, além da pandemia de covid-19, trouxeram de volta esses problemas. De acordo com a Comissão Econômica para a América Latina e o Caribe (Cepal), a insegurança alimentar moderada ou grave atingia 40,6% da população da América Latina em 2021 (dado que era de 31,7% em 2019, antes da pandemia de covid-19), o que corresponde a cerca de 266 milhões de pessoas. Além disso, os países latino-americanos ainda lutam contra problemas estruturais, como a insuficiência de infraestrutura em transporte, energia, abastecimento de água, rede de esgotos e saúde pública.

A desigualdade de renda é um problema grave em toda a América Latina. Nos países da região, parte muito significativa da renda e da produção nacional se concentram nas mãos de uma pequena parcela da população, dificultando, mesmo em períodos de crescimento econômico, o acesso a melhores condições de vida pela população. A concentração de renda pelos 10% mais ricos é de 59% da renda nacional no Brasil, 60% no Chile e 40% na Argentina. A média da América Latina é de 55%.

Quanto à população feminina, em 2020 ela representava cerca de 51% da população total da América Latina. A participação das mulheres no mercado de trabalho ainda não é equivalente à sua participação no total da população, mas cresce continuamente, passando de 33,7%, em 1990, para 41%, em 2020.

A pandemia de covid-19 teve impactos diferentes nos países da América Latina. Porém, de maneira geral, causou piora nas condições de vida e aumento da mortalidade e da fome, especialmente entre a população mais pobre.

AMÉRICA LATINA: INDICADORES SOCIOECONÔMICOS (2020)

País	Mortalidade infantil, por mil	Expectativa de vida, em anos
Argentina	9	76
Bolívia	25	64
Brasil	15	74
Chile	7	79
Colômbia	13	75
Cuba	5	78
Haiti	61	64
México	16	70
Nicarágua	16	72
Panamá	14	77
Paraguai	19	73
Peru	13	74
Uruguai	6	78
Venezuela	24	71

Fonte de pesquisa: Banco Mundial. Disponível em: https://data.worldbank.org/. Acesso em: 3 fev. 2023.

POPULAÇÕES INDÍGENAS

A composição étnica dos países latino-americanos é diversa. Alguns países são formados em grande parte por indígenas e afrodescendentes, com uma minoria de descendentes de colonizadores europeus. É o caso de muitos países da América Central e da Bolívia. Outros países são formados principalmente por descendentes de colonizadores e mestiços, como a Argentina. No México, 28% da população é de origem indígena, enquanto 62% é formada de mestiços e apenas 10% de descendentes de europeus.

PARA EXPLORAR

Frida Kahlo: **retratos da vida**, de Zena Alkayat. São Paulo: Quarto Editora.

Biografia ilustrada da artista mexicana Frida Kahlo, que enfrentou diversas dificuldades e representou a luta feminina no campo artístico e no cenário político e cultural mexicano.

URBANIZAÇÃO

De acordo com a ONU, em 2020 a América Latina era a segunda região mais urbanizada do mundo, com cerca de 81% da população vivendo em cidades.

De modo geral, o processo de urbanização dessa região ocorreu de forma acelerada e desordenada, com grande crescimento da população urbana na segunda metade do século XX. As principais causas desse processo foram a queda das exportações de produtos agrícolas, a concentração de terras nas mãos de poucos produtores e, em alguns países, como Brasil e Argentina, o aumento da industrialização. O ritmo acelerado do êxodo rural não foi acompanhado de investimentos em infraestrutura das cidades, levando milhões de pessoas a viver em condições precárias de moradia e de saneamento básico.

Com a crise econômica das décadas de 1980 e 1990, os problemas de moradia e de saneamento se agravaram em muitos países latino-americanos, pois os recursos públicos para investimento nesses setores tornaram-se cada vez mais escassos.

Na América Latina, de modo geral, as cidades concentram os serviços e as indústrias, que são responsáveis por mais de 55% do PIB dos países dessa região (dados de 2021). Atualmente, o fluxo de pessoas que saem do campo caiu drasticamente, e as migrações acontecem entre cidades e estados ou cruzam fronteiras internacionais.

Há grande desigualdade na ocupação dos espaços nas grandes cidades latino-americanas. Os terrenos em bairros com melhor infraestrutura foram valorizados e ocupados pela população com renda mais elevada, enquanto grande parcela da população, subempregada ou desempregada, é obrigada a morar em bairros com infraestrutura e habitações precárias.

A falta de perspectiva de trabalho e o abandono por parte do poder público intensificaram a violência e propiciaram a proliferação de grupos criminosos ligados ao tráfico de drogas. Uma situação comum em grande parte dos países latino-americanos é o elevado percentual da informalidade no mercado de trabalho, principalmente entre os mais jovens e as mulheres.

A expansão urbana também gerou problemas ambientais graves, como a **poluição atmosférica** e o excesso de **resíduos** descartados sem tratamento apropriado.

Diante dos problemas ocasionados pelo crescimento acelerado das cidades, foi muito importante o surgimento de **movimentos sociais urbanos**, na década de 2000, atuando na resolução de problemas e exigindo do poder público melhorias na infraestrutura.

CONURBAÇÃO E MEGACIDADES

No processo de expansão urbana, muitos municípios são unidos fisicamente a outros núcleos urbanos. Como resultado, surgem grandes áreas urbanas, cujos limites administrativos se confundem, configurando o processo de conurbação.

Quando uma cidade abriga mais de 10 milhões de habitantes, ela passa a ser considerada uma megacidade. Na América Latina, encontram-se algumas megacidades: São Paulo e Rio de Janeiro, no Brasil; Cidade do México, no México; e Buenos Aires, na Argentina.

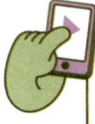

Como a população da América Latina está distribuída por sexo e idade? Veja nesse recurso a pirâmide etária da região e outros **dados sociodemográficos da América Latina**.

▼ Grande parte da população urbana da América Latina vive em locais sem condições adequadas de moradia e muitas vezes ocupa áreas inadequadas à habitação, sujeitas a desmoronamentos ou a enchentes. Habitações construídas em encosta de morro em Lima, capital do Peru. Foto de 2020.

Cris Bouroncle/AFP

QUESTÕES RURAIS

A desigualdade social na América Latina também está presente no campo. Ainda são marcantes na região a **concentração de terras** e as dificuldades enfrentadas pelos trabalhadores do campo e pelas populações tradicionais nas áreas rurais.

A intensa **modernização da agricultura**, ocorrida nas últimas décadas em países como Brasil, Argentina e Chile, fez crescer as áreas ocupadas pelo agronegócio, o que dificultou que pequenos produtores se mantivessem na terra. Assim, as populações indígenas, os camponeses e as diversas populações tradicionais latino-americanas, cujo modo de vida está ligado à terra, enfrentam disputas com grandes empresas de extração mineral ou com latifundiários.

▲ Pessoas em manifestação do Movimento dos Trabalhadores Rurais Sem Terra (MST) em Brasília (DF). Foto de 2022.

Por esse motivo, surgiram na América Latina inúmeros movimentos sociais, como o **Movimento dos Trabalhadores Rurais Sem Terra** (MST), no Brasil, e o **Exército Zapatista de Libertação Nacional** (EZLN), que atua principalmente no estado mexicano de Chiapas. Esses movimentos apresentam características distintas, porém ambos defendem a **reforma agrária** como meio de democratizar o acesso à terra.

PROBLEMAS AMBIENTAIS

A quantidade de riquezas naturais da América Latina atrai grande volume de empresas multinacionais, o que gera intensa exploração desses recursos.

As florestas tropicais e equatoriais são exploradas comercialmente, o que é motivo de preocupação para ambientalistas e para a sociedade civil, devido ao **desmatamento predatório**. As florestas tropicais existentes na região são fonte de sobrevivência da população local, mas têm atraído o interesse de grandes corporações.

Nos países em que há intensa **exploração mineral**, como Chile, Brasil e Bolívia, ocorrem diversos problemas de contaminação dos recursos hídricos e do ar, além de acidentes em instalações, afetando a área do entorno e até mesmo cidades próximas. Em 2019, por exemplo, o rompimento de uma barragem de depósito de resíduos de exploração mineral no município de Brumadinho, em Minas Gerais, causou mortes, destruiu cidades e contaminou rios da região – situações semelhantes ocorreram no Peru e no Chile.

O desmatamento da Amazônia aumentou rapidamente no Brasil desde 2019, o que levou a pressões internacionais, especialmente da União Europeia, para que o país volte a se comprometer com políticas ambientais de combate às mudanças climáticas.

Você sabe quais são as principais reivindicações dos **movimentos camponeses na América Latina**?

CIDADANIA GLOBAL

MULHERES E MEIO AMBIENTE

Em 2017, mulheres indígenas do Peru e da Bolívia se uniram para combater a poluição e liderar ações de preservação do maior lago navegável do mundo, o Titicaca (localizado na divisa entre os dois países). O grupo também promoveu discussões sobre o protagonismo feminino nas políticas públicas.

1. Em grupo, busquem outros exemplos de mulheres indígenas latino-americanas que lutam pela preservação do meio ambiente e, depois, façam um levantamento sobre os impactos dessas ações.

ATIVIDADES

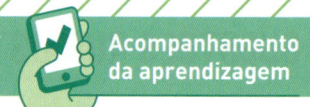

Acompanhamento da aprendizagem

Retomar e compreender

1. Caracterize a distribuição geográfica da população latino-americana.

2. Quais problemas socioeconômicos as populações dos países da América Central e do Caribe enfrentam? Qual é a relação entre as condições de vida e as atividades econômicas na América Central?

3. Observe novamente a tabela da página 179 e responda às questões a seguir.
   a) Dos países retratados, qual apresenta os piores indicadores sociais e econômicos?
   b) Quais fatores estão relacionados a essa situação?
   c) Trata-se de um país de emigrantes? Em caso afirmativo, para onde migra a população que sai desse país?

4. Quais problemas são comuns nas áreas rurais dos países latino-americanos?

5. Cite dois problemas ambientais comuns em países latino-americanos.

Aplicar

6. Observe a foto, leia o texto que trata do crescimento das cidades na América Latina e, em seguida, responda às questões.

▲ Caracas, Venezuela. Foto de 2020.

> […]
> A região da América Latina e Caribe teve um rápido processo de urbanização e é hoje a região em desenvolvimento mais urbanizada do mundo, com mais de 81% de sua população vivendo em cidades. Atualmente, dois terços da população latino-americana vivem em cidades de 20 000 habitantes ou mais.
>
> Por isso, "falar com os territórios e as cidades em nossa região é fundamental para repensar o modelo de desenvolvimento", ressaltou Mario Cimoli.
>
> O funcionário das Nações Unidas indicou que as realidades urbanas são ao mesmo tempo o lugar onde se geram […] elementos importantes do crescimento e desenvolvimento sustentável dos países da região — e onde se manifestam as desigualdades, a pobreza, a informalidade e a vulnerabilidade ambiental.
>
> Assinalou que mais de 21% da população urbana da região vive em assentamentos informais e na última década se desacelerou a redução da informalidade urbana. […]
>
> O Embaixador da Itália no Chile, Mauro Battocchi, ressaltou que os desafios são descarbonizar, reduzir a intensidade do uso de energia e recursos naturais, reduzir a poluição e o impacto das atividades humanas na natureza, que logo terá direitos formais, aliviar o estresse das pessoas e melhorar a saúde mental dos que vivem em grandes zonas urbanas. […]
>
> Falar com os territórios e as cidades é fundamental para repensar o modelo de desenvolvimento na América Latina e no Caribe. Disponível em: https://www.cepal.org/pt-br/comunicados/falar-os-territorios-cidades-fundamental-repensar-o-modelo-desenvolvimento-america. Acesso em: 11 abr. 2023.

a) Que problema urbano é mostrado na foto?
b) Com base no texto e em seus conhecimentos, que fator está relacionado à formação de áreas como a representada na foto?
c) De acordo com o texto, quais são os principais desafios enfrentados pelas cidades latino-americanas?
d) Em sua opinião, quais medidas podem ser adotadas para resolver os problemas urbanos comuns a muitas cidades latino-americanas?

CONTEXTO
DIVERSIDADE

Mulheres no movimento zapatista

No México, diante de problemas sociais e de conflitos de terra entre grandes empresários e camponeses e indígenas, os movimentos sociais ganharam força na década de 1990. Camponeses e indígenas iniciaram a ocupação de latifúndios da região, causando a reação dos fazendeiros e provocando violentos confrontos.

A rebelião de agricultores e indígenas se fortaleceu com o surgimento, no estado de Chiapas, do Exército Zapatista de Libertação Nacional (EZLN), que assumiu o controle da região e passou a ser combatido pelo governo. O conflito resultou em milhares de mortes, levando o Estado a negociar melhorias na infraestrutura da região. Hoje, cerca de um terço do estado de Chiapas forma Municipalidades Autônomas Zapatistas, sob o controle do Exército Zapatista de Libertação Nacional.

A participação feminina é um aspecto fundamental do movimento zapatista. Um instrumento importante para alcançar a igualdade de gênero é a Lei Revolucionária das Mulheres, publicada em 1994 e elaborada pelas zapatistas. A lei visa garantir a dignidade feminina e possibilitar a construção de uma vida justa para todos, homens e mulheres. Conheça, a seguir, alguns dos artigos dessa lei.

[...]

Precisamente, as mulheres do EZLN elaboraram a Lei Revolucionária das Mulheres, a qual foi ratificada em consulta junto às mulheres das bases de apoio e publicada em março de 1994. A repercussão desta lei foi enorme entre as mulheres indígenas, principalmente por ter reconhecido os seguintes direitos:

Primeiro – As mulheres, sem importar sua raça, credo, cor ou filiação política, têm o direito de participar na luta revolucionária e em lugar e grau que sua capacidade possibilite.

Segundo – As mulheres têm direito a trabalhar e a receber um salário justo.

Terceiro – As mulheres têm direito a decidir o número de filhos que podem ter e cuidar.

Quarto – As mulheres têm direito a participar nos assuntos da comunidade e ter cargos, se são eleitas livre e democraticamente.

Quinto – As mulheres têm direito à atenção primária quanto à saúde e à alimentação.

Sexto – As mulheres têm direito à [...] educação. [...]

Oitavo – Nenhuma mulher poderá ser golpeada ou maltratada fisicamente, por familiares ou por estranhos. [...]

Sara Lovera; Nellys Palomo. Laz alzadas. Citado por: Ligia T. L. Simonian. Mulheres enquanto políticas: desafios, possibilidades e experiências entre as indígenas. Papers do NAEA, Belém, NAEA/UFPA, n. 254, p. 14, dez. 2009. Disponível em: https://periodicos.ufpa.br/index.php/pnaea/article/viewFile/11415/7870. Acesso em: 3 fev. 2023.

Para refletir

1. Em sua opinião, é importante haver leis como a Lei Revolucionária das Mulheres? Explique sua resposta.
2. O que você sabe a respeito do Movimento dos Trabalhadores Rurais Sem Terra no Brasil? Ele apresenta semelhanças com o movimento zapatista?
3. Busque na internet sites que abordem a participação das mulheres no MST e escreva um texto comparando-a com a participação feminina no movimento zapatista.

REPRESENTAÇÕES

Cartografia digital: SIG e planejamento urbano

Atualmente, os programas de computador e a internet proporcionam melhor qualidade e maior rapidez na produção e na divulgação das **representações cartográficas**. Preste atenção aos mapas deste livro. Todos foram produzidos com o uso de *softwares* de cartografia digital.

Para entender melhor como esses mapas digitais são feitos, imagine que as informações geográficas (altitudes, temperaturas ou dados populacionais) fiquem registradas em uma grande biblioteca, chamada de **sistema de informações geográficas** e conhecida pela sua sigla SIG. Esse é o sistema no qual programas de computador processam e sobrepõem dados numéricos e espaciais da superfície terrestre, devidamente identificados por coordenadas geográficas.

O esquema desta página representa as diferentes informações que um SIG pode disponibilizar. Dependendo do assunto a ser destacado, podemos selecionar apenas algumas informações dessa base digital para mostrá-las em um mapa. O uso desses programas permite adquirir, armazenar, consultar, criar, correlacionar, analisar e exibir diferentes dados sobre o espaço geográfico.

■ **Coleta e processamento de informações**

Nota: Esquemas em cores-fantasia e sem proporção de tamanho.

Fontes de pesquisa: James F. Petersen; Dorothy Sack; Robert E. Gabler. *Fundamentos de geografia física*. São Paulo: Cengage Learning, 2014. p. 39; William Paterson University. Department of Geography and Urban Studies. Disponível em: http://www.wpunj.edu/cohss/departments/geography/. Acesso em: 11 abr. 2023.

Por meio do SIG é possível analisar o espaço urbano, auxiliando, por exemplo, o governo a planejar e a ordenar a expansão e a ocupação das cidades.

Os planejamentos urbanos municipais, alguns deles chamados de plano diretor, apresentam propostas e ações urbanísticas para o desenvolvimento de uma cidade.

Em Bogotá, na Colômbia, por exemplo, foi implementado, entre 1995 e 2007, um planejamento urbano para melhorar a qualidade de vida da população, com soluções ambientais sustentáveis e revitalização de áreas centrais que estavam degradadas e subutilizadas.

Nesse período, o governo de Bogotá procurou melhorar a mobilidade urbana, valorizando o transporte público e criando ciclovias, além de controlar o processo de expansão da cidade e integrar os espaços urbanos mais distantes às áreas centrais.

Agora, com essas informações, que tal pensar em um planejamento para melhorar o seu lugar de vivência?

▲ A implementação de ciclovias e o incentivo ao uso de bicicletas foram algumas das medidas de planejamento urbano adotadas em Bogotá. Essas medidas melhoraram a qualidade do ar e influenciaram a população a ter hábitos mais saudáveis. Ciclovia em Bogotá, Colômbia. Foto de 2020.

Pratique

1. Analise o espaço geográfico do lugar onde você mora. Utilize, para isso, plataformas gratuitas de mapas digitais, como *Open Street map, Google Maps* e *Bing Maps*. Delimite no mapa a área que será analisada e verifique quais informações sobre ela estão disponíveis nessas plataformas. Observe também imagens de satélite e faça um trabalho de campo para investigar os elementos que não aparecem na plataforma e verificar os usos do espaço. Anote tudo o que julgar interessante e tire fotos. Durante sua análise, procure perceber os elementos naturais, como rios e matas, e aqueles construídos pelo ser humano, como indústrias e edifícios. Analise se existem recursos que ofereçam condições adequadas de mobilidade, como faixas de pedestre e calçadas conservadas, rampas de acesso e semáforos adaptados para pessoas cegas ou com baixa visão. Outros aspectos que podem ser observados são, por exemplo, a existência de espaços de convívio, como praças, e a delimitação de faixas exclusivas para a circulação de ônibus.

2. Em seguida, analise se no lugar onde você vive esses elementos estão organizados de maneira adequada. Observe, por exemplo, a infraestrutura; se o planejamento para a construção dos edifícios permite que a luz solar ilumine as casas ao redor ou impede que isso ocorra; se há predominância de imóveis residenciais e se seria apropriada a instalação de indústrias, considerando problemas como a poluição do ar; e se os espaços de convívio são bem conservados e acessíveis.

3. Na sequência, pense em um planejamento para o lugar em que você vive. Considere todos os aspectos que você analisou: o que está adequado e o que poderia ser alterado. Elabore um mapa digital ou um croqui do lugar, representando as modificações necessárias para melhorar a qualidade de vida dos moradores.

4. Por fim, elabore um texto explicando os benefícios que esse planejamento trará para a população, tanto do ponto de vista ambiental quanto do social, e anexe-o ao mapa.

ATIVIDADES INTEGRADAS

Analisar e verificar

1. Analise o gráfico e responda às questões.

América Latina: Evolução do IDH (1990-2021)

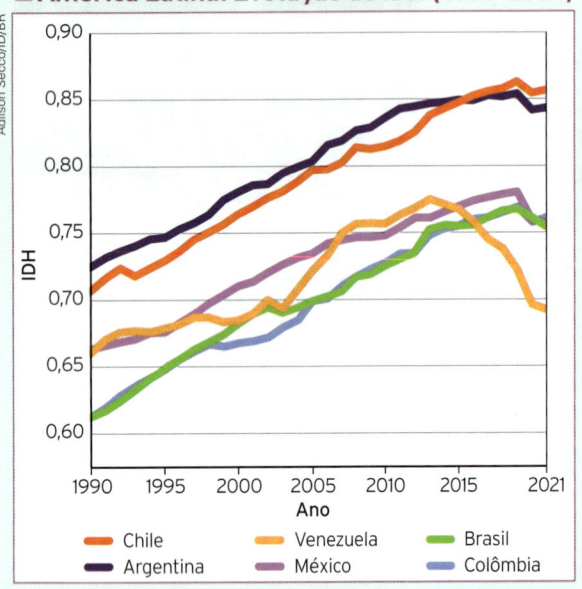

(gráfico com linhas representando Chile, Venezuela, Brasil, Argentina, México e Colômbia, eixo Y: IDH de 0,60 a 0,90; eixo X: Ano de 1990 a 2021)

Fonte de pesquisa: ONU. *Human Development Index*. Disponível em: https://hdr.undp.org/data-center/human-development-index#/indicies/HDI; http://hdr.undp.org/en/countries/profiles. Acessos em: 11 abr. 2023.

a) Qual tendência no IDH dos países se verifica no período apresentado?

b) Que fatores explicam essa tendência do IDH?

c) Quais são os dois países latino-americanos que apresentam os maiores IDH?

d) Apesar dos avanços sociais, por que a América Latina continua sendo a região com a maior desigualdade social do mundo?

2. Observe o cartum a seguir e, depois, responda às questões.

▲ Cartum de Jean Galvão.

- Qual é a crítica que o cartum pretende transmitir? A situação apresentada pode ser observada nos países da América Latina? Justifique.

3. Observe o mapa e responda às questões.

América Latina: Principais países exportadores (2020)

Principais exportadores para países da América Latina:
- China
- Estados Unidos
- Brasil
- Espanha
- sem dados

Fonte de pesquisa: The Observatory of Economic Complexity. Disponível em: https://oec.world. Acesso em: 11 abr. 2023.

a) Cite alguns países que têm os Estados Unidos como principal origem das importações.

b) Qual país mais exporta para a Argentina?

c) O que o mapa revela sobre as relações comerciais entre os países da América Latina?

d) Em sua opinião, o incentivo à criação de organismos de integração econômica entre países latino-americanos pode ser vantajoso para esses países? Por quê?

4. Atualmente, o Brasil tem atraído muitos imigrantes de países da América Latina em busca de melhores condições de vida.

a) Por que o Brasil tem atraído imigrantes da América Latina?

b) Em sua opinião, de que modo os fluxos migratórios contribuem para a diversidade cultural?

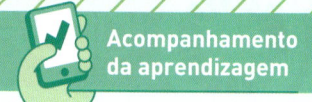

Criar

5. Analise os croquis a seguir para responder às questões.

América Latina: Principais exportações

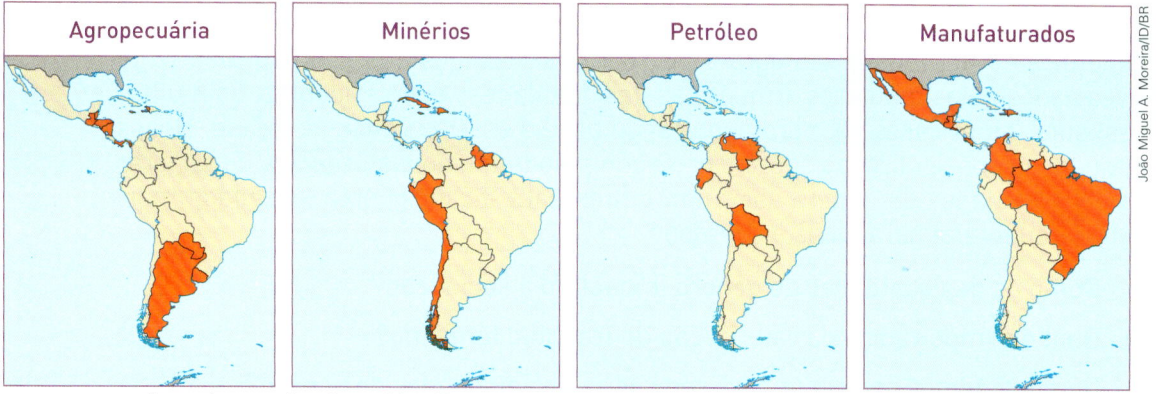

Agropecuária | Minérios | Petróleo | Manufaturados

Fonte de pesquisa: Graça M. L. Ferreira. *Atlas geográfico*: espaço mundial. São Paulo: Moderna, 2013. p. 71.

a) O que os croquis informam a respeito das características econômicas dos países latino-americanos? Explique os motivos pelos quais esses produtos têm peso nas exportações dos países.

b) Com um colega, elabore um único croqui resumindo os principais tipos de exportação dos países da América Latina.

6. A atuação das mulheres em cargos gerenciais é um indicativo de sua inserção na vida pública e da participação na tomada de decisões. Analise o gráfico e responda às questões.

Brasil: Cargos gerenciais, segundo a cor ou a raça e as classes da população em ordem crescente de rendimento (%) (2019)

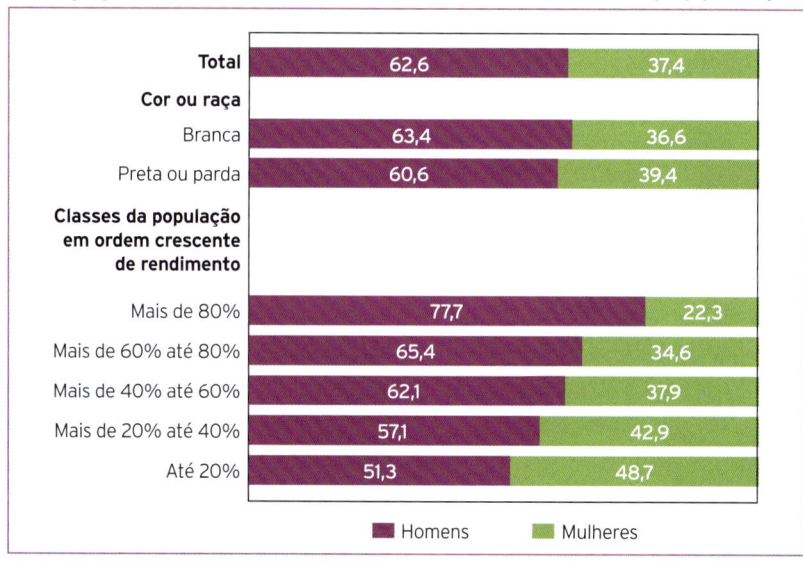

	Homens	Mulheres
Total	62,6	37,4
Cor ou raça		
Branca	63,4	36,6
Preta ou parda	60,6	39,4
Classes da população em ordem crescente de rendimento		
Mais de 80%	77,7	22,3
Mais de 60% até 80%	65,4	34,6
Mais de 40% até 60%	62,1	37,9
Mais de 20% até 40%	57,1	42,9
Até 20%	51,3	48,7

Fonte de pesquisa: IBGE. *Estatísticas de gênero*: indicadores sociais das mulheres no Brasil. Disponível em: https://biblioteca.ibge.gov.br/visualizacao/livros/liv101784_informativo.pdf. Acesso em: 11 abr. 2023.

a) No Brasil, são as mulheres ou os homens que ocupam a maior porcentagem de cargos gerenciais?

b) Com base no que foi estudado, você imagina que outros países da América Latina apresentam dados parecidos?

c) Discuta em grupo a importância da igualdade de gênero para a construção de uma sociedade mais democrática e inclusiva. Escreva um texto com as conclusões a que chegarem.

CIDADANIA GLOBAL
UNIDADE 6

5 IGUALDADE DE GÊNERO

Retomando o tema

Como você estudou nesta unidade, na América Latina as desigualdades socioeconômicas e de gênero são agravadas, gerando desafios que são especialmente vivenciados pelas mulheres. Embora as desigualdades sejam evidentes, as mulheres latino-americanas vêm protagonizando papéis essenciais na sociedade. Nesse sentido, a conscientização sobre o protagonismo feminino e a urgência de superar as desigualdades de gênero são importantes para alcançar uma sociedade mais justa e igualitária para todas as pessoas.

1. Como as desigualdades de gênero impactam a sociedade?
2. Qual é a importância da valorização do trabalho feminino?
3. Como podemos contribuir para reduzir as desigualdades de gênero?
4. Você considera que a desigualdade de gênero afeta apenas as mulheres?

Geração da mudança

- Agora, com base nas investigações e reflexões que vocês fizeram ao longo da unidade, organizem uma campanha de conscientização, apresentando as reflexões do grupo e de que forma as mulheres que vocês estudaram impactaram a América Latina. Escolham o formato em que a campanha será apresentada, como postagem em *blogs* ou nas redes sociais ou cartazes afixados na escola.

Autoavaliação

ÁFRICA: ASPECTOS GERAIS

UNIDADE 7

PRIMEIRAS IDEIAS

1. Em sua opinião, como o continente africano poderia ser regionalizado? Que critérios você usaria?
2. Descreva as paisagens da África que você conhece.
3. Quais dificuldades as populações africanas enfrentam quanto às condições ambientais do continente?
4. Você sabe de algum país africano que não foi colonizado por europeus?

Conhecimentos prévios

Nesta unidade, eu vou...

CAPÍTULO 1 — Aspectos naturais

- Conhecer aspectos naturais do continente africano, tais como características climáticas, geomorfológicas, hidrográficas e de vegetação, por meio da análise de imagens e de mapas.
- Analisar a divisão regional do continente entre África Setentrional e África Subsaariana.
- Analisar a situação da preservação da vegetação no meu município.

CAPÍTULO 2 — Neocolonialismo e suas consequências

- Conhecer aspectos da organização social e política da África no período pré-colonial.
- Compreender o processo de colonização da África, com auxílio da análise de mapa, e analisar o processo de resistência dos povos africanos.
- Compreender a formação dos países africanos, identificando os principais aspectos do processo de colonização e descolonização da África.
- Entender o processo de exploração colonial da África e reconhecer suas consequências atuais para o desenvolvimento e a qualidade de vida da população no continente, bem como os movimentos de resistência a esse processo.
- Buscar informações sobre áreas ambientalmente degradadas no meu município.
- Analisar representações cartográficas anamórficas.

CIDADANIA GLOBAL

- Analisar aspectos relacionados à exploração de recursos naturais e os consequentes danos à biodiversidade.
- Conhecer iniciativas que visam à proteção do meio ambiente e à recuperação de áreas degradadas.
- Elaborar um projeto com o objetivo de proteger e/ou recuperar áreas naturais do município onde vivo.

Luis Tato/FAO/AFP

LEITURA DA IMAGEM

1. O que as pessoas retratadas estão fazendo?
2. Caracterize o local onde as pessoas foram fotografadas. Descreva os elementos da paisagem.
3. **SABER SER** Considerando as informações presentes na imagem, quais impactos você imagina que essa atividade exerça sobre a comunidade local?

CIDADANIA GLOBAL

15 VIDA TERRESTRE

No mundo todo, diversos projetos têm sido implantados com o objetivo de frear os impactos da ação humana sobre o meio ambiente. Os problemas ambientais causam não só a perda da biodiversidade, mas também acarretam graves consequências socioeconômicas em escalas local e global. Por isso, para que seja possível projetar um futuro sustentável para o planeta, é preciso proteger biomas e ecossistemas e recuperar as áreas degradadas.

1. Como a degradação dos ambientes pode afetar a vida na Terra?
2. Busquem informações sobre áreas degradadas no município onde você vive. Posteriormente, identifique se existem projetos que objetivam recuperá-las e garantir a proteção do meio ambiente.

Ao longo desta unidade, você e seu grupo vão conhecer projetos voltados à proteção do meio ambiente e à recuperação de áreas degradadas no continente africano, uma das regiões mais ricas em biodiversidade do planeta. Além disso, vão levantar dados e informações sobre a situação ambiental do município onde vivem.

Como a iniciativa **Grande Muralha Verde** atua na contenção da desertificação na África?

Na região do Sahel, a Grande Muralha Verde é um projeto que pretende formar uma barreira de vegetação para combater o avanço da desertificação. Na foto, mulheres participam do projeto plantando sementes em Zinder, Níger. Foto de 2019.

CAPÍTULO 1
ASPECTOS NATURAIS

PARA COMEÇAR

O que você sabe da diversidade de paisagens encontradas na África? E da disponibilidade de recursos hídricos nos países africanos?

▼ O Zambeze é um importante rio africano, pois fornece água para diversos países, como Zâmbia, Namíbia, Zimbábue e Moçambique. Atualmente, vem sofrendo impactos decorrentes da derrubada de florestas, da expansão urbana e da mineração. Na imagem, Cataratas de Vitória no rio Zambeze, na fronteira entre a Zâmbia e o Zimbábue. Foto de 2020.

DIVERSIDADE REGIONAL

A África é um extenso continente, majoritariamente na **zona intertropical** e atravessada pela linha do Equador e pelos trópicos de Capricórnio e de Câncer.

No continente, se destacam a vegetação de savanas e as formações de regiões semiáridas. Também são encontradas áreas desérticas, como o Saara e o Kalahari, no norte e no sudoeste do continente, respectivamente. No limite sul do deserto do Saara está o Sahel, uma região de transição entre o deserto e as áreas úmidas centro-africanas.

A diversidade de paisagens do continente africano é resultante das condições naturais variadas, como umidade, precipitação, calor, pressão, ventos, relevo, solo, etc. Os níveis de precipitação do continente variam significativamente. Na maior parte do Saara, por exemplo, chove em média apenas 20 mm anuais, enquanto na foz do rio Níger, situado na **zona equatorial**, chove cerca de 5 000 mm por ano.

ÁFRICA SETENTRIONAL E ÁFRICA SUBSAARIANA

A África pode ser dividida em duas grandes regiões: a África Setentrional, ao norte do deserto do Saara, formada por Marrocos, Argélia, Tunísia, Líbia, Egito, Sudão e Saara Ocidental (território ocupado pelo Marrocos); e a África Subsaariana, composta dos demais países, ao sul do deserto do Saara. Observe o mapa.

Há expressivas diferenças entre os aspectos naturais dessas duas regiões. Na África Subsaariana, encontram-se algumas das principais bacias hidrográficas do continente, as florestas tropicais e, de maneira geral, há maior ocorrência de chuvas.

Na África Setentrional, por sua vez, o clima é predominantemente seco e são comuns altitudes mais baixas em relação à África Subsaariana. A população é predominantemente de língua e cultura árabes e, em sua maioria, pratica a religião islâmica.

■ **África: Político e divisão regional (2022)**

Fontes de pesquisa: *Atlas geográfico escolar*. 8. ed. Rio de Janeiro: IBGE, 2018. p. 44; ONU. Disponível em: https://unstats.un.org/unsd/methodology/m49/overview/; IBGE Países. Disponível em: https://paises.ibge.gov.br/#/. Acessos em: 3 jan. 2023.

◀ A vegetação das savanas, presente na África Subsaariana, é formada por vegetação arbustiva com galhos retorcidos. Parque Nacional Amboseli, Quênia. Foto de 2022.

CLIMA E VEGETAÇÃO

África: Clima

Fonte de pesquisa: *Atlas geográfico escolar*. 8. ed. Rio de Janeiro: IBGE, 2018. p. 58.

Por ter grande extensão, a África abrange diferentes latitudes e, portanto, apresenta diferentes tipos climáticos, o que resulta na ocorrência de uma rica **biodiversidade**, com formações vegetais diversificadas e uma fauna característica, com espécies endêmicas e a ocorrência dos maiores mamíferos do planeta.

Em grande parte da África, ocorre o **clima tropical**, com verões chuvosos e invernos secos. As temperaturas são altas, geralmente acima de 20 °C, variando pouco durante o ano.

Nessas áreas de clima tropical, encontram-se as savanas, que se caracterizam por apresentar vegetação com árvores e arbustos espaçados. As árvores têm casca grossa e raízes profundas, que, nos períodos de seca, são fundamentais para a absorção de água do subsolo.

O **clima equatorial** predomina na região central do continente. Caracteriza-se por temperaturas altas e umidade elevada. A temperatura permanece acima de 20 °C o ano todo, com pequena amplitude térmica e sem estação seca.

Essas condições favorecem o surgimento de florestas equatoriais e tropicais, ricas em biodiversidade, como no Congo. A devastação da vegetação é um sério problema que atinge a porção central da África, pois diversas empresas retiram ilegalmente madeiras nobres das florestas para exportação. A mata também é derrubada para a abertura de novas áreas agrícolas.

Nos extremos norte e sul da África, predomina o clima **mediterrâneo**, com verões de temperaturas elevadas e baixa pluviosidade e invernos suaves e com pluviosidade elevada. A vegetação, também classificada como **mediterrânea**, é composta predominantemente de arbustos.

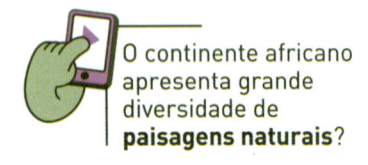

O continente africano apresenta grande diversidade de **paisagens naturais**?

CIDADANIA GLOBAL

REGENERAÇÃO DE FLORESTAS NA ZÂMBIA

Na Zâmbia, as florestas sofrem constantes ameaças devido ao desmatamento e à má gestão dos recursos naturais. Na Província Central, a comunidade local participa ativamente do projeto de regeneração natural assistida das áreas degradadas. Os agricultores recebem treinamento para a gestão de incêndios e aprendem a monitorar as áreas de forma a garantir sua proteção e regeneração, trabalhando como guardiões da natureza.

1. Reúna-se com seu grupo e, juntos, busquem informações sobre a situação da preservação da vegetação do município onde vocês vivem.
2. **SABER SER** De que formas vocês poderiam agir como guardiões da natureza em seu município?

O **clima desértico**, que predomina em grande parte do continente africano, apresenta grande amplitude térmica entre o dia e a noite devido aos baixos índices pluviométricos dessas áreas. Isso ocorre porque, dada a umidade do ar extremamente baixa, o calor emitido pelo Sol não é retido na atmosfera, levando a uma brusca queda de temperatura à noite. Durante o dia, a temperatura pode ultrapassar os 50 °C e, à noite, ficar abaixo de 0 °C.

Nos locais de maior aridez, a vegetação praticamente inexiste. Onde é um pouco mais úmido, encontram-se vegetação herbácea baixa e pequenos arbustos e cactos. Em determinados pontos do deserto do Saara, em que afloram lençóis de água subterrâneos, existem os oásis. Nesses locais, floresce vegetação, e até podem ser desenvolvidas práticas agrícolas.

▲ Grupo de homens tuaregues em Níger. Foto de 2020.

Apesar de serem áreas inóspitas, nesses desertos há populações humanas **nômades**, como os beduínos e os tuaregues, que vivem há muitos séculos de atividade pastoril e comercial.

A **desertificação** é um processo de modificação ambiental que pode ocorrer naturalmente, por fatores climáticos, ou pela ação humana. O desmatamento, o manejo inadequado do solo e sua intensa exploração são práticas que podem causar esse fenômeno. A região do Sahel apresenta altos índices de desertificação. Em 2021, dados da ONU estimavam que 45% das terras africanas são afetadas pela desertificação. Esse processo influencia o fluxo de migrantes da África Subsaariana, que são obrigados a abandonar suas terras em direção ao norte do continente e à Europa.

■ **Mundo: Espaços fragilizados (2019)**

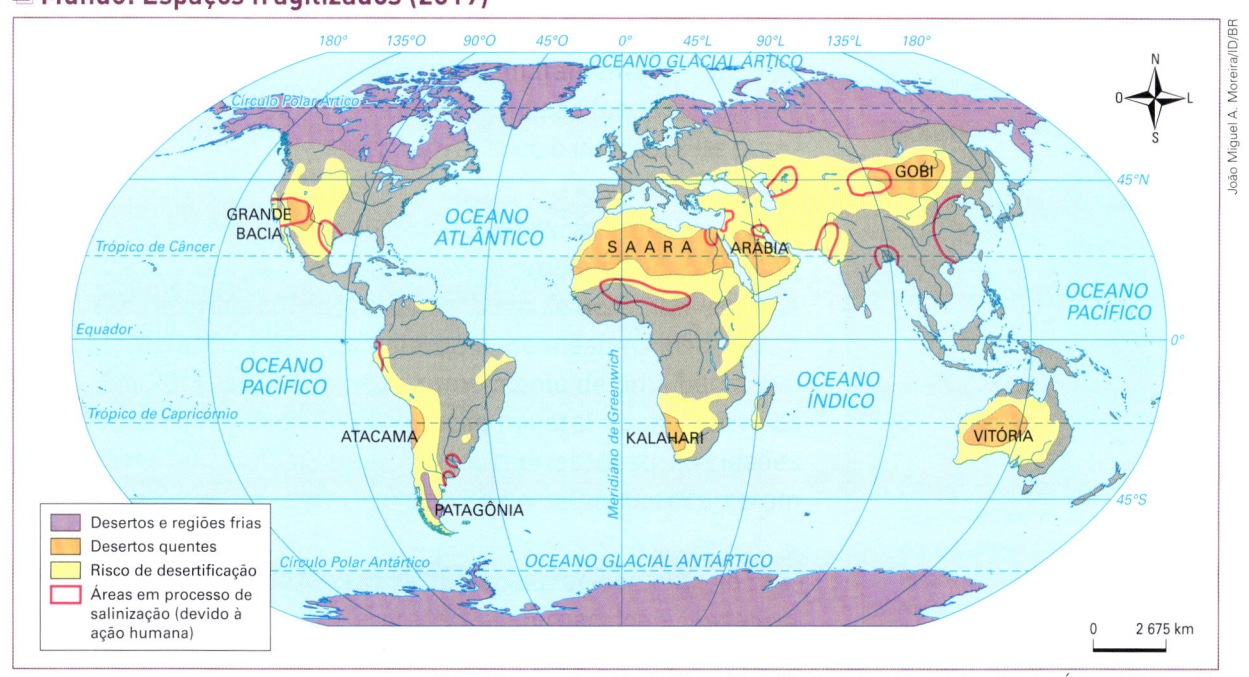

Fonte de pesquisa: Maria Elena Simielli. *Geoatlas*. 35. ed. São Paulo: Ática, 2019. p. 68.

RELEVO E HIDROGRAFIA

A maior parte do território africano é formada por **planaltos** muito antigos que, por isso, já estão bastante aplainados.

Nas áreas planálticas da porção oriental do continente, aparecem muitas falhas de origem tectônica que, juntas, formam o chamado vale do Rift, de 6 400 km de extensão. Várias dessas falhas deram origem a lagos de grandes dimensões, como o Turkana, o Vitória, o Tanganica e o Niassa. Nessa região, existem grandes maciços vulcânicos, com elevadas altimetrias, que são os pontos culminantes do relevo africano: o monte Quilimanjaro e o monte Quênia. A desagregação das rochas vulcânicas torna os solos férteis, propícios à prática da agricultura.

As duas grandes áreas montanhosas da África são a cadeia do Atlas, situada no noroeste do continente, presente no Marrocos, na Argélia e na Tunísia, e a cadeia do Cabo, situada na porção sul da África do Sul. As **planícies** localizam-se principalmente nas áreas litorâneas ou próximas às margens dos grandes rios e são pouco extensas. Observe o mapa.

A maioria dos rios africanos nasce em regiões de planalto, o que torna difícil a navegação, mas favorece a instalação de usinas hidrelétricas. Apesar disso, de acordo com os dados da Associação Internacional de Energia Hidrelétrica, em 2020, apenas 11% de todo o potencial hidrelétrico africano era explorado. O custo elevado da instalação de usinas é um grande impedimento, além dos inúmeros impactos gerados por esses empreendimentos.

No rio Congo, nas cataratas de Inga, na República Democrática do Congo, há um projeto para a construção da maior hidrelétrica do mundo: a Grand Inga, que será somada às hidrelétricas Inga 1 e 2, já existentes no rio. Estima-se que parte significativa da energia gerada por esse complexo será utilizada na África do Sul, especialmente pelo setor de mineração, consumidor de altos níveis de energia elétrica.

▲ Lago Natron, no vale do Rift, na Tanzânia. Foto de 2021.

PARA EXPLORAR

África: frente a frente com o desconhecido. Produção: BBC. Reino Unido, 2013 (345 min).

Nas imagens desse documentário, você poderá observar altas montanhas, praias, selvas, vulcões, lagos e espécies de animais raramente vistas.

África: Físico

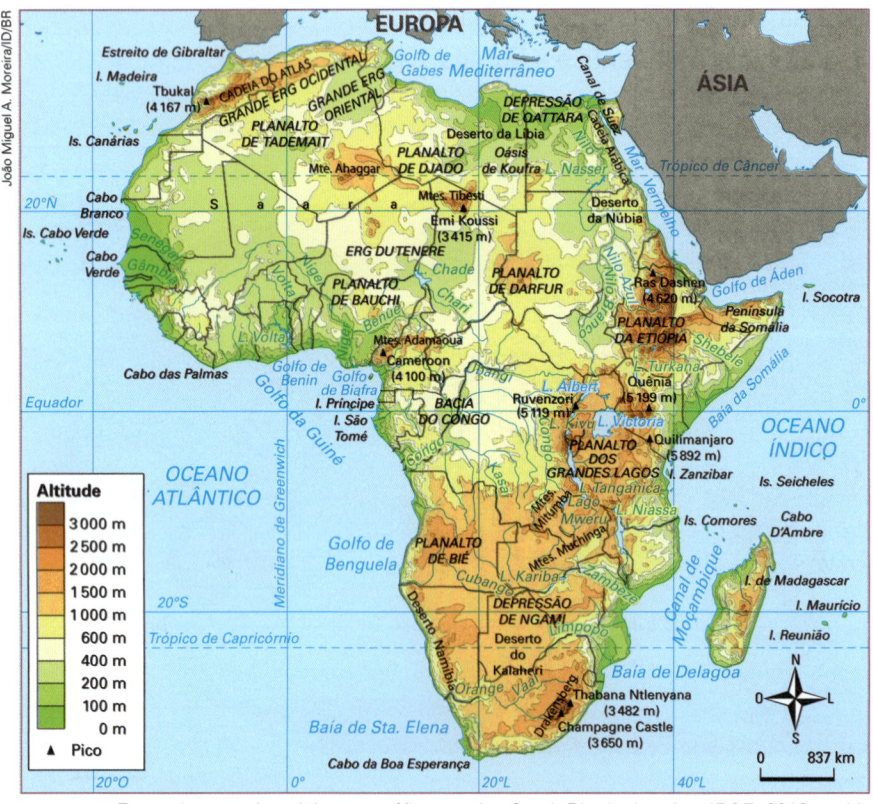

Fonte de pesquisa: *Atlas geográfico escolar*. 8. ed. Rio de Janeiro: IBGE, 2018. p. 44.

A distribuição dos **recursos hídricos** no continente africano é bastante irregular. Existem regiões banhadas por rios volumosos, muitos lagos e grandes reservas de água subterrâneas dispostas de forma desigual pelo território africano.

As regiões ocidental e central da África têm boa disponibilidade de água, enquanto a porção norte sofre com a escassez desse recurso.

Nos desertos do Saara e do Kalahari e no Sahel, os **aquíferos** são a principal fonte de captação de água doce.

Os rios mais importantes do continente africano são o Nilo, o Níger e o Congo. O Nilo é o único rio perene do Saara. Ele nasce no lago Vitória, na parte central do continente, e passa por Uganda, Sudão do Sul, Sudão e Egito, até desembocar em forma de delta no mar Mediterrâneo – uma das regiões mais férteis e mais densamente povoadas do planeta.

As cheias de verão são responsáveis pela fertilização das várzeas do rio Nilo. As águas das enchentes ultrapassam as margens do rio e carregam uma rica camada de matéria orgânica que fertiliza o solo.

O rio Níger percorre a Guiné, o Mali, o Níger e a Nigéria, até desaguar no oceano Atlântico em forma de delta. Essa é uma região densamente povoada e muito rica em petróleo.

Por fim, o rio Congo banha a República Democrática do Congo, a Angola e o Congo. A bacia do rio Congo responde por quase 30% das reservas de água doce da África, mas abastece apenas 10% da população do continente. Além dos países citados, que são banhados pelo rio, essa bacia abrange Burundi, Camarões, República Centro-Africana, Ruanda, Tanzânia e Zâmbia.

várzea: área plana às margens de um rio e inundável durante o período de cheia.

PARA EXPLORAR

Por dentro da África

Nesse portal, desenvolvido por Natália da Luz, especialista em História e Cultura Afrodescendente, você poderá navegar por notícias, reportagens, artigos, pesquisas e vídeos atuais do continente africano.
Disponível em: https://www.pordentrodaafrica.com/.
Acesso em: 3 jan. 2023.

■ **Delta do rio Nilo**

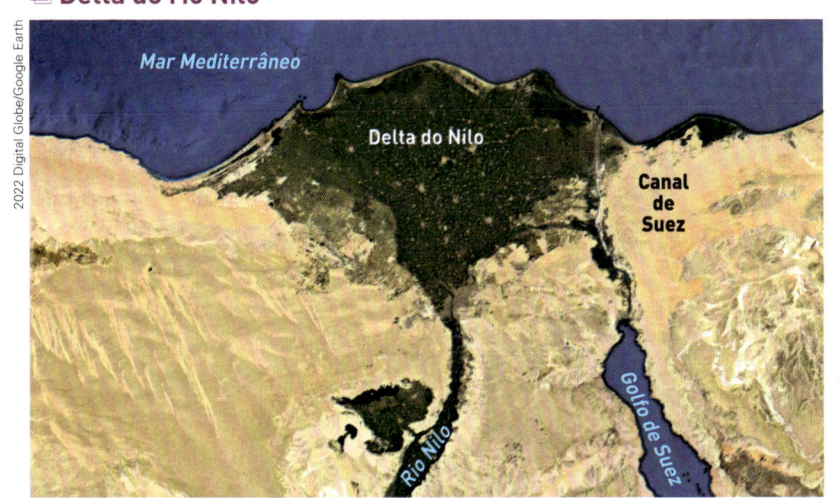

A imagem de satélite mostra o vale do rio Nilo e seu delta. Nessa área, bastante fértil, está concentrada a maior parte da população do Egito. Imagem de 2020.

RECURSOS HÍDRICOS TRANSFRONTEIRIÇOS

A maioria dos rios, aquíferos e bacias hidrográficas do continente africano é compartilhada por vários países. Veja o mapa desta página e compare-o com o mapa *África: Político e divisão regional (2022)*, da página 193.

Os diversos níveis de desenvolvimento econômico e a multiplicidade cultural das nações africanas, assim como seus diferentes interesses, dificultam o estabelecimento de acordos sobre o manejo de águas fluviais e geram tensões entre os países.

O rio Nilo, por exemplo, tem a totalidade de seus afluentes fora das fronteiras do Egito, e sua bacia é compartilhada por 11 países. Ainda na primeira metade do século XX, acordos assinados entre o Egito e a Inglaterra – potência econômica que colonizou territórios africanos nesse período – favoreceram o Egito e o Sudão (que se tornou independente em 1959), e esses países passaram a ter o controle das águas do Nilo.

No entanto, outros países da bacia do Nilo, como Etiópia, Quênia, Uganda, Tanzânia, Sudão do Sul, Ruanda e Burundi, por sofrerem com as restrições impostas pelo Egito, passaram a reivindicar a **partilha igualitária** das águas do Nilo, o que pode ocasionar **conflitos** pela gestão da água nessa região.

Escassez de água

A falta de água é uma realidade para a população de muitos países africanos, dada a falta de iniciativa política e de recursos em vários desses países. A Somália, por exemplo, passa por uma grave crise humanitária, em que milhares de pessoas sofrem pela escassez de água. À medida que o acesso à água potável torna-se mais difícil e caro, as pessoas começam a consumir água de fontes não confiáveis, o que pode provocar doenças.

Para contornar a escassez de água, são necessários investimentos elevados para evitar que as águas superficiais e as subterrâneas se contaminem e que a erosão e o assoreamento prejudiquem ainda mais a disponibilidade dos recursos hídricos. Além disso, é preciso desenvolver condições de armazenamento de água e aplicar recursos em infraestrutura.

> **O GRANDE RIO FEITO PELO HOMEM**
>
> Na década de 1980, a Líbia, um dos países mais secos do mundo, iniciou um ambicioso projeto de abastecimento de água a partir de aquíferos presentes no sul do país, conhecido como O Grande Rio Feito pelo Homem. Diante da necessidade de fornecer água para as cidades costeiras, ao norte, o país iniciou a construção de um mecanismo de bombeamento para extrair a água dos aquíferos e transportá-la por dutos de quase 4 mil quilômetros para importantes cidades, como Trípoli e Bengasi. Esse sistema de abastecimento é imprescindível para o consumo de água potável pelos líbios e para a irrigação na agricultura, atendendo aproximadamente 70% da população.

África: Principais bacias hidrográficas

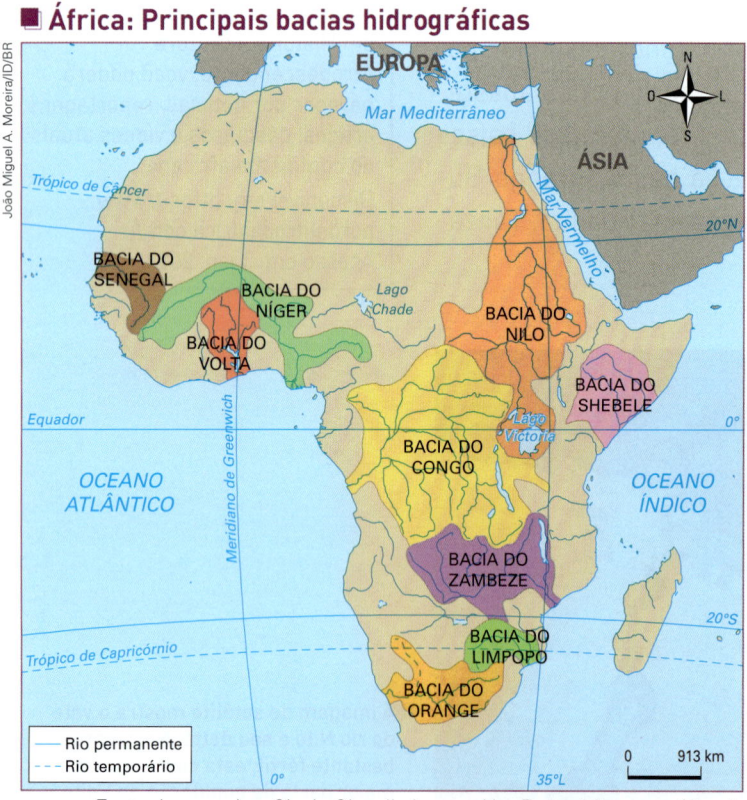

Fonte de pesquisa: Gisele Girardi; Jussara Vaz Rosa. *Atlas geográfico do estudante*. São Paulo: FTD, 2011. p. 100.

ATIVIDADES

Acompanhamento da aprendizagem

Retomar e compreender

1. Quais são as principais causas do processo de desertificação no continente africano?

2. Como se caracteriza o relevo africano?

3. Observe os mapas, que mostram as temperaturas médias na África em períodos diferentes. Em seguida, faça o que se pede.

■ **África: Temperaturas médias em janeiro**

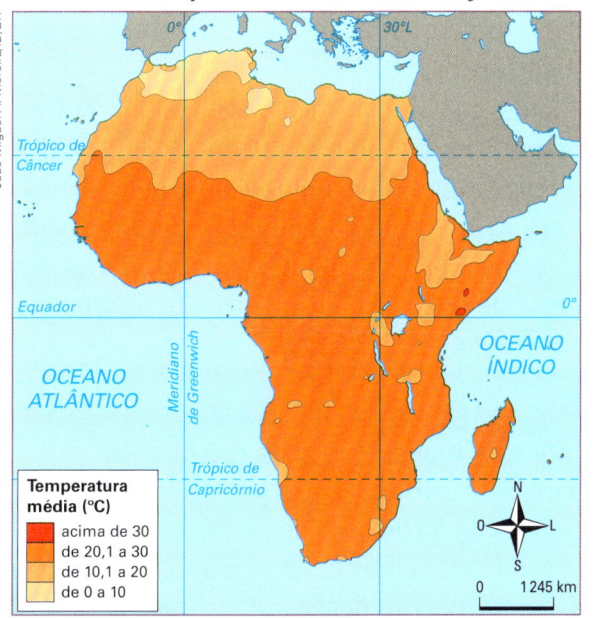

■ **África: Temperaturas médias em julho**

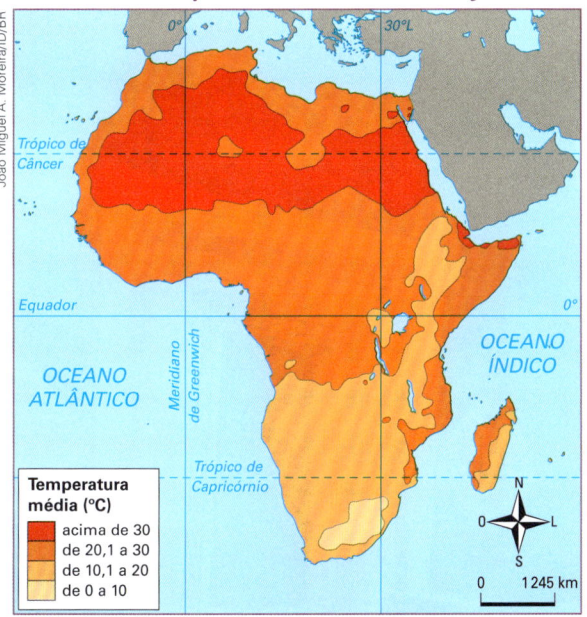

Fonte de pesquisa dos mapas: *Reference world atlas*. London: Dorling Kindersley, 2021. p. 69.

a) Qual é a faixa de temperatura média predominante na África Setentrional em julho?

b) Por que no extremo norte da África são registradas temperaturas médias mais baixas em janeiro e, no sul, em julho? Qual é a relação disso com as estações do ano?

Aplicar

4. Leia o texto e responda às questões.

> **Refugiado usa garrafas de plástico para construir moradias resistentes ao clima do deserto**
>
> Com um mestrado em eficiência energética, o refugiado Tateh Lehbib Breica planejava construir uma casa reaproveitando recursos e respeitando o meio ambiente. O jovem de 27 anos pensava em erguer uma residência no deserto, usando garrafas plásticas descartadas [...].
>
> [...]
>
> Casas feitas com tijolos de argila são vulneráveis às fortes chuvas que periodicamente atingem o deserto do Saara. [...]
>
> "Após as chuvas pesadas de outubro de 2015 que danificaram e destruíram dezenas de milhares de casas construídas com tijolos de argila, o ACNUR [Agência da ONU para Refugiados] vem trabalhando com os saarauís (nome dado aos refugiados do Saara Ocidental) no aprimoramento de técnicas de construção, para melhor resistir ao clima severo desta região", explicou a coordenadora [...] do ACNUR [...], Juliette Murekeyisoni. [...]
>
> Refugiado usa garrafas de plástico para construir moradias resistentes ao clima do deserto. *Unic Rio de Janeiro*: Centro de Informação das Nações Unidas no Brasil, 8 fev. 2017. Disponível em: https://unicrio.org.br/refugiado-usa-garrafas-de-plastico-para-construir-moradias-resistentes-ao-clima-do-deserto/. Acesso em: 3 jan. 2023.

a) Por que a casa desenvolvida por Tateh é considerada sustentável?

b) Quais são as vantagens da casa desenvolvida por Tateh?

c) Converse com os colegas sobre a importância das inovações que levam em consideração a sustentabilidade.

CAPÍTULO 2
NEOCOLONIALISMO E SUAS CONSEQUÊNCIAS

PARA COMEÇAR

O que você conhece da África antes da colonização europeia? Quais foram as principais consequências da colonização para as nações africanas?

ÁFRICA PRÉ-COLONIAL

A história da África começou muito antes da colonização europeia. Ao longo do período pré-colonial, entre 3500 a.C. e 1500 d.C., desenvolveram-se civilizações com complexas **organizações políticas e sociais**.

Embora os contatos comerciais ocorressem com outras regiões do globo, como China e Índia, entre os séculos XII e XVI d.C. houve o desenvolvimento do **comércio interno** por meio de caravanas que, em seus pontos de intersecção, formavam cidades e aldeias. O comércio gerou o intercâmbio cultural e a acumulação de riqueza de determinados povos, impulsionando a formação de reinos e impérios.

REINOS E IMPÉRIOS

Entre os muitos reinos e impérios da África pré-colonial, destacam-se os poderosos impérios de Gana, de Mali e de Songai. Com a **monarquia** como sistema de governo, os reis eram considerados líderes políticos e religiosos. Devido à expansão comercial, esses impérios desenvolveram um organizado sistema de tributação e arrecadação de impostos, garantindo a riqueza e a movimentação econômica da região.

▼ Oualata era uma de várias cidades que estavam nas rotas das caravanas comerciais saarianas no período pré-colonial africano. As pinturas nas paredes das casas tradicionais são encontradas em diversas cidades caravaneiras. Elas são feitas pelas mulheres e a tradição é passada de geração em geração. Oualata, Mauritânia. Foto de 2018.

PROCESSO DE COLONIZAÇÃO

A fim de manter seu acelerado ritmo de industrialização, na segunda metade do século XIX, a Europa buscava ampliar suas fontes de matérias-primas e o mercado consumidor para seus produtos industrializados. Para isso, vários países europeus ocuparam territórios africanos e asiáticos, tornando-os suas colônias.

Apesar da presença descontínua e restrita dos europeus pelos territórios africanos, até cerca de 1880 a maioria dos Estados e territórios africanos eram independentes. A partir de 1885, por meio de negociações e conquistas, as potências europeias iniciaram a ocupação do território africano, e poucas décadas depois, as áreas coloniais correspondiam a 95% do continente. Os africanos impuseram grande resistência ao processo de colonização; a maior parte das autoridades e dos dirigentes africanos tentaram manter a soberania de seus territórios. Observe o mapa a seguir.

Os europeus justificavam sua ação imperialista na África e na Ásia – também chamada de **neocolonialismo** – com o falso argumento de que a cultura branca europeia era superior às demais e que, por isso, cabia a eles exercer uma "missão civilizadora", ou seja, impor sua cultura aos povos africanos e asiáticos.

O neocolonialismo causou grandes impactos para as populações africanas. O saque de riquezas naturais e o genocídio promovido pelas potências europeias criaram condições adversas para o desenvolvimento econômico posterior dos países africanos.

> **PARA EXPLORAR**
>
> *Njinga a Mbande: rainha do Ndongo e do Matamba.* Unesco (Série Mulheres na história de África).
> O livro ilustrado conta a história de Njinga a Mbande, rainha dos reinos de Ndongo e Matamba e símbolo da resistência ao colonialismo europeu. A história aborda a construção da identidade de seu povo e a luta contra a escravização na África. Disponível em: https://unesdoc.unesco.org/ark:/48223/pf0000230931/PDF/230931por.pdf.multi. Acesso em: 4 jan. 2023.

Como você imagina que eram as **culturas dos povos da África pré-colonial**?

África: Perda de soberania para colonizadores europeus (final do século XIX e início do século XX)

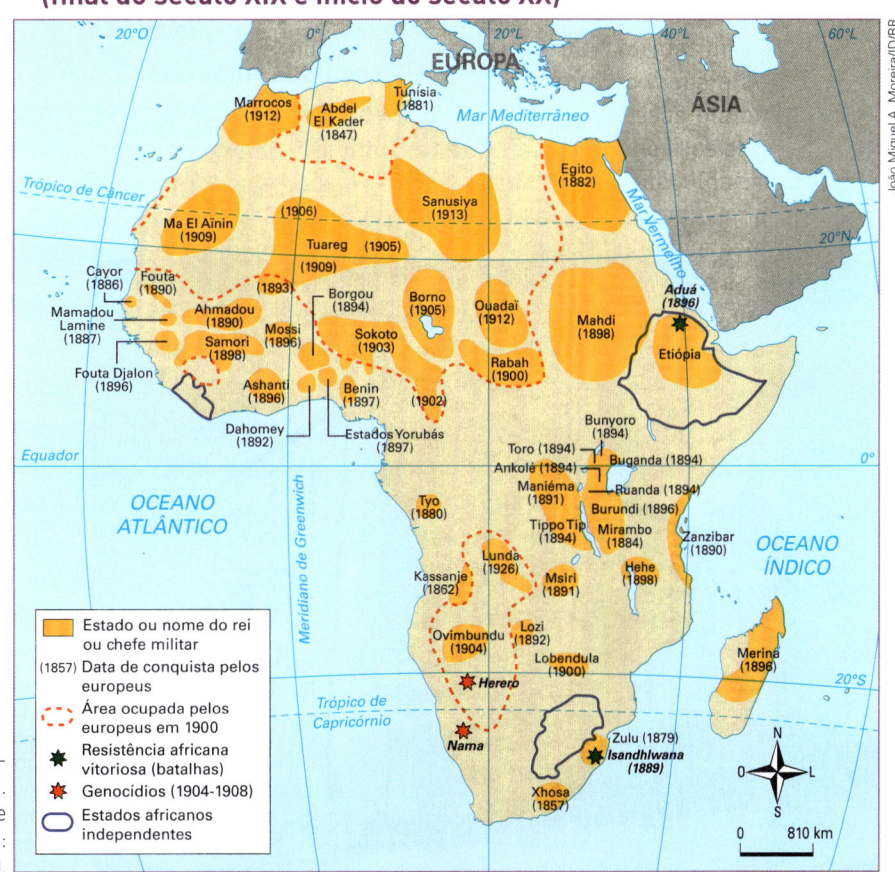

Fonte de pesquisa: François-Xavier Fauvelle; Isabelle Surun. *Atlas historique de l'Afrique*: de la préhistoire à nos jours. Paris: Autrement, 2019. p. 60.

PARTILHA DA ÁFRICA

Entre 1884 e 1885, na **Conferência de Berlim**, os países europeus efetivaram a partilha da África, distribuindo, entre si, áreas de todo o continente. Antes dessa conferência, as potências europeias já tinham instalado colônias, entrepostos comerciais, estabelecimentos missionários e efetuado tratados com dirigentes africanos. Contudo, após a conferência, foram iniciados processos de ocupação militar pelas potências europeias.

A divisão das áreas do continente europeu não coincidia com a organização espacial dos povos africanos que já habitavam ali antes da colonização. Assim, diferentes reinos e impérios africanos antigos foram divididos e misturados com povos que faziam parte de outros reinos e que se organizavam de formas distintas.

Essa divisão, portanto, não levou em conta a diversidade étnica e cultural do continente – a ideia era exatamente fomentar conflitos entre esses povos e desestabilizar movimentos de resistência contra a colonização.

EXPLORAÇÃO COLONIAL

A colonização europeia moldou a vida e o destino dos povos africanos, valendo-se da **força militar** e de **acordos políticos** com as elites africanas para se impor.

Foram implantadas, nas áreas mais férteis, grandes lavouras monocultoras de produtos tropicais para exportação, sistema conhecido como *plantation*.

Os **recursos minerais** também passaram a ser explorados, e os investimentos feitos em estradas de ferro e portos pretendiam apenas melhorar o escoamento da produção. A mão de obra empregada era local e submetida a péssimas condições de trabalho.

As nações africanas foram desorganizadas, e não somente o modo de vida dos europeus foi imposto, como também seus idiomas e suas crenças religiosas. As novas cidades construídas reproduziam modelos urbanísticos europeus e eram voltadas para atender aos interesses da elite colonial.

> **PARA EXPLORAR**
>
> *O destino da África: cinco mil anos de riquezas, ganância e desafios*, de Martin Meredith. São Paulo: Zahar.
>
> O livro apresenta a história do continente africano desde a Antiguidade até os dias atuais, abordando a questão da exploração de petróleo, diamantes e minerais por empresas estrangeiras.
>
> *História da África*, de José Rivair Macedo. São Paulo: Contexto.
>
> O livro oferece um amplo resgate histórico da África, desde a formação de povos nômades até o processo conflituoso de descolonização e a contemporaneidade.

◀ A colonização europeia deixou várias marcas na cultura africana. Em muitas cidades do continente é possível ver, por exemplo, a influência da arquitetura colonial nas construções, como na Cidade do Cabo, África do Sul. Foto de 2022.

IMPÉRIOS COLONIAIS

A superioridade militar dos europeus possibilitou a eles dominar os territórios africanos e, em muitos casos, levou ao **massacre das populações locais**. A Grã-Bretanha e a França formaram vastos impérios coloniais, enquanto a Alemanha, a Itália e a Bélgica, que entraram depois na corrida colonial, conquistaram menos colônias.

Até 1914, as disputas entre os países europeus foram se acirrando, tendo como principais motivos os impérios coloniais, suas matérias-primas e seus mercados consumidores e as questões geopolíticas. As tensões causadas pela disputa de territórios do continente africano, principalmente entre a Alemanha e a Grã-Bretanha, estão entre as motivações da **Primeira Guerra Mundial** (1914-1918).

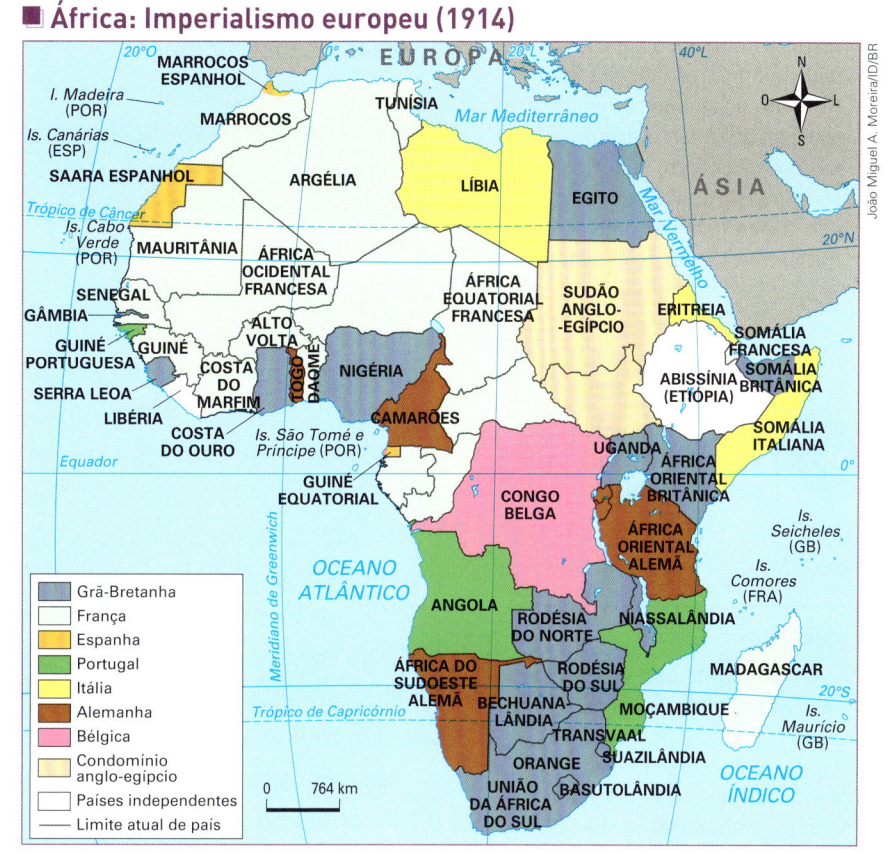

■ **África: Imperialismo europeu (1914)**

Fonte de pesquisa: *Atlas historique*. Paris: Perrin, 1987. p. 384.

DESCOLONIZAÇÃO E INDEPENDÊNCIA

Décadas mais tarde, após a Segunda Guerra Mundial (1939-1945), os países europeus, desgastados pela guerra, ficaram sem condições de manter seus impérios coloniais ou de conter militarmente os movimentos de independência nas colônias, o que deu origem a um processo de **descolonização**.

Outros fatores facilitaram esse processo: a opinião pública internacional passou a apoiar a **autodeterminação dos povos**, e as duas superpotências rivais do pós-guerra, Estados Unidos e União Soviética, apoiavam os grupos de libertação das colônias. Essas potências esperavam que os novos países passassem para suas respectivas áreas de influência.

Nesse contexto, os **movimentos de resistência** se fortaleceram. Algumas metrópoles e colônias fizeram a transição política de maneira tranquila. A independência de outras colônias, no entanto, foi conquistada por meio de guerras longas e difíceis. Uma das mais sangrentas foi a da Argélia. Os argelinos lutaram desde 1954 contra os franceses, que não queriam conceder autonomia a sua colônia, conquistada apenas em 1962.

> Qual foi a influência da colonização europeia na atual delimitação das **fronteiras dos países africanos**?

PARA EXPLORAR

Podcast Xadrez Verbal: Fronteiras invisíveis do futebol – Nigéria

Episódio do *podcast* Xadrez Verbal que apresenta um panorama histórico sobre a Nigéria e contesta a história da visita do Santos Futebol Clube ao país em 1969. Disponível em: https://xadrezverbal.com/2016/03/02/fronteiras-invisiveis-do-futebol-7-nigeria/. Acesso em: 4 jan. 2023.

PAN-AFRICANISMO E NEGRITUDE

Surgido no final do século XIX, o **pan-africanismo** é um **movimento político e social** que defende a unidade e a emancipação dos povos negros de todos os continentes, com o objetivo de combater o racismo, o colonialismo e todas as formas de opressão e discriminação.

A partir da década de 1950, o movimento teve grande influência no processo de descolonização da África. O pan-africanista Kwame Nkrumah (1909-1972), líder da independência de Gana, defendia que a independência do país só teria sentido se ligada à libertação completa do continente. Da mesma forma, Julius Nyerere (1922-1999), líder da emancipação da Tanganica – que, após se unir com Zanzibar, formou a Tanzânia –, também se apoiou nos ideais pan-africanistas para impulsionar os processos de descolonização de países africanos.

As mulheres participaram ativamente do movimento pan-africanista, destacando-se em papéis importantes na luta contra o colonialismo europeu e na reivindicação dos direitos dos povos negros. Andrée Blouin (1921-1986) e Aoua Kéita (1912-1980), por exemplo, tiveram intensa atuação política e anticolonial. Na década de 1960, foi criada a Organização Pan-Africana de Mulheres, com o objetivo de somar esforços pela emancipação das mulheres negras.

Na esfera cultural, o **movimento da negritude** convergia com o pan-africanismo ao fundamentar a luta anticolonial no **resgate do patrimônio cultural** e do sentimento de pertencimento dos povos negros por meio da literatura e da arte, criticando a imposição cultural dos colonizadores.

> **PARA EXPLORAR**
>
> *Meu amigo Fela.* Direção: Joel Zito Araújo. Brasil, 2019 (92 min).
> O documentário apresenta a história do músico nigeriano e ativista pan-africanista Fela Kuti, um dos pioneiros do gênero musical *afrobeat*. O documentário mostra o contexto histórico-cultural no qual se desenvolveu o pan-africanismo e como se deu o ativismo artístico do movimento.

Qual foi o **papel das mulheres no pan-africanismo**?

> **AFROBEAT**
>
> O movimento pan-africanista teve grande influência na cena cultural africana, e o contexto histórico de seu desenvolvimento deu origem ao gênero musical conhecido como *afrobeat*, tendo como um de seus expoentes o musicista nigeriano Fela Kuti (1938-1997), que, por meio de suas músicas, teve grande participação na luta antirracista e anticolonialista.

▲ O músico Fela Kuti em apresentação musical em Lagos, Nigéria. Foto de 1988.

▲ Kwame Nkrumah, então presidente de Gana, discursando em Addis Ababa, Etiópia. Foto de 1963.

EFEITOS DO NEOCOLONIALISMO

Na década de 1960, a maioria dos países africanos já era independente. No entanto, o modelo **agrário-exportador colonial** se manteve, coexistindo com atividades como o extrativismo e a agricultura de subsistência, sem que houvesse investimentos na infraestrutura e na modernização desses países. Os novos Estados nasciam pobres e **economicamente dependentes** de suas antigas colônias, importando praticamente todos os produtos de que necessitavam. Os trabalhadores eram em sua maioria analfabetos e sobreviviam em condições de extrema pobreza.

ACIRRAMENTO DAS DISPUTAS

Com o fim do domínio colonial, as fronteiras impostas pelos europeus não se alteraram, e as tensões e rivalidades étnicas, que haviam sido estimuladas pelos colonizadores e por empresas que exploravam os recursos naturais, resultaram em violentas **guerras civis**. A falta de bases políticas locais comprometidas com o desenvolvimento dos países africanos intensificou a disputa entre nações rivais, gerando grande **instabilidade** política no continente.

Em Biafra, região da Nigéria rica em petróleo, ocorreu uma guerra entre 1967 e 1970, motivada por disputas étnicas e pela demarcação de fronteiras. Os rebeldes foram massacrados com o apoio de nações vizinhas, que temiam que diferentes grupos étnicos em seus territórios seguissem o exemplo dos revoltosos de Biafra. A população civil da província rebelde foi punida com a falta de alimentos, e a fome matou milhões de pessoas.

Além disso, as duas superpotências da Guerra Fria, Estados Unidos e União Soviética, alimentaram guerras civis em países recém-independentes. Em Angola, por exemplo, uma guerra entre facções rivais (pró-União Soviética e pró-Estados Unidos) arrasou o país e só chegou ao fim em 2002.

Os conflitos entre os africanos empobreceram ainda mais os novos países do continente.

▲ A falta de investimentos na diversificação industrial manteve muitos países africanos dependentes da exportação de produtos primários. Trabalhadores manuseiam grãos de café na cidade de Ruiru, Quênia. Foto de 2019.

◀ Manifestação durante a luta pela independência de Angola. A população civil organizou diversos grupos autônomos, como o MPLA (Movimento Popular de Libertação de Angola), fundado em 1956, para lutar contra a força colonial. Foto de 1960.

CIDADANIA GLOBAL

JUSTIÇA AMBIENTAL

A degradação do meio ambiente atinge o planeta de forma desigual. Regiões cujos recursos naturais foram historicamente explorados de maneira predatória, como África e América Latina, são as mais suscetíveis a sofrer as consequências dos efeitos das mudanças climáticas e da perda de biodiversidade. Nesse sentido, a justiça ambiental tem como proposta que os países que mais exploram os recursos do planeta auxiliem os países mais vulneráveis, como forma de reparação histórica.

1. Analisem o município onde vocês vivem e observem a distribuição espacial das áreas degradadas. É possível observar injustiça ambiental em escala local? Elaborem um croqui com as informações coletadas.

ATIVIDADES

Acompanhamento da aprendizagem

Retomar e compreender

1. Relacione a Revolução Industrial na Europa à partilha da África.

2. Na África, os europeus criaram escolas em que se estudavam apenas o idioma e a história das nações colonizadoras. Além disso, missionários cristãos convertiam a população a sua crença. Por que o processo de colonização na África teve essas características? Justifique sua resposta.

3. Observe a imagem a seguir e, depois, responda às questões.

   a) O que mostra a imagem? Descreva-a.
   b) Como foi feita a divisão das áreas do continente africano entre as potências europeias?
   c) Qual era o objetivo dos colonizadores ao incentivar as rivalidades étnicas entre os povos africanos?
   d) Qual foi a consequência do processo colonial para os países africanos?

   ◀ Na ilustração, alemães e franceses traçam a fronteira entre Congo e Camarões. O território de Camarões pertencia ao Reino do Congo. *Le Petit Journal*, de Paris, 1913.

Aplicar

4. Observe o mapa e, depois, faça o que se pede.

   ■ **África: Independência dos países**

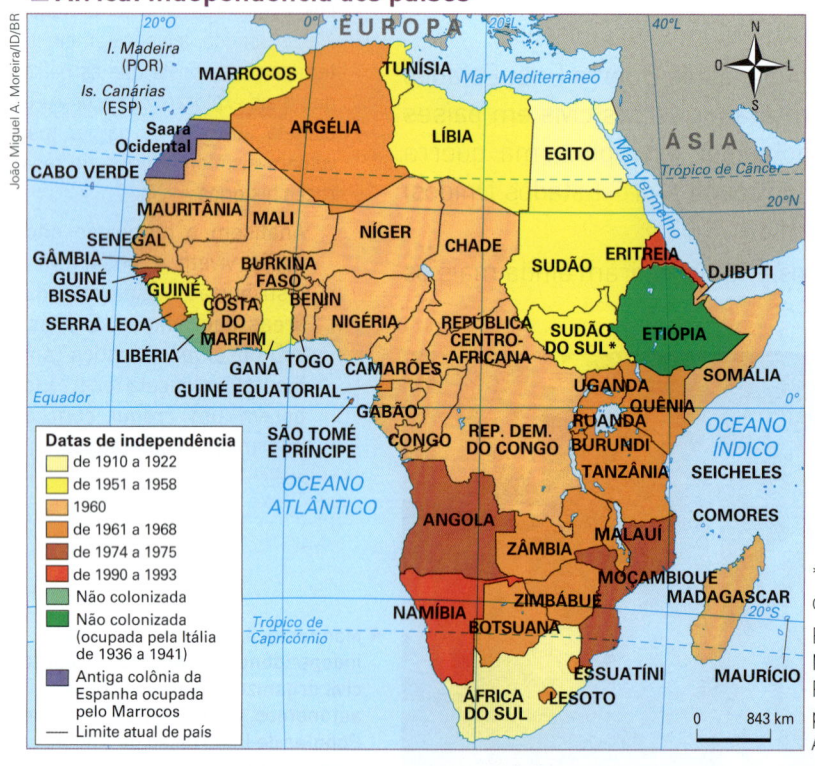

   a) Em que período a maioria dos países africanos conquistou sua independência? Mencione alguns deles.
   b) Cite as razões que levaram à descolonização da África.
   c) Escolha um país africano e realize uma busca de informações em jornais, revistas e na internet para descobrir como foi seu processo de independência.

   *Nota: O Sudão do Sul se separou do Sudão em 2011.

   Fontes de pesquisa: *Atlas histórico*. Madrid: SM, 2007. p. 139; IBGE Países. Disponível em: https://paises.ibge.gov.br/#/pt. Acesso em: 4 jan. 2023.

GEOGRAFIA DINÂMICA

Colonialismo e independência na África hoje

O Saara Ocidental é um território no noroeste da África que ainda luta por sua independência. Leia o texto a seguir, que trata desse assunto.

Disputa territorial no Saara

Embora o período colonial represente, para a África de hoje, um legado histórico a ser superado no caminho do desenvolvimento, ainda existe um território [...] que há mais de 40 anos é palco de uma luta por independência.

O Saara Ocidental tem o tamanho do estado de São Paulo e é habitado por uma população menor que a de Aracaju [...].

A região conseguiu, em 1976, se livrar em parte do colonialismo europeu. A Espanha, que exercia o controle do território, fez um acordo com os vizinhos Marrocos e Mauritânia e passou a administração do Saara Ocidental para os dois africanos. [...]

A luta dos habitantes saharauis passou a ser, depois da retirada espanhola, contra seus dois vizinhos. A Mauritânia se retirou da disputa logo em seguida, ainda na década de 1970, e declarou apoio à independência do Saara Ocidental. Mas o Marrocos ainda é o país que reclama sua posse completa e exerce o controle da maior parte do território.

[...]

Desde o fim da presença ostensiva espanhola, [...] a Frente Polisário [grupo que luta contra a ocupação marroquina] e o governo marroquino brigam pelo controle do território [...].

As Nações Unidas atuam para resolver o conflito desde 1988 [...]. Mas documentos da ONU ainda do início da década de 1970 já propunham um plebiscito no qual a população local decidiria entre a independência do território ou sua anexação ao Marrocos [...].

O plebiscito nunca foi realizado. As duas partes em disputa nunca conseguiram concordar plenamente com os termos da votação, especialmente sobre quem teria direito a voto [...].

Por isso, entre conversas e ataques, a separação territorial permanece até hoje. [...]

■ **Saara Ocidental: Divisão do território (2022)**

Fonte de pesquisa: United Nations Mission for the Referendum in Western Sahara (MINURSO). Disponível em: https://minurso.unmissions.org/map. Acesso em: 4 jan. 2023.

Rafael Iandoli. Como uma disputa no Saara reedita o debate sobre colonialismo e independência na África. *Nexo Jornal*, 5 fev. 2017. Disponível em: https://www.nexojornal.com.br/expresso/2017/02/05/Como-uma-disputa-no-Saara-reedita-o-debate-sobre-colonialismo-e-independência-na-África. Acesso em: 4 jan. 2023.

Em discussão

1. Qual país europeu colonizou a região do Saara Ocidental? E qual país africano deseja ter controle total sobre essa região?

2. Qual foi a proposta da ONU para resolver o impasse sobre o domínio do território do Saara Ocidental? Por que não deu certo?

REPRESENTAÇÕES

Anamorfoses

Anamorfose é uma técnica de confecção de mapas que deforma unidades administrativas, como países, estados ou regiões, com o objetivo de mostrar a **variação quantitativa** e **proporcional** que determinado fenômeno apresenta no espaço representado.

Os mapas em anamorfose costumam não ter escalas. Quem os observa pode interpretar e comparar uma ou mais informações referentes à área representada por meio das características de sua deformação.

A deformação consiste em expandir ou diminuir a área das unidades geográficas, de modo proporcional, em relação aos dados estatísticos que representam.

Assim, se fôssemos, por exemplo, criar a anamorfose do IDH mundial, a Noruega, por ter um dos maiores IDHs do mundo, teria sua área original expandida, enquanto a Índia, que apresenta desenvolvimento humano mais baixo, teria seu tamanho consideravelmente diminuído. Observe a anamorfose a seguir, que representa o PIB (Produto Interno Bruto) dos países do mundo.

■ **Mundo: Produto Interno Bruto (2020)**

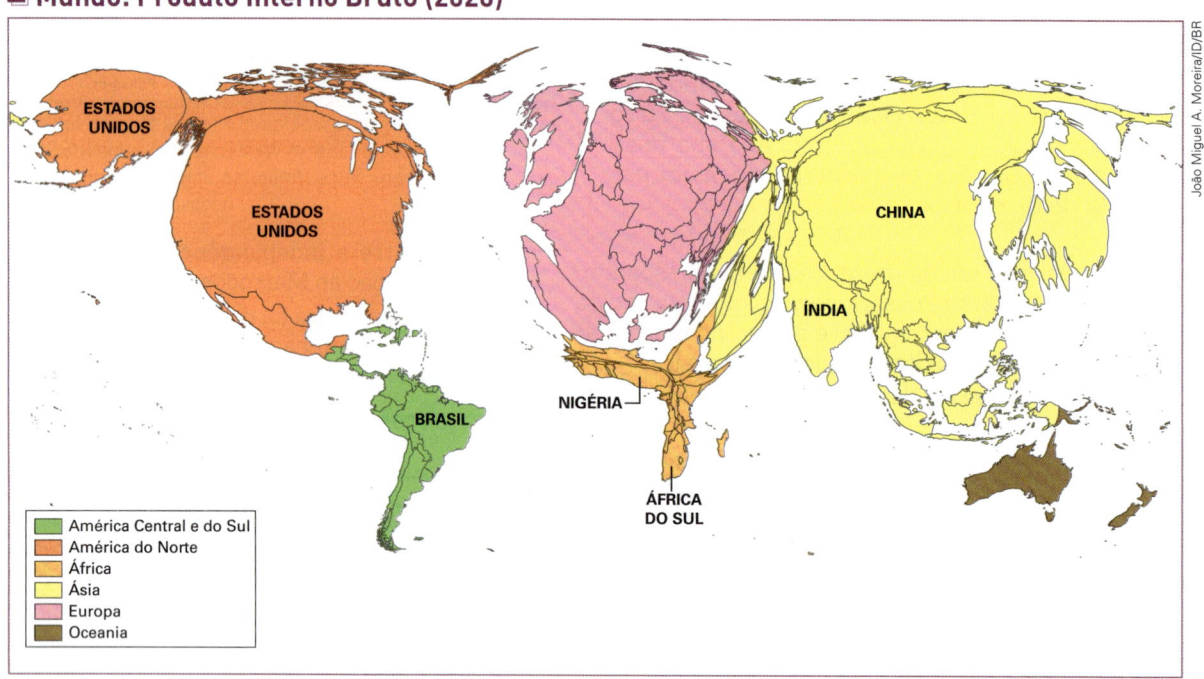

Fonte de pesquisa: Banco Mundial. Disponível em: https://data.worldbank.org/indicator/NY.GDP.MKTP.CD. Acesso em: 4 jan. 2023.

Veja que o mapa mostra a proporção dos valores do PIB por país e que, para isso, os territórios dos países foram deformados proporcionalmente ao valor de seu PIB. Os países com PIB mais elevado ficaram com tamanho maior e os países com PIB mais baixo ficaram menores.

Agora, observe a anamorfose a seguir, que mostra as proporções dos valores do PIB somente dos países africanos.

Note as diferenças de proporção entre o tamanho dos países e a maneira como foram representados. Observe que países com maior PIB, como a Nigéria e a África do Sul, tiveram suas áreas aumentadas proporcionalmente.

■ **África: Produto Interno Bruto (2020)**

Sem dados (Eritreia, Saara Ocidental e Sudão do Sul)

Fonte de pesquisa: Banco Mundial. Disponível em: https://data.worldbank.org/indicator/NY.GDP.MKTP.CD. Acesso em: 3 jan. 2023.

Pratique

1. Na anamorfose que representa o PIB mundial, compare o PIB dos países africanos em relação ao do resto do mundo.
2. Justifique o menor desenvolvimento econômico da África e da América Latina.
3. Em sua opinião, há igualdade na distribuição da riqueza na África?

ATIVIDADES INTEGRADAS

Analisar e verificar

1. Leia o texto a seguir, observe os mapas e, depois, faça o que se pede.

> Algumas áreas de fronteira entre Níger, Nigéria, Camarões e Chade nunca foram determinadas porque correspondiam a rios que desaguavam no lago Chade. Com a diminuição da área do lago e de seu nível de água, apareceram ilhotas que não se sabe a que país pertencem.
>
> Texto elaborado pelos autores.

Lago Chade: Redução do nível de água (1963-2017)

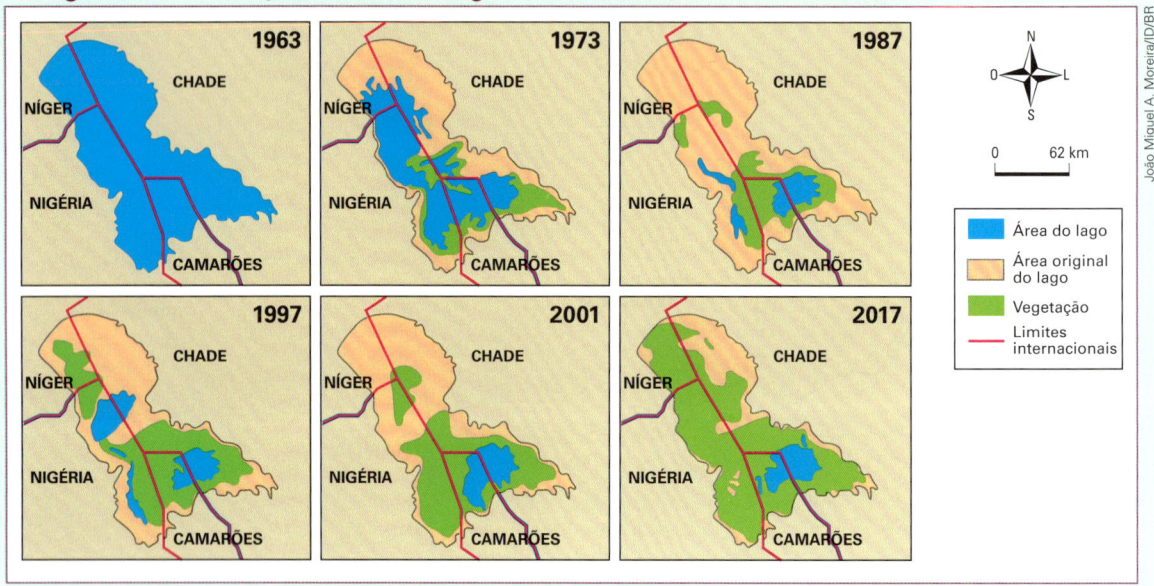

Fontes de pesquisa: The shrinking of Lake Chad from 1963 to 2007. *Scielo*. Disponível em: http://www.scielo.org.za/img/revistas/sajs/v106n1-2/a10fig01.gif; Will Ross. Lake Chad: can the vanishing lake be saved? *BBC News*, 31 mar. 2018. Disponível em: https://www.bbc.co.uk/news/world-africa-43500314. Acessos em: 4 jan. 2023.

a) Em sua opinião, a redução do nível de água do lago Chade pode gerar conflitos fronteiriços?

b) Busque informações sobre os motivos que têm levado à diminuição do nível de água do lago Chade.

2. Analise a tira a seguir e, depois, faça o que se pede.

▲ Tira de Laerte, publicada no jornal *Folha de S.Paulo* em 2003.

a) O que muda na história apresentada na tira do primeiro ao último quadrinho?

b) Qual é a ironia expressa na tira e sua relação com o neocolonialismo?

Acompanhamento da aprendizagem

3. Os países africanos, após deixarem de ser colônias, continuaram dependentes economicamente de seus antigos colonizadores. Sabendo disso, observe os gráficos a seguir, consulte os mapas das página 203 e 206 e responda: Isso ainda se aplica à Tunísia? Justifique sua resposta.

■ **Tunísia: Origens das importações e destinos das exportações (2019)**

Principais origens das importações, considerando o total de gastos
- França: 15,39%
- Itália: 14,22%
- China: 9,46%
- Alemanha: 6,77%
- Resto do mundo: 54,16%

Principais destinos das exportações, considerando o total arrecadado
- França: 31,2%
- Itália: 17,3%
- Alemanha: 13,7%
- Espanha: 4%
- Resto do mundo: 33,8%

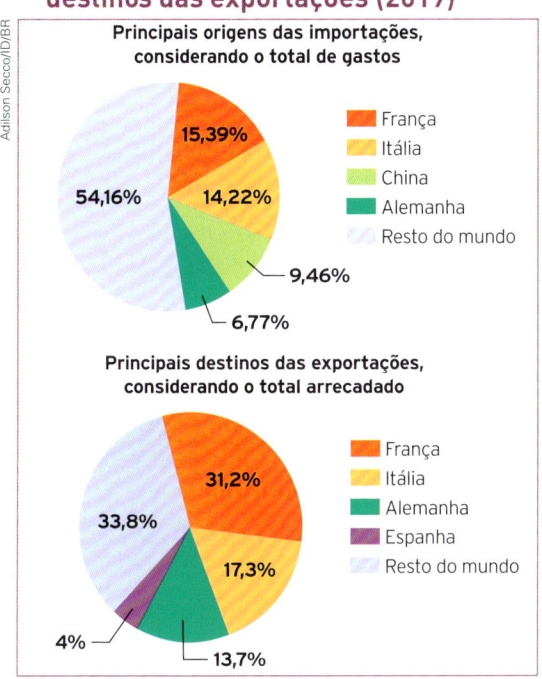

Fonte de pesquisa: Banco Mundial. World Integrated Trade Solution. Disponível em: https://wits.worldbank.org/CountryProfile/en/TUN. Acesso em: 4 jan. 2023.

4. Observe a imagem a seguir e consulte o mapa *África: Físico*, na página 196. Depois, responda: Apesar de a África ser frequentemente associada a altas temperaturas, na imagem é possível localizar áreas com neve. Como isso pode ser explicado?

▲ Imagem de satélite do monte Quilimanjaro, Tanzânia. Imagem de 2017.

5. Relacione as divisões criadas pelos colonizadores europeus na partilha do continente africano aos conflitos que têm causado a morte de milhões de africanos ao longo das últimas décadas.

Criar

6. O gráfico a seguir mostra dados sobre a conservação da biodiversidade no Gabão entre 1990 e 2020. Nesse país, o desmatamento de florestas ocorre, sobretudo, devido à exploração madeireira, à abertura de estradas e à criação de cultivo agrícola.

   Formule hipóteses para explicar por que, apesar da existência de atividades relacionadas ao desmatamento, o país apresentou aumento das taxas de conservação da biodiversidade no período registrado.

■ **Gabão: Conservação da biodiversidade (1990-2020)**

Ano	Área florestal (ha)
1990	1790
2000	1790
2010	3400
2020	3400

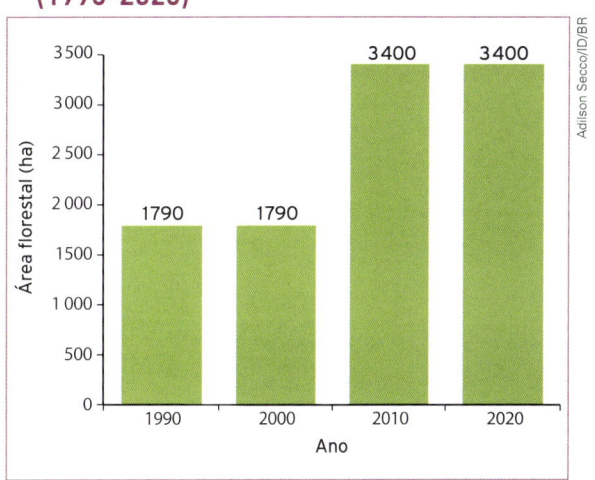

Fonte de pesquisa: Organização das Nações Unidas para a Alimentação e a Agricultura (FAO). Avaliação global dos recursos florestais 2020. Disponível em: https://fra-data.fao.org/WO/fra2020/designatedManagementObjective/. Acesso em: 4 jan. 2023.

7. O desmatamento é um problema grave em muitos países da África. Empresas têm investido alto na extração de madeira das florestas africanas sem qualquer compensação ambiental. Isso é ainda mais preocupante em um cenário de expansão da desertificação no continente. Escreva um texto explicando quais têm sido as consequências do desmatamento para a população africana e quais poderiam ser as soluções para esse problema.

CIDADANIA GLOBAL
UNIDADE 7

15 VIDA TERRESTRE

Retomando o tema

Como você estudou ao longo da unidade, as ações humanas têm acarretado cada vez mais consequências para a vida na Terra. A perda da biodiversidade atinge sobretudo as populações de países em desenvolvimento, levando-as à vulnerabilidade e à insegurança alimentar. Nesse cenário, iniciativas de mitigação dos efeitos da degradação ambiental se tornam ferramentas importantes para garantir a proteção das populações afetadas e da biodiversidade.

1. Como a perda da biodiversidade afeta as populações do planeta?
2. Em sua opinião, qual é a relevância para as populações locais de projetos que visam garantir a proteção ambiental e a recuperação de áreas degradadas?

Geração da mudança

- Com base nos levantamentos de informações e nos materiais elaborados por vocês ao longo da unidade, escolham uma área do município e identifiquem se é uma área que precisa ser regenerada ou preservada. Elaborem, então, um projeto que mobilize a comunidade local para preservar ou recuperar essa área (de acordo com o diagnóstico de vocês). O projeto deve conter informações sobre a área, a justificativa para sua implantação e a forma como a comunidade local pode participar.

Autoavaliação

UNIDADE 8

ÁFRICA: DESENVOLVIMENTO ECONÔMICO

PRIMEIRAS IDEIAS

1. Em sua opinião, os países da África apresentam o mesmo nível de desenvolvimento econômico?
2. Que país asiático tem grande influência na economia de diversos países africanos?
3. Você sabe qual é o mais industrializado da África?

Conhecimentos prévios

Nesta unidade, eu vou...

CAPÍTULO 1 — Economia africana

- Conhecer os principais recursos minerais e energéticos disponíveis na África e sua importância para a economia dos países do continente africano.
- Compreender as principais características das atividades industrial e agropecuária na África.
- Analisar e comparar a matriz energética mundial com a do Brasil e da África, refletindo sobre a necessidade de diminuição do uso de combustíveis fósseis em todo o mundo.

CAPÍTULO 2 — Investimentos estrangeiros e desenvolvimento

- Compreender o papel dos investimentos estrangeiros na economia dos países africanos.
- Constatar, por meio da análise de mapa, a situação de endividamento dos países africanos.
- Compreender os fatores relacionados ao crescimento econômico dos países africanos a partir do século XXI.
- Entender as relações entre a China e os países do continente africano.
- Refletir sobre o acesso à energia elétrica e buscar informações sobre o uso de fontes de energia renováveis para a geração de energia elétrica no meu município.

CAPÍTULO 3 — Destaques regionais

- Conhecer as diferenças socioeconômicas entre a África Setentrional e a África Subsaariana, comparando as economias dos principais países dessas regiões.
- Conhecer os principais blocos econômicos e as associações africanas
- Analisar cartogramas e compreender suas funcionalidades.

CIDADANIA GLOBAL

- Refletir sobre a importância da implementação de fontes de energia renováveis e acessíveis para todas as pessoas.
- Comunicar os benefícios sociais e ambientais da utilização de fontes renováveis de energia e reivindicar investimentos nessa área para minha comunidade.

Yasuyoshi Chiba/AFP

LEITURA DA IMAGEM

1. Descreva os elementos observados na imagem.
2. Você sabe para que servem os painéis retratados na imagem?
3. Quais são as principais características dessa fonte de energia?

CIDADANIA GLOBAL

7 ENERGIA LIMPA E ACESSÍVEL

Imagine que você é o responsável pelo desenvolvimento de um projeto cujo objetivo é incentivar a implementação de fontes de energia renováveis no município, na unidade da federação ou na região onde vive, de modo a torná-las acessíveis a todas as pessoas e a ampliar o uso de energias renováveis e sustentáveis.

1. Quais informações você precisa obter para desenvolver esse projeto?
2. Na sua opinião, qual é a importância de os idealizadores da proposta realizarem um levantamento da viabilidade de implementação do projeto, considerando, por exemplo, a ocorrência de fenômenos naturais, como vento constante (para a instalação de torres eólicas), ou de possíveis impactos ambientais e sociais causados por esse empreendimento?

Em grupos, você e seus colegas vão levantar, ao longo da unidade, dados e informações sobre diferentes tipos de matriz energética, com destaque para as energias renováveis. Depois, vão escrever uma carta reivindicando a implementação de fontes sustentáveis de energia.

Que esforços estão sendo realizados para aumentar a produção e o consumo de **energia limpa na África**?

Homem limpando painéis solares em Amboseli, Quênia. Foto de 2022.

215

CAPÍTULO 1
ECONOMIA AFRICANA

PARA COMEÇAR

Você sabe quais são os recursos naturais explorados nos países africanos? O que você conhece acerca das atividades industriais do continente?

CARACTERÍSTICAS GERAIS

A economia africana é marcada por seu passado colonial. De modo geral, os países da África são exportadores de **matérias-primas**, como produtos agrícolas, minérios e petróleo. Argélia, Líbia, Nigéria e Angola possuem importantes reservas de petróleo e são membros da Opep. O subsolo africano também é rico em ouro, diamante e outros minerais raros, encontrados em países como República Democrática do Congo, Botsuana e África do Sul. A produção agrícola é importante para diversos países como o Quênia, que se destaca na produção e na exportação de chá; e Uganda e Costa do Marfim, exportadores de café.

Apesar da riqueza natural e do potencial produtivo dos países do continente, a maior parte deles apresenta relativamente baixos níveis de investimento em infraestrutura e em tecnologia. Além disso, empresas estrangeiras dominam a exploração das atividades extrativistas e agropecuárias locais. De modo geral, desde o início da década de 2010, a economia africana tem apresentado crescimento superior ao da média mundial. No entanto, o continente foi fortemente atingido pela pandemia de covid-19. Segundo dados do Banco Mundial, o PIB do continente diminuiu em média 3,0% em 2020.

▼ Alguns países africanos, como Quênia e Ruanda, estão entre os maiores produtores de chá do mundo. Trabalhadoras em colheita de chá em Ruanda. Foto de 2022.

RECURSOS MINERAIS E ENERGÉTICOS

Muitos países da África possuem áreas ricas em minerais e, por isso, diversas potências estrangeiras têm ampliado a exploração desses recursos no continente. Destacam-se a extração de ouro, de urânio e de diamante na África do Sul, a de bauxita na Guiné, a de fosfato no Marrocos e a de cobre na Zâmbia. Há, ainda, a extração de diamante em Botsuana e na República Democrática do Congo. Observe o mapa, que mostra a distribuição de recursos minerais no continente africano.

O avanço tecnológico criou mercado para uma série de minerais que antes não eram tão valorizados. É o caso, por exemplo, da columbita-tantalita, fundamental na fabricação de processadores, baterias e microcircuitos. Estima-se que cerca de 75% das reservas mundiais desse mineral estejam na República Democrática do Congo, na fronteira com Uganda, Ruanda e Burundi, o que tem gerado graves conflitos entre esses países pelo comércio desse mineral, pois Uganda e Ruanda o exploram de forma ilegal e com o apoio de guerrilhas. Grandes corporações mundiais se beneficiam dessa exploração ilegal, adquirindo a preços baixos o que foi denominado "minerais de conflitos".

Os diamantes estão entre os recursos naturais da África que mais atraíram os colonizadores europeus. Em 2020, de acordo com a Comissão Nacional do Processo Kimberley, os sete maiores produtores de diamantes do mundo representavam 97% do total da produção. Desses sete países, quatro eram africanos: Botsuana, República Democrática do Congo, África do Sul e Angola.

As grandes mineradoras instaladas no continente são provenientes de países desenvolvidos. Assim, a maior parte da produção e do lucro obtido com a exploração do rico subsolo africano é enviada ao país de origem das empresas mineradoras.

Fonte de pesquisa: *Reference world atlas*. London: Dorling Kindersley, 2021. p. 73.

> **PARA EXPLORAR**
>
> *África: terra, sociedades e conflitos*, de Nelson Bacic Olic e Beatriz Canepa. São Paulo: Moderna.
>
> Nesse livro, os autores se baseiam em uma série de dados e informações para demonstrar que a África vem se inserindo no atual processo global de integração política, econômica, social e cultural, apesar de os graves problemas socioeconômicos ainda provocarem resultados tímidos.

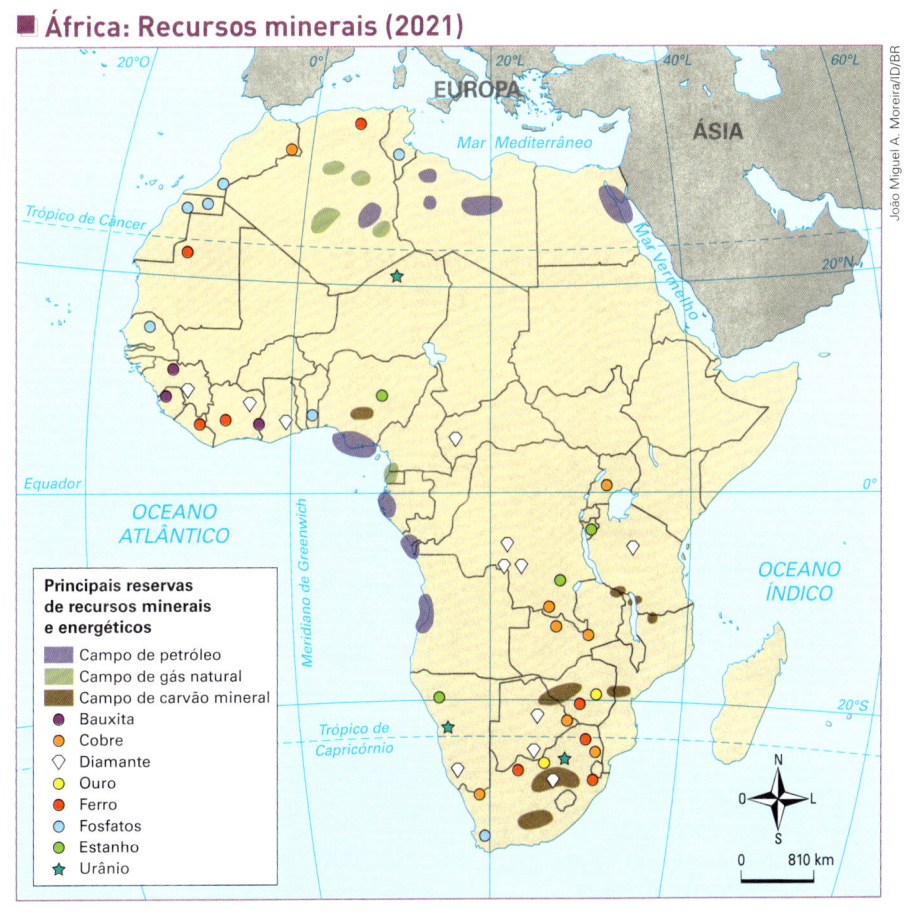

África: Recursos minerais (2021)

Principais reservas de recursos minerais e energéticos:
- Campo de petróleo
- Campo de gás natural
- Campo de carvão mineral
- Bauxita
- Cobre
- Diamante
- Ouro
- Ferro
- Fosfatos
- Estanho
- Urânio

DIAMANTES E CONFLITOS

O lucrativo comércio de diamantes financiou diversos conflitos no continente. Um exemplo disso foi a guerra civil que aconteceu em Serra Leoa, de 1991 a 2002, na qual grupos rebeldes, financiados pelo contrabando de diamantes, entraram em conflito com o governo. O controle e a exploração das reservas de diamantes gerou escravização de pessoas, inclusive de crianças, e milhares de mortes.

▲ Mineração artesanal de diamantes em Serra Leoa. Foto de 2019.

Em 2003, com o apoio da ONU, criou-se o Sistema de Certificação do Processo de Kimberley (SCPK), mecanismo internacional cujos objetivos são legitimar o comércio legal de diamantes e combater a comercialização ilegal desse recurso mineral, quando é originado de contrabando e associado ao financiamento de conflitos armados.

MATRIZ ENERGÉTICA

Muitos países africanos apresentam reservas de petróleo e gás natural e são importantes produtores desses tipos de combustível. A exploração desses recursos promoveu uma nova dinâmica econômica e política para o continente, que tem se aproximado das nações mais desenvolvidas e também da China.

Os maiores produtores africanos de petróleo são Nigéria, Argélia e Angola, que, juntos, respondem por quase 65% da produção petrolífera do continente. Com o acréscimo do Egito e da Líbia, esse percentual sobe para quase 80%. Outros exemplos de nações produtoras de petróleo são Camarões, Chade, Congo, Costa do Marfim, Gabão e Sudão do Sul.

A produção de gás natural é liderada pela Argélia, seguida de Egito, Nigéria e Líbia. O carvão mineral, encontrado na porção sul do continente, é um importante recurso para a industrialização da África do Sul.

Dados da Agência Internacional de Energia indicavam que, em 2020, os combustíveis fósseis (petróleo, gás natural e carvão mineral) correspondiam a cerca de 50% da matriz energética da África. A segunda fonte de energia mais usada no continente são os biocombustíveis (cerca de 47%). A energia hidráulica representa 1,5% da matriz energética africana. A produção de energia hidrelétrica ocorre principalmente nas bacias hidrográficas dos rios Zambeze, Nilo e Congo, mas é insuficiente para atender às demandas dos países que investiram nessa fonte energética. As energias renováveis respondem por apenas 1% da matriz energética africana.

CIDADANIA GLOBAL

COMBUSTÍVEIS FÓSSEIS NA MATRIZ ENERGÉTICA MUNDIAL

A matriz energética mundial, assim como a matriz energética africana, tem os combustíveis fósseis como principais fontes de energia. Converse com os colegas sobre as questões a seguir.

1. Por que é importante diminuir a dependência dos combustíveis fósseis da matriz energética mundial?

2. O que você sabe a respeito da matriz energética mundial e a do Brasil? Há predomínio de fontes de energia renovável ou não renovável? Com os colegas, busque informações sobre o tema.

3. Compare a matriz energética brasileira à do continente africano e depois escreva um texto com suas conclusões.

Como é composta a **matriz energética do continente africano**?

INDÚSTRIA AFRICANA

Muitas indústrias na África são de **extração e beneficiamento de matérias-primas**, como as de processamento de alimentos (café, arroz, açúcar e chá) e a de óleo de palma.

Grande parte das atividades industriais do continente está concentrada na **África do Sul**, país com o mais elevado índice de industrialização do continente africano. A indústria sul-africana é diversificada, com destaque para os setores siderúrgico, metalúrgico e automobilístico.

Na África Setentrional, Egito, Tunísia, Marrocos e Líbia têm grau médio de industrialização, destacando-se os setores têxtil e alimentício. Nos países produtores de petróleo, como a Nigéria, vêm sendo implantadas indústrias ligadas aos setores de beneficiamento desse recurso, como as indústrias químicas, de fertilizantes, de plásticos e as petroquímicas. Outros setores também estão recebendo grandes investimentos estrangeiros, com a implantação de indústrias eletroeletrônicas no Egito e no Marrocos e automobilísticas na Argélia.

▲ Indústria automobilística em Midrand, África do Sul. Foto de 2020.

■ **África: Indústria (2021)**

Fonte de pesquisa: *Reference world atlas*. London: Dorling Kindersley, 2021. p. 72.

ECONOMIA AFRICANA DIANTE DA PANDEMIA DE COVID-19

A pandemia de covid-19 afetou economicamente o mundo todo. Apesar disso, na África, os países mais industrializados conseguiram propor pacotes de proteção às suas economias.

A África do Sul, por exemplo, reservou cerca de 160 milhões de dólares para amparar suas indústrias, além de pequenas e médias empresas. Do mesmo modo, Egito, Tunísia e Marrocos também disponibilizaram recursos financeiros para suas economias. Além disso, organizações internacionais e africanas participaram de acordos de cooperação para amparar outras economias do continente.

AGRICULTURA E EXTRATIVISMO VEGETAL

A agricultura tem grande importância econômica na maioria dos países da África. Desde o período colonial, ela se caracteriza pela coexistência de agricultura para **exportação** e agricultura de **subsistência**, com foco no mercado interno.

África: Agropecuária (2021)

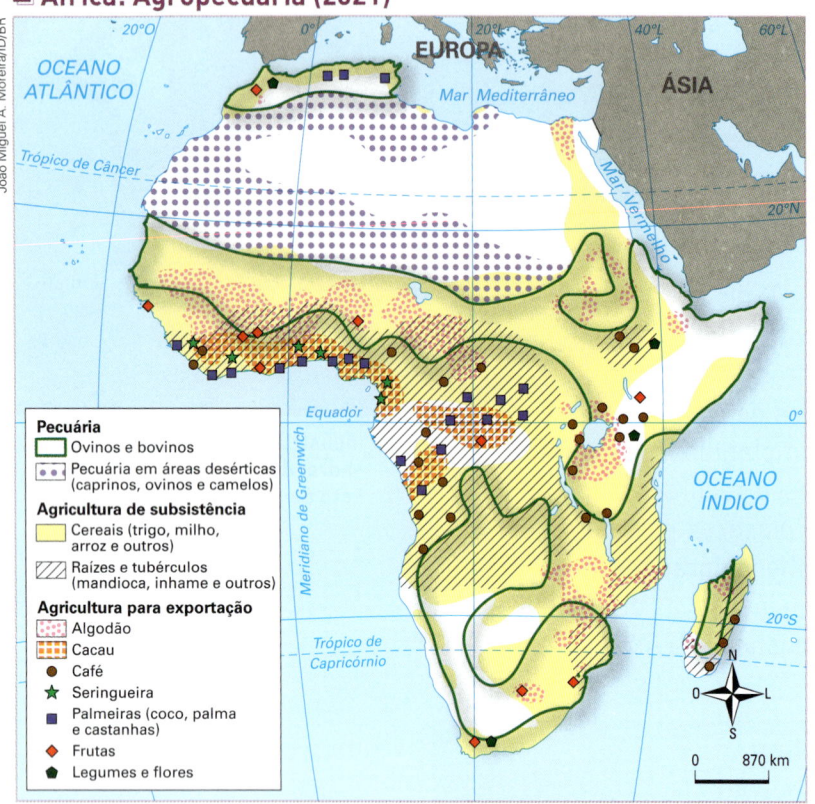

Fonte de pesquisa: *Atlas de l'Afrique*: Un continent émergent? Paris: Autrement, 2022. p. 46.

in natura: em seu estado natural, sem processamento industrial.

Colheita mecanizada de trigo, em Ticehurst, Zimbábue. Foto de 2022.

A baixa produtividade da agricultura voltada ao consumo interno faz da África uma **grande importadora de alimentos** (cereais, laticínios, frutas, vegetais e carnes), exceção feita a poucos países, como a África do Sul. As exportações agrícolas de produtos cultivados em larga escala são fundamentais para muitas nações, como Sudão, Burundi e Etiópia.

A União Europeia é uma importante consumidora da produção africana de frutas *in natura*, frutas secas, algodão e vegetais. Outros produtos significativos na pauta de exportação agrícola do continente são café, cacau, chá, amendoim e cana-de-açúcar.

AGRICULTURA DE *PLANTATION*

A agricultura de *plantation* tem como característica extensas áreas **monocultoras**, voltadas à exportação de produtos tropicais. Essas terras pertencem a empresas ou a grandes proprietários privados, que foram substituindo a agricultura tradicional de subsistência por monoculturas, e são responsáveis por tornar muitos países do continente vulneráveis a crises de disponibilidade de alimentos. As lavouras são mecanizadas e utilizam técnicas modernas na produção. Além disso, causam grande desmatamento em áreas florestais.

Destacam-se as áreas de plantio de cana-de-açúcar, na África do Sul e no Egito; de café, na República Centro-Africana, no Congo, na Costa do Marfim, na Etiópia e na Tanzânia; de algodão, no Mali, em Burkina Faso e no Sudão; de cacau, em Camarões, na República Democrática do Congo e em Gana; e de cereais, como milho e trigo, em Zâmbia e no Zimbábue.

AGRICULTURA DE SUBSISTÊNCIA E PASTOREIO NÔMADE

Grande parte da população africana pratica a agricultura de subsistência, que compreende **sistemas tradicionais** de cultivo, os quais são ligados a culturas milenares e não utilizam os recursos naturais de maneira predatória, mas apresentam baixa produtividade.

O **pastoreio nômade** é realizado por diversos povos tradicionais que vivem em áreas próximas aos desertos do Kalahari e do Saara. Nessas regiões as atividades de subsistência mais desenvolvidas são a criação de camelos, de cabras e de gado bovino.

As **secas** são um grave problema para o desenvolvimento da agricultura em grande parte do continente africano. Períodos consecutivos de estiagem têm afetado importantes lavouras de trigo, oliveiras e frutas cítricas na África Setentrional. No início de 2022, a região do Chifre da África (Etiópia, Somália, Eritreia e Djibuti) sofreu uma intensa seca, que deixou em situação de insegurança alimentar cerca de 13 milhões de pessoas.

▲ Pessoas praticando agricultura de subsistência no Parque Nacional Impenetrável de Bwindi, Uganda. Foto de 2021.

EXTRATIVISMO VEGETAL

O extrativismo vegetal é muito significativo na economia de vários países africanos. A exploração de **madeiras** nobres para exportação é feita por grandes empresas estrangeiras.

Ao sul do Saara, a madeira extraída para uso doméstico e o contínuo **desmatamento predatório**, relacionado ao extrativismo e às atividades agrícolas monocultoras, vêm contribuindo para o processo de desertificação registrado nessa área.

TURISMO

O turismo está entre as principais atividades econômicas de vários países africanos. O continente apresenta **belezas naturais** e um grande **patrimônio histórico**. As atrações turísticas mais procuradas no continente são: as pirâmides, no Egito; as cataratas Vitória, entre Zâmbia e Zimbábue; o extenso litoral, com muitas praias visitadas por banhistas e surfistas; e as savanas, nas quais vem crescendo o **ecoturismo** – que explora de modo sustentável o patrimônio natural e cultural dos locais visitados.

O setor cria numerosos empregos, aumenta a renda dos países e é um meio de atrair investimentos em infraestrutura. A Organização Mundial de Turismo (OMT) recomendou novas bases para impulsionar o turismo sustentável no continente, de modo que as receitas do setor possam ser empregadas no desenvolvimento dos países africanos.

▲ Vista da mesquita Hassan II, uma das maiores do mundo, em Casablanca, Marrocos. Foto de 2021.

ATIVIDADES

Acompanhamento da aprendizagem

Retomar e compreender

1. Qual é a principal característica da economia africana?
2. Explique a importância econômica do turismo para os países do continente africano.

Aplicar

3. Escreva um texto comparando a agricultura de *plantation* e a economia de subsistência africanas.

4. Analise a imagem e a legenda e, em seguida, responda às questões.
   a) Descreva a imagem. Que período da história africana ela representa?
   b) Qual é a relação entre a atual condição econômica dos países do continente africano e sua herança histórica?

   Gravura *Expedição Madagascar*: soldados franceses em uma rua em Tananarive (atual Antananarivo), Madagascar, publicada no *Le Petit Journal*, Paris, 27 jan. 1895.

5. Observe o mapa. Em seguida, com a ajuda de um planisfério político, responda às questões.

Mundo: População com acesso à energia elétrica (2020)

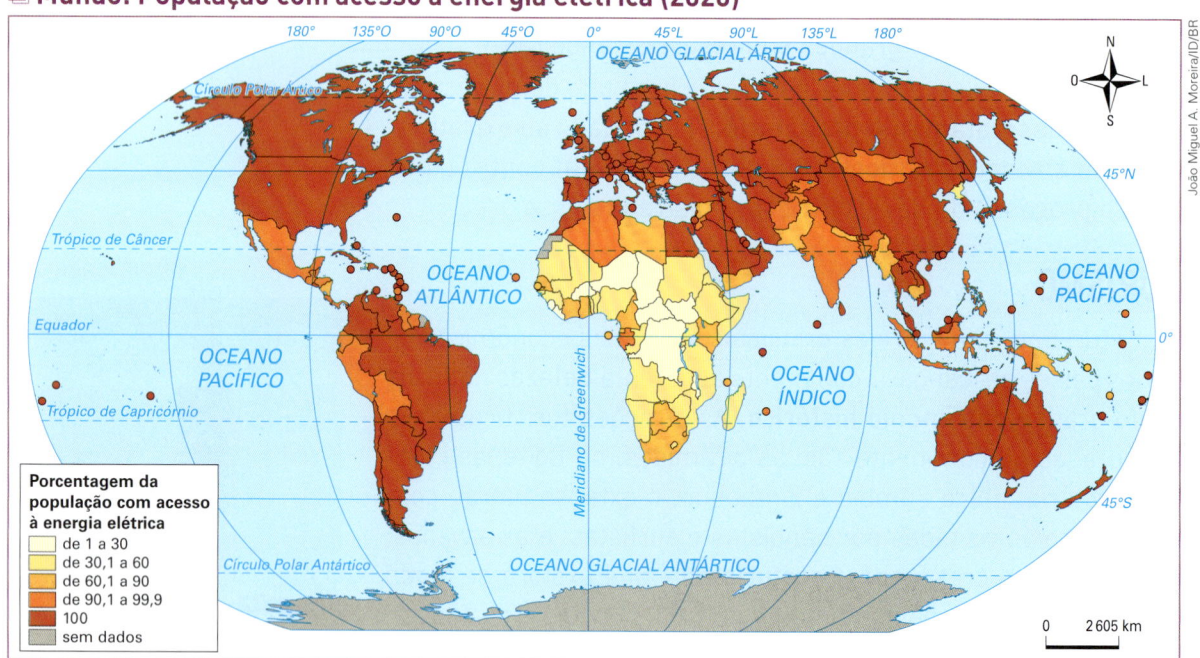

Porcentagem da população com acesso à energia elétrica:
- de 1 a 30
- de 30,1 a 60
- de 60,1 a 90
- de 90,1 a 99,9
- 100
- sem dados

Fonte de pesquisa: Banco Mundial. Disponível em: https://data.worldbank.org/indicator/EG.ELC.ACCS.ZS?end=2020&most_recent_year_desc=true&start=1990&view=chart&year_high_desc=false. Acesso em: 19 abr. 2023.

a) Compare a situação geral da África com a dos demais continentes.
b) Agora, compare os países da África Setentrional com os países da África Subsaariana. Em qual dessas regiões a população tem mais acesso à energia elétrica? O que pode explicar essa situação?

CONTEXTO
DIVERSIDADE

Ngozi Okonjo-Iweala

A nigeriana Ngozi Okonjo-Iweala foi a primeira mulher a chefiar o Organização Mundial da Comércio (OMC). Leia um trecho a seguir da biografia da economista.

Nascida em uma família de alta linhagem no atual Estado do Delta, ao sul da República da Nigéria, recebeu na infância sólida formação escolar. Seu pai, Chukwuka Okonjo, era professor de Economia e detinha o título de Obi (rei), na linhagem real do reino de Ogwashi-Ukwu; e sua mãe, Kamene Okonjo, foi destacada médica e professora de sociologia na Universidade da Nigéria, em Nsukka.

[...] No início da década de 1970 foi encaminhada para realizar estudos universitários nos Estados Unidos, tendo estudado na Universidade de Harvard no período de 1973-1976, onde se formou com máxima distinção em Economia. [...]

Okonjo-Iweala atuou em importantes postos de governo do seu país, tendo atuado como Ministra das Finanças da Nigéria [...] (1999-2007), e depois como Ministra de Relações Exteriores. Por sua alta qualificação e sua grande capacidade de negociação, liderou os acordos econômicos com o Clube de Paris que permitiram a renegociação da Dívida Externa do seu país e em 2003 assumiu a liderança na gestão macroeconômica nigeriana e no desenvolvimento de práticas visando à transparência na governança e à eficiência na gestão financeira mediante sistemas eletrônicos [...] – o que ajudou a coibir ações de corrupção na esfera pública. Suas ações contra a corrupção endêmica, sobretudo na área de exploração do petróleo, levou a que sofresse sucessivas ameaças pessoais [...].

[...] Liderou várias iniciativas dirigidas a promover as economias de países pobres ou emergentes, com projetos de cooperação. [...] Em 2020 foi nomeada pela União Africana para obter apoio internacional no combate aos efeitos da pandemia de covid-19.

Em junho de 2020 Ngozi Okonjo-Iweala foi indicada pela presidência da Nigéria para o cargo de Diretora-Geral da Organização Mundial do Comércio [...].

Ngozi Okonjo-Iweala (1957). *Biografias de mulheres africanas* (Estudos Africanos do Instituto Latino--Americano de Estudos Avançados da Universidade Federal do Rio Grande do Sul), Porto Alegre, [s.d.]. Disponível em: https://www.ufrgs.br/africanas/ngozi-okonkjo-iweala-1957/. Acesso em: 19 abr. 2023.

▲ Dra. Ngozi Okonjo-Iweala, no Parlamento em Camberra, Austrália. Foto de 2022.

Para refletir

1. Você já conhecia o trabalho da Ngozi Okonjo-Iweala? Além de ser a primeira mulher a presidir a OMC, ela também é a primeira mulher negra e africana a assumir esse cargo. Em sua opinião, por que esse aspecto geralmente é destacado em notícias e informações sobre a economista?

2. Considerando que a OMC é uma organização responsável pela regulamentação do comércio global, você acredita que, para os países em desenvolvimento, é importante ter uma representante africana na organização?

CAPÍTULO 2
INVESTIMENTOS ESTRANGEIROS E DESENVOLVIMENTO

PARA COMEÇAR

Qual é o papel dos países africanos no comércio internacional? Que problemas podem enfrentar os países ou as regiões do continente que dependem economicamente da exportação de produtos primários?

▼ Vista de trecho da ferrovia que liga as cidades Abuja e Kaduna, na Nigéria, construída por meio de investimentos chineses concedidos ao país. Foto de 2022.

DEPENDÊNCIA ECONÔMICA E RELAÇÕES INTERNACIONAIS

O crescimento econômico dos países africanos ainda está vinculado ao aumento da demanda mundial por **matérias-primas**. Quando essa demanda cai, toda a África sofre um processo de desaceleração econômica. Os países africanos mais industrializados e estruturados economicamente sofrem menos com essa variação, caso da África do Sul e de outros países setentrionais.

Tradicionalmente, as principais influências estrangeiras na economia africana são **europeias**, por causa da proximidade geográfica e da herança colonial. Os **Estados Unidos** também são um importante parceiro econômico dos países africanos. Porém, nos últimos vinte anos, a **China** passou a fazer grandes investimentos em alguns países da África e, atualmente, é um dos principais parceiros do continente.

O receio da vigorosa presença chinesa no mercado africano e a necessidade de reduzir a dependência do petróleo do Oriente Médio têm levado os Estados Unidos e a Europa a intensificar o comércio com a África. O interesse estrangeiro volta-se, em especial, para o oeste do continente, onde há grandes jazidas de petróleo.

AJUDA EXTERNA

A instabilidade política e a falta de estratégias próprias para a erradicação da pobreza agravam as dificuldades já existentes nos países da África. A ajuda internacional, em doações financeiras e de alimentos e em empréstimos, é importante para uma parcela da população do continente; no entanto, é muito criticada por ser uma forma de criar dependência econômica, além de favorecer as elites locais.

Com o crescimento econômico de alguns países africanos nos anos 2000, a ajuda financeira ao continente tornou-se menos necessária, mas a **dívida externa** gerada por ela ainda compromete grande parte da renda de países como Somália, Moçambique e República Centro-Africana. É importante ressaltar, no entanto, que a dívida externa elevada não é um problema exclusivo da África.

Na maioria dos casos, a ajuda externa aos países africanos só é efetivada sob algumas condições, como o combate à corrupção, o respeito aos direitos humanos e às liberdades democráticas e a adoção de determinadas políticas econômicas. Muitas vezes, a dificuldade em atender a essas exigências acaba impedindo que alguns países obtenham essa cooperação.

África: Dívida externa (2020)

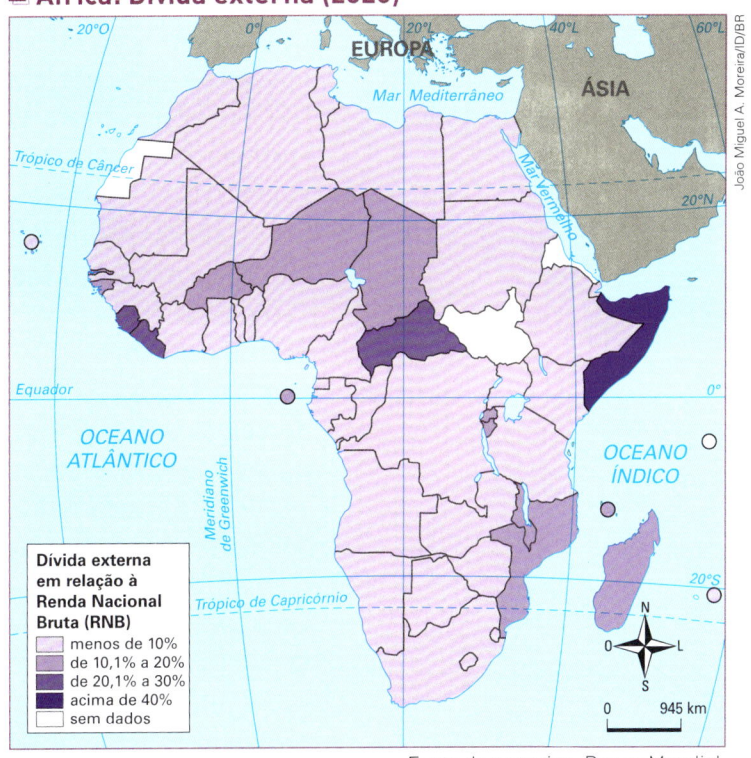

Dívida externa em relação à Renda Nacional Bruta (RNB)
- menos de 10%
- de 10,1% a 20%
- de 20,1% a 30%
- acima de 40%
- sem dados

Fonte de pesquisa: Banco Mundial. Disponível em: https://data.worldbank.org/topic/external-debt. Acesso em: 19 abr. 2023.

CRESCIMENTO ECONÔMICO RECENTE

A partir do início deste século, muitos países da África tiveram um crescimento econômico acima da média mundial, apesar de continuar com elevado índice de pobreza. Isso ocorreu, em grande parte, devido à elevação do preço das **matérias-primas** no mercado internacional, em especial do petróleo, cuja produção se intensificou.

Esse crescimento, no entanto, é frágil. A economia africana é **pouco diversificada**, centrada na produção e na exportação de matérias-primas. Assim, fatores como a oscilação nos preços e a diminuição da procura internacional podem atingir as exportações. Em meados dos anos 2010, a queda no preço de *commodities*, por exemplo, afetou o crescimento das principais economias africanas, desacelerando-as. A pandemia de covid-19, iniciada em 2020, afetou negativamente a economia dos países africanos, mas a maioria deles recuperou suas economias logo em seguida, com importante crescimento já em 2021. Além disso, na África, a infraestrutura de transportes e de energia é precária, e há carência de mão de obra qualificada.

Alguns países tiveram alto crescimento econômico associado à reconstrução de suas economias após o fim de guerras civis – caso de Angola, país importante na produção de petróleo. Na década de 2010, entre os países com pior desempenho econômico, estavam Burundi, Guiné Equatorial e República Democrática do Congo. Este último, por exemplo, país com mais de 200 grupos étnicos distintos, enfrenta sérios conflitos relacionados a disputas por territórios, por recursos naturais e pelo poder político.

CIDADANIA GLOBAL

ACESSO À ENERGIA ELÉTRICA

De acordo com um relatório publicado, em 2022, pela Fundação África-Europa e a Fundação Mo Ibrahim, 45% da população do continente africano (cerca de 585 milhões de pessoas) não tem acesso à energia elétrica.

Somado a isso, de acordo com a Agência Internacional de Energia, em 2020, os combustíveis fósseis representavam cerca de 76% da matriz elétrica do continente africano.

Reúna-se com seu grupo e responda às questões a seguir.

1. No Brasil, há pessoas que não têm acesso à energia elétrica?
2. Em sua opinião, o que é possível fazer para tornar a energia elétrica acessível a todas as pessoas de modo sustentável?
3. No município ou na unidade da federação onde vocês vivem, há o uso de fontes de energias limpas e renováveis para a produção de energia elétrica? Se sim, quais?

África: Evolução do PIB de países selecionados (2013-2021)

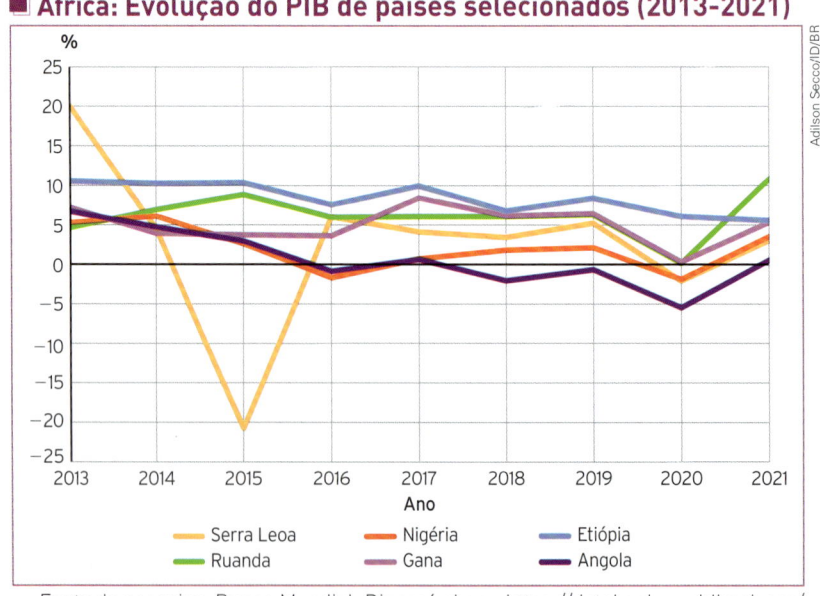

Legenda: Serra Leoa, Nigéria, Etiópia, Ruanda, Gana, Angola.

Fonte de pesquisa: Banco Mundial. Disponível em: https://databank.worldbank.org/reports.aspx?source=2&series=NY.GDP.MKTP.KD.ZG&country=. Acesso em: 19 abr. 2023.

RELAÇÕES ENTRE ÁFRICA E CHINA

A China tem se aproximado cada vez mais dos países africanos, realizando grandes negócios e investimentos no continente. A relação econômica entre a China e muitos países da África atende ao interesse chinês em adquirir grande quantidade de matérias-primas para sustentar o desenvolvimento econômico de seu país. Os chineses se interessam principalmente pelo petróleo: uma quantidade expressiva do petróleo de países africanos é importado pela China, que tem feito, por meio de suas estatais petrolíferas, investimentos no Sudão, no Sudão do Sul, em Angola e na Argélia.

As trocas comerciais entre países da África e a China são responsáveis principalmente pelo aumento da participação do continente no mercado internacional.

Além da intensificação do comércio, a aproximação chinesa de países do continente africano revela uma **estratégia geopolítica**, pois, ao expandir sua influência sobre a África, a China estabelece uma nova correlação de forças no cenário mundial. Com a pandemia de covid-19, a aproximação aconteceu também pela cooperação sanitária, mediante a doação de vacinas pela China ao continente africano.

▲ Várias empresas chinesas, sozinhas ou em parceria com grupos locais, têm construído estradas, oleodutos, estradas de ferro e portos, além de hospitais e escolas em países da África. Hospital construído com investimento chinês em Adis Abeba, Etiópia. Foto de 2022.

INFRAESTRUTURA E COMÉRCIO

Para garantir a produção africana e, assim, o retorno de seus investimentos, os chineses têm aplicado recursos financeiros em setores de infraestrutura, exploração de recursos naturais, modernização da agricultura e tecnologia.

Além do interesse no petróleo, os chineses compram grandes quantidades de madeira, minérios e produtos agrícolas. Em contrapartida, ampliam a venda de armamentos para países como Zimbábue, Sudão e Etiópia. Os produtos manufaturados e têxteis de origem chinesa também estão cada vez mais presentes nos mercados africanos. A indústria têxtil local e de confecção de roupas têm dificuldade em competir com os produtos importados, por causa dos baixos preços das mercadorias chinesas.

■ **África e China: Comércio bilateral (2002-2020)**

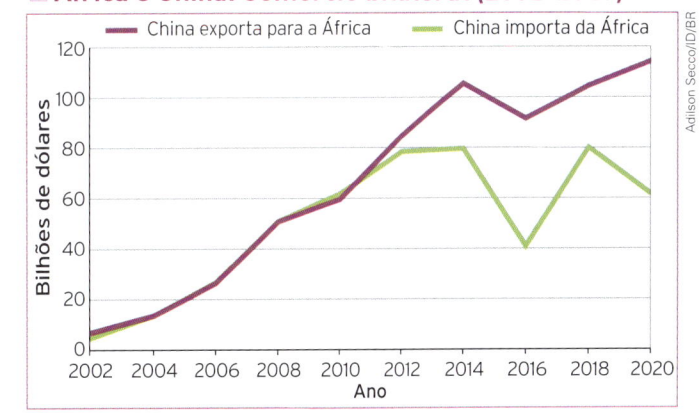

▲ A China é um importante parceiro comercial de vários países da África.
Fonte de pesquisa: China-Africa Research Initiative. Johns Hopkins: School of Advanced International Studies. Data: China-Africa trade. Disponível em: http://www.sais-cari.org/data-china-africa-trade. Acesso em: 19 abr. 2023.

ATIVIDADES

Acompanhamento da aprendizagem

Retomar e compreender

1. Por que a demanda mundial de matérias-primas afeta a economia de países da África?
2. Explique os motivos do significativo crescimento econômico de Angola no início do século XXI.

Aplicar

3. Leia o texto a seguir e, depois, responda às questões.

> A dívida externa dos 54 países africanos chega hoje [23 jan. 2023] a US$ 696 bilhões. É um número elevado de nações, com uma dívida mais elevada ainda, sobretudo quando se sabe que 22 desses governos estão à beira da inadimplência em seus empréstimos externos.
>
> [...] o mais recente credor desse clube é a China, que começou a emprestar dinheiro para a África há pouco mais de 20 anos.
> [...]
>
> A China recuou na política de mão aberta quanto aos empréstimos à medida que a pandemia se instalava [...]. A primeira pisada no freio ocorreu em 2016, ano em que os chineses emprestaram a quantia recorde de US$ 28,4 bilhões para a África. Em 2019 a fortuna já havia caído para US$ 8,2 bilhões. E, no ano seguinte, 2020, com tudo parado em razão do vírus, os empréstimos chegaram a US$ 1,9 bilhão.
>
> João Batista Natali. Dívida enorme que África acumulou com a China se tornou problema para Pequim. *Folha de S.Paulo*, São Paulo, 26 jan. 2023. Disponível em: https://www1.folha.uol.com.br/mundo/2023/01/podcast-analisa-enorme-divida-da-africa-com-a-china.shtml. Acesso em: 19 abr. 2023.

a) Por que, a partir do início do século XXI, as transações comerciais entre China e vários países da África cresceram significativamente?

b) Em sua opinião, a ajuda externa traz consequências negativas para os países menos desenvolvidos, como muitos países africanos?

4. Observe o mapa a seguir e, com o auxílio de um atlas geográfico, responda às questões.

África: Produto Interno Bruto (2020)

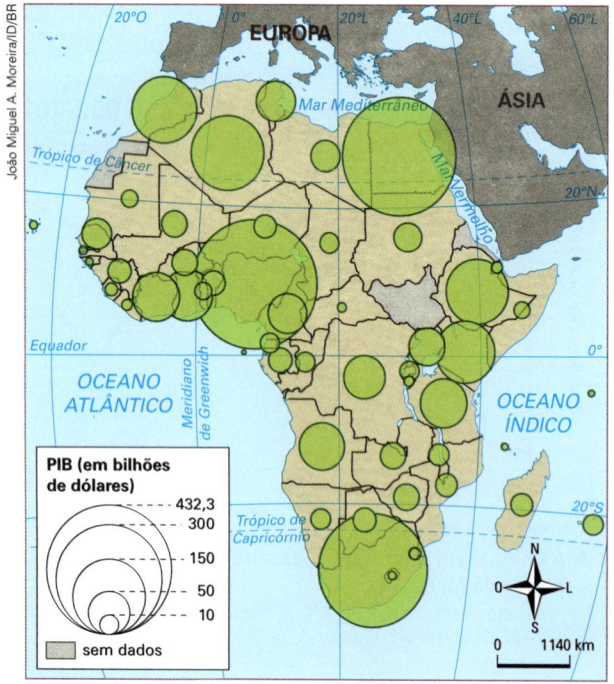

a) Cite os países com o PIB maior do que 300 bilhões de dólares.

b) A Somália se encontra na categoria de países africanos com PIB de até 10 bilhões de dólares (em 2020 era de quase 7 bilhões de dólares). Esse PIB é considerado baixo em relação aos demais países da África. Busque informações em *sites* e livros que expliquem a situação econômica da Somália.

Fonte de pesquisa: Banco Mundial. Disponível em: https://databank.worldbank.org/reports.aspx?source=2&series=NY.GDP.MKTP.CD&country=. Acesso em: 19 abr. 2023.

CAPÍTULO 3
DESTAQUES REGIONAIS

PARA COMEÇAR

O que você sabe a respeito da economia do Egito, da Tunísia, da África do Sul e da Nigéria?

ÁFRICA SETENTRIONAL

A África Setentrional compreende o Marrocos, a Argélia, a Tunísia, a Líbia, o Egito, o Sudão e o Saara Ocidental. Com exceção do Egito e do Sudão, os outros países formam uma sub-região conhecida como Magreb, palavra de origem árabe que significa "poente" ou "ocidente".

A economia dos países da África Setentrional teve intenso crescimento nas últimas décadas, principalmente devido à comercialização de **petróleo**, combustível fóssil com participação significativa nas exportações da Argélia, do Egito, da Líbia e do Sudão. O Marrocos e a Tunísia, por sua vez, têm ampliado as exportações de produtos manufaturados. Os países dessa região estão muito integrados economicamente com a Europa; neles, contudo, as desigualdades sociais ainda são persistentes.

▼ Refinaria de petróleo na Líbia. Foto de 2020.

subsídio: auxílio financeiro dado pelo governo de um país aos setores produtivos, como a indústria e a agricultura, com o objetivo de manter a economia aquecida.

▲ Em 2012, criou-se uma zona de livre-comércio próximo a Tânger, cidade cujo porto passou por obras de melhoria. Vista do porto de Tânger, Marrocos, o maior do Mediterrâneo. Foto de 2022.

ARGÉLIA

O país destaca-se na extração de **petróleo** e de **gás natural**. De acordo com o British Petrolium (BP), em 2021, a Argélia era o maior produtor de gás natural da África, apesar de ter a segunda maior reserva comprovada desse combustível do continente.

As exportações petrolíferas, por sua vez, permitiram ao país manter a estabilidade econômica, mas, com a queda dos preços do petróleo a partir de 2014, a Argélia teve de gastar parte de suas reservas para manter a economia aquecida, sustentando os gastos sociais e fornecendo subsídios aos setores produtivos. Em 2021, o país tinha a terceira maior reserva comprovada de petróleo entre os países africanos.

Nos últimos anos, a Argélia tem adotado um modelo nacionalista de desenvolvimento, suspendendo privatizações e adotando uma política de proteção do mercado interno. Com a queda no preço do petróleo, o governo argelino busca diversificar a economia e diminuir a dependência do setor petrolífero.

MARROCOS

O Marrocos é um dos poucos países da região que não possuem grandes reservas petrolíferas. No entanto, destaca-se no setor da **mineração** e na exportação de fosfatos. A **agricultura** é relevante para a economia marroquina, destacando-se a produção de tâmaras, tomates, trigo e azeitonas. Também é importante no país a indústria da pesca.

A proximidade com a Europa e a oferta de mão de obra barata proporcionaram ao Marrocos acordos de preferência comercial com a União Europeia, o que impulsionou a economia marroquina. No entanto, o país sofre com elevadas taxas de desemprego, pobreza e analfabetismo, principalmente nas áreas rurais.

O setor de **turismo** é bastante dinâmico nesse país, mas foi fortemente impactado pela pandemia de covid-19, em razão do fechamento de fronteiras para frear a disseminação do vírus.

LÍBIA

A economia da Líbia é bastante dependente das exportações de **gás natural** e de **petróleo**. Também são relevantes as indústrias petroquímica e têxtil. Em 2011, a deposição do governante Muamar Kadafi levou o país a uma situação problemática: grupos terroristas ligados ao Estado Islâmico tomaram o controle de parte da produção de petróleo, não havendo, desde então, governo estável que tenha adotado qualquer política de crescimento econômico. Nesse cenário de instabilidade política, associado à queda do preço do petróleo no mercado internacional, o PIB da Líbia oscilou nos últimos anos: caiu cerca de 23% em 2014, recuperou-se em 2017 e 2018, mas, assim como nos demais países africanos, voltou a cair em 2020, devido à pandemia de covid-19, retomando importante crescimento de 31% em 2021.

SUDÃO

O **petróleo** era um dos principais produtos e responsável pelo crescimento da economia do Sudão na década de 2000. Com um prolongado período de **guerra civil**, o país perdeu mais de 70% de sua produção petrolífera após a independência do Sudão do Sul, em 2011.

Atualmente, o país tenta desenvolver outros setores da economia para diminuir a dependência do petróleo e suas principais atividades econômicas concentram-se na **agropecuária**, destacando-se a criação de ovelhas. De acordo com dados do Banco Mundial, em 2020, cerca de 20% do PIB do país vinha das atividades agropecuárias.

Uma série de conflitos, o embargo econômico dos Estados Unidos, a pandemia de covid-19 e a alta inflação acabaram dificultando o desenvolvimento econômico do Sudão nos últimos anos. Os principais produtos de exportação do país são ouro, petróleo, algodão, gergelim, amendoim e açúcar.

▲ A atividade pecuária tem grande importância econômica no Sudão. Atividade pecuária no Parque Nacional Dinder, Sudão. Foto de 2021.

EGITO

Quase toda a população egípcia vive no vale do rio Nilo, cuja fertilidade é imprescindível para a **agricultura** do país, na qual se destaca a produção de algodão, trigo, arroz e milho. Outras atividades econômicas importantes no país são o extrativismo mineral (produção de petróleo e de gás natural) e a atividade industrial (produção farmacêutica, química e têxtil).

O **turismo** também é uma fonte de recursos relevante para a economia egípcia, mas, devido à insegurança causada por ataques terroristas, o número de pessoas que visitam o país regrediu drasticamente. Durante a pandemia de covid-19, o governo do Egito resolveu reestruturar o setor de turismo, que sofria os efeitos da restrição de circulação de pessoas. Entre as medidas adotadas, estão as revisões em museus e obras para melhorar a infraestrutura turística.

Outras fontes importantes de recursos do Egito são as remessas de emigrantes – dinheiro enviado ao país por egípcios que não moram no Egito – e a renda obtida com o pedágio pago por navios que atravessam o canal de Suez.

Em 2011, Hosni Mubarak, então presidente do país, foi deposto por levantes populares causados, entre outros fatores, pela crise econômica que o Egito atravessava. Os governos seguintes buscaram dinamizar a economia com investimentos estrangeiros, mas não conseguiram resolver os problemas econômicos do país.

▼ Vista do templo de Luxor, em Luxor, Egito. Foto de 2022.

TUNÍSIA

A Tunísia apresenta uma das economias mais diversificadas do norte da África, com destaque para o **turismo**, a **indústria** – setores têxtil, de calçados e alimentício – e a **agricultura**, com o cultivo de produtos como azeitonas, amêndoas e tomates. Outras importantes fontes de renda são a extração de petróleo e de fosfatos e as remessas enviadas por emigrantes tunisianos.

Nos anos 1990, com o apoio do Fundo Monetário Internacional (FMI), ocorreu um acelerado processo de privatizações e de abertura econômica no país. Desde 1998, há um **acordo de livre-comércio** entre a Tunísia e a União Europeia que favoreceu a inserção de produtos tunisianos no mercado europeu, fator decisivo para o desenvolvimento econômico desse país.

Contudo, no final da década de 2000, a economia entrou em crise, provocando o aumento do desemprego e a piora das condições de vida, o que tem relação direta com a ocorrência de grandes protestos em 2011, como você estudará a seguir.

▲ Trabalhadoras em fábrica têxtil produzindo máscaras de proteção usadas como medida preventiva contra a disseminação do vírus causador da pandemia de covid-19, em Ksar Said, Tunísia. Foto de 2020.

PRIMAVERA ÁRABE

Em 2011, muitas **revoltas populares** ocorreram nos países do norte da África e se estenderam por muitos países árabes. Por seu caráter de protesto contra governos ditatoriais, esse movimento ficou conhecido como **Primavera Árabe**. A onda de protestos e de revoltas começou na Tunísia, no final de 2010, com grandes manifestações públicas contra o desemprego e a crise no país e a favor da democracia. Milhares de pessoas saíram às ruas para protestar contra o governo, o que levou à renúncia do presidente Ben Ali, no poder desde 1987.

A situação na Tunísia desencadeou protestos em outros países, como no Egito – levando à queda do presidente Hosni Mubarak – e na Líbia – com a deposição do presidente Muamar Kadafi.

▼ Protesto contra Muamar Kadafi em Misurata, Líbia. Foto de 2011.

Nessa época, acreditava-se que a Primavera Árabe pudesse implementar a democracia em países até então governados por ditaduras, mas as consequências foram diferentes do que se planejava. No Egito, por exemplo, Mohamed Morsi foi eleito em 2012, na primeira eleição presidencial com voto popular da história do país. No entanto, foi deposto por um golpe militar em 2013, e seu lugar foi ocupado pelo general Abdel Fatah al-Sisi. Em outros países árabes, como a Síria e o Iêmen, o movimento desencadeou conflitos e guerras civis.

ÁFRICA SUBSAARIANA

Os países da África Subsaariana, de modo geral, apresentam economias **pouco desenvolvidas**. Nessa região, em função do desempenho econômico, se sobressaem a África do Sul e a Nigéria.

ÁFRICA DO SUL

A África do Sul é o país mais **industrializado** do continente africano, destacando-se pelas atividades de siderurgia, pela produção automobilística e pela exportação de produtos de alta tecnologia (produção de armas e de biotecnologia).

Em 2020, de acordo com dados do Banco Mundial, cerca de 20% do PIB do país vinha de atividades industriais. As principais áreas industriais do país estão localizadas no entorno de Johanesburgo, da Cidade do Cabo e de Durban. A força econômica e o papel de **potência regional** no continente destacaram a África do Sul como nação **emergente** em nível global, credenciando-a, em 2011, como membro do Brics. O país é a menor economia entre as nações que formam esse bloco.

Atualmente, um grave problema social que aflige o país é a alta taxa de desemprego, que chegou a quase 34% em 2021. A maior parte da população sul-africana vive em situação de pobreza, em um contexto de grande desigualdade socioeconômica e precárias condições de saúde. Cerca de 19% dos adultos são portadores de aids (termo em inglês para síndrome da imunodeficiência adquirida), o que contribui para que a expectativa de vida no país seja de apenas 65 anos (em 2020).

▲ Em 2020, o ouro era o principal produto de exportação da África do Sul. Mineração de ouro em Westonaria, África do Sul. Foto de 2022.

APARTHEID

▲ Placa de segregação racial em praia próxima à Cidade do Cabo, África do Sul. Foto de 1976. Na placa, lê-se, em inglês e em africâner, "área para brancos".

A África do Sul foi dominada durante muitos anos por uma minoria branca de origem europeia. Essa minoria foi responsável pela implantação de um regime político de segregação racial da maioria negra, conhecido como *apartheid*, que durou de 1948 até 1994.

Os negros foram proibidos, por exemplo, de frequentar escolas ou lugares públicos reservados aos brancos; de se casar com pessoas brancas; de votar em eleições gerais e de participar do governo, entre outras medidas segregacionistas.

A repressão aos negros que se manifestavam contra esse regime era intensa. Em 1994, o *apartheid* foi legalmente extinto após a luta de importantes figuras como Nelson Mandela, que, no mesmo ano, seria eleito o primeiro presidente negro da África do Sul. Apesar do fim do *apartheid*, a exclusão social e econômica da população negra continua elevada nesse país.

O que foi e quais foram os impactos do *apartheid* na África do Sul?

NIGÉRIA

Em 2020, segundo dados do Banco Mundial, a Nigéria era o país **mais populoso** da África, com mais de 206 milhões de habitantes. Cerca de 52% da população vivia em cidades naquele ano, com destaque para Lagos, uma das maiores cidades africanas. Grande parte da população nigeriana, no entanto, está empregada no setor agropecuário que, em 2020, correspondia a 20,4% do PIB do país, ainda segundo o Banco Mundial. Destacam-se a produção de cacau, amendoim e algodão e a criação de caprinos e suínos.

O **petróleo** foi descoberto na Nigéria no final dos anos 1950, e atualmente o país é o maior produtor africano dessa matéria-prima. Em 2020, mais de 70% das exportações do país foram de petróleo cru.

Recentemente, também vem se desenvolvendo na Nigéria o **setor industrial**, com recursos obtidos da exportação de petróleo, o que fez do país a **maior economia africana** desde 2012. Contudo, o país não é internacionalmente competitivo, pois não dispõe de desenvolvimento tecnológico para aprimorar sua produção. Além disso, tem dificuldade em combater a pobreza: mais de 62% da população da Nigéria vive em extrema pobreza.

Atualmente, o estado de Borno, localizado no norte do país, sofre com a atuação do grupo radical islâmico **Boko Haram**, cujo nome significa "a educação ocidental é pecado". Fundado em 2002, o Boko Haram rejeita os valores ocidentais e tem como objetivo instaurar um governo islâmico na Nigéria. O grupo domina, por meio de práticas violentas, grande parte das cidades de Borno, como atentados e sequestros de mulheres e meninas, as quais, segundo seus membros, devem limitar-se aos cuidados domésticos. Além desses, o grupo comete outros crimes, o que afeta gravemente a economia local pouco desenvolvida. A falta de segurança também afasta potenciais investidores estrangeiros.

▲ Refinaria de petróleo no distrito de Ibeju Lekki, nos arredores de Lagos, Nigéria. Foto de 2020.

Qual é a importância da produção cinematográfica de **Nollywood** para a economia nigeriana?

▶ Manifestação pedindo a libertação de garotas que foram sequestradas pelo grupo radical islâmico Boko Haram. O cartaz diz: "Você ficaria em silêncio se sua filha estivesse desaparecida? #TragaDeVoltaNossasMeninas". Abuja, Nigéria. Foto de 2014.

INTEGRAÇÃO REGIONAL

A ocupação colonial da África pelas potências europeias nos séculos XIX e XX foi responsável pela grande exploração desse continente. Não se tratou apenas da expropriação de soberania e independência, mas também de valores culturais e de boa parte das riquezas africanas. A espoliação na África continua, mas, atualmente, ela é realizada principalmente pelas grandes corporações internacionais.

Nesse contexto, a implementação de políticas de **desenvolvimento regional** é uma tentativa de reverter esses problemas. A criação de **associações** ou **blocos econômicos**, em geral, tem como objetivo aumentar o fluxo entre as fronteiras para intensificar o comércio e a circulação de pessoas e o acesso a novos mercados e a recursos naturais.

▲ Bandeira da União Africana. Essa associação tem exercido importante papel na modernização das instituições políticas e das estruturas econômicas de seus países-membros.

ASSOCIAÇÕES E BLOCOS ECONÔMICOS

As primeiras associações africanas surgiram na década de 1950 para romper com o passado colonial e combater a discriminação e a desigualdade social. É o caso da **União Africana (UA)**, criada em 2002, como desdobramento da **Organização da Unidade Africana** (OUA), formada em 1963.

Nessa época, muitos países africanos tornavam-se independentes e resolveram se unir para ajudar-se mutuamente. Em 2022, a União Africana era formada por 55 países e lutava pela defesa da soberania dos países-membros, pela aceleração das políticas de integração socioeconômicas, pela cooperação internacional e pela promoção da paz, da segurança e da estabilidade no continente.

Muitos outros blocos regionais se formaram na África. É importante destacar a diversidade na composição desses blocos, caso da **Comunidade Econômica dos Estados da África Ocidental** (Cedeao), que adota três línguas oficiais (inglês, francês e português), além de outros dialetos regionais.

O **Mercado Comum da África Oriental e Austral** (Comesa, em inglês) foi fundado em 1993, mas a criação de uma zona de livre-comércio ocorreu em 2008. Os países do bloco estabeleceram uma estrutura de tarifas comuns para o comércio, possibilitando a integração comercial da região. Também criaram uma Agência de Investimentos Regional (RIA, em inglês), que coordena políticas de investimentos.

A **União Econômica e Monetária do Oeste Africano** (Uemoa) foi criada em 1994. Seus países-membros adotam uma moeda única, o franco CFA, e têm um Banco Central. O bloco visa à implementação de políticas de desenvolvimento em cada um dos países-membros.

> **PARA EXPLORAR**
>
> **Galeria de Arte de Johanesburgo**
>
> Na plataforma Google Arte & Cultura, é possível fazer uma visita virtual à Galeria de Arte de Johanesburgo, na África do Sul. A galeria possui a maior coleção pública de arte contemporânea da África Subsaariana, com um acervo de pinturas do século XVII ao século XXI. Disponível em: https://artsandculture.google.com/partner/johannesburg-art-gallery. Acesso em: 19 abr. 2023.

A **União Aduaneira da África Austral** (Sacu, em inglês), além de ter uma área de livre-comércio entre os países-membros, assinou, em 2009, acordo com o Mercosul. Esse acordo visa proporcionar vantagens comerciais para os dois blocos, englobando os setores químico, têxtil, siderúrgico, automotivo, de bens de capital e de produtos agrícolas.

Outros blocos foram formados com o intuito de firmar parcerias voltadas ao desenvolvimento industrial – como a **Comunidade de Desenvolvimento da África Austral** (SADC, em inglês) – e à união econômica e monetária – como a União Econômica e Monetária do Oeste Africano (Uemoa). A SADC, além de buscar a cooperação econômica, promove uma ação política e social para a intermediação de conflitos políticos e sociais. Observe no mapa alguns desses blocos econômicos e associações entre os países africanos, em 2021.

África: Associações entre países e blocos econômicos (2021)

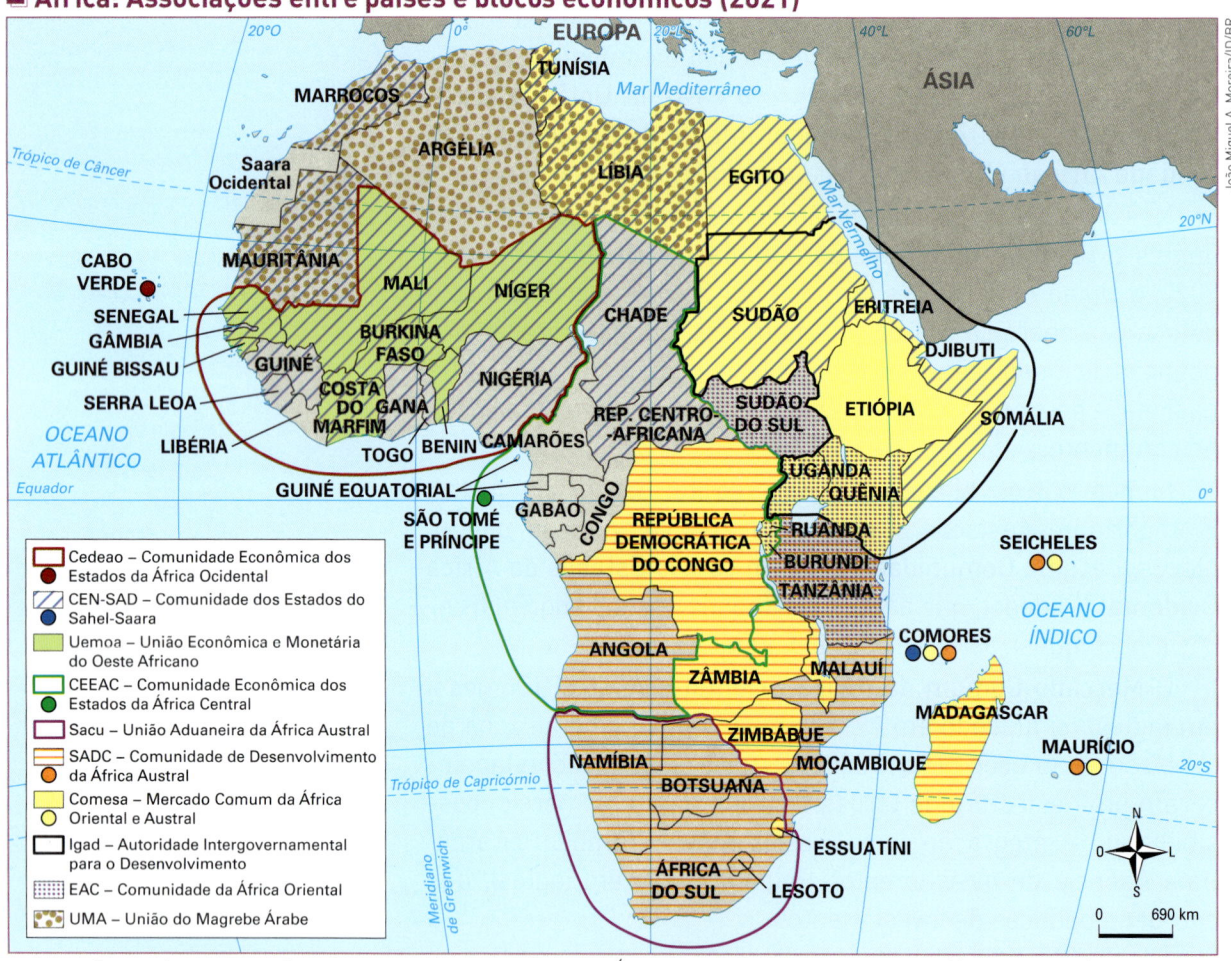

Legenda:
- Cedeao – Comunidade Econômica dos Estados da África Ocidental
- CEN-SAD – Comunidade dos Estados do Sahel-Saara
- Uemoa – União Econômica e Monetária do Oeste Africano
- CEEAC – Comunidade Econômica dos Estados da África Central
- Sacu – União Aduaneira da África Austral
- SADC – Comunidade de Desenvolvimento da África Austral
- Comesa – Mercado Comum da África Oriental e Austral
- Igad – Autoridade Intergovernamental para o Desenvolvimento
- EAC – Comunidade da África Oriental
- UMA – União do Magrebe Árabe

Fontes de pesquisa: Comunidade de Desenvolvimento da África Austral. Disponível em: https://www.sadc.int/; Comunidade Econômica dos Estados da África Ocidental. Disponível em: https://ecowas.int/?page_id=1282&lang=pt-pt; Comunidade Econômica dos Estados da África Central. Disponível em: https://ceeac-eccas.org/#enmouvement; Autoridade Intergovernamental para o Desenvolvimento. Disponível em: https://igad.int/about/; Comunidade da África Oriental. Disponível em: https://www.eac.int/overview-of-eac; European Council on Foreign Relations. Disponível em: https://ecfr.eu; Mercado Comum da África Oriental e Austral. Disponível em: https://www.comesa.int/members/; União do Magrebe Árabe. Disponível em: http://maghrebarabe.org; União Aduaneira da África Austral. Disponível em: https://www.sacu.int/. Acessos em: 19 abr. 2023.

ATIVIDADES

Acompanhamento da aprendizagem

Retomar e compreender

1. De acordo com o que você já estudou sobre a África, quais podem ser os motivos históricos que levaram muitos países desse continente a condições sociais tão desfavoráveis?

2. Qual região da África é economicamente mais desenvolvida: a África Setentrional ou a Subsaariana? Justifique sua resposta.

Aplicar

3. Observe o gráfico e, em seguida, responda às questões.

Egito: Evolução do tráfego de embarcações no canal de Suez (2006-2018)

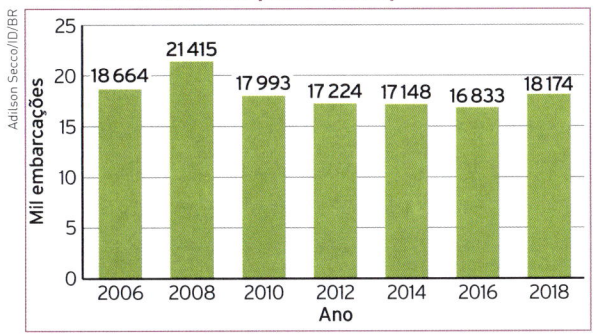

(Mil embarcações)
- 2006: 18 664
- 2008: 21 415
- 2010: 17 993
- 2012: 17 224
- 2014: 17 148
- 2016: 16 833
- 2018: 18 174

Fonte de pesquisa: Suez Canal Authority. Suez Canal Traffic Statistics 2019. Disponível em: https://www.suezcanal.gov.eg/English/Downloads/DownloadsDocLibrary/Navigation%20Reports/Annual%20Reports%E2%80%8B%E2%80%8B%E2%80%8B/2019.pdf. Acesso em: 19 abr. 2023.

a) Desde 2008, qual é a tendência geral que se observa no número de embarcações que atravessam o canal de Suez anualmente: de queda ou de elevação?

b) Isso é positivo ou negativo para a economia egípcia? Explique.

4. Observe a foto e responda à questão.

▲ Entrada de banheiro masculino com aviso indicando uso exclusivo para brancos, Cidade do Cabo, África do Sul. Foto de 1989.

- Qual é a relação dessa foto com o regime do *apartheid*? Explique.

5. Leia o trecho de um texto sobre *Nollywood*, a indústria cinematográfica nigeriana. Depois, responda às questões.

[...] o filme [lançado em 1992, com orçamento muito baixo e roteirizado em igbo, umas das centenas de línguas da Nigéria], caiu no gosto dos nigerianos e vendeu mais de 500 mil cópias em poucas semanas. Inspirada na façanha [do cineasta Kenneth] Nnebue, toda uma geração de entusiastas se aventurou na sétima arte, mesmo com pouca grana e experiência. Assim nasceu a meio artesanal, meio noveleira *Nollywood*, que lança em média 1,2 mil títulos por ano. Nesse quesito, é a segunda maior indústria cinematográfica do mundo, à frente de *Hollywood* [indústria de cinema estadunidense] e atrás da indiana *Bollywood*.

O relativo sucesso desse modelo de cinema é o resultado de uma mistura de fatores. Os filmes nigerianos se valem de gêneros populares, como a tradição do teatro itinerante iorubá, e extraem seu conteúdo de histórias urbanas de romance, riqueza, bruxaria. [...] Como capítulos de telenovelas, as cenas são preenchidas com diálogos longos, o que barateia os custos de produção. Os nigerianos produzem cerca de 50 filmes toda semana.

[...] o faturamento é relativamente baixo [...] fica na casa dos US$ 250 milhões – enquanto cada filme grande de *Hollywood* faz normalmente quatro vezes isso. Mas os cineastas da Nigéria conseguiram algo que ainda não acontece no Brasil: convencer a população a assistir com frequência os filmes nacionais. [...]

Juan Ortiz; Sílvia Lisboa. Nollywood: como a Nigéria se tornou o segundo país que mais produz filmes no mundo. *Superinteressante*, São Paulo, 27 out. 2020. Disponível em: https://super.abril.com.br/cultura/nollywood-como-a-nigeria-se-tornou-a-3a-maior-industria-cinematografica-do-mundo/. Acesso em: 19 abr. 2023.

a) De acordo com o texto, de que maneira nasceu a indústria cinematográfica nigeriana, a segunda maior do mundo?

b) Segundo o texto, o que a indústria cinematográfica nigeriana conseguiu que a brasileira não conseguiu?

c) Em sua opinião, qual é a importância do desenvolvimento da indústria cinematográfica para um país?

REPRESENTAÇÕES

Cartogramas

Os cartogramas são representações que apresentam o território de um país ou de uma região em tamanho **proporcional** à variável representada. Para isso, o formato do território do país ou da região é transformado em um polígono cuja área é proporcional aos dados quantitativos. Assim, quanto maior for a variável, maior será a área do polígono do país ou da região, podendo ocorrer distorções nas formas representadas.

Por exemplo, se representarmos a população total de países de um continente em um cartograma, os países com população total pequena serão representados em tamanho menor do que os países mais populosos, ainda que tenham grandes extensões territoriais.

Observe o cartograma a seguir, no qual foi representada a População Economicamente Ativa (PEA) dos países da África. A PEA é formada por pessoas com idade entre 15 e 65 anos aptas a trabalhar.

■ **África: População Economicamente Ativa (2020)**

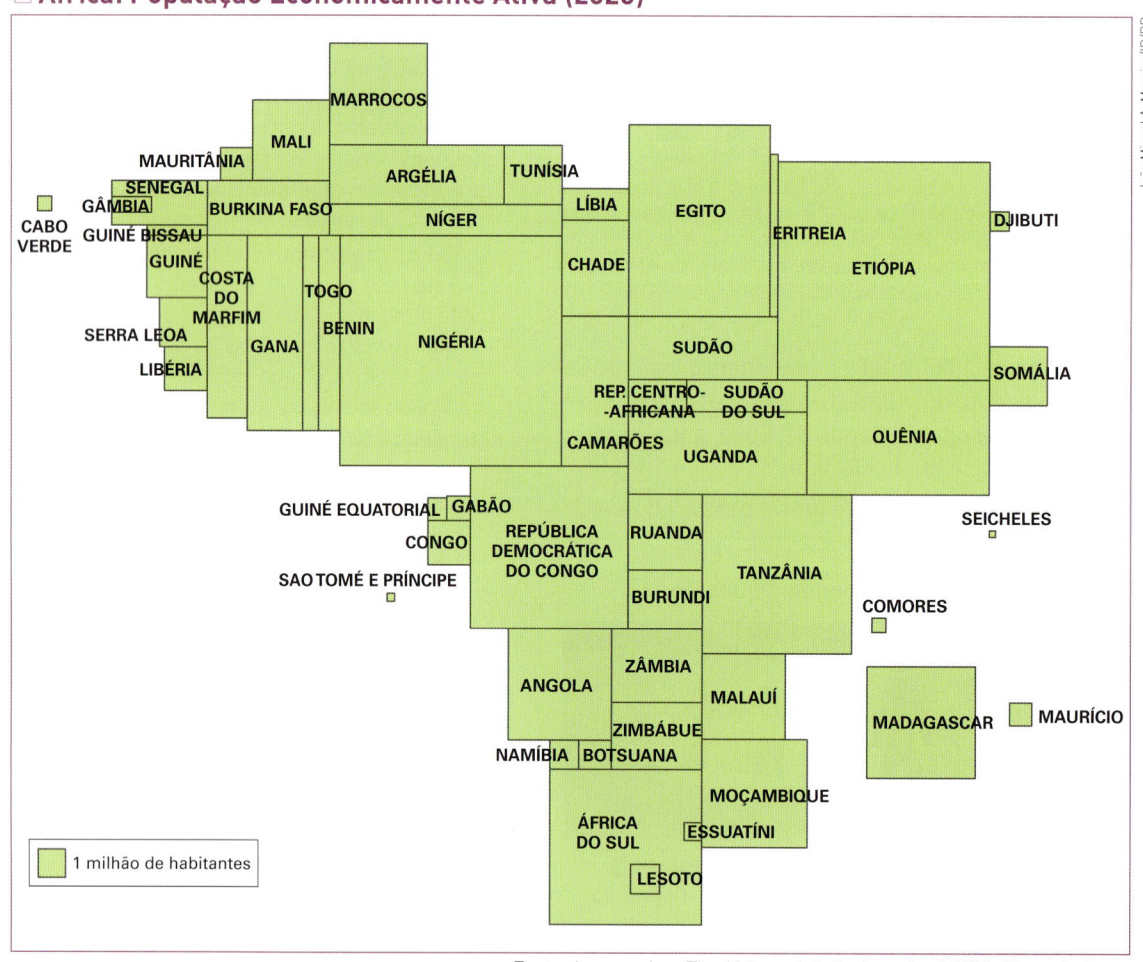

Fonte de pesquisa: *The African statistical yearbook 2020*. Disponível em: https://www.afdb.org/en/documents/african-statistical-yearbook-2020. Acesso em: 19 abr. 2023.

Agora, observe outro cartograma dos países da África, no qual é representada a variável de desemprego da população. Repare que os países com elevados índices de desemprego, como Djibuti, Lesoto e Gâmbia, mesmo tendo pequena extensão territorial, foram representados em tamanho muito maior que países territorialmente extensos, como Argélia e Mali.

Note também que a legenda do cartograma indica o tamanho de um polígono e representa 1% de desemprego, permitindo-nos ter a dimensão média dos dados representados.

■ **África: Desemprego (2020)**

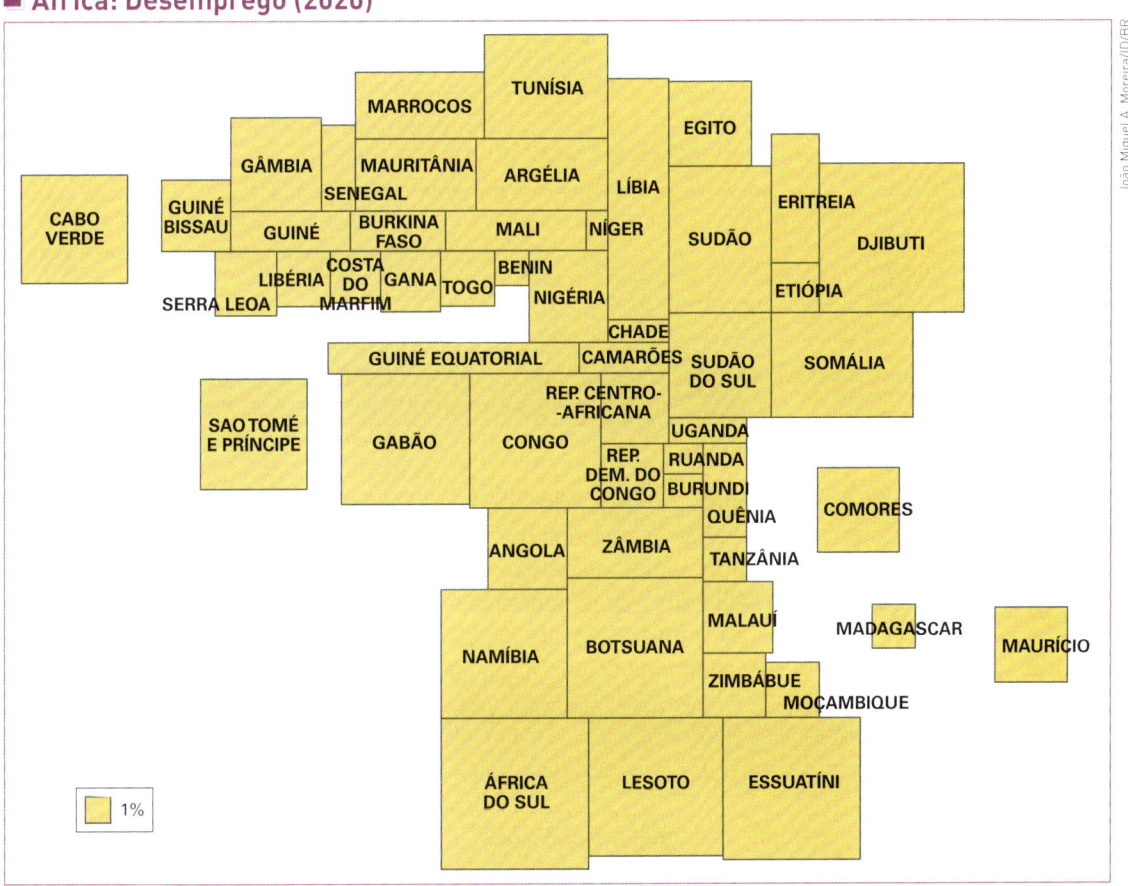

Fonte de pesquisa: Banco Mundial. Disponível em: https://databank.worldbank.org/reports.aspx?source=2&series=SL.UEM.TOTL.ZS&country=#. Acesso em: 19 abr. 2023.

Pratique

1. Com base no cartograma da População Economicamente Ativa, cite três países africanos que, em 2020, apresentavam grande contingente.

2. Observe o cartograma do desemprego na África e indique dois países que, em 2020, tinham alta taxa de desemprego.

3. Elabore hipóteses para explicar os elevados índices de desemprego da população africana. Em seguida, converse com os colegas e verifique as hipóteses levantadas por eles.

ATIVIDADES INTEGRADAS

Analisar e verificar

1. Explique por que a agricultura de *plantation*, caracterizada pela produção de gêneros agrícolas para exportação, em grandes propriedades rurais e com alto índice de mecanização e de investimentos, ainda é insuficiente para reduzir a desnutrição e a fome que assolam o continente africano.

2. Leia o texto a seguir e, depois, responda às questões.

> [...] Há ainda um grande desconhecimento sobre o continente [africano] no Brasil. Além do estereótipo negativo, também há uma romantização de uma África tradicional, parada no tempo. O objetivo do [projeto] Afreaka é preencher essa lacuna de informação e revelar as Áfricas inspiradoras, contemporâneas, fora dos estereótipos. E isso inclui tecnologia, sustentabilidade, inovação, arte contemporânea. E falamos "Áfricas", pois é impossível falar de uma África só. Este é, inclusive, um dos grandes estereótipos sobre o continente. A generalização de uma coisa única – o que acaba por desvalorizar toda a diversidade do continente. Essa generalização, inclusive, acentua o preconceito.
>
> Thais Paiva. África sem estereótipos. *Carta Educação*, 17 fev. 2017. Disponível em: https://www.cartacapital.com.br/educacao/africa-sem-estereotipos/. Acesso em: 19 abr. 2023.

   a) De acordo com o texto, no Brasil, qual é a percepção do senso comum em relação ao continente africano?

   b) Segundo o texto, a visão estereotipada acentua preconceitos. Justifique essa afirmação.

   c) **SABER SER** Explique por que conhecer melhor o continente africano é uma maneira de respeitar seus países e seus habitantes.

3. Vários países africanos, como Angola, Argélia, Nigéria e Sudão do Sul, são grandes produtores de petróleo; apesar disso, parte dos lucros gerados por esse produto não é investida em obras de infraestrutura e na área social, como saúde, educação e geração de empregos. A extração desse recurso demanda mão de obra qualificada, como geólogos e engenheiros, que não é facilmente encontrada nesses países. Por isso, as companhias que exploram o petróleo recrutam trabalhadores em outros países. Com base nisso, responda às questões a seguir.

   a) Por que a produção de petróleo não gera benefícios sociais para a maioria da população dos países africanos em que há essa atividade econômica?

   b) Como poderia ser resolvida a questão da falta de mão de obra especializada nesses países?

4. Analise esta charge e, em seguida, responda às questões.

   a) Que contexto político e social foi retratado nessa charge?

   b) O que se reivindicou durante o acontecimento retratado por ela e quais foram os desdobramentos desse fato?

◀ Charge de Stuart Carlson.

Criar

5. Observe o gráfico e o mapa a seguir. Depois, faça o que se pede.

Mundo: Maiores produtores de cacau (2020)

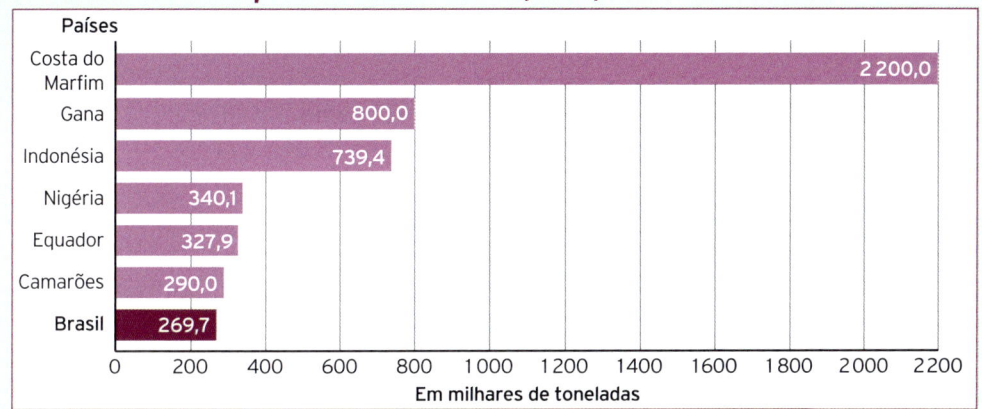

País	Produção (em milhares de toneladas)
Costa do Marfim	2 200,0
Gana	800,0
Indonésia	739,4
Nigéria	340,1
Equador	327,9
Camarões	290,0
Brasil	269,7

Fonte de pesquisa: FAO. Disponível em: https://www.fao.org/faostat/en/#rankings/countries_by_commodity. Acesso em: 19 abr. 2023.

Mundo: Participação da agropecuária no PIB (2020)

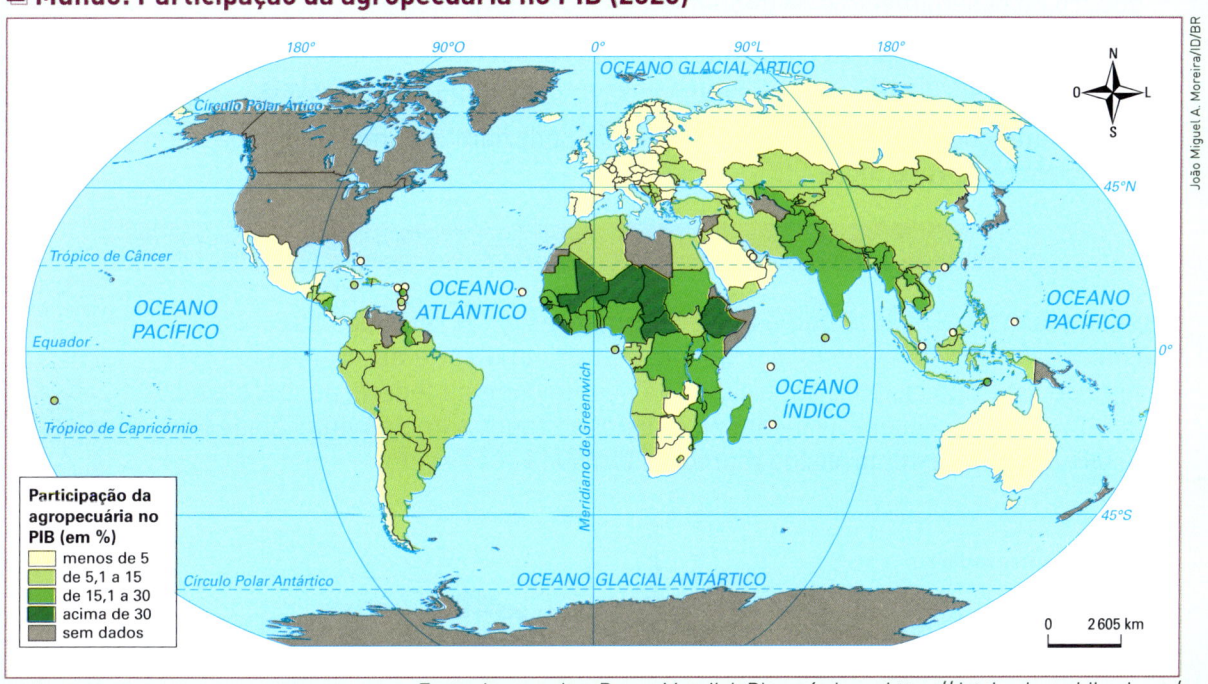

Participação da agropecuária no PIB (em %):
- menos de 5
- de 5,1 a 15
- de 15,1 a 30
- acima de 30
- sem dados

Fonte de pesquisa: Banco Mundial. Disponível em: https://databank.worldbank.org/reports.aspx?source=2&series=NV.AGR.TOTL.ZS&country=. Acesso em: 19 abr. 2023.

a) Em qual continente havia os maiores produtores mundiais de cacau em 2020?

b) O cacau é um produto proveniente da agropecuária, setor muito importante para a economia de diversos países. Com base nessa informação, relacione os dados do gráfico e do mapa e elabore um texto curto sobre a importância do setor agropecuário para os países africanos.

c) Busque informações em *sites* de notícias ou que apresentam dados econômico dos países e aponte o principal produto agropecuário de exportação de cada país africano cuja produção agropecuária represente mais de 30% da pauta de exportações. Depois, com o auxílio de um atlas geográfico, elabore um mapa ou um croqui sintetizando essas informações.

CIDADANIA GLOBAL
UNIDADE 8

7 ENERGIA LIMPA E ACESSÍVEL

Retomando o tema

Nesta unidade, você conversou com os colegas sobre como as matrizes energéticas mundial, africana e brasileira são dependentes dos combustíveis fósseis, discutindo a relação disso com o aumento do efeito estufa e das mudanças climáticas. Além disso, verificou que o acesso à energia elétrica é desigual no globo: no Brasil, quase a totalidade dos cidadãos tem acesso à eletricidade, ao passo que grande parte da população de alguns países africanos é privada desse serviço.

O aumento do uso de fontes de energia sustentáveis, modernas e acessíveis a todos é uma das metas previstas no Objetivo de Desenvolvimento Sustentável 7. A respeito desse tema, converse com os colegas sobre as questões a seguir.

1. Por que é importante que todas as pessoas tenham acesso à energia elétrica?
2. No Brasil, projetos que utilizam fontes energéticas renováveis ainda são de alto custo, o que inviabiliza o amplo acesso a elas. Qual seria, então, o papel do poder público no planejamento e na implementação desses projetos?
3. Cite benefícios e prejuízos ambientais e sociais associados à implementação de projetos que envolvam o uso de fontes energéticas limpas e renováveis.
4. Quais fontes de energia limpas e renováveis poderiam ser implementadas no município onde você mora?

Geração da mudança

- Agora, com base no levantamento de informações e nas reflexões que você e os colegas fizeram ao longo da unidade, escrevam uma carta direcionada ao prefeito de seu município ou governador da sua unidade da federação, explicando as vantagens do desenvolvimento de projetos voltados à implementação de fontes de energia sustentáveis no município em que vocês vivem.

Autoavaliação

ÁFRICA: POPULAÇÃO E URBANIZAÇÃO

UNIDADE 9

PRIMEIRAS IDEIAS

1. O que você sabe a respeito da variedade linguística no continente africano?
2. De acordo com seus conhecimentos, as condições de vida são as mesmas em todos os países da África?
3. A taxa de emigração de países africanos é muito alta. Como você explicaria isso?
4. De quais grandes cidades africanas você já ouviu falar?

Conhecimentos prévios

Nesta unidade, eu vou...

CAPÍTULO 1 — População africana

- Analisar a distribuição da população do continente africano, por meio da análise de mapa.
- Compreender as características das composições étnica e cultural da população africana.
- Refletir sobre a devolução de patrimônios culturais apropriados por colonizadores.
- Conhecer as principais práticas religiosas no continente africano.

CAPÍTULO 2 — Dinâmica da população africana

- Examinar aspectos da dinâmica populacional da África por meio da análise de gráfico e mapa.
- Analisar mapas para conhecer os fluxos populacionais internos e externos na África.
- Conhecer aspectos relativos às condições de vida nos países africanos, por meio da análise de mapa.
- Analisar a estrutura etária da população africana com base em gráficos e em pirâmides etárias.

CAPÍTULO 3 — Espaços rural e urbano na África

- Conhecer as características da população rural e da população urbana do continente africano.
- Buscar informações e refletir sobre o processo de gentrificação nos centros urbanos.
- Identificar causas e consequências do crescimento urbano e populacional na África.
- Analisar, em mapas dinâmicos, a evolução da população africana ao longo do tempo.

INVESTIGAR

- Verificar, por meio da realização de um estudo de recepção, o que a minha comunidade sabe das produções da indústria cultural de países africanos e quais as percepções e impressões das pessoas da comunidade sobre esse produtos.

CIDADANIA GLOBAL

- Identificar e buscar informações sobre os patrimônios culturais e naturais do meu município.
- Elaborar vídeo para divulgar informações sobre os patrimônios culturais e naturais do meu município.

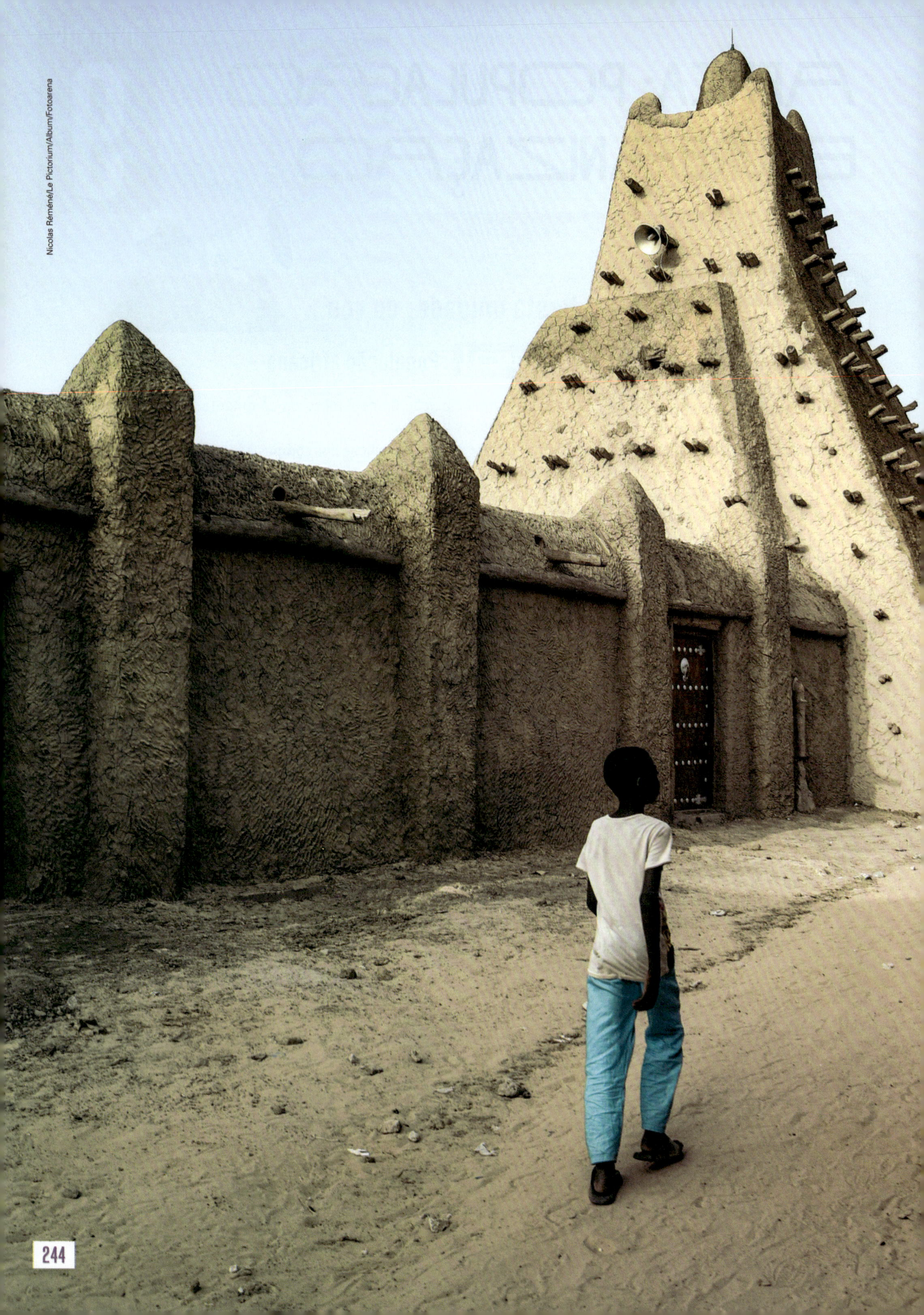

Nicolas Réméné/Le Pictorium/Album/Fotoarena

LEITURA DA IMAGEM

1. Descreva a imagem. Que elementos você observa nela?
2. A construção retratada na fotografia é antiga ou recente?
3. Qual você imagina que era a função desse tipo de construção?

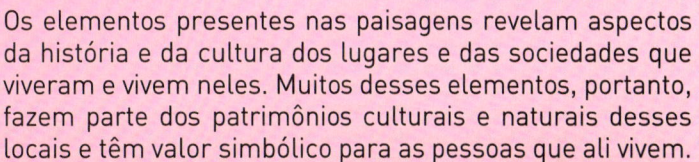

CIDADANIA GLOBAL

11 CIDADES E COMUNIDADES SUSTENTÁVEIS

Os elementos presentes nas paisagens revelam aspectos da história e da cultura dos lugares e das sociedades que viveram e vivem neles. Muitos desses elementos, portanto, fazem parte dos patrimônios culturais e naturais desses locais e têm valor simbólico para as pessoas que ali vivem.

1. Qual é a importância da cultura na vida das pessoas? Em sua opinião, é importante reconhecer, valorizar, respeitar e preservar os patrimônios culturais e naturais? Por quê?
2. Você conhece alguma entidade que atua no reconhecimento, na valorização e na proteção de patrimônios culturais e naturais?

Junte-se a alguns colegas. Ao longo desta unidade, vocês vão refletir sobre questões relativas à proteção dos patrimônios culturais e naturais. Ao final, vão buscar informações sobre os patrimônios do município onde vivem e elaborar um vídeo para divulgá-los.

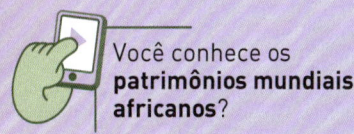

Você conhece os **patrimônios mundiais africanos**?

Pessoas caminhando ao lado da mesquita de Sankore, na cidade de Tombouctou, no Mali. Essa cidade foi um importante centro comercial e de difusão do islamismo nos séculos XV e XVI e é considerada um Patrimônio da Humanidade pela Organização das Nações Unidas para a Educação, a Ciência e a Cultura (Unesco). Foto de 2021.

CAPÍTULO 1
POPULAÇÃO AFRICANA

PARA COMEÇAR

Você sabe quais são as áreas mais densamente povoadas da África? E as menos povoadas? O que você conhece acerca das diversidades étnica e cultural nos países africanos?

DISTRIBUIÇÃO DA POPULAÇÃO

A população africana está **concentrada** em poucas áreas do continente. As regiões de clima desértico, como o Saara e o Kalahari, as densas florestas e as porções montanhosas de difícil acesso são pouco habitadas. Essas áreas contrastam com as densamente povoadas, localizadas principalmente na África Subsaariana.

Ao norte do continente africano, nas proximidades do vale do rio Nilo, a abundância de água possibilita a prática da agricultura intensiva, o desenvolvimento de cidades e, consequentemente, grande concentração populacional. Nessa região se localiza a capital do Egito, Cairo, a maior cidade do continente africano em 2020.

As regiões de clima mais úmido do continente – a África Central e o litoral mediterrâneo – apresentam maior densidade demográfica. Os países africanos mais populosos são Nigéria, Etiópia, Egito, República Democrática do Congo e Tanzânia.

▼ O Cairo se desenvolveu às margens do Nilo, devido à disponibilidade hídrica do rio. Em 2020, a cidade tinha uma população estimada de 20,9 milhões de habitantes. Vista da cidade do Cairo, no Egito. Foto de 2021.

DIVERSIDADES ÉTNICA E CULTURAL

Em muitos países da África Subsaariana, embora haja grupos de ascendência europeia – localizados principalmente nos centros urbanos –, predominam os grupos étnicos **nativos**. Há, por exemplo, os pigmeus, que habitam a floresta equatorial do Congo, os khoisan, no sudoeste do continente, e os somali, que vivem na África Oriental.

A África Setentrional concentra **povos árabes**, que em grande parte professam o islamismo, e grupos tuaregues e berberes.

A diversidade dos povos africanos favorece a multiplicidade de suas expressões culturais, como a língua e a religião.

IDIOMAS

Há muitas línguas e dialetos diferentes no continente africano. Na maioria dos países, é comum que os idiomas dos principais colonizadores europeus estejam entre os oficialmente adotados. Grande parte dos países africanos tem como língua oficial o **inglês**. O **francês** também tem presença marcante, principalmente na porção centro-ocidental do continente e em Madagascar, onde se destaca ainda o idioma **malgaxe**, de origem malaio-polinésia. Outro exemplo da influência colonial é o **africâner**, dialeto falado na África do Sul, que teve origem no contexto da colonização holandesa, a partir do século XVII. O dialeto formou-se da mistura do holandês (sua base) com alemão, francês, português e inglês.

Na região setentrional predomina a **língua árabe**, herança da expansão islâmica no continente. O árabe divide espaço com idiomas locais, como línguas de origem semita e diversos dialetos.

Países como Angola, Cabo Verde, Guiné Bissau, Guiné Equatorial, Moçambique e São Tomé e Príncipe foram ocupados e colonizados por Portugal. Por isso, em todos eles, o português é a língua oficial (no caso da Guiné Equatorial, o espanhol e o francês também são idiomas oficiais).

Nesses países, também se falam dialetos – como o **crioulo**, em Guiné Bissau, São Tomé e Príncipe e Cabo Verde –, além de outras línguas nativas e idiomas.

CIDADANIA GLOBAL

PEDRA DE ROSETA

A Pedra de Roseta é um fragmento de rocha que auxiliou pesquisadores a compreender os hieróglifos, uma antiga forma de escrita egípcia, que é parte importante da história e da cultura dessa sociedade. Apesar de ser um patrimônio egípcio, a pedra foi levada em 1802 para o Reino Unido, onde se encontra até hoje em exibição no Museu Britânico, em Londres.

Essa situação retrata a expropriação de bens culturais que ocorreu com muitas colônias europeias.

1. Atualmente, muitos países exigem a devolução de itens levados de seus territórios. Qual é sua opinião sobre isso? Explique-a.

■ **África: Línguas faladas (2022)**

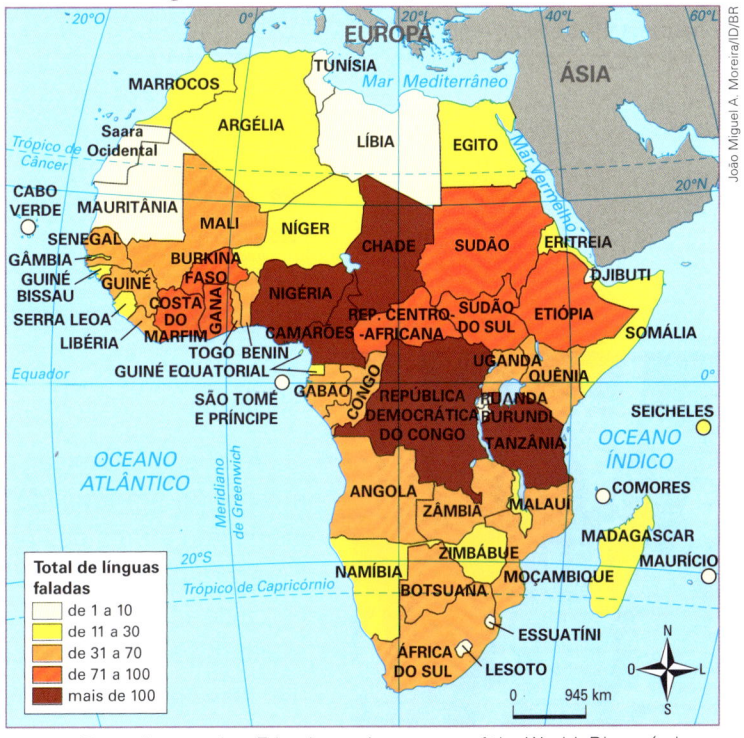

Total de línguas faladas:
- de 1 a 10
- de 11 a 30
- de 31 a 70
- de 71 a 100
- mais de 100

Fonte de pesquisa: Ethnologue: Languages of the World. Disponível em: https://www.ethnologue.com/. Acesso em: 16 mar. 2023.

semita: grupo étnico e linguístico formado por descendentes do personagem bíblico Sem, filho de Noé. Atualmente, reúne árabes e judeus.

RELIGIÃO

A população dos países do continente africano apresenta diferenciação regional em suas práticas religiosas. A maior parte da África Setentrional segue a **religião islâmica**. Na África Subsaariana, há maior **pluralidade religiosa**.

Em alguns países africanos há unidade religiosa ou uma religião claramente dominante. Em outros, convivem praticantes do cristianismo, do islamismo e de religiões tradicionais. Observe o mapa a seguir.

■ África: Religiões (2022)

Fontes de pesquisa: Le Monde Diplomatique. *L'Atlas*. Paris: Armand Colin, 2010. p. 192; CIA. The World Factbook. Disponível em: https://www.cia.gov/the-world-factbook/africa/. Acesso em: 16 mar. 2023.

PARA EXPLORAR

Homens da África, de Ahmadou Kourouma. São Paulo: SM.

Além de narrar o dia a dia de quatro personagens emblemáticas da sociedade africana – um griô (contador de histórias), um caçador, um príncipe e um ferreiro –, o livro apresenta em fotos e desenhos elementos do cotidiano dos habitantes da África Ocidental, como rituais de passagem, aspectos religiosos, hábitos e costumes, a organização social e política, as formas de moradia e a tradição oral.

▲ Muçulmanos rezando durante o mês sagrado do calendário islâmico, chamado Ramadã, em Lagos, Nigéria. Foto de 2021.

Islamismo

A religião islâmica se concentra nos países do **norte da África** e constitui um fator de unidade nessa porção do continente. O islamismo é uma das principais religiões monoteístas do mundo. De acordo com dados do *Pew Research Center* (2020), conta com cerca de 1,9 bilhão de seguidores. Na África, a religião se difundiu muito mais pelo **comércio** e pelas **migrações de povos árabes** do que pela conquista militar.

No norte do continente, os preceitos islâmicos se expandiram inicialmente do Egito ao Marrocos, entre os séculos VII e VIII. Nos séculos seguintes, com o comércio feito por caravanas de mercadores islâmicos, essa religião atravessou o Saara, chegando a outras regiões da África. Hoje, o islamismo predomina em vários países da África Subsaariana, como Níger, Mali e Sudão do Sul.

Cristianismo

O cristianismo, principalmente por meio do **catolicismo** e do **protestantismo**, expandiu-se na África com a colonização europeia.

No final do século XX houve aumento do número de praticantes do catolicismo no continente, principalmente na África Subsaariana. A religião católica foi adotada por importante parcela da população de vários países dessa região, como Angola, Moçambique, Guiné Equatorial, Quênia e República Democrática do Congo.

O protestantismo – que surgiu com a Reforma Protestante, ocorrida na Europa no século XVI – também tem forte presença na África. A inserção das Igrejas protestantes (chamadas genericamente de Igrejas evangélicas) ocorreu a partir do século XIX, com as missões anglicanas e metodistas na África Subsaariana.

Atualmente, observa-se o crescimento da população protestante nessa porção da África. Há também grande número de cristãos ortodoxos no Egito e na Etiópia.

Hoje, várias organizações ligadas a igrejas são responsáveis por trabalhos de ajuda humanitária e de assistência médica em muitos países africanos.

▲ Em Madagascar, mais de 70% da população é formada por cristãos. Evento católico em Antananarivo, Madagascar. Foto de 2020.

Religiões africanas tradicionais

São diversas as religiões tradicionais africanas que se estendem por todo o continente. Uma de suas características é a **transmissão oral** de seus rituais, crenças e mitos.

As religiões tradicionais são muito variadas, com características próprias em cada povo. Um traço bastante comum é a crença em um ser supremo, criador, que reina acima de um grande número de divindades menores.

Práticas de **sincretismo religioso** — isto é, crenças, rituais e figuras religiosas que misturam características do cristianismo, por exemplo, com as das religiões tradicionais — também são comuns.

▼ Mulheres dançam em tradicional cerimônia de vodu, uma das religiões praticadas em Benin. Possotomè, Benin. Foto de 2021.

ATIVIDADES

Retomar e compreender

1. Diferencie a África Setentrional e a África Subsaariana de acordo com as características étnicas e religiosas predominantes nessas regiões.

2. O que países como Cabo Verde, Angola, Moçambique e São Tomé e Príncipe têm em comum?

Aplicar

3. Leia o texto a seguir e responda à questão.

> ### Filosofia Iorubá: língua, cultura e religião
>
> [...] O iorubá é um dos idiomas mais antigos trazidos pela diáspora dos povos africanos, chegando aqui em meados do século XVI. Na cultura iorubá, a linguagem é predominantemente oral e tem seu passado registrado por meio de mitos, ou seja, histórias que transmitem conhecimento sobre os antepassados, o território e a natureza.
>
> [...] Márcio Jagum, professor e pesquisador do iorubá, [...] está em busca da [...] inclusão [do iorubá] no Índice Nacional de Diversidade Linguística. O projeto [...] visa garantir um reconhecimento federal. O professor defende a patrimonialização como forma de resgatar e proteger a herança cultural africana dessa língua, que já é falada no nosso país há cerca de 400 anos e teve grande influência na formação da identidade brasileira.
>
> Luiza Fernandes. Filosofia Iorubá: língua, cultura e religião. *O Prelo*, Rio de Janeiro, 20 nov. 2020. Disponível em: https://oprelo.ioerj.com.br/2020/11/20/filosofia-ioruba-lingua-cultura-e-religiao/?doing_wp_cron=1669721028.2784769535064697265625. Acesso em: 16 mar. 2023.

- Você concorda com o texto sobre a importância de reconhecer a língua iorubá como patrimônio cultural brasileiro?

4. Observe o mapa a seguir e, depois, responda às questões.

África: Densidade demográfica (2020)

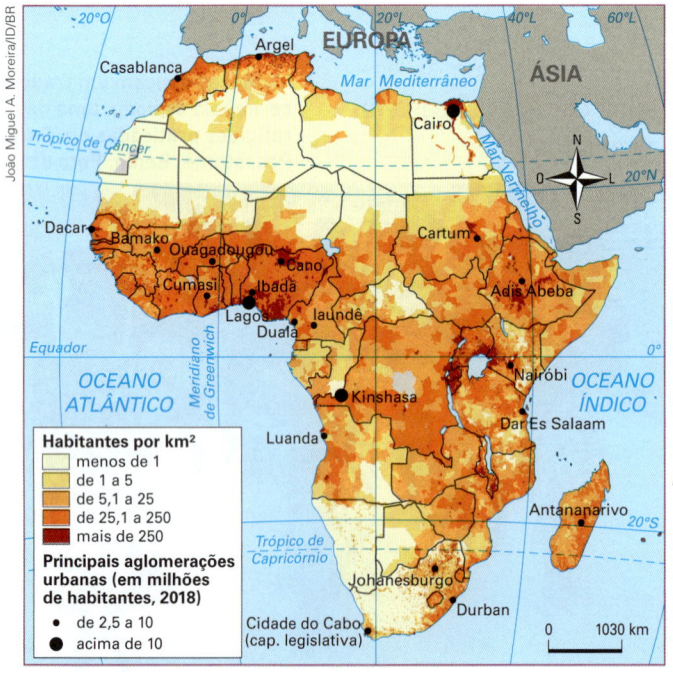

a) Em que região estão concentradas as principais aglomerações urbanas do continente africano?

b) Por que a maior parte do território da África Setentrional é pouco habitada?

Fontes de pesquisa: United Nations. Departament of Economic and Social Affairs. Population Division. *World urbanization prospects*: the 2018 Revision. New York: United Nations, 2019. Disponível em: https://population.un.org/wup/Publications/Files/WUP2018-Report.pdf; Nasa. Socioeconomic Data and Applications Center (Sedac). Disponível em: https://sedac.ciesin.columbia.edu/data/set/gpw-v4-population-density-rev11/maps. Acessos em: 16 mar. 2023.

GEOGRAFIA DINÂMICA

Ameaça à riqueza linguística na África

O continente africano tem mais de 2 mil línguas faladas. No entanto, muitas delas podem desaparecer em breve, devido à queda no número de falantes. Veja o caso da República Democrática do Congo, que tem mais de 400 línguas.

A nostalgia das línguas perdidas na República Democrática do Congo

"Em 62 anos de vida em Kinshasa, deixei de falar minha língua materna, o kilokele, pela falta de interlocutores. [...]", lamenta Charles Tongohala, temendo que esse idioma da República Democrática do Congo (RDC) desapareça com a sua geração.

[...]

Ao se tornar independente, em 1960, o antigo Congo Belga optou pelo francês como língua oficial, embora muitos dos seus mais de 71 milhões de habitantes atuais não falem esse idioma.

Em uma época em que estava na moda "apelar à autenticidade", as autoridades promoveram quatro línguas denominadas "nacionais", que passaram a ser ensinadas nas escolas: lingala (a língua das forças armadas, falada em Kinshasa e no noroeste), kikongo (oeste), tshiluba (centro) e swahili (leste).

[...]

Essas línguas também são utilizadas nos tribunais, segundo as regiões, e convivem com o francês na mídia, mas atualmente o lingala e o swahili, também falados em países vizinhos, predominam sobre as outras duas.

Em um livro de 2000 que já advertia sobre "a morte dos idiomas", o linguista francês Claude

▲ É comum o uso do idioma lingala em Kinshasa, capital da República Democrática do Congo. Foto de 2021.

Hagège destacou "a pressão política" exercida na África pelas línguas regionais sobre as "línguas pequenas".

"A promoção de uma língua africana é utilizada pelo poder como um ato de reafirmação nacional e põe em risco os idiomas minoritários que não são capazes de rivalizar com um que recebe apoio dos programas escolares e dos meios", escreveu. [...]

Esse é o paradoxo congolês: um país onde a multiplicidade de línguas é uma realidade cotidiana mas onde muitas vezes se ignora ou esquece sua própria língua materna.

A nostalgia das línguas perdidas no Congo. *IstoÉ*, São Paulo, 9 abr. 2017. Disponível em: https://istoe.com.br/a-nostalgia-das-linguas-perdidas-no-congo/. Acesso em: 16 mar. 2023.

Em discussão

1. De acordo com o texto, quais são as quatro línguas que foram promovidas a línguas nacionais na República Democrática do Congo?
2. Por que é possível dizer que o risco de desaparecimento de línguas da República Democrática do Congo tem relação com a esfera política?

CAPÍTULO 2
DINÂMICA DA POPULAÇÃO AFRICANA

PARA COMEÇAR

O que você sabe a respeito da dinâmica demográfica dos países da África? E acerca das condições de vida nos países africanos? O que leva os africanos a migrar para outras regiões do mundo ou para outros países dentro do continente?

CRESCIMENTO POPULACIONAL

O crescimento demográfico nos países africanos é alto, em especial na África Subsaariana. Entre 2015 e 2020, a taxa de crescimento populacional africana era 2,6%, e a mundial, 1,1%.

A melhoria das condições sanitárias e a universalização do acesso à saúde avançam no continente, ainda que lentamente. Contudo, as taxas de mortalidade e de natalidade são elevadas, assim como a taxa de fecundidade, que era de 4,4 filhos por mulher em 2019. Com o fim de vários conflitos, houve redução da mortalidade, o que contribuiu para o aumento da população.

A taxa de fecundidade vem diminuindo nas últimas décadas, tendendo a ser de 2,9 filhos por mulher até 2050. Porém, mesmo apresentando declínio, ainda deverá ser uma das maiores do mundo nas próximas décadas. A população africana é considerada jovem. De acordo com o Banco Mundial, 42% da população da África Subsaariana tem até 14 anos.

Outro aspecto demográfico da África que merece destaque é a grande população rural, que, de modo geral, apresenta qualidade de vida precária, baixo nível de escolaridade e índices de analfabetismo superiores a 50% em alguns países.

▼ Crianças em Bamako, Mali. Foto de 2019.

MIGRANTES E REFUGIADOS

As más condições de vida – que muitas vezes estão relacionadas a conflitos militares, como as **guerras civis**, e a **falta de trabalho** nos países de origem fazem com que muitos africanos decidam emigrar. O destino mais procurado é a Europa Ocidental, pela proximidade geográfica, pelos laços coloniais e pela possibilidade de prosperidade devido à força econômica europeia.

Grande parte dos imigrantes que chegam ao continente europeu é considerada irregular. Nos últimos anos, o fluxo de imigrantes africanos em direção à Europa aumentou muito. Essa situação preocupa a União Europeia, pois, de maneira geral, os países-membros da organização alegam não ter condições de receber e abrigar tantas pessoas.

A vida dos imigrantes costuma ser difícil. É comum se submeterem a trabalhos pesados e com baixa remuneração. Pesam sobre eles também o desemprego e a recente crise econômica na Europa. Além disso, os imigrantes ainda podem ser submetidos a situações de **xenofobia**, nas quais, muitas vezes, são discriminados por diversos motivos, como suas origens, crenças e culturas.

■ **África: Fluxos migratórios (2020)**

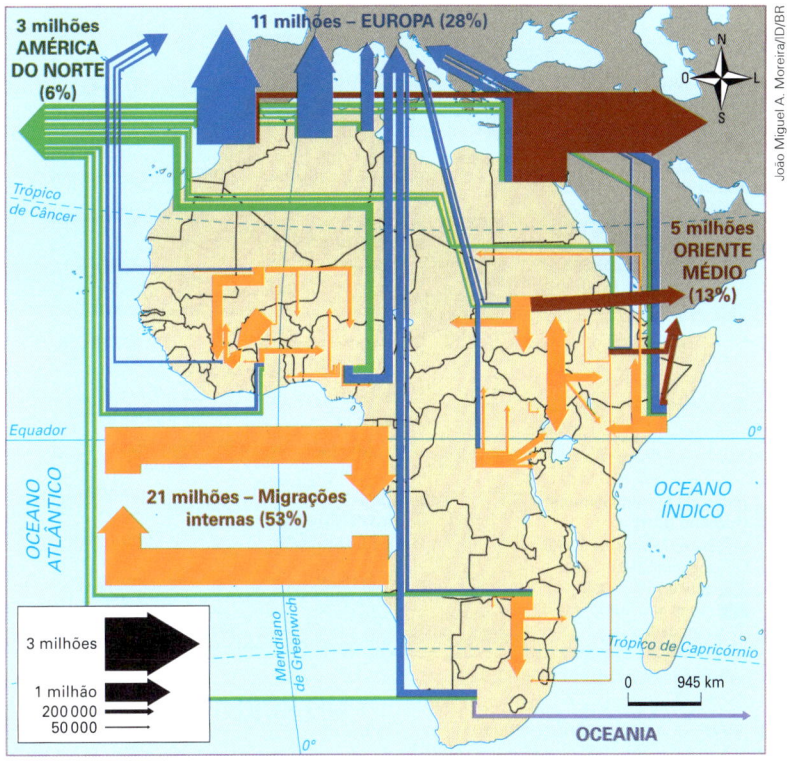

Fonte de pesquisa: Africa Center for Strategic Studies. African Migration Trends to Watch in 2022, 17 dez. 2021. Disponível em: https://africacenter.org/spotlight/african-migration-trends-to-watch-in-2022/. Acesso em: 18 mar. 2023.

AS MIGRAÇÕES INTERNAS E OS REFUGIADOS

As migrações internas e o número de refugiados também vêm se destacando na África. Países com maior desenvolvimento econômico, como a Nigéria e a África do Sul, atraem populações de nações vizinhas. Além disso, em 2021, quase 37% de todos os refugiados do mundo estavam na África Subsaariana.

O grande fluxo migratório e a busca por refúgio, no entanto, acontecem em áreas de conflito militar. Milhões de pessoas buscam refúgio em países vizinhos, onde são abrigadas em **campos supervisionados pela ONU**. Grande parte delas é oriunda de Ruanda, Uganda, Burundi, Somália, Sudão, Sudão do Sul, Eritreia e República Democrática do Congo, entre outros países.

África: IDH (2021)

Fonte de pesquisa: Programa das Nações Unidas para o Desenvolvimento (Pnud). *Desenvolvimento humano*: relatório de 2021/2022 – síntese. Nova York: Pnud, 2022. Disponível em: https://hdr.undp.org/system/files/documents/global-report-document/hdr2021-22overviewpt1pdf.pdf. Acesso em: 19 mar. 2023.

Como os **dados socioeconômicos da África** podem ajudar a entender a dinâmica populacional do continente?

ÍNDICE DE DESENVOLVIMENTO HUMANO

Os dados sobre as condições socioeconômicas dos países africanos estão expressos no Índice de Desenvolvimento Humano (IDH), divulgado anualmente pela ONU.

De acordo com o *Relatório do Desenvolvimento Humano de 2021/2022*, somente uma nação africana estava entre as que apresentavam IDH muito alto: Maurício; e apenas África do Sul, Argélia, Egito, Gabão, Líbia, Seicheles e Tunísia tinham IDH alto. Dos 32 países de IDH baixo em todo o globo, 28 estavam localizados na África. Analise o mapa ao lado.

MELHORES CONDIÇÕES DE VIDA

A análise das tendências do IDH das últimas décadas revela, no entanto, que os países africanos apresentaram melhoras em seu desenvolvimento humano. Na África Subsaariana, o IDH subiu 28,4%, em média, entre 2000 e 2019.

Essa melhora está relacionada à elevação das taxas de crescimento econômico e ao aumento nos investimentos sociais na maioria dos países africanos. Observe, no gráfico a seguir, o caso da Zâmbia, cujo IDH teve relevante crescimento a partir da década de 2000.

Apesar dos avanços, ainda resta muito a ser feito para que os países africanos atinjam um nível de desenvolvimento humano que atenda às necessidades da maioria de sua população. A realidade de extrema pobreza, doenças, falta de acesso à educação e a desnutrição ainda são exemplos de problemas a ser superados, em especial na África Subsaariana.

Costa do Marfim e Zâmbia: Evolução do IDH (1990-2021)

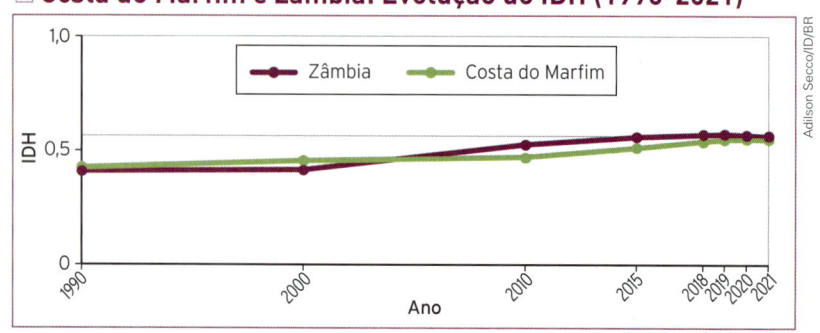

Fonte de pesquisa: Programa das Nações Unidas para o Desenvolvimento (Pnud). *Desenvolvimento humano*: relatório de 2021/2022. Nova York: Pnud, 2022. Disponível em: https://hdr.undp.org/system/files/documents/global-report-document/hdr2021-22pdf_1.pdf. Acesso em: 19 mar. 2023.

EXPECTATIVA DE VIDA

Em muitos países africanos, a expectativa de vida é baixa. Isso se deve a fatores como desnutrição, doenças epidêmicas – como a tuberculose, a malária e, principalmente, a aids –, falta de assistência médica adequada e **más condições sanitárias**. Além disso, as **guerras** diminuem a expectativa de vida da população. Em Ruanda, por exemplo, em 1994, o conflito entre as etnias Tutsi e Hutu provocou um genocídio que envolveu a morte de cerca de 1 milhão de pessoas.

Apesar de todos esses problemas, nas décadas de 2000 e 2010 houve melhora significativa na expectativa de vida das populações africanas, o que representa um avanço do desenvolvimento humano no continente. Observe o quadro ao lado, que mostra essa evolução em alguns países africanos.

Flagelo da aids

Na África Subsaariana ocorre a maior parte das mortes por aids registradas no mundo. Por causa da epidemia dessa doença, a **expectativa de vida** no continente diminuiu nas décadas de 1980 e de 1990.

De modo geral, a situação melhorou a partir de 2000 em boa parte dos países africanos, em decorrência do maior acesso ao tratamento da doença proporcionado à população. Segundo a ONU, verifica-se uma estabilização da porcentagem de pessoas atingidas pela aids, o que também se reflete no aumento da expectativa de vida.

Pandemia de covid-19

Apesar de a África ter sido uma das regiões menos atingidas em 2020 pela pandemia de covid-19, o continente passou a ser alvo de grandes preocupações em relação à capacidade de vacinar sua população.

Por ser um continente composto, em sua maioria, de países menos desenvolvidos, nos primeiros anos da pandemia o acesso à vacina estava bastante associado à doação de outros países, como no caso das 200 milhões de doses enviadas pela China em 2021. No entanto, a falta de estrutura para a vacinação de toda a população fez com que a África tivesse, ao final de 2021, o menor índice de pessoas vacinadas no mundo: apenas cerca de 7% de sua população.

ÁFRICA: EXPECTATIVA DE VIDA EM PAÍSES SELECIONADOS

	2000	2020
Botsuana	49,0	70,0
Malauí	46,5	65,0
Mali	48,1	60,0
Ruanda	48,4	69,0
Serra Leoa	38,7	55,0
Tanzânia	51,5	66,0
Zâmbia	44,7	64,0
Zimbábue	44,8	62,0

Fonte de pesquisa: Banco Mundial. Disponível em: https://data.worldbank.org/indicator/SP.DYN.LE00.IN. Acesso em: 19 mar. 2023.

▼ Em 2020, a expectativa de vida na Eritreia era de 67 anos, abaixo da média mundial, de 72 anos. Idosos em Asmara, Eritreia. Foto de 2022.

População da África

A notável diminuição da taxa de mortalidade africana nas últimas décadas e a elevada taxa de natalidade refletem no crescimento populacional do continente, que tende a se manter alto nas próximas décadas.

Taxa de fecundidade (Filhos por mulher)

1950-1955: 6,6

2015-2020: 4,4

Segundo a ONU, 46% da população mundial em 2015 vivia em países onde cada mulher tinha, em média, menos de 2,1 filhos.

Taxa de mortalidade (Mortes anuais por mil pessoas)

1950-1955: 26,9

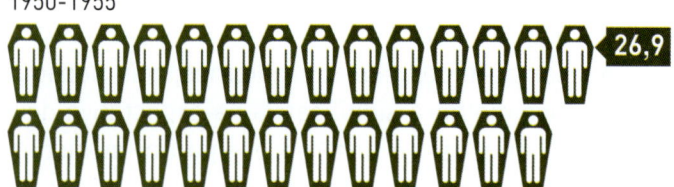

2015-2020: 8,2

As principais causas de morte na África são as doenças infecciosas, que afetam especialmente as crianças. No início da década de 2010, um terço dos mortos tinha menos de 5 anos.

População estimada por continente (1950-2100)

A ONU estima que, no fim deste século, as populações dos continentes estarão em declínio, exceto a da África, que poderá alcançar cerca de 4,3 bilhões de pessoas em 2100 (3,8 bilhões apenas na África Subsaariana).

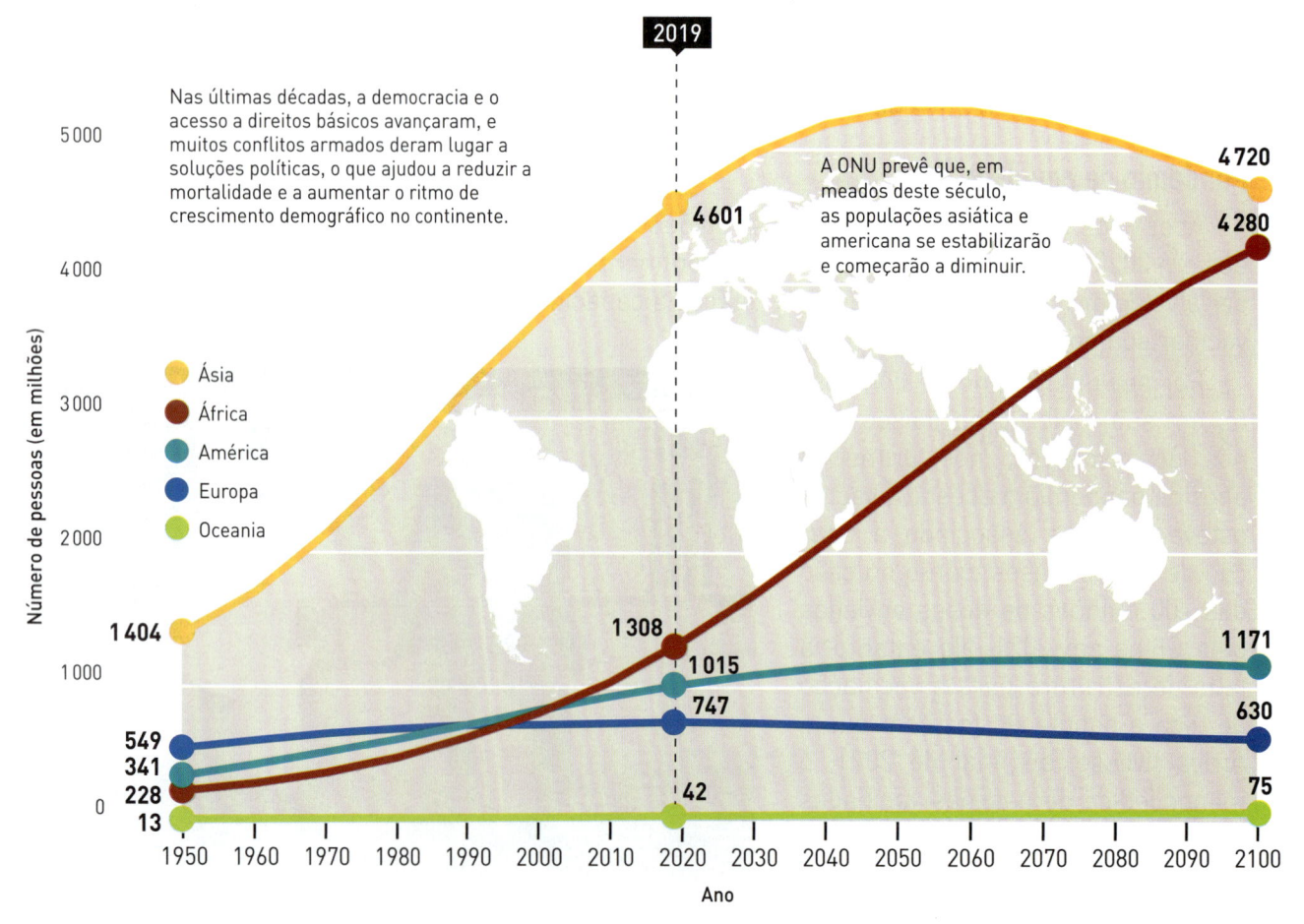

Nas últimas décadas, a democracia e o acesso a direitos básicos avançaram, e muitos conflitos armados deram lugar a soluções políticas, o que ajudou a reduzir a mortalidade e a aumentar o ritmo de crescimento demográfico no continente.

A ONU prevê que, em meados deste século, as populações asiática e americana se estabilizarão e começarão a diminuir.

Número de pessoas (em milhões) — Ano

Continente	1950	2019	2100
Ásia	1 404	4 601	4 720
África	228	1 308	4 280
América	341	1 015	1 171
Europa	549	747	630
Oceania	13	42	75

Distribuição percentual da população de acordo com gênero e faixa etária (2019-2050)

A estrutura etária de uma população revela questões fundamentais, como necessidade de investimentos em educação, no caso de países com maior número de crianças e jovens, ou de investimentos em saúde, quando a maioria da população é de pessoas idosas.

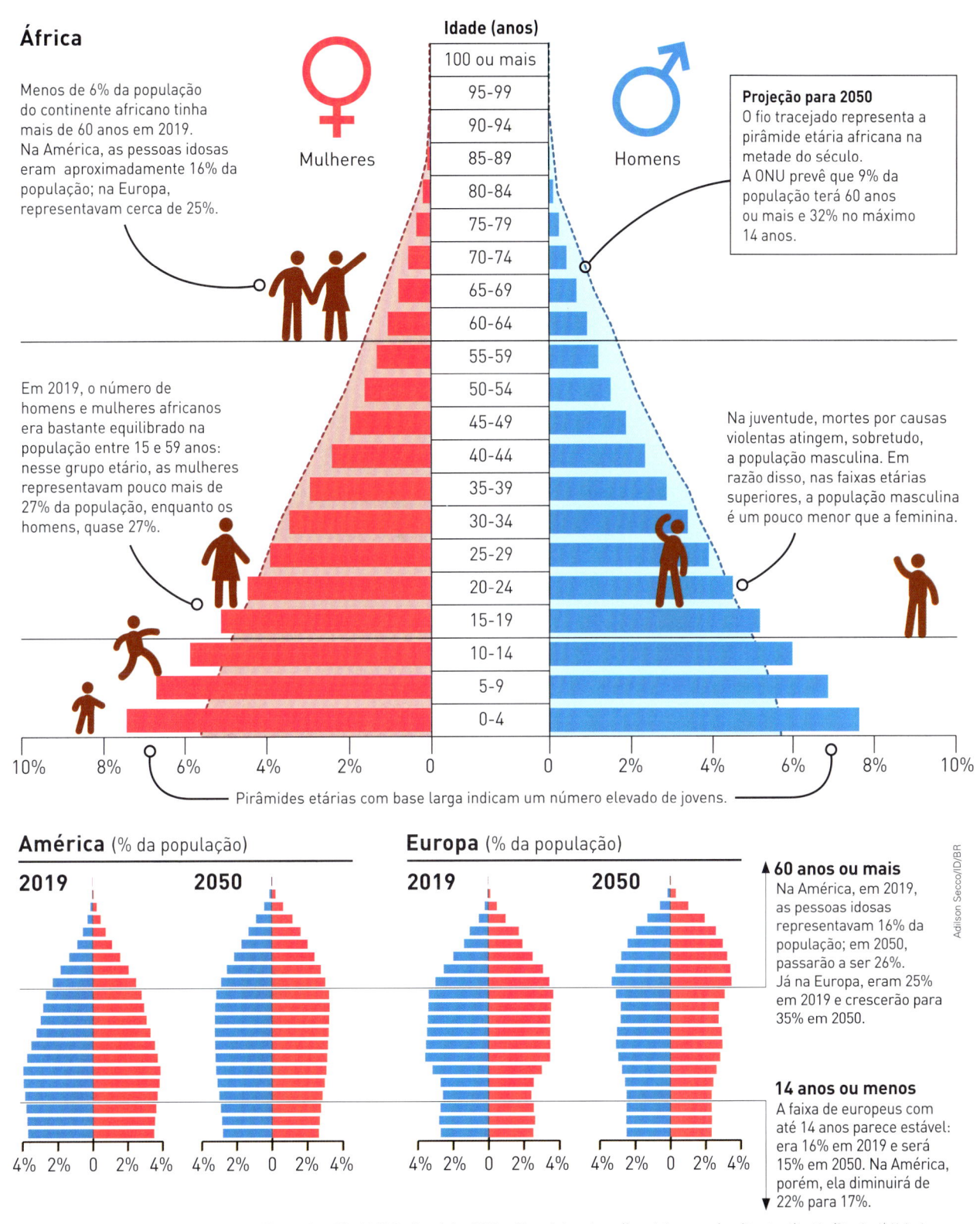

África

Menos de 6% da população do continente africano tinha mais de 60 anos em 2019. Na América, as pessoas idosas eram aproximadamente 16% da população; na Europa, representavam cerca de 25%.

Em 2019, o número de homens e mulheres africanos era bastante equilibrado na população entre 15 e 59 anos: nesse grupo etário, as mulheres representavam pouco mais de 27% da população, enquanto os homens, quase 27%.

Idade (anos): 100 ou mais; 95-99; 90-94; 85-89; 80-84; 75-79; 70-74; 65-69; 60-64; 55-59; 50-54; 45-49; 40-44; 35-39; 30-34; 25-29; 20-24; 15-19; 10-14; 5-9; 0-4

Mulheres | Homens

Projeção para 2050
O fio tracejado representa a pirâmide etária africana na metade do século. A ONU prevê que 9% da população terá 60 anos ou mais e 32% no máximo 14 anos.

Na juventude, mortes por causas violentas atingem, sobretudo, a população masculina. Em razão disso, nas faixas etárias superiores, a população masculina é um pouco menor que a feminina.

Pirâmides etárias com base larga indicam um número elevado de jovens.

América (% da população)
2019 | 2050

Europa (% da população)
2019 | 2050

60 anos ou mais
Na América, em 2019, as pessoas idosas representavam 16% da população; em 2050, passarão a ser 26%. Já na Europa, eram 25% em 2019 e crescerão para 35% em 2050.

14 anos ou menos
A faixa de europeus com até 14 anos parece estável: era 16% em 2019 e será 15% em 2050. Na América, porém, ela diminuirá de 22% para 17%.

Fontes de pesquisa: United Nations. Department of Economic and Social Affairs. Population Division. Disponível em: https://population.un.org/wpp/Download/Archive/Standard/; United Nations. Department of Economic and Social Affairs. Population Division. *World population prospects*: the 2015 Revision. New York: United Nations, 2015. Disponível em: https://population.un.org/wpp/Publications/Files/Key_Findings_WPP_2015.pdf; United Nations. Department of Economic and Social Affairs. Population Division. *World population prospects 2019*, v.1 comprehensive tables. New York: United Nations, 2019. Disponível em: https://www.un-ilibrary.org/content/books/9789210046428/read. Acessos em: 19 mar. 2023.

ATIVIDADES

Acompanhamento da aprendizagem

Retomar e compreender

1. A respeito das migrações na África, responda às questões.
   a) Quais são as principais causas da emigração africana?
   b) Qual é o continente para onde migra a maioria dos africanos que deixa a África? Explique.

2. Observe o mapa *África: IDH (2021)* e escreva um texto sobre a situação dos países africanos.

3. Observe o infográfico *População da África* e compare as pirâmides etárias da África e da Europa em 2019.

Aplicar

4. Observe o mapa sobre o problema da fome na África. Depois, faça o que se pede.

   a) Cite um país de cada uma das cinco categorias de criticidade da fome.
   b) Em qual categoria se encontra a maioria dos países africanos?
   c) A situação da fome é pior na África Setentrional ou na África Subsaariana? Explique como você chegou a essa conclusão.

■ **África: Situação da fome (2021)**

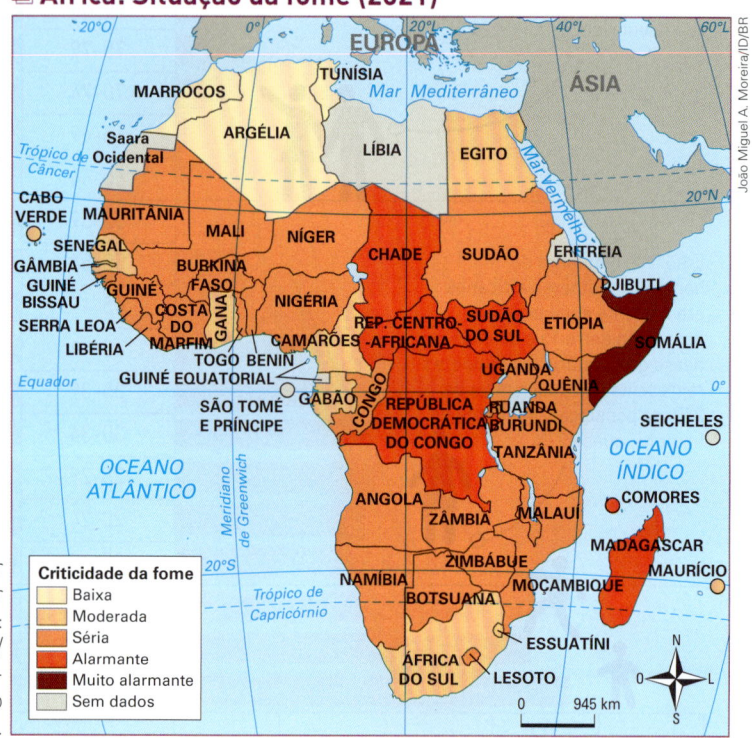

Criticidade da fome:
- Baixa
- Moderada
- Séria
- Alarmante
- Muito alarmante
- Sem dados

Fonte de pesquisa: Our World in Data. Global Hunger Index, 2021. Disponível em: https://ourworldindata.org/grapher/global-hunger-index?region=Africa. Acesso em: 19 mar. 2023.

5. Compare as pirâmides etárias da Líbia, representadas a seguir, e comente a tendência de crescimento demográfico desse país.

■ **Líbia: Pirâmides etárias (2019 e projeção para 2050)**

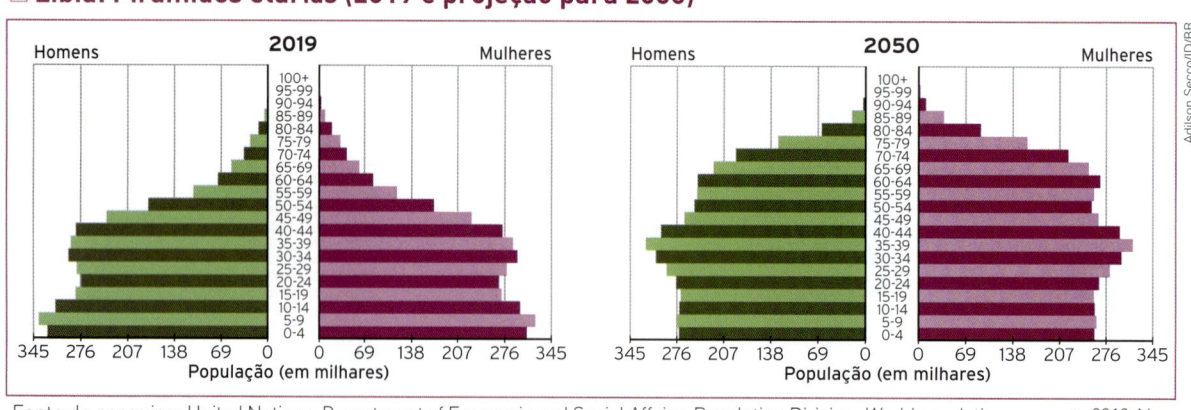

Fonte de pesquisa: United Nations. Department of Economic and Social Affairs. Population Division. *World population prospects 2019*. New York: United Nations, 2019. Disponível em: https://www.un-ilibrary.org/content/books/9789210046428/read. Acesso em: 19 mar. 2023.

CONTEXTO

DIVERSIDADE

Imigrantes africanos nos Estados Unidos

O romance *Americanah*, da escritora nigeriana Chimamanda Ngozi Adichie, conta a história de imigrantes africanos nos Estados Unidos. O trecho a seguir é um diálogo entre Ifemelu, uma estudante nigeriana que vive nos Estados Unidos e que decidiu retornar à Nigéria, e Aisha, moça que está trançando os cabelos de Ifemelu.

Chimamanda Ngozi Adichie. Foto de 2022.

[...] Aisha parou de trançar e ficou observando Ifemelu pelo espelho, como se estivesse decidindo se devia ou não acreditar nela.

"Minha irmã disse que é verdade, igbo sempre casa com igbo", disse ela.

"E como sua irmã sabe?"

"Ela conhece muito igbo na África. Vende tecido."

"Onde ela mora?"

"Na África."

"Onde? No Senegal?"

"No Benin."

"Por que você diz que ela mora na África em vez de dizer o país?", perguntou Ifemelu. Aisha deu uma risadinha. "Você não conhece os Estados Unidos. Você fala em Senegal para os americanos e eles dizem 'Onde fica isso?'. Minha amiga de Burkina Faso, eles perguntam para ela 'Seu país é na América Latina?'." Aisha voltou a trançar com um sorriso irônico no rosto e então perguntou, como se fosse impossível para Ifemelu compreender os hábitos daquele país: "Há quanto tempo você está nos Estados Unidos?". [...]

"Quinze anos", disse. [...]

"Mas eu vou voltar para a Nigéria", acrescentou Ifemelu, sentindo um remorso súbito. [...]

"Para ver a família."

"Não. Vou voltar a morar lá. A morar na Nigéria."

"Por quê?"

"Como assim por quê? Por que não?" [...]

Aisha fez Ifemelu se lembrar do que tia Uju disse quando finalmente aceitou que ela estava falando sério sobre voltar à Nigéria — Você vai aguentar? —, e a sugestão de que ela havia sido irrevogavelmente mudada pelos Estados Unidos a fez sentir como se sua pele estivesse cheia de espinhos. Seus pais também achavam que ela talvez não fosse capaz de "aguentar" a Nigéria. "Pelo menos você é uma cidadã americana agora, então sempre vai poder voltar para os Estados Unidos", o pai lhe dissera. [...]

Chimamanda Ngozi Adichie. *Americanah*. São Paulo: Companhia das Letras, 2014. p. 22-24.

Para refletir

1. Por que Aisha não disse o país de origem de sua irmã da primeira vez que Ifemelu perguntou?

2. Em sua opinião, por que Aisha e pessoas da família de Ifemelu parecem resistentes ou receosas diante da ideia da estudante de retornar para a Nigéria?

3. SABER SER Em duplas ou trios, conversem: Como os estereótipos e preconceitos afetam os imigrantes africanos nos Estados Unidos? O que é necessário para mudar essa situação?

igbo: grupo étnico que compõe parte da população nigeriana. Também habita as áreas da Guiné Equatorial e de Camarões.

CAPÍTULO 3
ESPAÇOS RURAL E URBANO NA ÁFRICA

PARA COMEÇAR

A maior parte da população africana vive em áreas urbanas ou rurais? Quais são as maiores cidades africanas? Você sabe o que provocou o intenso crescimento das cidades africanas nas últimas décadas?

POPULAÇÃO RURAL

Em 2020, cerca de 56,5% dos africanos viviam no campo, e, na África Subsaariana, esse número é ainda maior (cerca de 58%, de acordo com dados do Banco Mundial). Muitos desses habitantes se organizam em comunidades que praticam a agricultura coletiva de subsistência.

De modo geral, a qualidade de vida da população rural africana é precária, predominando a pobreza, a falta de assistência médica – o que leva a **altas taxas de mortalidade**, em especial a infantil – e elevados índices de **analfabetismo**.

Recentemente, a compra de terras por bancos, fundos de investimento, fundações e empresas estrangeiras tem sido outro problema no meio rural africano. O fato de a maior parte das terras adquiridas ser utilizada para a agricultura de exportação agrava também a questão alimentar na África. Além disso, a compra dessas terras dificulta a permanência dos pequenos camponeses no meio rural, o que contribui para o êxodo dessas populações para as cidades e o consequente crescimento urbano sem planejamento.

▼ Em 2021, cerca de 61% da população de Madagascar vivia no campo. Plantação de arroz em Madagascar. Foto de 2020.

POPULAÇÃO URBANA

Após a Segunda Guerra Mundial e os processos de independência dos países africanos, a população urbana do continente cresceu muito, passando de 60 milhões para 400 milhões de pessoas entre 1960 e 2010. Apesar disso, em 2020, apenas pouco mais de dez países africanos concentravam mais de 60% da população urbana.

CRESCIMENTO URBANO

Tradicionalmente, os países africanos com maior população urbana também são os mais industrializados, como é o caso da África do Sul e do Egito. Nos demais países do continente, em especial na África Subsaariana, a urbanização é menor.

De acordo com a ONU, o grande aumento da população urbana na África se deve ao crescimento vegetativo, gerado pelos **elevados índices de natalidade** (vale lembrar que o crescimento vegetativo se refere à diferença entre o número de nascimentos e o número de mortes em uma população).

Além disso, a melhoria da infraestrutura urbana e do atendimento médico-hospitalar em alguns países tem contribuído diretamente para o aumento da expectativa de vida.

A urbanização também está relacionada ao **êxodo rural**. A busca por empregos e melhores condições de vida é a principal causa da migração do campo para as cidades. Outros fatores que estimulam esse processo são as secas e a desertificação.

■ **África: Urbanização (2020)**

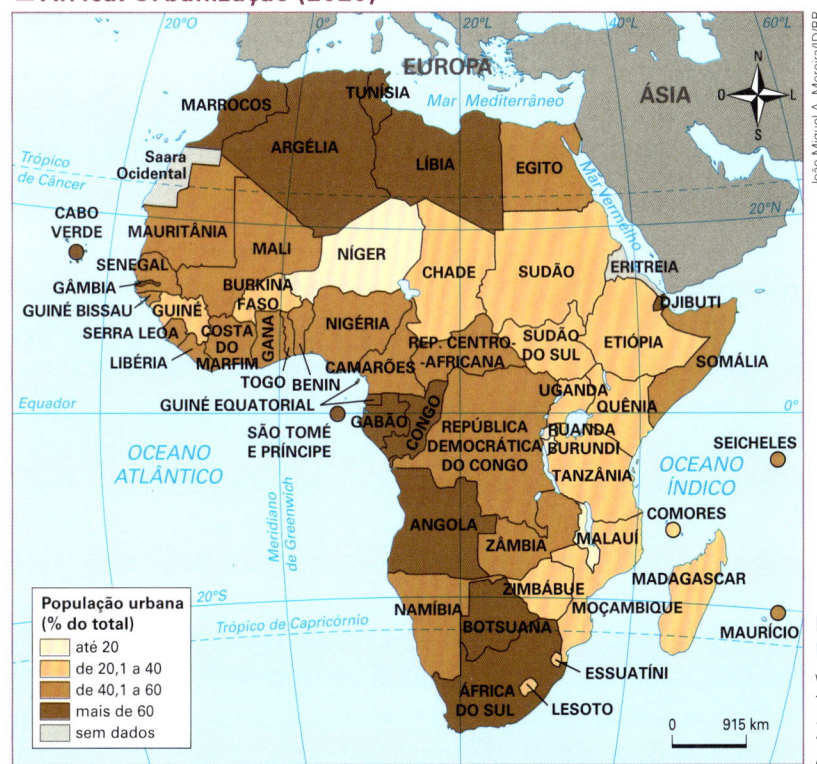

Fonte de pesquisa: Banco Mundial. Disponível em: https://data.worldbank.org/indicator/SP.URB.TOTL.IN.ZS?end=2020&locations=ZG-ZQ&start=1960&view=map. Acesso em: 19 mar. 2023.

CIDADANIA GLOBAL

REVITALIZAÇÃO DE CENTROS URBANOS

Muitos projetos urbanos propõem a revitalização das áreas centrais dos espaços urbanos, locais onde, geralmente, estão presentes construções e equipamentos históricos e culturais. Tais iniciativas promovem a revalorização e a preservação de espaços das cidades por vezes degradados.

No entanto, tais projetos também são criticados por levar à expulsão da população que tradicionalmente vive nesses espaços, tornando-os acessíveis apenas para a parcela de maior poder aquisitivo da sociedade e para os turistas. Esse processo é conhecido como **gentrificação**.

1. Reúna-se com os colegas para buscar informações, reportagens e discussões sobre o processo de gentrificação nos centros urbanos de cidades brasileiras e de todo o mundo. Depois, escrevam um texto com as conclusões a que vocês chegaram.

África: Crescimento populacional em cidades selecionadas (2000-2030)

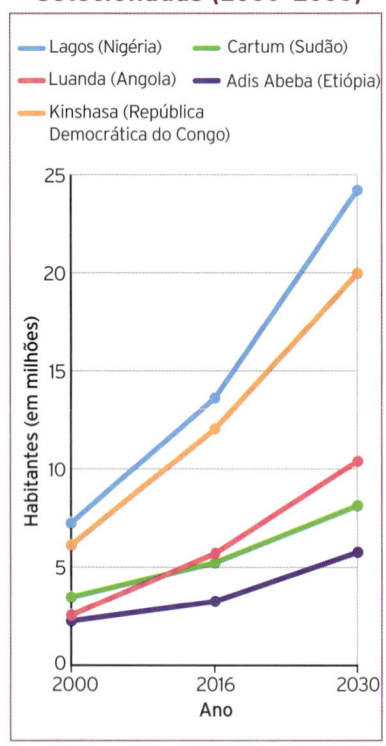

- Lagos (Nigéria)
- Cartum (Sudão)
- Luanda (Angola)
- Adis Abeba (Etiópia)
- Kinshasa (República Democrática do Congo)

Fonte de pesquisa: ONU. *The world's cities in 2016*. Disponível em: http://www.un.org/en/development/desa/population/publications/pdf/urbanization/the_worlds_cities_in_2016_data_booklet.pdf. Acesso em: 19 mar. 2023.

Qual das **grandes cidades africanas** você gostaria de conhecer?

PARA EXPLORAR

Museu Afro-Brasileiro (Mafro), UFBA (BA)

O museu foi fundado a partir da cooperação cultural entre o Brasil e países africanos, com o objetivo de coletar, preservar e difundir a cultura africana e sua contribuição para a formação cultural brasileira. No local, ocorrem exposições e eventos sobre aspectos históricos e culturais do continente africano.
Informações: http://www.mafro.ceao.ufba.br/. Acesso em: 19 mar. 2023.
Localização: Largo do Terreiro de Jesus s/n, Salvador (BA).

GRANDES CIDADES

Segundo a ONU, em 2020 o continente africano tinha três **megacidades**, ou seja, cidades com mais de 10 milhões de habitantes: Cairo (Egito), com 20,9 milhões de habitantes; Lagos (Nigéria) e Kinshasa (República Democrática do Congo), ambas com 14,3 milhões. As projeções da ONU indicam que essas cidades continuarão crescendo. Em 2030, Cairo e Lagos abrigarão mais de 24 milhões de habitantes, e Kinshasa, cerca de 20 milhões.

O crescimento urbano na África concentra-se em torno de uma cidade principal, geralmente a capital do país, que tende a se expandir de forma mais acelerada que outros núcleos urbanos. Essas cidades, polos de atração populacional, crescem rapidamente e sem planejamento, pois não conseguem absorver os grandes contingentes populacionais que recebem todos os anos.

Consequências da urbanização acelerada

De maneira geral, o acelerado crescimento urbano em alguns países da África não tem sido acompanhado por um desenvolvimento adequado da infraestrutura urbana, o que causa uma série de problemas, como a **falta de moradia**. Também há déficit de redes de **saneamento básico** (coleta de lixo e esgoto e acesso à água tratada), dificuldade no acesso à energia elétrica e à comunicação (como o acesso à internet), bem como precariedade nos serviços de saúde, de educação, de segurança e de transporte. Para atender a essas demandas, seriam necessários maiores investimentos dos governos.

Devido ao crescimento acelerado e à falta de investimentos, surgem áreas com habitações de baixo custo, em terrenos irregulares, e carentes de serviços públicos essenciais. Na África Subsaariana, de acordo com dados da ONU, a urbanização ocorreu de forma bastante rápida. Nessa região, em 2018, cerca de 54% da população urbana habitava locais em condições precárias.

Crescimento urbano e ações futuras

O crescimento urbano não implica, necessariamente, o aumento da pobreza e do caos social. A ONU afirma que a urbanização pode ser um aspecto positivo, pois nenhum país da era **industrial** atingiu crescimento econômico significativo sem **urbanização**.

Segundo a ONU, os governos deveriam se preparar para o crescimento das cidades, atendendo às necessidades da população nas áreas da saúde, da educação, da habitação e do emprego. O desafio é encontrar recursos humanos e econômicos a fim de atingir esse objetivo. Por isso, uma das metas da ONU é mobilizar a ajuda internacional, de modo a oferecer apoio, inclusive financeiro, para ações de urbanização dos países com alto crescimento das cidades. Como grande parte da população urbana da África tem menos de 25 anos, a inserção de jovens no mercado de trabalho e o acesso à educação de qualidade são importantes metas sociais.

ATIVIDADES

Acompanhamento da aprendizagem

Retomar e compreender

1. Na atualidade, a maior parte da população africana tem se concentrado no campo ou nas cidades? E, no futuro, a tendência é que, no continente, cresça mais a população rural ou mais a urbana?

2. Indique duas causas da acelerada urbanização na África.

Aplicar

3. Observe os gráficos a seguir e, depois, faça o que se pede.

■ **África, Oceania e América do Norte: Evolução das populações urbana e rural (1950-2050)**

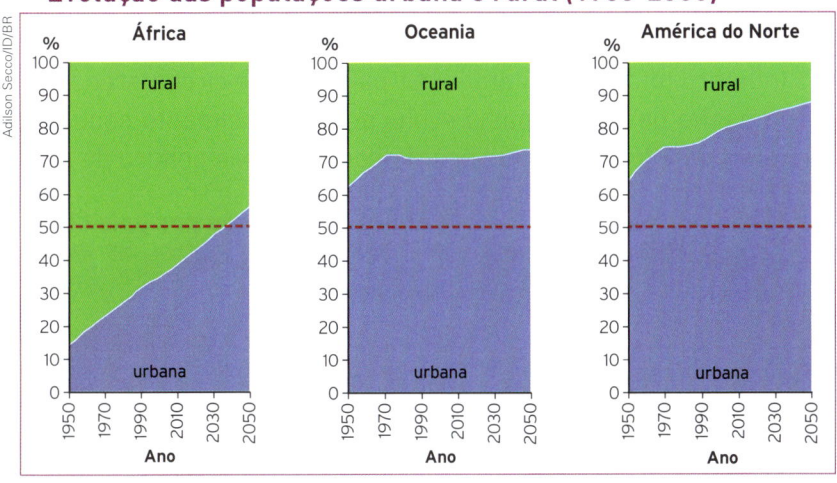

Fonte de pesquisa: United Nations. Department of Economic and Social Affairs. Population Division. *World Urbanization Prospects:* the 2014 Revision, highlights. New York: United Nations, 2014. Disponível em: https://esa.un.org/Unpd/Wup/Publications/Files/WUP2014-Highlights.pdf. Acesso em: 19 mar. 2023.

   a) O que representam as cores e a linha vermelha dos gráficos?

   b) Quando a população urbana deve superar a população rural na África? Explique.

   c) Com base nos gráficos, escreva, no caderno, um breve texto sobre a evolução das populações urbana e rural da África em relação à Oceania e à América do Norte.

4. Analise o gráfico a seguir e, depois, responda às questões.

■ **África: Alfabetização de adultos e crescimento demográfico em países selecionados (2018)**

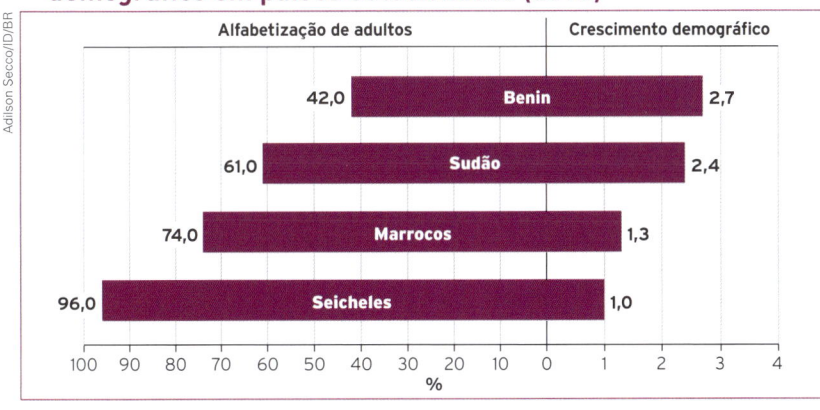

País	Alfabetização de adultos (%)	Crescimento demográfico (%)
Benin	42,0	2,7
Sudão	61,0	2,4
Marrocos	74,0	1,3
Seicheles	96,0	1,0

Fontes de pesquisa: Banco Mundial. Disponíveis em: https://data.worldbank.org/indicator/SE.ADT.LITR.ZS?end=2019&most_recent_year_desc=false&start=1970&year_high_desc=true; https://data.worldbank.org/indicator/SP.POP.GROW?end=2018&most_recent_year_desc=true&start=1961&year_high_desc=true. Acessos em: 19 mar. 2023.

   a) Qual país tem o maior índice de alfabetização de adultos? E qual apresenta o maior crescimento demográfico?

   b) O que se pode concluir com base na análise das informações do gráfico?

REPRESENTAÇÕES

Mapas dinâmicos: evolução de um fenômeno ao longo do tempo

A evolução de determinado fenômeno espacial pode ser identificada com o uso de diferentes recursos visuais em mapas e gráficos. Acompanhar uma evolução significa observar a sucessão dos eventos em relação ao tempo. É possível representar vários fenômenos cuja evolução pode ser demonstrada ao longo do tempo, por exemplo: alfabetização, desmatamento, industrialização e urbanização. Nos mapas a seguir, verificam-se informações de ordem quantitativa expressas em números absolutos. O recurso utilizado para representar os diferentes valores (número total de habitantes por país) foi o de circunferências proporcionais. Acompanhe nesses mapas a evolução do crescimento populacional dos países africanos de 1960 a 2020 (de acordo com a divisão política de 2020).

■ **África: População por país (1960)**

■ **África: População por país (1980)**

■ **África: População por país (2000)**

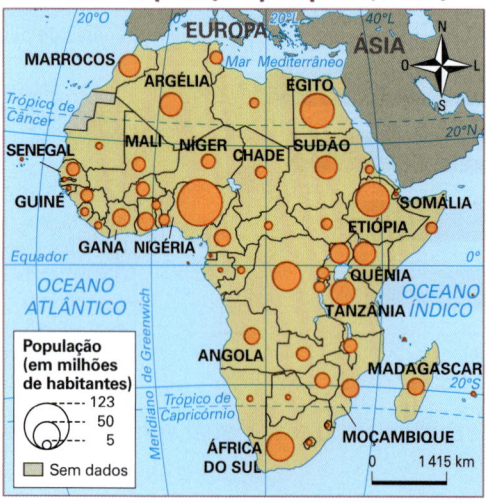

■ **África: População por país (2020)**

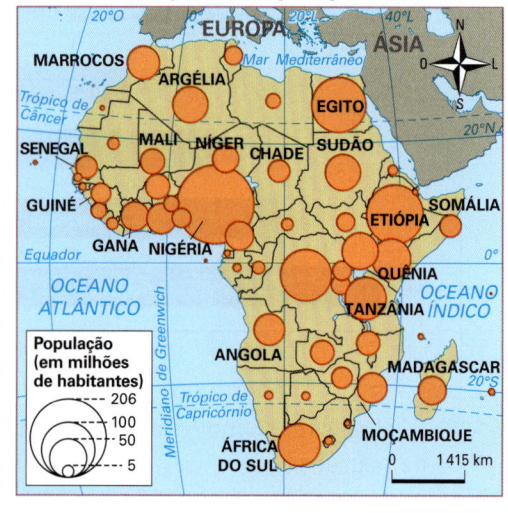

Mapas: João Miguel A. Moreira/ID/BR

Fonte de pesquisa dos mapas: Banco Mundial. Disponível em: https://data.worldbank.org/indicator/SP.POP.TOTL?. Acesso em: 19 mar. 2023.

A análise dos mapas da página anterior permite comparar a evolução da população dos países em momentos distintos. Agora, observe o mapa a seguir, em que é possível verificar, em uma única representação cartográfica, os mesmos dados apresentados nos mapas anteriores. Esse recurso permite visualizar mais rapidamente a evolução populacional africana ao longo do tempo.

■ **África: Evolução da população por país (1960-2020)**

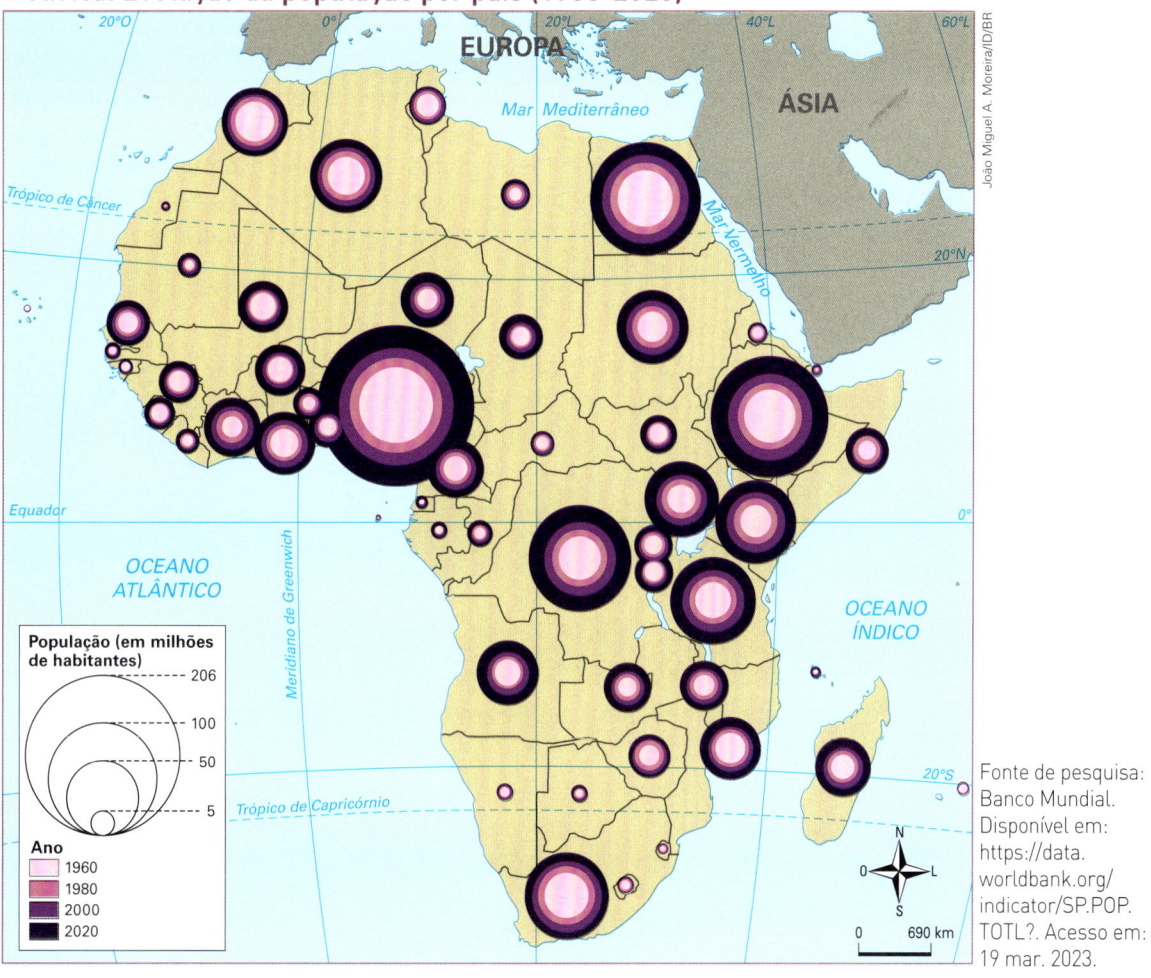

Fonte de pesquisa: Banco Mundial. Disponível em: https://data.worldbank.org/indicator/SP.POP.TOTL?. Acesso em: 19 mar. 2023.

Nesse mapa, as cores de cada círculo vão escurecendo conforme os anos retratados se aproximam de 2020 (o mais recente entre os períodos representados). Da mesma forma que nos mapas da página anterior, os círculos têm circunferências proporcionais ao tamanho da população.

Pratique

1. Com o auxílio de um atlas geográfico, responda às questões a seguir.
   a) Cite alguns países cuja população está entre as maiores do continente africano em todos os períodos retratados. Explique como foi possível perceber isso.
   b) Observe o mapa desta página. Algum país apresentou queda no número de sua população nos períodos retratados? Justifique sua resposta.

265

INVESTIGAR

Indústria cultural dos países africanos

Para começar

Existem produções culturais cujo objetivo é atingir um público amplo de indivíduos de diversas localidades. Muitos bens culturais (como livros, músicas e filmes) são produzidos para ser consumidos por esse grande público e contam com os meios de comunicação para ser divulgados. Esse tipo de produção é chamado de **indústria cultural**.

As produções da indústria cultural da maioria dos países africanos ainda são relativamente pouco conhecidas ao redor do mundo – sobretudo quando comparadas às produções das indústrias estadunidense e europeia. Contudo, nas últimas décadas, tem havido um crescimento significativo de produções em diversos países do continente. Por exemplo, a indústria cinematográfica nigeriana, *Nollywood*, tornou-se uma das maiores do mundo.

O problema

O que minha comunidade conhece acerca das produções da indústria cultural de países africanos? Quais percepções e impressões as pessoas de minha comunidade manifestam quando são apresentadas a um produto cultural africano?

A investigação

- **Procedimento:** estudo de recepção.
- **Instrumento de coleta:** realização de entrevistas.

Material

- computador com programa de edição de áudio e acesso à internet;
- retroprojetor, televisão e/ou caixa de som (a depender do produto cultural selecionado pelo grupo);
- papel e lápis ou caneta para anotações;
- gravador (opcional).

Prática de pesquisa

Parte I – Planejamento

1. Organizem-se em grupos. Cada um dos grupos deverá realizar uma pesquisa sobre as recentes produções da indústria cultural de um país da África e selecionar um produto cultural (música, filme, livro, série ou programa de televisão) que será apresentado a membros da comunidade.

2. Selecionem quatro ou cinco membros da comunidade escolar para participar da pesquisa. Conversem com cada uma dessas pessoas e verifiquem se elas têm disponibilidade para ser apresentadas ao produto cultural escolhido pelo grupo. Combinem com essas pessoas um horário e um local para a apresentação. Lembrem-se de que o local deve estar preparado para acomodar confortavelmente os convidados.

3 Na sala de aula, com o professor e a turma, elaborem dois questionários para a realização de entrevistas: um deles será respondido pelas pessoas da comunidade antes da apresentação do produto cultural selecionado; o outro deverá ser respondido após a apresentação. O primeiro questionário deve registrar as características gerais dos entrevistados e os conhecimentos prévios da comunidade acerca da indústria cultural africana. O segundo deve ser composto de perguntas que ajudem a revelar as impressões e as percepções dos entrevistados sobre o produto cultural apresentado (assim será possível compreender como receberam o produto selecionado). Além disso, pode-se perguntar aos membros da comunidade se mudaram de opinião sobre a indústria cultural africana após a apresentação.

Parte II – Realização das entrevistas e análise dos dados levantados

1 No local e no horário combinados, realizem a primeira entrevista com os membros da comunidade. Na sequência, apresentem o produto cultural selecionado e façam a segunda entrevista. Tomem nota das respostas dadas pelos entrevistados.

2 Após as entrevistas, reúnam-se e conversem sobre os dados obtidos. Reflitam sobre os seguintes pontos: De modo geral, as pessoas entrevistadas já conheciam produtos culturais de países africanos? Quais foram as percepções mais comuns dos entrevistados a respeito do produto apresentado? Quais conclusões podem ser obtidas ao se comparar a primeira entrevista com a segunda?

Parte III – Organização dos resultados

1 Selecionem as principais informações levantadas na análise das entrevistas. Escrevam um pequeno texto que sintetize os resultados da pesquisa, comentando a receptividade dos entrevistados ao produto cultural apresentado e apontando as principais impressões relatadas.

2 Selecionem trechos das entrevistas e escrevam um roteiro para um pequeno *podcast*. Nesse roteiro, o grupo deverá apresentar brevemente o produto cultural selecionado, assim como as impressões e as percepções da comunidade acerca desse produto. Ao final do roteiro, o grupo deve incluir indicações de filmes, séries, músicas ou artistas africanos contemporâneos.

Questões para discussão

1. O grupo encontrou alguma dificuldade no processo de elaboração da pesquisa? Qual parte desse processo foi a mais interessante?
2. O que a pesquisa revelou de mais significativo sobre a percepção da comunidade a respeito da indústria cultural dos países africanos?
3. Como a pesquisa impactou a visão do próprio grupo a respeito da indústria cultural dos países africanos? Qual foi o principal aprendizado obtido?

Comunicação dos resultados

Compartilhem os *podcasts* produzidos, de modo que cada grupo escute as produções dos demais grupos. Depois que todos tiverem conhecido os *podcasts* dos colegas, organizem uma roda de conversa na sala de aula para que se discutam os trabalhos apresentados.

ATIVIDADES INTEGRADAS

Analisar e verificar

1. Leia o texto a seguir e, depois, responda às questões.

> **No centro de São Paulo surge uma pequena África**
>
> Desde meados de 2010 pipocaram as notícias do aumento de migrantes africanos chegando em São Paulo. O número de pessoas vindas da África [...] não é preciso, mas elas eram retratadas como migrantes ilegais ou refugiadas. O que não foi captado por essas notícias é a consolidação delas na República, região central de São Paulo, com moradias, comércios, restaurantes, bares e festas.
>
> A Galeria Presidente [...] talvez seja o maior expoente. São cinco andares em que a presença africana é visível desde a porta. [...]
>
> [...] A maioria dos migrantes ali veio da Nigéria, Senegal, Angola, República Democrática do Congo e Camarões.
>
> Outro reduto africano é a Galeria Sampa [...]. Lá, salões de cabeleireiro e minimercados com produtos africanos dividem espaço com lojas de calçados, roupa [...].
>
> [...]
>
> Na Praça da República, todas as segundas-feiras [...], há uma cerimônia muçulmana com tambores africanos, em que homens dançam e cantam para Alá, usando elementos da cultura do continente [...].
>
> Guilherme Soares Dias. No centro de São Paulo surge uma pequena África. *Carta Capital*, São Paulo, 25 jan. 2019. Disponível em: https://www.cartacapital.com.br/blogs/guia-negro/no-centro-de-sao-paulo-surge-uma-pequena-africa/. Acesso em: 19 mar. 2023.

a) De acordo com o texto, como é possível perceber a forte presença de africanos na República, região central do município de São Paulo?

b) Faça uma busca em jornais e revistas, impressos ou na internet, sobre problemas enfrentados por muitos imigrantes africanos recém-chegados ao Brasil (ou que chegaram nos últimos anos) para se inserir na sociedade brasileira.

2. Observe o gráfico a seguir e responda às questões.

África: Saneamento básico e expectativa de vida em países selecionados (2020)

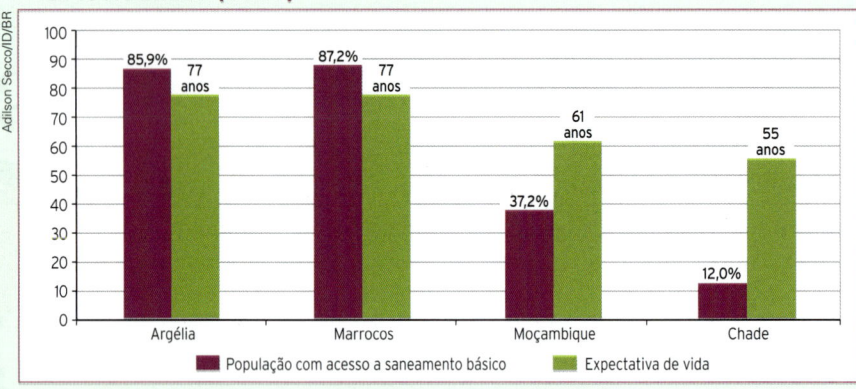

País	População com acesso a saneamento básico	Expectativa de vida
Argélia	85,9%	77 anos
Marrocos	87,2%	77 anos
Moçambique	37,2%	61 anos
Chade	12,0%	55 anos

Fontes de pesquisa: OMS. The Global Health Observatory. Disponível em: https://www.who.int/data/gho/data/indicators/indicator-details/GHO/population-using-at-least-basic-sanitation-services-(-); Banco Mundial. Disponível em: https://data.worldbank.org/indicator/SP.DYN.LE00.IN?locations=MA-DZ-MZ-NE. Acessos em: 19 mar. 2023.

a) Dos países representados no gráfico, quais apresentam os melhores índices de saneamento básico e de expectativa de vida?

b) Como o saneamento básico pode influenciar a expectativa de vida?

c) De modo geral, as redes de saneamento básico são mais oferecidas em áreas urbanas ou rurais?

d) Faça uma relação entre saneamento básico e expectativa de vida nos países africanos selecionados.

3. Com base no mapa a seguir e, com o auxílio de um atlas geográfico, responda às questões.

■ **Mundo: Estimativa de filhos nascidos por mulher (2022)**

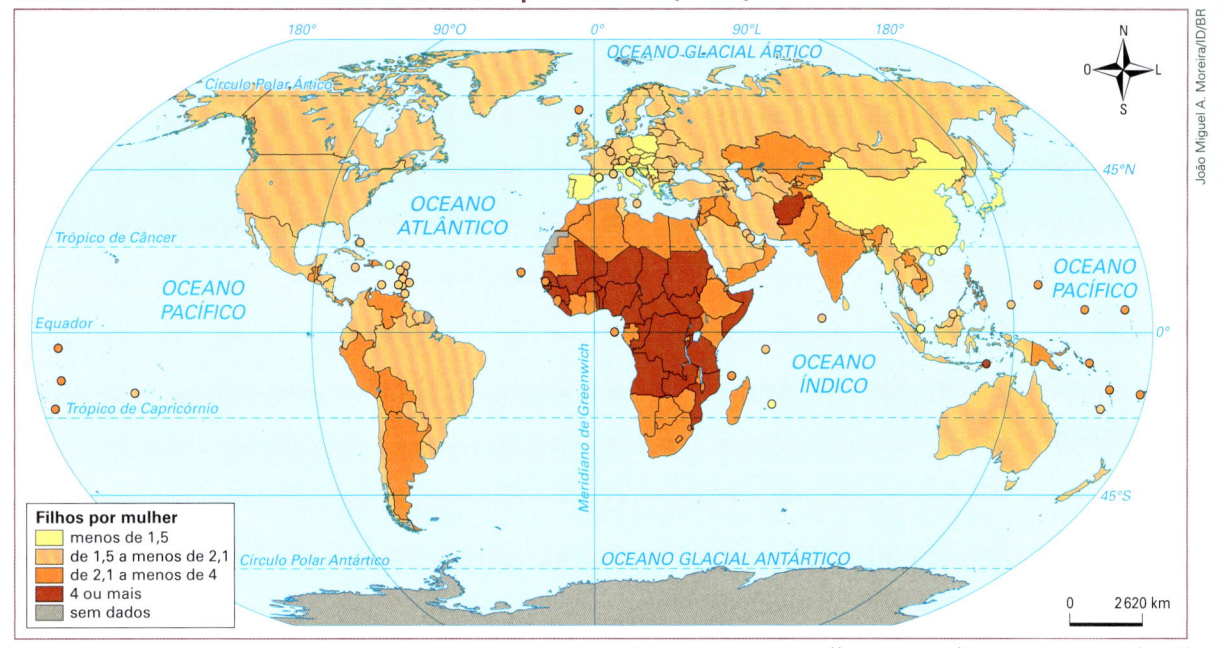

Filhos por mulher
- menos de 1,5
- de 1,5 a menos de 2,1
- de 2,1 a menos de 4
- 4 ou mais
- sem dados

Fonte de pesquisa: The World Factbook. Disponível em: https://www.cia.gov/the-world-factbook/field/total-fertility-rate/country-comparison/. Acesso em: 19 mar. 2023.

a) Cite um país de cada uma das categorias listadas na legenda (exceto a categoria "sem dados").
b) Como é a fertilidade (filhos por mulher) na África Setentrional e na África Subsaariana?
c) Analise a situação da taxa de fertilidade na África em relação aos outros continentes.

Criar

4. **SABER SER** O quadro abaixo apresenta o Índice Global de Desigualdade de Gênero de alguns dos países com altos índices de igualdade de gênero e do Brasil. Considere que 0 (zero) significa maior desigualdade entre homens e mulheres e 1 (um) significa maior igualdade.

PAÍS	ÍNDICE GLOBAL DE DESIGUALDADE DE GÊNERO (2021)	CLASSIFICAÇÃO DO IDH (2021)
Islândia	0,908 (1º lugar)	Muito alto (3º lugar)
Finlândia	0,860 (2º lugar)	Muito alto (11º lugar)
Noruega	0,845 (3º lugar)	Muito alto (2º lugar)
Ruanda	0,811 (6º lugar)	Baixo (165º lugar)
Brasil	0,696 (94º lugar)	Alto (87º lugar)

Fontes de pesquisa: Fórum Econômico Mundial. *Global Gender Gap Report 2022*. Disponível em: https://www3.weforum.org/docs/WEF_GGGR_2022.pdf; Pnud. *Relatório do Desenvolvimento Humano 2021/2022*: síntese. Nova York: Pnud, 2022. Disponível em: https://hdr.undp.org/system/files/documents/global-report-document/hdr2021-22overviewptpdf.pdf. Acessos em: 19 mar. 2023.

■ Reúnam-se em grupos para discutir os dados do quadro. Depois, façam um levantamento de informações e elaborem um breve texto sobre Ruanda, levando em conta os dados apresentados. Em seguida, comparem a situação do Brasil com a dos países que ocupam as melhores colocações entre aqueles com maior igualdade de gênero.

CIDADANIA GLOBAL
UNIDADE 9

11 CIDADES E COMUNIDADES SUSTENTÁVEIS

Retomando o tema

Ao longo da unidade, você refletiu sobre a importância da identificação e da proteção de patrimônios culturais e naturais. Por meio do exemplo dos bens culturais africanos, também refletiu sobre a devolução de bens culturais expropriados de nações que foram colonizadas e, por fim, analisou como se desenvolve o processo de gentrificação em centros urbanos. O fortalecimento de proteção aos patrimônios culturais e naturais se relaciona com um dos Objetivos do Desenvolvimento Sustentável. Agora, você vai buscar informações e avaliar ações de preservação e revitalização de patrimônios culturais e naturais na localidade em que vive.

1. Cite patrimônios naturais e/ou culturais existentes em seu município, unidade da federação ou região e responda: Por que eles são importantes para as pessoas dessa localidade?

2. Há iniciativas para proteger esses patrimônios públicos? Se sim, elas são efetivas e tornam esses patrimônios acessíveis para todas as pessoas?

3. Em sua opinião, por que é importante que o poder público invista em ações que busquem preservar os patrimônios locais e/ou regionais?

Geração da mudança

- Agora, vocês vão elaborar um vídeo para divulgar os patrimônios culturais e/ou naturais do seu município. No vídeo, abordem a importância desses patrimônios e apresentem as ações desenvolvidas para protegê-los. O vídeo também pode ter a função de denunciar problemas identificados por vocês no processo de conservação desses patrimônios ou alterações em áreas urbanas que expulsam determinados grupos sociais desses locais. Depois, compartilhem o vídeo nas redes sociais.

Autoavaliação

INTERAÇÃO

UM GUIA DE VIAGEM PELA AMÉRICA

Você já pensou que o planejamento de uma viagem pode ser uma boa oportunidade para desenvolver conhecimentos geográficos? Os primeiros geógrafos, há alguns séculos, já utilizavam as viagens como maneira de conhecer territórios, paisagens e modos de vida. Durante uma viagem é possível observar, com riqueza de detalhes, os elementos naturais e culturais que formam as diferentes paisagens. Você e seu grupo vão preparar um roteiro de viagem pelo continente americano, com os lugares que consideram mais interessantes. Os diferentes roteiros elaborados pela turma formarão um guia de viagem pela América.

Ilustração: Bruno Algarve/ID/BR

Os guias de viagem oferecem aos leitores várias opções de roteiros e destinos turísticos. Geralmente, apresentam informações históricas e culturais, mapas e dicas que podem auxiliar no planejamento de uma viagem.

O roteiro que vocês vão elaborar deve apresentar esse tipo de informação sobre os destinos escolhidos, além de conter dados geográficos que permitam aos usuários ampliar seus conhecimentos a respeito das diversas paisagens da América.

Objetivos

- Buscar, selecionar e organizar informações e imagens sobre aspectos naturais, sociais, econômicos, históricos, culturais e turísticos de locais selecionados do continente americano.
- Construir um roteiro de viagem com informações sobre diferentes destinos do continente americano.
- Elaborar mapas e outras formas de representação cartográfica.

Planejamento

Discussão inicial

- Como o continente americano é muito extenso e diverso, cada grupo deve propor um roteiro que inclua, no mínimo, seis destinos, englobando diferentes países da América Latina e/ou da América Anglo-Saxônica. O intuito é abranger o máximo possível da grande diversidade de paisagens do continente. Ao final, os diferentes roteiros produzidos pela turma serão reunidos em um guia de viagem do continente americano.

Organização da turma

1. Formem grupos com quatro integrantes.
2. A equipe de trabalho deve conversar sobre os lugares que cada integrante gostaria de conhecer no continente americano. Comentem os motivos que levam cada um a considerar esses lugares interessantes. Esses motivos podem orientar o levantamento de informações. Discutam se os locais seriam atrativos também a outras pessoas.
3. Verifiquem, em um mapa do continente americano, a localização dos destinos escolhidos.
4. Com o auxílio do professor, decidam o formato (impresso ou digital) do roteiro de viagem. Discutam qual desses meios vocês gostariam de usar, pois todas as equipes deverão fazer seus roteiros no mesmo formato. Assim, ao final da atividade, será possível reunir todos os roteiros em um só guia de viagem e divulgá-lo a outras pessoas.

↑ Sítio arqueológico de Machu Picchu, no Peru, localizado na cordilheira dos Andes, a cerca de 2 400 metros de altitude. Nessa cidade pré-colombiana, construída por volta do século XV, é possível observar traços de construções e do modo de organização urbana da civilização inca. Foto de 2022.

Procedimentos

Parte I – Levantamento de informações

1. Inicialmente, busquem guias de viagem já publicados em formato impresso ou digital. Observem como os roteiros e os destinos são apresentados, a linguagem utilizada e quais são as informações divulgadas. Essa pesquisa pode auxiliá-los a pensar em um modelo de organização e na apresentação do roteiro e, posteriormente, do guia.
2. Após a escolha dos lugares de destino, reflitam sobre o roteiro de viagem: "Qual pode ser o ponto de partida?"; "Qual será a sequência do percurso?"; "Onde será o ponto de chegada?". Anotem essas ideias.
3. Em seguida, em revistas, livros e na internet, levante informações históricas, aspectos populacionais, sociais e culturais e dados sobre o meio físico (relevo, vegetação e clima) dos lugares selecionados. Pesquisem também as opções de transporte entre esses destinos: trem, barco, avião, ônibus ou automóvel.
4. Descubram quais são as principais atrações turísticas de cada destino. Busquem informações sobre elas e definam quais serão apresentadas no roteiro de viagem.
5. Agora, pesquisem em *sites*, revistas e jornais imagens para ilustrar as informações. Por exemplo, fotos, mapas do trajeto e ilustrações dos principais aspectos de cada ponto turístico. Lembrem-se de anotar as fontes de onde foram extraídas as imagens (posteriormente, essas informações serão indicadas no roteiro).

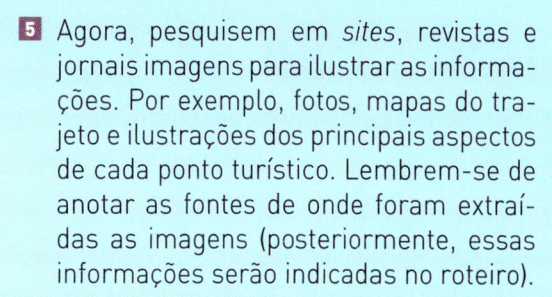

Parte II – Produção do roteiro de viagem

1. Com base nos dados levantados sobre os destinos e seus pontos turísticos, elaborem textos de apresentação. Criem também uma breve introdução, informando ao leitor quais serão os lugares sugeridos e o que motivou a escolha deles.
2. A seguir, produzam mapas ou outras formas de representação cartográfica, como croquis, do roteiro de viagem. Com a ajuda de um atlas geográfico, livros, revistas e *sites*, elaborem um mapa do continente americano que destaque a localização de cada país, cidade ou local a ser visitado. Vocês também podem elaborar mapas dos destinos, indicando a localização dos lugares a serem visitados em cada um deles.
3. Insiram no roteiro as fotos coletadas para ilustrar os destinos turísticos e elaborem legendas explicativas para as imagens.
4. Preparem uma capa para o roteiro.

> **DICA**
> Ao montar o roteiro, a equipe deve estar atenta à necessidade de dispor mapas, imagens e textos em uma ordem que siga a sequência sugerida para a viagem.

← O Canadá apresenta os climas temperado, polar e frio. Em áreas de clima temperado, a vegetação torna-se alaranjada no outono, o que é um atrativo turístico do país. Pessoas caminhando em parque na província de Quebec, Canadá. Foto de 2021.

Compartilhamento

- Finalizada a elaboração do roteiro, reúnam-se com os demais grupos para discutir o nome do guia, o texto de introdução e a organização dos roteiros.
- Caso a produção dos roteiros tenha sido feita em formato impresso, a turma poderá produzir um folheto dobrável para distribuição. Se utilizarem o formato virtual, poderão disponibilizar o guia para *download* em *sites*, redes sociais ou aplicativos de compartilhamento de arquivos *on-line*.
- Uma maneira interessante de apresentar os resultados para a comunidade escolar pode ser a organização de uma feira de turismo. Cada equipe deve ficar responsável por montar o próprio estande e apresentar ao público imagens e informações sobre os locais sugeridos em seu roteiro.

Avaliação

1. Dos lugares apresentados, qual deles vocês gostariam de visitar? Por quê?
2. O que de mais interessante vocês descobriram sobre o continente americano ao participar desse projeto?
3. Das informações geográficas que vocês utilizaram para descrever as paisagens, qual vocês consideram mais importante para quem está interessado em organizar uma viagem? Por quê?
4. Depois de observar os resultados dos trabalhos, como vocês avaliam o desempenho de sua equipe?
5. **SABER SER** Como cada um de vocês avalia o seu desempenho individual na realização do projeto? Vocês consideram que agiram de modo cooperativo com os colegas?

Turistas passeiam pela cidade histórica de Guanajuato, no México. Considerada patrimônio da humanidade pela Unesco, a cidade foi fundada pelos colonizadores espanhóis no século XVI. Foto de 2021.

PREPARE-SE!

PARTE 1

Questão 1

Ucrânia: Destino dos refugiados para Europa (até 12 jul. 2022)

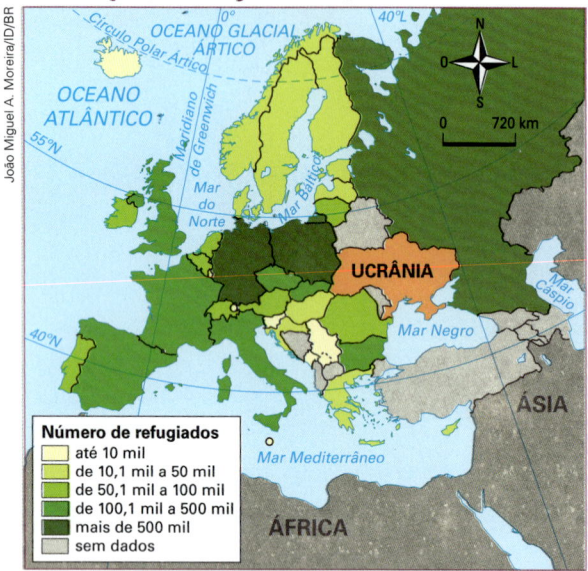

Fonte de pesquisa: United Nations Refugee Agency (UNHCR). Operational Data Portal. Ukraine Refugee Situation. Disponível em: https://data.unhcr.org/en/situations/ukraine. Acesso em: 4 maio 2023.

Em 2022, Ucrânia e Rússia iniciaram uma guerra. Com base no mapa e em seus conhecimentos sobre o assunto, é correto afirmar que:

a) por conta do conflito com a Rússia, os refugiados ucranianos não têm procurado esse país como destino.
b) a quantidade de refugiados ucranianos só é expressiva nos países que fazem fronteira com a Ucrânia.
c) a guerra entre Ucrânia e Rússia não tem provocado o deslocamento forçado de população.
d) as tensões entre Ucrânia e Rússia ocorrem desde a década de 1990; a aproximação da Ucrânia com a Otan é um dos principais fatores que acirraram o conflito.
e) a Rússia, país-membro da Otan, procura inserir a Ucrânia nessa aliança desde 2014, ano em que houve a invasão da Crimeia.

Questão 2

Qual das afirmações a seguir sobre o povo curdo é a correta?

a) Trata-se de uma nação que, recentemente, formou um Estado autônomo e independente.
b) Diz respeito a um povo nômade que se desloca sazonalmente entre Turquia, Armênia e Irã.
c) Na década de 1970, esse povo constituiu um país, o Curdistão, reconhecido por mais de uma centena de outros países ao redor do mundo.
d) Essa nação luta para constituir um Estado próprio e está situada em uma região que abrange partes do território de cinco diferentes países.
e) Por se tratar de uma pequena comunidade, o povo curdo nunca esteve envolvido em conflitos geopolíticos.

Questão 3

Os Zo'é são [indígenas] que vivem nas proximidades do rio Cuminapanema, no norte do Pará, e que falam [...] uma língua da família Tupi-Guarani. Eles ocupam seu território realizando movimentos de deslocamento e de concentração da população nas aldeias; já o tempo é distribuído em períodos dedicados às roças e às expedições de caça, pesca e coleta.

Em sua língua, não existe uma palavra específica para "território", o termo que mais se aproxima disso é -*koha*, que pode ser traduzido como "modo de vida", "bem viver" ou "qualidade de vida". Esse termo inclui elementos como as condições ambientais e as formas de cuidar dos recursos necessários para viver, mas também pode significar o modo como os Zo'é se organizam no espaço, divididos em pequenos grupos de parentes morando em lugares separados.

Como os Zo'é entendem seu território? Instituto Socioambiental. Disponível em: https://mirim.org/pt-br/onde-estao. Acesso em: 4 abr. 2023.

De acordo com o texto:

a) o povo mencionado não tem nenhum tipo de compreensão acerca do que denominamos território.
b) a compreensão de território dos indígenas Zo'é é idêntica à compreensão que a sociedade ocidental elaborou sobre isso.
c) para os Zo'é, a ideia de território compreende também uma dimensão de cuidado ambiental.
d) atualmente, só se encontram povos indígenas nas regiões Norte e Nordeste do país.
e) todos os povos indígenas brasileiros obtiveram, na última década, o reconhecimento do direito ao território que ocupam.

Questão 4

Acerca da Otan, qual afirmação é **incorreta**?

a) A Otan não se envolveu diretamente em nenhum conflito armado nas últimas décadas, restringindo-se ao papel conciliatório.

b) A Otan, criada durante a Guerra Fria, em contraposição à União Soviética, é uma aliança militar da qual participam países da Europa e da América do Norte.

c) A tentativa de adesão da Ucrânia à Otan, em 2014, provocou um acirramento das tensões entre esse país e a Rússia.

d) Alguns países cujos territórios fizeram parte da União Soviética passaram, posteriormente, a compor a Otan.

e) Há um país na península Ibérica que é membro fundador da Otan.

Questão 5

AMÉRICA LATINA: IDH DE PAÍSES SELECIONADOS				
País	1990	2000	2010	2021
Brasil	0,61	0,679	0,723	0,754
Chile	0,706	0,763	0,813	0,855
Uruguai	0,701	0,753	0,787	0,809
Cuba	0,68	0,693	0,78	0,764
Venezuela	0,659	0,684	0,755	0,691
Haiti	0,429	0,47	0,433	0,535

Fonte de pesquisa: United Nations Development Programme (UNDP). Data downloads. Disponível em: https://hdr.undp.org/data-center/documentation-and-downloads. Acesso em: 3 abr. 2023.

O IDH é um dos indicadores que retratam as condições de vida da população mais utilizados no mundo. Com base nos elementos que compõem esse indicador e a tabela, qual das afirmações está correta?

a) O Brasil possui elevado IDH e, como esse índice também considera as desigualdades regionais, pode-se afirmar que sua população tem acesso à renda de maneira homogênea.

b) Em relação aos países da América Latina representados na tabela, observa-se que o Brasil não apresentou evolução no IDH desde 1990.

c) Na série analisada, o IDH cubano se manteve inferior ao IDH brasileiro.

d) O IDH do Haiti se manteve expressivamente mais baixo do que o dos demais países da tabela porque o elemento principal desse índice é a taxa de fecundidade.

e) As instabilidades política e econômica de um país podem ser fatores relacionados à queda do IDH, como se observa no caso da Venezuela.

Questão 6

As nomenclaturas Primeiro Mundo, Segundo Mundo e Terceiro Mundo foram muito utilizadas até a década de 1990 para classificar os países de acordo com seu nível de desenvolvimento econômico e alinhamento político. Considerando essa regionalização, qual dos itens a seguir indica, respectivamente, um país de Primeiro Mundo, um de Segundo Mundo e um de Terceiro Mundo?

a) Estados Unidos, Ucrânia e China.

b) Coreia do Sul, Uzbequistão e Uruguai.

c) Alemanha, China e Canadá.

d) Japão, China e Argentina.

e) Nova Zelândia, Cuba e Coreia do Norte.

Questão 7

Brics: Rating, pela agência Moody

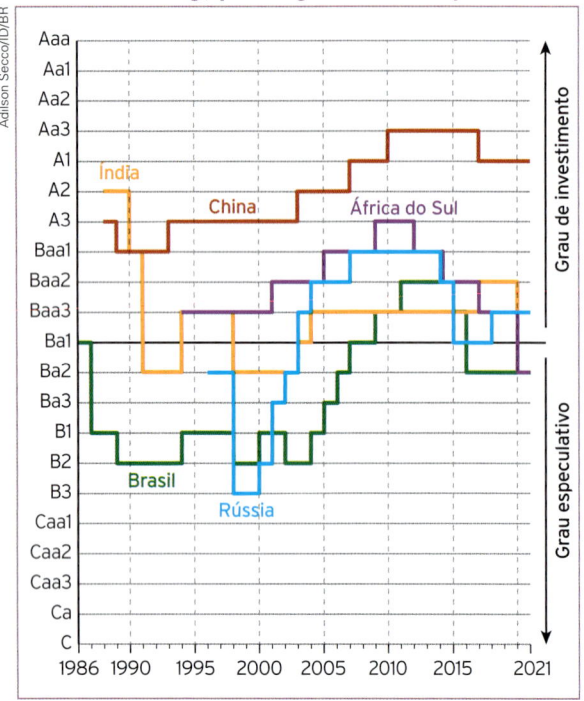

Fontes de pesquisa: Rodolfo Almeida; Daniel Mariani; Beatriz Demasi. Qual é o risco de investir em países da América Latina e nas economias emergentes. *Nexo Jornal*, 29 jun. 2016. Disponível em: https://www.nexojornal.com.br/grafico/2016/06/29/Qual-%C3%A9-o-risco-de-investir-em-pa%C3%ADses-da-Am%C3%A9rica-Latina-e-nas-economias-emergentes; Sovereigns Ratings List. Country Economy. Disponível em: https://countryeconomy.com/ratings. Acessos em: 3 abr. 2023.

O *rating* é uma atribuição de notas que ajuda os investidores a identificar quais países são bons ou maus pagadores de dívidas. Acerca do Brics e do gráfico apresentado, qual afirmação está correta?

a) O Brics é um grupo formado pelos países mais desenvolvidos do globo (Brasil, Rússia, Índia, China e África do Sul), nos quais se identifica o crescimento da indústria e do mercado consumidor interno.

b) Em 2021, todos os integrantes do Brics foram considerados países detentores de crédito de boa qualidade.

c) Entre os anos de 2011 e de 2021, nenhum dos países do Brics teve ascensão no *rating* analisado.

d) Os dados de todos os países apresentados no *rating* correspondem a uma mesma série histórica.

e) A África do Sul foi o país com pior desempenho no *rating* no ano 2000.

Questão 8

O IBGE (Instituto Brasileiro de Geografia e Estatística) divulgou nesta sexta-feira (11 [nov. 2022]) o estudo "Desigualdades Sociais por Cor ou Raça no Brasil". O material mostra que brancos tiveram renda duas vezes maior do que negros (somando pretos e pardos) no país em 2021.

A renda leva em conta todos os ganhos de uma família. A renda familiar *per capita* da população branca foi de R$ 1 866. Já a renda familiar *per capita* da população preta foi de R$ 965, e da população parda foi de R$ 945. A distância entre brancos e negros cresceu em 2021 na comparação com 2020. A renda *per capita* caiu para todos de um ano para outro, mas entre os negros a queda foi de 9%. Entre os brancos foi de 6%. [...]

Diferença de renda entre brancos e negros aumenta no Brasil. *Nexo Jornal*, 11 nov. 2022. Disponível em: https://www.nexojornal.com.br/extra/2022/11/11/Diferen%C3%A7a-de-renda-entre-brancos-e-negros-aumenta-no-Brasil. Acesso em: 3 abr. 2023.

Sobre o tema apresentado na notícia, qual afirmação está **incorreta**?

a) A situação em questão evidencia que as relações raciais no Brasil precisam ser questionadas no intuito de estabelecer uma sociedade mais justa e democrática.

b) Desde o passado colonial brasileiro, as relações raciais têm sido alvo de importantes políticas de Estado. Por conta disso, hoje pode-se dizer que há uma democracia racial no país, pois as oportunidades são equivalentes para todos.

c) Para a construção da categoria de análise "negro", o IBGE reúne dados das categorias "preto" e "pardo".

d) A desigualdade na distribuição de renda é uma marca da sociedade brasileira. A diferença de renda entre brancos e negros pode ser considerada uma evidência disso.

e) Há um indicador para mensurar a desigualdade na distribuição de renda de um país. Esse indicador é chamado Índice de Gini.

Questão 9

Brasil: Eleitorado de acordo com a faixa etária (1994-2022)

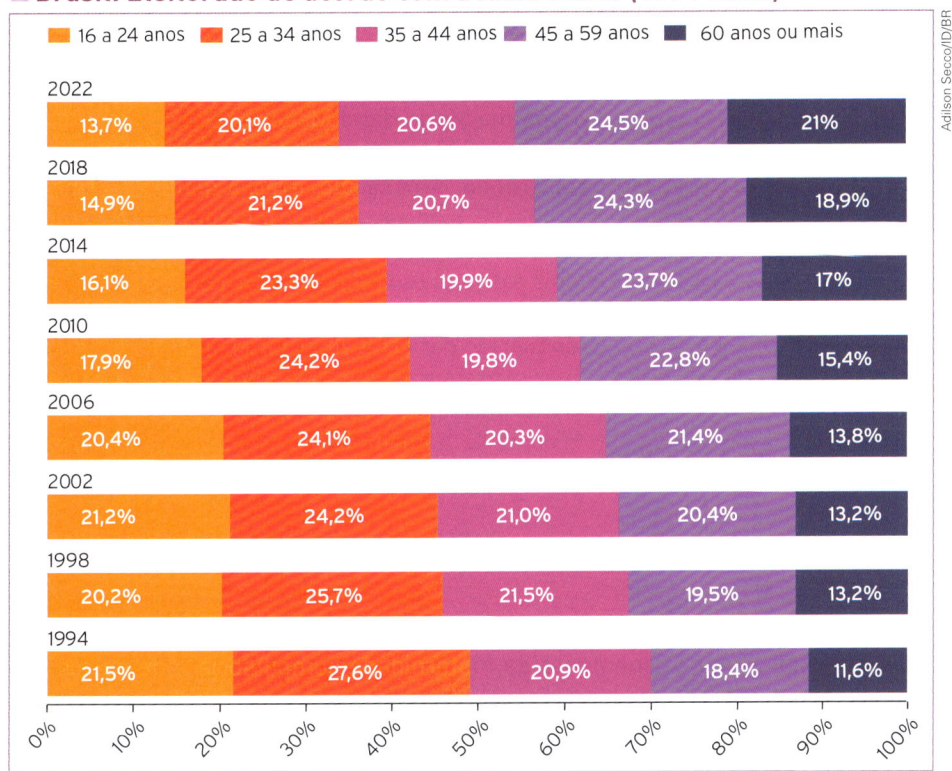

Legenda: 16 a 24 anos | 25 a 34 anos | 35 a 44 anos | 45 a 59 anos | 60 anos ou mais

Ano	16 a 24	25 a 34	35 a 44	45 a 59	60 ou mais
2022	13,7%	20,1%	20,6%	24,5%	21%
2018	14,9%	21,2%	20,7%	24,3%	18,9%
2014	16,1%	23,3%	19,9%	23,7%	17%
2010	17,9%	24,2%	19,8%	22,8%	15,4%
2006	20,4%	24,1%	20,3%	21,4%	13,8%
2002	21,2%	24,2%	21,0%	20,4%	13,2%
1998	20,2%	25,7%	21,5%	19,5%	13,2%
1994	21,5%	27,6%	20,9%	18,4%	11,6%

Fontes de pesquisa: Victor Farias. Número de eleitores idosos é o maior já registrado; 1 em cada 5 aptos a votar tem 60 anos ou mais. *G1*, 15 jul. 2022. Disponível em: https://g1.globo.com/politica/eleicoes/2022/eleicao-em-numeros/noticia/2022/07/15/numero-de-eleitores-idosos-e-o-maior-ja-registrado-1-em-cada-5-aptos-a-votar-tem-60-anos-ou-mais.ghtml; Estatísticas do eleitorado. Tribunal Superior Eleitoral. Disponível em: https://www.tse.jus.br/eleitor/estatisticas-de-eleitorado/eleitorado; TSE divulga as estatísticas finais do eleitorado brasileiro. Revista *Conjur*, 6 ago. 2022. Disponível em: https://www.conjur.com.br/2002-ago-06/tse_divulga_estatisticas_sexo_faixa_etaria. Acessos em: 3 abr. 2023.

O gráfico apresenta informações sobre a composição etária do eleitorado brasileiro, ao longo de uma série histórica. De acordo com o gráfico, qual afirmação está correta?

a) Entre 1994 e 2022, houve aumento da participação do grupo mais jovem no eleitorado brasileiro, tendo em vista a considerável elevação das taxas de natalidade no país nas últimas décadas.

b) Durante a série histórica analisada, observa-se a mesma tendência de crescimento das faixas etárias de 35 a 44 anos e de 45 a 59 anos no eleitorado brasileiro.

c) As políticas de incentivo à natalidade impediram que o Brasil seguisse a tendência global de envelhecimento da população.

d) A mudança no perfil do eleitorado, associada à mudança da própria pirâmide etária brasileira, como o aumento da população idosa, impacta a elaboração de propostas de campanha pelos candidatos e de políticas públicas pelos governantes.

e) Os interesses da população mais idosa não merecem destaque na política brasileira, dada a baixa participação desse grupo nas decisões eleitorais.

Questão 10

[...]

Se você vivesse em meados do século passado, muito provavelmente, sua resposta seria, sem pestanejar, [...] que sim: "Sonho em ser mãe". Isso porque a maternidade, ao longo da história, sempre esteve vinculada à mulher como um processo tão natural, de completude, que o feminino e a maternidade estavam entrelaçados.

O que naquele momento ainda não era questionado era o quanto esse desejo tinha de autônomo ou se era apenas fruto de uma pressão social[,] que, atualmente, é chamada de maternidade compulsória.

"A maternidade compulsória é um termo que a gente usa para designar que o lugar da mulher, o papel social dela está atrelado à sua função reprodutiva. A mulher pode ser alguém [...] se ela for mãe", explica a pesquisadora em socialização feminina Maria Carol Medeiros.

A mudança veio de forma lenta, e ainda está ocorrendo. "Um século atrás, a gente não tinha uma possibilidade de questionamento da maternidade. Quando as mulheres começam a conseguir o direito de trabalhar fora, porque até 1962 [...] a mulher casada precisava pedir autorização do marido para trabalhar fora [...], quando a mulher consegue ocupar esse lugar do trabalho, ela é alertada para não embrutecer. Porque trabalho é coisa de homem, lugar de mulher é em casa cuidando dos filhos", comenta a pesquisadora.

[...]

Maria Irenilda Pereira. Ter ou não ter filhos? O que é a gravidez para mulheres atualmente. *Correio Braziliense*, 14 mar. 2022. Disponível em: https://www.correiobraziliense.com.br/brasil/2022/03/4992897-ter-ou-nao-ter-filhos-o-que-e-a-gravidez-para-mulheres-atualmente.html. Acesso em: 3 abr. 2023.

Diversas mudanças sociais levaram ao questionamento da maternidade compulsória e de outros padrões associados à feminilidade. Sobre essas mudanças, qual afirmação está **incorreta**?

a) O questionamento da maternidade compulsória e a inserção das mulheres no mercado de trabalho são fatores que podem ser associados à queda da taxa de fecundidade.

b) A possibilidade de um planejamento familiar, a disseminação de métodos contraceptivos, a crítica à maternidade compulsória e a ampliação do acesso ao mercado de trabalho são elementos importantes para a consolidação dos direitos da mulher.

c) Com o questionamento da maternidade compulsória e a eliminação da necessidade de permissão do marido para a mulher trabalhar, as desigualdades de gênero foram superadas na sociedade ocidental contemporânea.

d) A análise das relações de gênero é um fator importante para a compreensão da dinâmica demográfica em uma sociedade.

e) Atualmente, a maternidade pode ser vista como uma escolha da mulher, como um elemento de autonomia feminina sobre o próprio corpo, em contraposição à função reprodutiva obrigatória associada à mulher no passado.

Questão 11

Observe o mapa. Em seguida, leia as afirmações.

■ Mundo: Expansão humana a partir da África

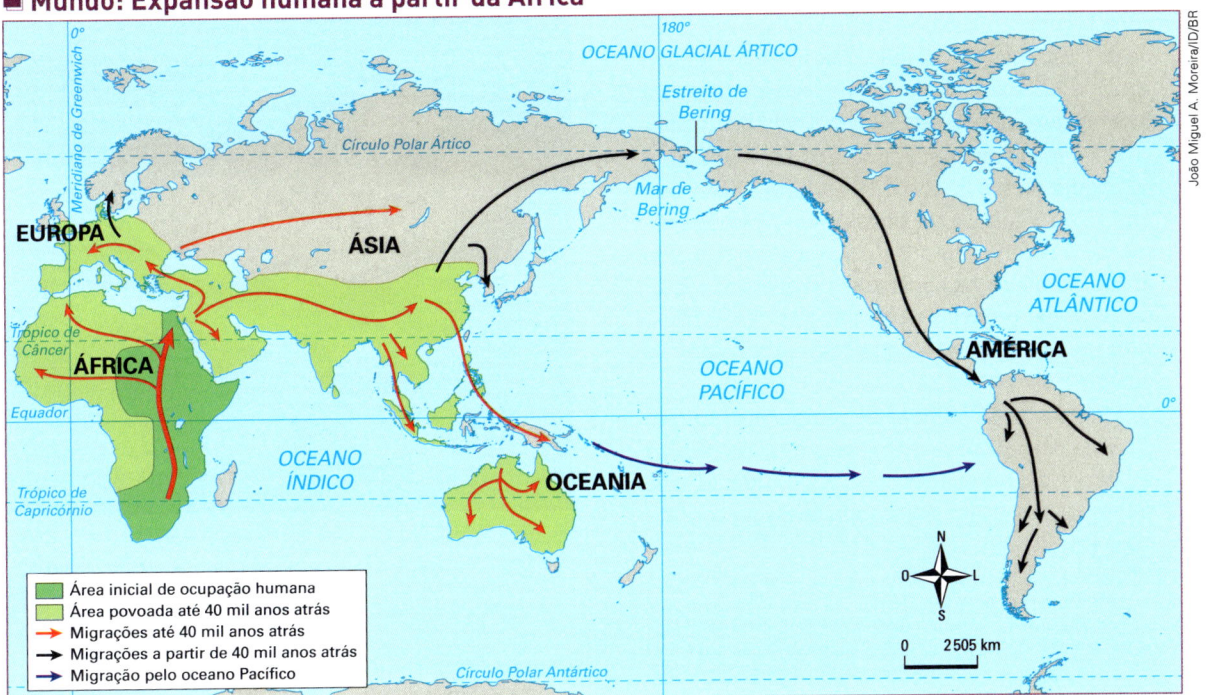

Fonte de pesquisa: Cláudio Vicentino. *Atlas histórico*: geral e Brasil. São Paulo: Scipione, 2011. p. 20-21.

I. A porção leste do continente africano é uma área de fundamental importância para a análise histórica dos primórdios da ocupação humana no planeta.

II. A migração ao continente americano ocorreu exclusivamente por via terrestre, por meio da travessia do estreito de Bering.

III. O povoamento da região que se denomina, atualmente, Oriente Médio foi um dos mais recentes no processo histórico de expansão humana a partir da África.

É verdadeiro o que se afirma em:

a) I, apenas.   b) I e III.   c) I e II.   d) II, apenas.   e) II e III.

Questão 12

Mais de 30 anos atrás, Muhammad Hussain, com apenas 23 anos, assumiu a responsabilidade de tirar sua esposa, mãe, dois irmãos e quatro irmãs do Afeganistão a fim de levá-los para um lugar seguro depois que a guerra eclodiu no país.

Foi o início de uma odisseia que os levou para a Turquia, para o Irã e, em 1989, para a Síria, país onde ele acreditava ter encontrado a paz. Ele começou a reconstruir sua vida graças ao trabalho árduo, primeiro na construção civil e, em seguida, em seus próprios negócios, que desmoronaram quando a guerra começou no país que ele chamava de casa.

Mais de cinco milhões de refugiados fugiram da Síria desde 2011, mas o país também abriga milhares de refugiados de outros lugares, que muitas vezes ficam presos em meio ao conflito sírio. [...]

Kitty McKinsey. Forçados a deixar a Síria, refugiados afegãos se mudam para a Romênia. Acnur, 14 mar. 2018. Disponível em: https://www.acnur.org/portugues/2018/03/14/forcados-a-deixar-a-siria-refugiados-afegaos-se-mudam-para-a-romenia/. Acesso em: 3 abr. 2023.

Sobre a questão dos refugiados, qual alternativa está correta?

a) O destino dos refugiados no mundo são sempre as potências econômicas europeias e os países da América do Norte.

b) A ausência de conflitos no mundo atual, resultado da atividade das organizações mundiais de pacificação, fez com que o número de refugiados se tornasse quase insignificante na última década.

c) São diversas as situações que levam ao deslocamento dos refugiados; no caso de Hussain, a guerra interferiu mais de uma vez na trajetória de sua família.

d) Refugiados são aqueles que se deslocam voluntariamente e, de modo geral, encontram facilidades para se estabelecer nos países a que se direcionam.

e) A família de Hussain se fixou em dois diferentes países do continente americano.

Questão 13

Rios voadores

Nota: esquemas em cores-fantasia e sem proporção de tamanho.

Fonte de pesquisa: Você sabe o que são rios voadores? Climatempo. Disponível em: https://www.climatempo.com.br/noticia/2021/11/06/voce-sabe-o-que-sao-rios-voadores-2722. Acesso em: 3 abr. 2023.

A imagem apresenta o fenômeno dos rios voadores no território brasileiro. Esse fenômeno se caracteriza pelo(a):

a) importância reduzida dos processos de evapotranspiração na região amazônica.

b) transporte de elevada quantidade de água por fluxos aéreos, comparável à própria vazão do rio Amazonas.

c) determinação de longos períodos de estiagem no Paraguai e nas regiões Centro-Oeste, Sudeste e Sul do Brasil.

d) elevada importância para a produção de chuvas no Brasil, pois a precipitação é incrementada à medida que se remove a cobertura vegetal amazônica.

e) irrelevância para o setor agropecuário e industrial brasileiro.

Questão 14

América: Físico

Com base no mapa físico da América, qual alternativa está correta?

a) No território brasileiro, concentram-se as áreas de mais elevada altitude do continente americano.

b) A América Central se caracteriza pela homogeneidade altimétrica.

c) Os dobramentos modernos, encontrados mais a oeste no continente, compõem as estruturas de relevo mais antigas da América.

d) A ausência de planícies fluviais caracteriza o relevo da América do Sul.

e) A formação da cordilheira dos Andes está relacionada à atividade tectônica.

Questão 15

> [...] se formos buscar nos meandros mesmo da formação da sociedade brasileira, nós não encontraremos segmento mais nacionalista do que o segmento negro. Sabe por quê? Porque nós construímos, com o nosso sangue, com o nosso suor, com as nossas lágrimas, com o nosso desterro, com nosso exílio, nós construímos este país aqui. E nós amamos este país aqui, mais do que muita gente pensa que ama, porque nós, até este presente momento, por razões óbvias que discutimos hoje aqui de manhã, não pretendemos entregar este país a forças estrangeiras, para que nos transformem numa colônia, como a Colônia de Portugal.
>
> Lélia Gonzalez. Discurso na Constituinte. Em: Flávia Rios; Márcia Lima (org.). *Por um feminismo afro-latino-americano*. Rio de Janeiro: Zahar, 2020. p. 261.

O discurso de Lélia Gonzalez revela que:

a) há uma valorização crescente da cultura negra na política brasileira.

b) desde o fim do pacto colonial, não se identificaram novas tentativas de intervenção política e econômica de potências estrangeiras no território brasileiro.

c) o reconhecimento da importância do povo negro na construção da sociedade brasileira é um elemento importante de luta política.

d) as palavras **desterro** e **exílio**, utilizadas por Lélia, fazem referência às migrações voluntárias da população negra ao longo do século XIX.

e) os desdobramentos históricos do passado colonial brasileiro foram completamente superados, e hoje o país é totalmente independente do capital estrangeiro.

Questão 16

> **11 invenções de nativos americanos que são usadas hoje**
>
> Diversas tecnologias desenvolvidas por povos indígenas foram disseminadas pelo mundo, facilitando a vida das pessoas até os dias atuais
>
> [...] 1. Caiaques
>
> Povo nativo do Ártico, os [inuítes] desenvolveram um barco pequeno, estreito e selado, que os protegia de afundar caso o barco batesse. Feitos de materiais naturais, as estruturas de madeira e ossos de baleia eram cobertas por pele de foca e outros couros. [...]
>
> 4. Óculos de neve
>
> Os [inuítes] foram responsáveis pelos óculos de neve. Feitos de madeira, ossos, chifre ou couro, o acessório servia para proteger os olhos da superexposição à luz solar refletida pela neve. A fenda bem no meio simula a maneira como se apertam os olhos para enxergar sob a luz do sol e [os óculos] reduziam muito a quantidade de raios UV que entram nos olhos.
>
> Pamela Malva. 11 invenções de nativos americanos que são usadas hoje. *Aventuras na História*, 20 nov. 2019. Disponível em: https://aventurasnahistoria.uol.com.br/noticias/almanaque/11-invencoes-de-nativos-americanos-que-ainda-sao-usadas.phtml. Acesso em: 3 abr. 2023.

Os inuítes habitam a região ártica do Canadá, entre outros territórios. Com base na leitura do texto, qual alternativa está correta?

a) As tecnologias desenvolvidas pelos inuítes ficam restritas à região onde vivem, ou seja, a região do Círculo Polar Ártico.

b) Há materiais que são usados pelos inuítes tanto para a produção dos óculos quanto para a produção dos caiaques.

c) É de conhecimento geral que os caiaques foram uma tecnologia desenvolvida por um povo nativo americano.

d) Ainda que os inuítes tenham desenvolvido óculos de neve, a proteção contra raios ultravioleta foi uma tecnologia produzida apenas pelos povos da Europa Ocidental.

e) As tecnologias desenvolvidas pelos inuítes têm pouca utilidade para outros povos do mundo, pois só apresentam serventia nos territórios do Ártico.

Questão 17

Brasil: Principais destinos das exportações (2001-2020)

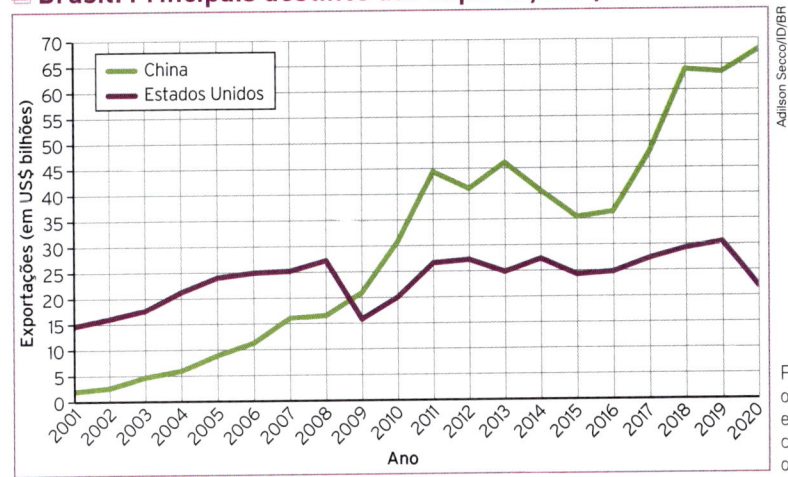

Fonte de pesquisa: The Observatory of Economic Complexity. Disponível em: https://oec.world/en/profile/country/bra?yearSelector1=exportGrowthYear26. Acesso em: 3 abr. 2023.

Qual das afirmativas a seguir apresenta uma interpretação **incorreta** a respeito do gráfico?

a) Observa-se no gráfico uma importante queda das exportações brasileiras para os Estados Unidos durante o ano de 2008.

b) Em 2020, as exportações brasileiras para a China superam as exportações para os EUA em mais de 40 bilhões de dólares.

c) A maior diferença, em dólares, entre o total de exportações brasileiras com destino aos EUA e à China se deu no ano de 2013.

d) Estados Unidos e China são dois importantes destinos das exportações brasileiras.

e) Há mais de dez anos a China conquistou o patamar de principal comprador de mercadorias brasileiras.

Questão 18

Observe o gráfico e leia as afirmações a seguir.

Estados Unidos: População em situação de pobreza (1959-1917)

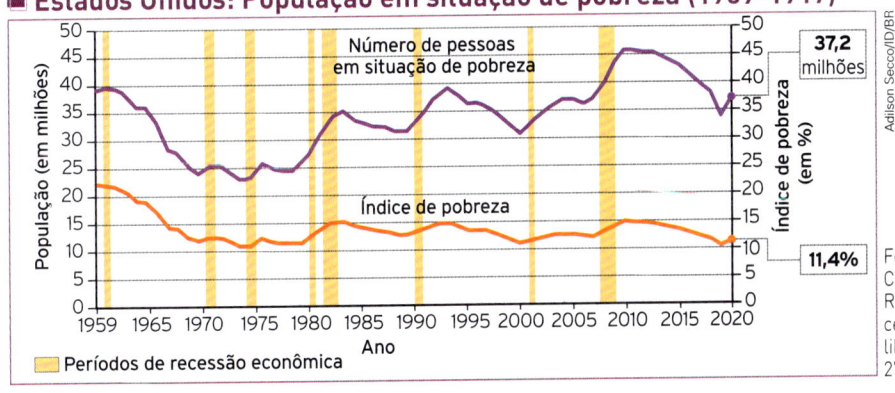

Fonte de pesquisa: United States Census Bureau. Current Population. Reports. Disponível em: https://www.census.gov/content/dam/Census/library/publications/2021/demo/p60-273.pdf. Acesso em: 3 abr. 2023.

I. Devido ao elevado nível de desenvolvimento, os Estados Unidos não apresentam um grande número de pessoas em situação de pobreza.

II. Nos períodos de recessão econômica, nota-se uma diminuição do número de pessoas em situação de pobreza.

III. Observa-se um aumento do número de pessoas em situação de pobreza entre os anos 2000 e 2010, o que é associado, entre outros, à crise de 2008.

A respeito do gráfico, é correto o que se afirma em:

a) I, apenas.   b) II, apenas.   c) II e III.   d) III, apenas.   e) I e III.

Questão 19

O Black Lives Matter ("Vidas Negras Importam") surgiu nos Estados Unidos e se tornou um movimento ativista internacional contra a violência e a discriminação sofridas pelas populações negras. A respeito da questão racial nos Estados Unidos, qual alternativa está **incorreta**?

a) O ex-presidente Barack Obama foi o primeiro presidente negro dos Estados Unidos, o que mostra como a questão da desigualdade e do racismo foi totalmente resolvida no país.

b) O Black Lives Matter surgiu nos Estados Unidos devido aos assassinatos de negros pela polícia. Em muitos casos, as pessoas assassinadas não tiveram como se defender.

c) Os Estados Unidos nunca realmente superaram suas questões raciais com os afrodescendentes do país. Muitos ainda sofrem com a exclusão social e vivem em condições de vida precárias.

d) A diminuição do racismo e do preconceito sofrido pelos negros no país se deu por vias institucionais e ações afirmativas.

e) O racismo no sul dos Estados Unidos ainda é mais forte, devido ao passado escravocrata da região.

Questão 20

Observe a foto e leia as afirmativas a seguir.

▲ Migrantes aguardam em fila na Cidade Juarez, no México, na fronteira com os Estados Unidos. Foto de 2022.

I. Os países da América Latina são a origem de uma parte significativa dos migrantes que se direcionam aos Estados Unidos.

II. O atentado ao World Trade Center, em Nova York, e a crise econômica de 2008 provocaram algumas alterações na política migratória estadunidense, como a ampliação das exigências para a obtenção do visto de entrada no país e o fortalecimento do controle na fronteira.

III. A partir de 2020, os Estados Unidos adotaram uma política de incentivo à entrada de migrantes, no intuito de proporcionar o crescimento populacional no país.

IV. A fronteira com o México deixou de ser um importante local de entrada de migrantes nos Estados Unidos.

Sobre o fenômeno da migração aos Estados Unidos da América, é **falso** o que se afirma em:

a) I e II.
b) II, apenas.
c) III, apenas.
d) IV, apenas.
e) III e IV.

PARTE 2

Questão 1

Sobre o Haiti, qual afirmação está **incorreta**?

a) Em 1804, o Haiti conquistou sua independência, tornando-se o primeiro país livre no continente americano e o primeiro país do hemisfério Ocidental a abolir a escravidão.

b) Apesar da conquista da independência e da abolição da escravidão, historicamente o Haiti enfrentou grandes instabilidades políticas.

c) O terremoto que abalou o Haiti em 2010 contribuiu para a degradação da já precária infraestrutura do país e intensificou os fluxos migratórios para o exterior.

d) Após a independência, o Haiti obteve auxílio econômico imediato do governo dos Estados Unidos, tendo em vista os ideais de liberdade e autonomia que uniam os dois países.

e) O racismo é um elemento importante a ser considerado no estudo da história do Haiti.

Questão 2

Leia o texto e as afirmações a seguir.

> Temos pensado nessa metáfora da monocultura não só para [fazer referência] à soja, mas também a todo um sistema: a monocultura do pensamento, [...] da religião. Todos esses sistemas são muito articulados entre si. Como oposto desse princípio da monocultura a gente tem o princípio da floresta que é esta diversidade, a importância de uma coexistência de vários seres sem que haja uma hierarquia entre eles.
>
> Não há cura do indivíduo se não há cura da terra. Portal *Catarinas*, 24 ago. 2021. Disponível em: https://catarinas.info/nao-ha-cura-do-individuo-se-nao-ha-cura-da-terra/. Acesso em: 4 abr. 2023.

I. A prática da monocultura em grandes áreas é empregada desde a colonização das terras latino-americanas, permanecendo como característica de diversos países da região.

II. A concentração de terras e a expansão de monoculturas são fatores importantes para compreender os conflitos que envolvem povos e comunidades indígenas na América Latina.

III. Países como o Brasil, que passaram por processos amplamente discutidos de reforma agrária, superaram o problema da concentração de terras.

IV. No texto, fica evidente a contraposição entre o princípio da diversidade, presente na floresta, e a monocultura.

É **incorreto** o que se afirma em:

a) I e III.
b) I e IV.
c) II e III.
d) III e IV.
e) III, apenas.

Questão 3

O Mercado Comum do Sul (Mercosul) foi fundado em 1991. Os países fundadores, membros efetivos do bloco, são Argentina, Brasil, Paraguai e Uruguai. Já os países associados são:

a) Venezuela, Peru, Colômbia, Equador e Chile.
b) Bolívia, Suriname, Colômbia, Venezuela e Chile.
c) Colômbia, Equador, Chile, Guiana e México.
d) Bolívia, Peru, Colômbia, Equador e México.
e) Peru, Colômbia, Equador, Chile, Guiana e Suriname.

Questão 4

Observe a foto a seguir, que retrata um problema ambiental.

▲ Maués (AM). Foto de 2020.

Sobre esse problema ambiental na América Latina, qual alternativa está **incorreta**?

a) Os países da América Latina são mundialmente conhecidos pelos altos índices de desmatamento.
b) A legislação nos países latino-americanos muitas vezes proíbe e prevê multas e punições para evitar o desmatamento, porém a fiscalização é deficitária, tanto por falta de pessoal como por dificuldade de acesso a locais distantes.
c) O problema do desmatamento foi resolvido há décadas, e hoje a América Latina é referência na preservação de florestas equatoriais e tropicais.
d) Muitas áreas preservadas estão localizadas em territórios indígenas ou em áreas de conservação, porém estão sujeitas à invasão de madeireiros ilegais.
e) O desmatamento é um problema para o planeta, pois afeta a biodiversidade e pode levar à extinção de espécies da fauna e da flora.

Questão 5

Sobre a história recente da Venezuela, qual afirmação está correta?

a) A queda no preço do petróleo não produz impacto significativo na economia venezuelana, tendo em vista a grande diversificação da indústria nacional nesse país.
b) Os fluxos de migrantes venezuelanos em direção a países como Colômbia, Peru, Estados Unidos e Brasil foram motivados, sobretudo, pelos terremotos ocorridos na Venezuela em 2014.
c) A crise política e econômica persistente na Venezuela provocou uma grande onda migratória e de refugiados, que nem sempre são acolhidos pelos países aos quais se direcionam.
d) A economia venezuelana se baseia na exportação de produtos altamente tecnológicos, como aeronaves.
e) Mesmo em meio à crise econômica, a população venezuelana não encontrou dificuldade de acesso a produtos como alimentos e remédios, entre outros bens de consumo.

Questão 6

Leia a charge e as afirmações a seguir e assinale a alternativa correta.

I. A charge aborda de maneira cômica as migrações inter-regionais na América e evidencia que os imigrantes e os refugiados venezuelanos são recebidos do mesmo modo que os imigrantes europeus nos anos 1870.

II. A charge critica a atitude xenófoba e contraditória da personagem à direita e demonstra que o continente americano foi destino de muitas pessoas que vinham de diversas origens, principalmente da Europa, durante o século XIX.

III. A charge critica a atitude xenófoba da personagem à direita, mas erra ao representar a imigração de italianos, já que não houve esse tipo de deslocamento populacional para a América.

Está correto o que se afirma em:

a) I, apenas.
b) II, apenas.
c) III, apenas.
d) II e III.
e) I e II.

Questão 7

África: Setentrional e Subsaariana

Qual das informações abaixo não diz respeito à África Subsaariana?

a) Trata-se da porção do continente que agrupa a maior parte dos países africanos.

b) A maior parte de sua população pratica a religião islâmica e é de língua árabe.

c) É composta dos países que se situam ao sul do deserto do Saara.

d) Concentra as principais bacias hidrográficas do continente e apresenta maior ocorrência de chuvas que a porção mais ao norte da África.

e) Nessa região, situa-se a Floresta do Congo, segunda maior floresta tropical do mundo.

Questão 8

Sobre a exploração dos recursos naturais do continente africano, qual é a afirmação correta?

a) A extração de recursos minerais da África, durante o período colonial, empregou majoritariamente trabalhadores assalariados, respaldados por legislação trabalhista fortemente consolidada.

b) A África é um continente que, historicamente, apresentou baixa quantidade de minérios de interesse comercial.

c) Mesmo com a participação de empresas estrangeiras, a extração de minerais trouxe grande crescimento econômico interno aos países do continente africano.

d) Historicamente, a extração de recursos minerais no território africano esteve associada ao enriquecimento de potências econômicas estrangeiras, como é o caso de países europeus e norte-americanos.

e) A exploração de recursos minerais no território africano se restringe ao passado colonial e, portanto, não ocorre na atualidade.

Questão 9

Sobre o processo de desertificação que ocorre na região do Sahel, na África, qual alternativa apresenta uma afirmação correta?

a) Trata-se de um processo natural de avanço do deserto do Saara, no qual a ação dos seres humanos não tem nenhuma influência.
b) Esse processo ocorre exclusivamente devido ao aquecimento global, e os países devem diminuir a emissão de gases de efeito estufa para atenuá-lo.
c) O plantio de árvores nessa região poderia evitar a degradação do solo e a desertificação.
d) Esse processo natural não ameaça o equilíbrio ambiental da região do Sahel.
e) A desertificação tem evoluído pouco, apresentando redução em alguns locais da região.

Questão 10

> [...] Caminharam toda a tarde, subindo o Lombe. Pararam às cinco horas, para procurarem lenha seca e prepararem o acampamento: às seis horas, no Mayombe, era noite escura e não se poderia avançar.
>
> [...] Os trabalhadores não tentavam fugir, se bem que mil ocasiões se tivessem apresentado durante a marcha. Sobretudo quando Milagre caiu com a bazuka e os guerrilheiros vieram ver o que se passara; alguns trabalhadores tinham ficado isolados e sentaram-se, à espera dos combatentes, sem escaparem. A confiança provocava conversas animadas. [...]
>
> Pepetela. *Mayombe*. São Paulo: Leya, 2013. p. 23.

No livro *Mayombe*, o escritor angolano Pepetela trata do Movimento Popular pela Libertação da Angola (MPLA), que lutou pela independência do país em relação a Portugal. Acerca do neocolonialismo na África, qual afirmativa está correta?

a) A descolonização de países africanos se deu sobretudo pela ação de potências como Estados Unidos e União Soviética, pois a população africana não teve participação significativa nesse processo.
b) A história dos países africanos evidencia que a transição política dos territórios antes colonizados se deu, em grande parte, de maneira tranquila e pacífica.
c) Não se identificaram movimentos relevantes de resistência ao colonialismo nos países da África Subsaariana.
d) Os efeitos do neocolonialismo foram rapidamente neutralizados nos países africanos após os processos de independência.
e) Mesmo após os processos de independência, o modelo agrário-exportador colonial se manteve em diversos países africanos, sustentando-se a lógica de dependência econômica desses países em relação às potências capitalistas.

Questão 11

A foto retrata um aspecto de um dos regimes de segregação racial mais cruéis de que se tem notícia: o *apartheid*.

▲ Duas pessoas negras observam uma placa onde está escrito em africâner (em cima) e em inglês (embaixo): "Apenas brancos". Foto de 1977.

Em qual país esse regime vigorou?

a) Estados Unidos.
b) África do Sul.
c) Brasil.
d) Ruanda.
e) Alemanha.

Questão 12

A cada aniversário do genocídio de Ruanda, líderes mundiais, acadêmicos e imprensa de diversos países tentam explicar como foi possível que entre 800 mil e 1 milhão de pessoas fossem assassinadas numa das maiores matanças desde o fim da Segunda Guerra Mundial.
[...]
O conflito é descrito como resultado de tensões étnicas, mas a divisão entre hutus e tutsis foi introduzida pelos colonizadores de maneira arbitrária, com base na aparência dos ruandeses. A minoria tutsi foi privilegiada pelos belgas. A maioria hutu, preterida, revidou após a descolonização. A rivalidade, marcada por uma série de episódios violentos, culminou no genocídio de 1994, quando 84% dos tutsis do país foram mortos no massacre.

João Paulo Charleaux. As ações, omissões e lições do genocídio de Ruanda em 1994. Nexo Jornal, 9 abr. 2019. Disponível em: https://www.nexojornal.com.br/entrevista/2019/04/09/As-a%C3%A7%C3%B5es-omiss%C3%B5es-e-li%C3%A7%C3%B5es-do-genoc%C3%ADdio-de-Ruanda-em-1994. Acesso em: 3 abr. 2023.

Sobre o fato histórico apresentado no texto, qual alternativa está correta?

a) O conflito de Ruanda foi, na história do continente africano, o único a envolver fatores étnicos entre suas causas.
b) Durante a segunda metade do século XX, não houve outros conflitos no continente africano que tenham provocado mortes entre civis.
c) O genocídio em Ruanda se associa ao neocolonialismo.
d) Com exceção do que ocorreu em Ruanda, não se identificam, na história africana, conflitos cujas causas remetam a práticas do poder colonial.
e) A divisão entre hutus e tutsis se baseou em critérios estritamente naturais.

Questão 13

Sobre a influência da China na África, leia as afirmações a seguir.

I. A China é o único país que mantém relações com os países africanos. Graças à China, o continente africano passou a participar do comércio mundial.
II. A partir do século XXI, a presença da China na África cresceu vertiginosamente. Isso reflete os grandes níveis de crescimento econômico da China após a virada de século.
III. A África tornou-se, para a China, uma grande fornecedora de matérias-primas, necessárias à produção de manufaturados desse país, que hoje fornece produtos para o mundo todo.
IV. As relações entre a China e os países africanos se dão, de maneira geral, sem grandes conflitos, pois há acordos interessantes para ambos os lados.

Está(ão) **incorreta(s)**:

a) I e IV.   c) II e IV.   e) apenas a IV.
b) II e III.   d) apenas a I.

Questão 14

A inserção do cinema na Nigéria é atrelada com o fim do sistema colonial imposto pelos britânicos. Após a independência o governo nigeriano utilizou a rede de televisão e fomentou a produção de filmes que convergissem com as políticas e ideologias desse novo governo, como uma ferramenta de propaganda. Nas décadas de 1960 e 1970, a produção de filmes nigeriana para a televisão apresentou aspectos que visavam [a] uma espécie de descolonização da mente. [...] Ainda, com o *boom* do petróleo em 1970, a economia do país começou a se afirmar, possibilitando o financiamento e investimento estatal para o setor cinematográfico.

Gabi Uechi. Nollywood: a explosão do cinema nigeriano. Afreaka. Disponível em: http://www.afreaka.com.br/notas/nollywood-a-explosao-do-cinema-nigeriano/. Acesso em: 3 abr. 2023.

Sobre a indústria cinematográfica africana, indique a afirmação que está **incorreta**.

a) Nollywood, indústria cinematográfica nigeriana, é importante por dar visibilidade a produtos da indústria cultural africana.
b) O cinema da Nigéria surgiu não apenas para entreter a população, mas para contrapor-se às ideologias do sistema colonial.
c) Por "descolonização da mente" pode-se entender a abertura a possibilidades de criação e pensamento que não aquelas atreladas à cultura das potências coloniais.
d) A produção cinematográfica do continente africano é bastante recente: os primeiros filmes foram lançados já no século XXI.
e) O desenvolvimento da indústria cinematográfica esteve associado ao fortalecimento da economia nigeriana.

Questão 15

> A ONU define diamantes de conflito como "diamantes oriundos de áreas controladas por facções ou grupos que se rebelam contra governos reconhecidos internacionalmente. Tais pedras são usadas para financiar ações militares contra esses governos ou em qualquer ação condenada pelo Conselho de Segurança das Nações Unidas".
>
> A falácia da certificação dos Diamantes de Sangue. *Politike*, 19 fev. 2015. Disponível em: https://politike.cartacapital.com.br/a-falacia-da-certificacao-dos-diamantes-de-sangue/. Acesso em: 3 abr. 2023.

Sobre os "diamantes de conflito", qual alternativa apresenta uma afirmação correta?

a) O comércio de diamantes africanos financiou diversos conflitos no continente, como é o caso da guerra civil em Serra Leoa (1991-2002).

b) Como o comércio de diamantes é pouco lucrativo, seu potencial de financiamento de conflitos é baixo.

c) A utilização de trabalho escravo nunca foi identificada na mineração de diamantes africanos.

d) Condições dignas de trabalho nas jazidas de diamante têm sido integralmente garantidas aos trabalhadores da mineração ao redor do mundo.

e) A mudança recente na legislação dos países africanos fez com que o lucro obtido na venda de diamantes se revertesse em serviços sociais voltados à população.

Questão 16

Observe a foto.

▲ Turistas visitam templo em Luxor, Egito. Foto de 2023.

Sobre a atividade turística no continente africano, qual alternativa apresenta a afirmação correta?

a) O turismo no continente africano está restrito aos países da África Setentrional, onde está localizado o Egito e o Marrocos.

b) Os patrimônios culturais da era pré-colonial na África Subsaariana foram totalmente destruídos durante a colonização europeia e, por isso, não há turismo histórico nos países dessa região.

c) A imagem representa uma importante atividade econômica em todo o continente africano, gerando muitos empregos e rendimentos para muitos países.

d) O turismo na África é muito voltado para visitação de patrimônios históricos, mas há poucos atrativos naturais devido à grande extensão do deserto do Saara.

e) Apesar da grande diversidade de atrativos naturais e históricos, o turismo na África tem pouco potencial de crescimento, pois não é feito de modo sustentável.

Questão 17

Leia o texto e as afirmações a seguir.

> Líderes das maiores economias da Europa têm aumentado o número de visitas a países africanos. São os casos da [então] primeira-ministra alemã, Angela Merkel, do presidente francês, Emmanuel Macron, e da [então] primeira-ministra britânica, Theresa May. Todos eles fizeram viagens recentes à África e falam em mais investimentos econômicos no continente. Segundo analistas e trechos dos discursos oficiais, uma das principais razões é diminuir o número de imigrantes e refugiados africanos que buscam se estabelecer na Europa.

Matheus Pimentel. Por que potências europeias buscam nova relação com a África. *Nexo Jornal*, 7 set. 2018. Disponível em: https://www.nexojornal.com.br/expresso/2018/09/07/Por-que-pot%C3%AAncias-europeias-buscam-nova-rela%C3%A7%C3%A3o-com-a-%C3%81frica. Acesso em: 3 abr. 2023.

I. Muitos dos migrantes africanos deixam seus países de origem por conta de conflitos (como guerras civis) e/ou falta de oportunidades de trabalho.

II. A Europa Ocidental é um destino bastante procurado pelos migrantes africanos.

III. É comum que o trabalho dos migrantes africanos na Europa seja de baixa remuneração. Além disso, muitos desses migrantes sofrem xenofobia.

IV. Lideranças europeias têm buscado amenizar os fluxos migratórios e de refugiados africanos para a Europa por meio de políticas de investimento econômico em países da África.

É verdadeiro o que se afirma em:

a) I e II.　　b) I, II e III.　　c) II e III.　　d) I, III e IV.　　e) I, II, III e IV.

Questão 18

■ **África do Sul: Pirâmide etária (2022)**

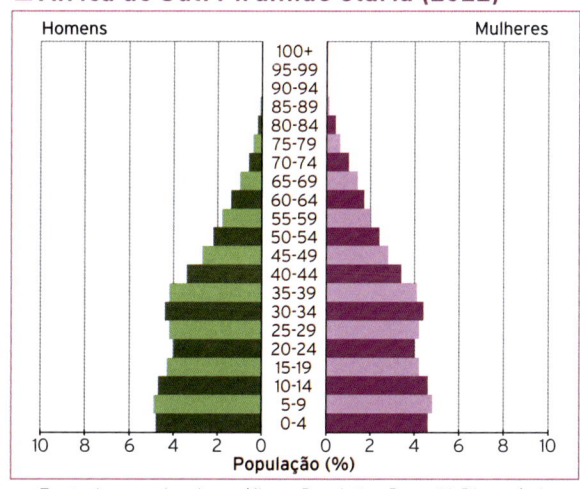

■ **África do Sul: Pirâmide etária (2050)**

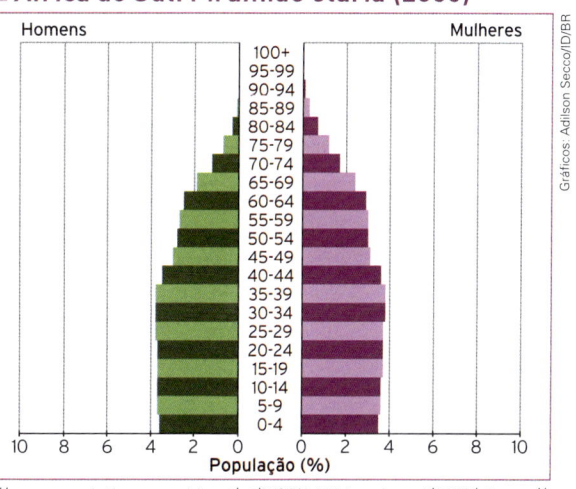

Fonte de pesquisa dos gráficos: *Population Pyramid*. Disponível em: https://www.populationpyramid.net/pt/%C3%A1frica-do-sul/2022/; https://www.populationpyramid.net/pt/%C3%A1frica-do-sul/2050/. Acessos em: 3 abr. 2023.

De acordo com as duas pirâmides etárias da África do Sul:

a) entre 2022 e 2050, se observará um aumento das taxas de natalidade na África do Sul, com alargamento da base da pirâmide.

b) no ano de 2022, observa-se na população um predomínio do grupo com mais de 60 anos.

c) a tendência observada entre 2022 e 2050 é de envelhecimento da população.

d) a dinâmica populacional de um país não tem relação com elementos de sua política e economia.

e) a distribuição da população sul-africana por gênero é bastante desequilibrada.

Questão 19

A imagem tem relação com uma religião muito praticada na África Setentrional. Que religião é essa?

a) Cristianismo.
b) Islamismo.
c) Vodu.
d) Hinduísmo.
e) Iorubá.

◀ Mesquita Hassan II, a terceira maior do mundo. Casablanca, Marrocos. Foto de 2022.

Questão 20

■ **África: Urbanização (2020)**

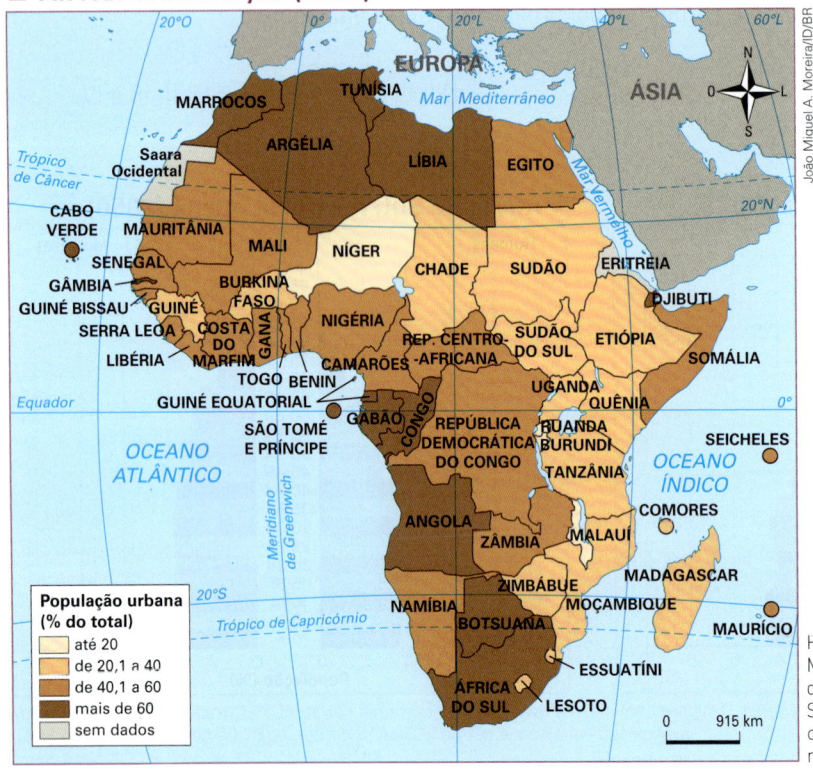

Fonte de pesquisa: Banco Mundial. Disponível em: https://data.worldbank.org/indicator/SP.URB.TOTL.IN.ZS?end=2020&locations=ZGZQ&start=1960&view=map. Acesso em: 3 abr. 2023.

Com base na leitura do mapa, qual afirmação está correta?

a) Entre os países mais urbanizados da África, ao menos dois têm o português como língua oficial.
b) Os países mais urbanizados do continente africano se situam na porção mais oriental do território.
c) O Sudão está entre os países mais urbanizados da África.
d) Não há países bastante urbanizados na África Setentrional.
e) Há apenas um país bastante urbanizado na África Subsaariana.

BIBLIOGRAFIA COMENTADA

Araújo, I. L. *Introdução à filosofia da ciência*. Curitiba: Ed. da UFPR, 2003.

O livro faz uma apresentação das raízes filosóficas da ciência que mobiliza categorias do pensamento filosófico para enquadrar um dado objeto como objeto científico.

Arruda, J. J. de A. *Atlas histórico básico*. São Paulo: Ática, 2007.

Com cerca de 100 mapas, esse atlas apresenta e organiza, de forma didática, uma perspectiva cronológica sobre a história da humanidade.

Benko, G. *Economia, espaço e globalização*. São Paulo: Hucitec, 2002.

Nessa obra, o autor aborda o conjunto de transformações políticas, econômicas e sociais engendradas pelo processo de expansão e acumulação capitalistas no contexto da globalização.

Bobbio, N. et al. *Dicionário de política*. 12. ed. Brasília: Ed. da UnB, 2004.

Essa obra clássica é um vasto dicionário de política, em dois volumes, voltado ao público em geral.

Callai, H. C. O ensino de geografia: recortes espaciais para análise. *In*: Castrogiovanni, A. C. et al. (org.). *Geografia em sala de aula*: práticas e reflexões. Porto Alegre: Ed. da UFRGS/AGB, 2003.

Artigo que discute o contexto escolar com base no conceito de "lugar", de Henri Lefebvre: o "lugar" é revestido de sentido pela experiência vivida, em oposição ao "espaço" indiferenciado. O ensino de Geografia, em seu recorte espacial, é contextualizado na experiência do estudante, o qual reconhece o espaço e o ressignifica.

Carlos, A. F. A.; Oliveira, A. U. (org.). *Reformas no mundo da educação*: parâmetros curriculares de geografia. São Paulo: Contexto, 1999.

O livro faz uma reunião de artigos sobre as reformas dos PCN em relação à disciplina de Geografia. Os textos evidenciam a Geografia como instrumento para a formação crítica do estudante, formação que contempla habilidades de uso de conceitos geográficos mobilizados para a leitura do contexto social.

Castrogiovanni, A. C. et al. (org.). *Geografia em sala de aula:* práticas e reflexões. Porto Alegre: Ed. da UFRGS/AGB, 2003.

Essa obra discute a formação dos estudantes como cidadãos participativos. Os autores propõem que, em sala de aula, o espaço seja construído pelas diferentes vivências e experiências que o conformam, em vez de receber uma organização meramente normativa.

Cavalcanti, L. de S. Cotidiano, mediação pedagógica e formação de conceitos: uma contribuição de Vygotsky ao ensino de geografia. *Cadernos Cedes*, Campinas, v. 24, n. 66, p. 185-207, maio/ago. 2005. Disponível em: https://www.scielo.br/j/ccedes/a/WnXnVgTRQHZttxBQR44gt9x/?format=pdf&lang=pt. Acesso em: 19 abr. 2023.

Esse artigo aborda a teoria vygotskyana sobre o desenvolvimento dos processos psicológicos superiores. A autora propõe contribuições dessa teoria para o ensino de Geografia.

Cavalcanti, L. de S. *Geografia, escola e construção de conhecimentos*. Campinas: Papirus, 2000.

A obra discute a complexidade do mundo contemporâneo do ponto de vista da espacialidade, debatendo o ensino de Geografia em termos do "pensar geográfico" como forma de pensamento crítico, voltado à construção da cidadania participativa.

Chesnais, F. *A mundialização do capital*. São Paulo: Xamã, 1996.

Obra clássica que aborda o processo de desenvolvimento do capital financeiro como o desdobramento da "mundialização do capital", que se estrutura a partir de sistemas de conexão de mercados ao redor do mundo.

Chiavenato, J. J. *O massacre da natureza*. 2. ed. São Paulo: Moderna, 2005.

Nessa obra, Chiavenato propõe uma reflexão sobre o sentido da destruição do meio ambiente, destacando dados sobre a interferência da ação humana.

Clarke, R.; King, J. *O atlas da água*. São Paulo: Publifolha, 2006.

A obra reúne informações de 168 países e mapas com a distribuição dos recursos hídricos em todo o mundo e no Brasil.

Courbon, J. P. et al. *La géographie de l'Europe des 15*. Paris: Nathan, 1998.

Essa obra aborda a geografia da Europa "dos 15" (expressão utilizada para caracterizar o período quando a União Europeia era composta de um bloco com apenas 15 membros).

Frigotto, G. Os delírios da razão: crise do capital e metamorfose conceitual no campo educacional. *In*: Gentili, P. (org.). *Pedagogia da exclusão*: crítica ao neoliberalismo em educação. 7. ed. Petrópolis: Vozes, 2000.

Nesse artigo, o filósofo Gaudêncio Frigotto debate o sentido liberal que orienta a sociedade do conhecimento e a tendência ao aumento da escolaridade.

Gomes, P. C. da C. *Geografia e modernidade.* Rio de Janeiro: Bertrand Brasil, 1996.

O livro faz um debate sobre a dimensão epistemológica do conceito de modernidade em relação à Geografia. Nesse sentido, há duas dimensões em questão: a ciência como algo moderno e racional, e as lógicas próprias do espaço em relação às técnicas e aos conceitos científicos.

Gomes, P. C. da C. O conceito de região e sua discussão. *In*: Castro, I. E. de; Gomes, P. C. da C.; Corrêa, R. L. (org.). *Geografia*: conceitos e temas. Rio de Janeiro: Bertrand Brasil, 2005.

Artigo que apresenta uma genealogia do termo "espaço" e sua concepção em diferentes contextos históricos. Espaço e poder aparecem como termos correspondentes, a partir dos quais a Geografia organiza seu repertório conceitual.

Haesbaert, R. Morte e vida da região: antigos paradigmas e novas perspectivas da geografia regional. *In*: Sposito, E. (org.). *Produção do espaço e redefinições regionais*: a construção de uma temática. Presidente Prudente: Ed. da Unesp/FCT/Gasperr, 2005.

Esse artigo é uma leitura crítica da história do pensamento geográfico, feita, sobretudo, com base no conceito de região como construção científica e social.

Harvey, D. *A produção capitalista do espaço*. São Paulo: Annablume, 2006.

Nessa obra, David Harvey aborda as condições capitalistas de produção do espaço.

Harvey, D. *Condição pós-moderna*: uma pesquisa sobre as origens da mudança cultural. 17. ed. São Paulo: Loyola, 2008.

Obra que debate a dimensão cultural, estética e filosófica da "condição pós-moderna". Nesse sentido, a pós-modernidade não está relacionada à fragmentação das teorias pós-modernas, mas surge como sintoma da própria crise do capitalismo e de suas formas de produção e acumulação.

HELDS, D.; McGREW, A. *Prós e contras da globalização*. Rio de Janeiro: Jorge Zahar, 2001.

Livro que discute questões sobre a organização do Estado e a dinâmica social, econômica e ambiental no contexto da globalização.

KATUTA, Â. M. A linguagem cartográfica no ensino superior e básico. *In*: PONTUSCHKA, N. N.; OLIVEIRA, A. U. (org.). *Geografia em perspectiva*. São Paulo: Contexto, 2002.

Esse artigo debate o uso da linguagem cartográfica como instrumento de aprendizagem, que deve ser contextualizado com base na dimensão social que o produz.

KIMURA, S. Caminhos geográficos traçados na literatura: uma leitura didática. *Geografia e Ensino*, Belo Horizonte, ano 8, n. 1, p. 130-139, jan./dez. 2002.

O texto faz uma abordagem da dimensão geográfica da linguagem. A linguagem poética é tomada, nesse sentido, como potencialidade pedagógica para o ensino de Geografia.

LEMOS, A. I. G.; SILVEIRA, M. l.; ARROYO, M. (org.). *Questões territoriais na América Latina*. Buenos Aires: Consejo Latinoamericano de Ciencias Sociales; São Paulo: Universidade de São Paulo, 2006.

Coletânea de artigos que discutem as dinâmicas de território no contexto latino-americano ao longo dos séculos.

LUZ, N. O patrimônio civilizatório africano no Brasil. *Revista do Patrimônio Histórico e Artístico Nacional*, n. 25, p. 199-209, 1997.

Ensaio que discute uma mudança no modelo educacional brasileiro, que deixe para trás a leitura eurocêntrica, e retome, nesse sentido, o lugar do patrimônio civilizatório africano no país.

MENDONÇA, F.; KOZEL, D. (org.). *Elementos de epistemologia da geografia contemporânea*. Curitiba: Ed. da UFPR, 2002.

Coletânea de trabalhos de vários pesquisadores, brasileiros e estrangeiros, acerca do que vem a ser a disciplina de Geografia, considerando aspectos da Geografia crítica, ambiental e cultural.

OLIVEIRA, H. A. de; LESSA, A. C. (org.). *Política internacional contemporânea*: mundo em transformação. São Paulo: Saraiva, 2006.

Nessa obra, debate-se o contexto de fortalecimento das democracias após a dissolução da União Soviética. Os artigos focalizam as novas dinâmicas geopolíticas a partir da segunda metade do século XX, como o processo de globalização e seus desdobramentos, o aumento do terrorismo e as crises econômicas.

PONTUSCHKA, N.; OLIVEIRA, A. U. (org.). *Geografia em perspectiva*: ensino e pesquisa. São Paulo: Contexto, 2002.

A obra debate as mudanças metodológicas da pesquisa e do ensino em Geografia, as quais se impõem, para os autores, pelas dinâmicas da modernidade.

SANCHEZ, I. *Para entender a internacionalização da economia*. 2. ed. São Paulo: Senac, 2001.

Essa obra aborda a economia política por meio de seu processo de mundialização. O autor apresenta amplo repertório conceitual mobilizado para a compreensão do processo de internacionalização financeira, seus modos de integração e de operação.

SANTOS, M. *Metamorfoses do espaço habitado*: fundamentos teóricos e metodológicos da Geografia. 6. ed. São Paulo: Edusp, 2021.

Milton Santos situa a Geografia no contexto mundial partindo de reflexões históricas e metodológicas sobre as metamorfoses do espaço habitado. A obra problematiza também a dicotomia entre Geografia física e Geografia humana.

SANTOS, M. *A natureza do espaço*. 4. ed. São Paulo: Edusp, 2014.

Nessa obra, Milton Santos apresenta elementos conceituais e técnicos para a compreensão do espaço geográfico. Sua análise parte da globalização e de uma leitura interdisciplinar desse processo, em que o espaço é entendido como sistemas de objetos e ações, o que inclui um debate sobre as questões sociais – objetivas e subjetivas – que constroem o espaço e dão sentido a ele.

SANTOS, M. *Por uma outra globalização*: do pensamento único à consciência universal. 19. ed. Rio de Janeiro: Record, 2011.

O autor propõe, nesse livro, uma abordagem interdisciplinar sobre o tema da globalização, destacando os limites ideológicos do discurso produzido acerca do progresso técnico e contrapondo esse discurso ao contexto social.

SANTOS, M. *Técnica, espaço, tempo*: globalização e meio técnico-científico informacional. 5. ed. São Paulo: Edusp, 2008.

Coletânea de ensaios sobre as dinâmicas sociais do espaço geográfico. Essas dinâmicas são marcadas por contradições no campo e na cidade e ocorrem no contexto da globalização, que é ideologicamente orientado ao progresso tecnológico.

SANTOS, M. et al. (org.). *Globalização e espaço latino-americano*. São Paulo: Annablume, 2002.

O livro debate a perspectiva econômica das políticas neoliberais, que englobam dinâmicas promovidas no espaço financeiro, no espaço urbano, no espaço rural e nos fluxos migratórios.

SILVA, K. V.; SILVA, M. H. *Dicionário de conceitos históricos*. São Paulo: Contexto, 2009.

Essa obra apresenta os principais conceitos e debates do campo da História e da Historiografia, compilados em verbetes organizados em ordem alfabética e acompanhados de sugestões bibliográficas.

SMITH, D. *Atlas dos conflitos mundiais*. São Paulo: Companhia Editora Nacional, 2007.

Esse atlas traz análises de causa e consequência de guerras em diferentes continentes e apresenta dados, estatísticas e cartografia temática sobre os diferentes conflitos.

SMITH, D. *O atlas do Oriente Médio*. São Paulo: Publifolha, 2008.

O livro traz uma perspectiva histórica e geográfica sobre o Oriente Médio, destacando zonas históricas de confronto e instabilidade na região. Discute também a questão do petróleo, da água, das guerras árabe-israelenses, além das intervenções político-militares dos Estados Unidos.

SOUZA, M. J. L. O território: sobre espaço e poder, autonomia e desenvolvimento. *In*: CASTRO, I. E. de; GOMES, P. C. da C.; CORRÊA, R. L. (org.). *Geografia*: conceitos e temas. Rio de Janeiro: Bertrand Brasil, 1995.

A obra debate o conceito de território ligado à geografia do poder. Nesse sentido, as relações entre território e Estado são aprofundadas pela perspectiva histórica de construção da identidade nacional.